境界の社会史

国家が所有を宣言するとき

石川 登 著

京都大学学術出版会

目　次

第一章　目的と方法 ── 1
　国家・領域・国民 ── 2
　国家の空間的契機 ── 4
　マレー海域世界と国境 ── 6
　国民国家へのアプローチ ── 9
　「国民」の不均衡な拡張 ── 12
　フィールドワークとマイクロ・ヒストリー ── 14
　本書の構成 ── 18

第一部　スルタンの辺境から国家の周縁へ

第二章　国家が所有を宣言する時 ── 25
　国家空間をめぐる四つのプロセス ── 26
　国家と領有 ── 27
　「曼陀羅」と「銀河系政体」 ── 29
　国家が所有を宣言する時 ── 30
　「無主の土地」の国有化宣言 ── 32
　国家＝最高地主と労働力動員 ── 35
　ルンドゥ地区における農園開発 ── 38
　労働組織化と複合社会 ── 46
　華人資本家・苦力・阿片 ── 46
　焼畑耕作民と国家 ── 50
　マレー貿易商とココ椰子農園 ── 52
　無主の土地から複合社会へ ── 58

第三章　国境の履歴 ── 63
　フロンティアと国境線 ── 64

国家空間・想像・地図	65
国境の内在化	67
焼畑・阿片・家族	74
焼畑耕作民と領域国家	75
苦力の逃散	77
マレー人家族と記憶	78
領域とアイデンティティ	80
森林産物の越境	83
国家と社会の共鳴関係	87

第四章　ゴムとコンフロンタシ	91
国家経済圏と国際レジーム	92
東南アジアにおけるゴムの拡大	93
チャールズ・ブルックとゴム生産	94
ルンドゥ地区のゴム・ブーム	96
国際ゴム協定（1934）とサラワク王国	99
ゴム密貿易と国境社会	102
基幹産業としての密貿易	108
政治的フロンティアの誕生	112
第二部へのプレリュード	115

第二部　国境線上の国家と村落

第五章　国家の臨界点	119
護符とシャロット	120
国境とトランスナショナル・エスノグラフィ	124
テロック・ムラノー村の景観	128
海のフロンティア	138
テロック・ムラノーの誕生	143
エンクレーブとしての農民社会	149
国際政治と焼畑	164

国家の臨界点　　　　　　　　　　　　　　── 167

第六章　民族の周縁　　　　　　　　　　　　── 169
　　国家領域と社会集団　　　　　　　　　　── 170
　　民族と周縁化　　　　　　　　　　　　　── 171
　　包摂と排除　　　　　　　　　　　　　　── 173
　　サラワク・マレー人とは誰か　　　　　　── 175
　　民族の出自と国家の出自　　　　　　　　── 177
　　国家と民族の周縁　　　　　　　　　　　── 186

第七章　村と国の境界　　　　　　　　　　　── 191
　　国家領域とアイデンティティ　　　　　　── 192
　　民族の見えにくさ　　　　　　　　　　　── 193
　　東漸する境界線　　　　　　　　　　　　── 196
　　儀礼的空間　　　　　　　　　　　　　　── 203
　　国境空間の国際的契機　　　　　　　　　── 207
　　コンフロンタシとコミュニスト　　　　　── 209
　　国家とロケーション・ワーク　　　　　　── 213
　　国家の歴史と村人の記憶　　　　　　　　── 216
　　サラワク独立とアハマッド・ザイディ　　── 220
　　アハマッド・ザイディの逃避行　　　　　── 222
　　国家と民族の運動　　　　　　　　　　　── 225
　　事件と構造　　　　　　　　　　　　　　── 228

第八章　国家の浸透圧　　　　　　　　　　　── 231
　　社会的フローと構造　　　　　　　　　　── 232
　　サラワク・マレー人とサンバス・マレー人　── 232
　　開拓村タマジョの出現　　　　　　　　　── 234
　　国境線上の村　　　　　　　　　　　　　── 238

国境コミュニティの共生 —— 239
　国家を超える互酬性 —— 240
　国境の浸透圧 —— 245
　労働と婚資 —— 250
　隠れた緊張 —— 256
　差異の連鎖 —— 263

第九章　国境線の使い方 —— 265
　ダトゥ岬再訪 —— 266
　通貨危機と国境貿易 —— 269
　インターフェイスとしての国境社会 —— 272
　ジャラン・ティクスとジャラン・ガジャ —— 280
　メイドと材木 —— 281
　工業フロンティアと国境 —— 283
　国境空間の脱領域化 —— 288
　開発ニッチとしての国境地帯 —— 290

第十章　国家空間と権力 —— 297
　組織的権力と構造的権力 —— 298
　共鳴する国家と社会 —— 300
　プロト・トランスナショナリズム —— 303
　フロンティアの資源化 —— 305
　西カリマンタンの下部構造化 —— 307
　私たちのトランスナショナリズム —— 309

補遺　テロック・ムラノーの環境依存型農業 —— 313
　海から陸へ —— 314
　ケランガス林における焼畑 —— 318
　　1．下草刈りと森林の伐採（7月下旬〜9月初旬） —— 318

2．火入れ（8月下旬〜9月中旬） —— 322
　　3．播種：堀り棒ともみの投げ入れ（9月中旬〜10月初旬） —— 324
　　4．除草 —— 326
　　5．収穫（3月初旬〜4月初旬） —— 327
土地利用と焼畑生産 —— 328
テロック・ムラノーにおける商品作物生産 —— 331
　　1．ゴム —— 331
　　2．カカオ —— 332
　　3．胡椒 —— 332
　　4．ココ椰子 —— 334
焼畑耕作・換金作物・社会関係 —— 335

　あとがき —— 341
　索　　引 —— 345

表 目 次

表 2-1	ルンドゥ地区人口 (1898)	39
表 2-2	ルンドゥ地区人口 (1898, 1939, 1947, 1960)	39
表 2-3	シンガポールにおける輸出額の年度比較	42
表 2-4	ルンドゥ地区人口 (1889年/1898年)	47
表 2-5	農園あたりの平均胡椒本数	52
表 2-6	1886年度全輸出額に占める産品の割合	60
表 3-1	ルンドゥ地区国境関係の政府通達および関連報告 (1871～1937)	72
表 3-2	1893年ルンドゥ地区歳入	76
表 3-3	サラワク政府による課税物産通告および税率の引き上げ通告 (1875～1908)	86
表 3-4	1895年度輸出関税収入	86
表 5-1	スマタン区の人口構成 (1991)	128
表 6-1	サラワクの民族構成 (1991年)	177
表 8-1	タマジョ/テロック・ムラノー間の交通	239
表 8-2	テロック・ムラノー村の家庭におけるインドネシア製品の例	245
表 8-3	胡椒収穫に払われる手間賃	254
表 9-1	日系C社で雇用されている工場労働者の出身地	287
表 9-2	西カリマンタン，サンバス地方出身の労働者内訳	287
補表 1	播種作業	326
補表 2	焼畑における播種量 (1993年)	330
補表 3	焼畑における播種量と収量 (1992年)	330
補表 4	長期作物 (tanaman jangka panjang)	337
補表 5	短期作物 (tanaman jangka pendek)	338

図 目 次

図 1-1	調査地	── 7
図 2-1	マレー海域世界	── 31
図 2-2	サラワク（マレーシア）と西カリマンタン（インドネシア）	── 40
図 2-3	ルンドゥ地区とスマタン小地区	── 40
図 2-4	ダトゥ岬 - スマタン沿岸	── 54
図 2-5	クチン外国貿易における胡椒とコプラの価格変動（$/picul）	── 56
図 2-6	クチン外国貿易の総額に占める胡椒とコプラの輸出割合（％）	── 56
図 3-1	サラワク王国の領土的拡大	── 67
図 3-2	サラワク南西部国境地帯	── 70
図 3-3	サラワク／蘭領西ボルネオ（現西カリマンタン）国境	── 75
図 5-1	ダトゥ岬国境村落	── 134
図 5-2	ダトゥ岬周辺の第二次森林（1960）	── 163
図 7-1	ダトゥ岬国境周辺	── 197
図 8-1	マレー／ブギス文化圏	── 233
図 9-1	マレーシア／インドネシア国境チェックポイント	── 270
図 9-2	マレーシア／インドネシア国境のマラリア多発地域	── 279
図 9-3	サンバス／サラワク間の労働移動	── 284
図 9-4	国境沿いのアブラ椰子プランテーション計画	── 292
図 9-5	ダトゥ岬付近の道路網計画	── 293

略　　号

BPS	Barisan Pemuda Sarawak
BIMP-EAGA	Brunei Darussalam-Indonesia-Malaysia-Philippines East ASEAN Growth Area
BERJASA	Barisan Anak Jati Sarawak
CCO	Clandestine Communist Organization
FELDA	Federal Land Development Authority
LDR	Lundu District Report
LDQR	Lundu District Quartery Report
NEGARA	Parti Negara Sarawak
NKKU	Negara Kesatuan Kalimantan Utara
PGRS	Pasukan Gerilya Rakyat Sarawak
PKI	Parti Komunis Indonesia
PRB	Parti Ra'ayat Brunei
RELA	Ikatan Relawan Rakyat Malaysia
SALCRA	Sarawak Land Consolidation and Rehabilitation Authority
SG	The Sarawak Gazette
SG-LDMR	Lundu District Monthly Report, The Sarawak Gazette
SGG	The Sarawak Government Gazette
SUPP	Sarawak United People's Party
TKI	Tenaga Kerja Indonesia
TNKU	Tentra Nasional Kalimantan Utara

第一章
目的と方法

国家・領域・国民

　本書は，国家と国民の生成と変容，そしてその過程における国家と社会の関係を考察するものである。まさに無数ともいえる国民国家論が取り上げてきたこれらの問題を，屋上屋を架すことなく，新しい考察の対象と方法のもとで検討することを目的としている。

　領域的実体としての国家と国民が並記され，時にハイフンで結ばれながら，一つの「国民国家」(nation-state) として考察の対象とされるようになって久しい。しかしながら，国家と国民という個別の概念を，あたかも単一の社会的実体として論じることはできない。いうまでもなく，多くの国家と国民，そして国家と社会は，異なる歴史体験をもち，異なる生成と変化の契機をもつ。例えば，このことは，世界が体験した植民地化を考えれば明らかなことだ。本書は，このような「国民国家」を出発点とする議論を脱構築することを基本的な動機としている。

　本書の視点，対象，そして方法論は以下のとおりである。

　第一の視点は，プロセッシュアル (processual) なアプローチとも云うべきものである。本書では，その発達段階のごく初期状態から国家と社会の生成過程に注目していく。すなわち，よちよち歩きの国家と社会が立ちあがるプロセスのなかで両者の関係を考察することを特徴としている。以下では，国家と社会を対立物とみるよりも，国家と社会の相互関係のなかでお互いの変化が規定される過程を検討していきたい。

　国家と社会の相関性を明らかにしていくため，本書ではもう一つの立場を意識的にとっている。すなわち，従来の国民国家論の基盤となってきた「内部」と「外部」，「在来」と「外来」，「自己」と「他者」などの範疇をいったん忘れることである。従来の多くの議論は，これらのあいだの差異に注目し，その生成とそれにかかわる要因を論じてきたといってよい。これらの二項対立的な差異によって明確になる社会集団や制度的実体を想定しながら従来の国民国家論は進められてきた。このような固定した範疇をまず疑ってみることが第二の視点である。

　これらの二つの視点にてらしながら，事例研究をとおして，国家と社会の動

態を実証的に明らかにすることが必要となる。そのために本書では，領域国家のあいだに形成される国境社会を考察の対象としている。領域国家の境界域，すなわちボーダーゾーンでは，「内」と「外」，「こちら」と「あちら」，「我々」と「彼（女）ら」といった境界をこえて人やモノが恒常的に流動し，その結果として意味や価値が転成する。国境は地図と地面の上の観念的な線引きであり，国家空間や司法圏を分けるものであると同時に，「内部」と「外部」，「在来」と「外来」，そして「自己」と「他者」の境界が変転する場として反構造（anti-structure）といった性格をもつ。そこでの人々やモノの社会的定位は，国境のあちら側とこちら側で異なる国籍，貨幣，法律，商品価値などに加えて，国家の組織的権力とともに市場経済などのトランスナショナルなさまざまな力によって決定される。ボーダーゾーンのもつ特徴は，それが属する国民国家の領域とは本質的に異なる。以下では，このような国境社会に焦点をあてながら，国家と社会の関係の系譜を考察していく。

　本書の特徴は，「国家空間」を鍵概念としながらボルネオ西部国境における国家と社会の関係をマクロとミクロな視点から明らかにすることにある。国家を空間的な実体として意識することによって，従来の国家論や社会動態論と異なる視点と議論を提示することがねらいである。

　本書をとおして国家空間は「『国家』が領域的に実体化するプロセスで，人々が不均衡に配置され，政治的，経済的，生態学的，文化的に分節化されながらも，『国民』というシンボルのもとで均一な集団として表象される社会的な場」という意味で使われている。この概念は，従来の国民国家論に新しい視点を加えるための分析的なアリーナであり，空間的実体として「国家」が現れる際に，そこでみられる「国民」の包摂と排除，そして，これらに対する人々の反応を考察するための包括概念ということができる。

　以下で国家の空間に注目する理由をまず明らかにしておこう。国家や国民を空間という視点から捉えなおすことは，社会・文化的実体としての国民と政治的実体としての国家の複合体としての国民国家をトータルに考えるために必要な方法論である。国家と国民をつないで考えるための連結器として空間という概念的なアリーナを設け，これに着目することにより，国家と国民の生成のインターフェースを実証的に考えるというのが本書の基本的な視点である。

　空間的な実体としての国民国家が成立する要件は何か。初源的に社会に内在するトランスナショナリズムは領域国家との制度的邂逅によっていかに変化す

るのか。また，このようなトランスナショナリズムは領域国家にどのように働きかけるのか。「国家空間」は，これらの問いを考察するための一つの概念であり，ナショナリズム，官僚制，アイデンティティ・ポリティックス，ジオ・ボディ，伝統の創造，暴力装置，正統性，トランスナショナリズム，グローバリゼーションなど従来の国民国家論で提出されてきたさまざまな各論に回収されない新しい考察の場を提出する。

　以下の各章では，東南アジア島嶼部，ボルネオ島西部の現マレーシアとインドネシア共和国の境界に位置する国境社会を具体的な事例としながら，ユニバーサルな問いを検討していきたい。国家が領域的に生成するためにはどのような要件が必要か。国家の空間において「村人」「民族」「国民」などの社会集団がいかに形成されるのか。そして，国家の境界，すなわち国境に遭遇した在地社会はいかにふるまうのか――国家と国民が空間的に実体化していくプロセスにおける二者の関係，すなわちnation-stateと表記される際のハイフンの意味を空間的に検討することが本書の目的の一つとなる。ついては，海と川のネットワークを社会的基盤としてきたマレー海域世界が国家の空間により包摂され，境界によって分断され，さらに再接合される動態を，個人から村落，地域社会，民族集団，国家，そして帝国にいたる多角的なレベルから考察するとともに，熱帯雨林の優勢な東南アジア小人口社会における国家形成の固有性を，フィールドワークと史資料分析にもとづきながら，植民地期から現在にいたる160年ほどの歴史のなかで明らかにしていきたい。

国家の空間的契機

　近代国家というものを考えるにあたっては，国家の領域（領土）がその成立の前提とされてきた。国家領域の存在を所与のものとして多くの国家論は成り立ってきた，といいかえてもよい。例えば，マックス・ヴェーバーの国家の定義を考えてみよう。これは社会科学において頻繁に引き合いに出される国家の性格規定の一つであり，国家とは何かを考える者にとって一つの出発点とされてきた。この意味で，ヴェーバーの定義をいま一度確認してみることは，その後の国家と空間に関する議論の通奏低音を知るためにも役に立つ。

「国家とは，一定の領域の内部で正当な物理的強制力行使の独占を実効的に主張する人間共同体である。ここで注目しなければならないのは『領域』は国家の特徴の一つであることである」(Weber 1958: 77)。

　ヴェーバーによれば，領域は国家成立のための必要条件であり，国家を国家たらしめるものということになる。のちに続く国家論の系譜においても，領域は国家の定義に組み込まれてきたといってよい。一方で多くの議論は，国家の暴力的な強制力や正統性，そして政治組織などを中心に行われ，国家の空間的形成プロセスは考察の対象外とされてきた。

　国家領域化の社会過程すなわち国家の空間的契機にかかわる問題は，政治学のみならず広く歴史学の分野でもながらく等閑視されてきたきらいがある。西ヨーロッパに起源をもつ近代国家は主権と国民と領域が三位一体となったものとして考えられてきたが，1648年のウエストファリア条約が領域的な近代国家成立の礎となったといった言説が世界史のなかでの経験則とされ，一つの事実のように定着しているような印象さえ受ける。従来の世界史のなかでは，国家領域の生成プロセスの多くの考察は条約史の記述のなかに解消してしまうことになる。

　ア・プリオリに国家の定義に組み込まれた領域性のもとでは，国民国家の形成と国家空間の編成は個別のものとして扱われる。国家が一定の空間を囲い込む際には，どのような制度設計と運用が必要となるのか。国家の領域がどのように人々によって自然化（内面化／社会化）されていくのか。人々が国民として空間的にどのようなアレンジをもって領域内に配置されるのか。そして最も重要な点として，国家の空間的編成に起因するさまざまな制度的要請に対して人々が日常的にどのように反応するのかといった問題を，国家の定義に組み込まれた所与の領域性のもとで理解することは難しい。

　本書では国家領域というものを所与のものと考えない。このことを基本的な出発点としている。ついては，国家や国民が成立するにあたっての国家空間の意味や働きに充分な注意を払っていくつもりである。国家が空間的な実在であることをいつの頃からか私たちは忘れてしまった，というのは地理学者のみならず，地域にかかわる研究者に共通した不満であろう。カント，ヘーゲル，マルクス，そしてブローデルなどによって，時間は矛盾を含みながら生き生きと変化するものとして語られてきた。これに対して，空間は歴史動態の背景画と

して静止したものとして扱われ，社会変化にかかわる重要な因子としての地位を失ってしまった (cf. Foucault 1980, Lefebrve 1991, Harvey 1996, Soja 1989, 床呂 2006)。19世紀から20世紀までの1世紀にわたってうちたてられた空間に対する時間のヘゲモニーは，私たちの社会の読み方を大きく規定してきたといってよい。「死んだもの，固定したもの，非弁証法的なもの，動きようのないもの」(Foucault 1980: 63) として扱われてきた社会空間の一つである近代の国家領域を考察の対象とし，国家の空間的アレンジメントの動態をとおして国家と社会，そして国民のかたちとその生成の過程を考えること，このことが先行研究と本書を分ける方法論となっている。

マレー海域世界と国境

　ボルネオ島の国境地帯は，東南アジア島嶼部においては国家領域が陸上の境界で分断される数少ない社会空間の一つである。本書では，海が陸に覇権を譲り，トランスナショナルな性格をもったマレー海域世界が植民地および独立後の国民国家によって分断され，さらに再接合される際の動態を現マレーシア／インドネシアの国境地帯に探っていきたい（図1-1）。
　考察の対象とする国境は，複数の政体のもとで常にはざまとなってきた空間である。すなわち，サンバス・スルタンとブルネイ・スルタン，蘭領西ボルネオと白人王ブルック王国，日本占領期を経て，インドネシア共和国とイギリス直轄植民地，そしてインドネシア共和国とマレーシア連邦と，ボルネオ島西部に政治的刻印をしるしてきた数々のジオ・ボディ (geo-body) のあいだのはざまであり続けてきたのが，本書の注目する国境社会である。分水嶺によって分けられたサンバス・スルタンとブルネイ・スルタンの自然境界，すなわち分水嶺は，蘭領西ボルネオ／サラワク王国，そしてインドネシア（西カリマンタン州）／マレーシア（サラワク州）の植民地ならびに国民国家の国境として歴史のなかで空間を二分してきた。前植民地期，植民地期，そして国民国家という三つの政体の刻印のなかに島嶼部東南アジアの歴史体験の縮図（ミクロコズム）を見ること，そしてこの作業を通時的な史料分析ならびに共時的なフィールドワークを通して行う[1]。

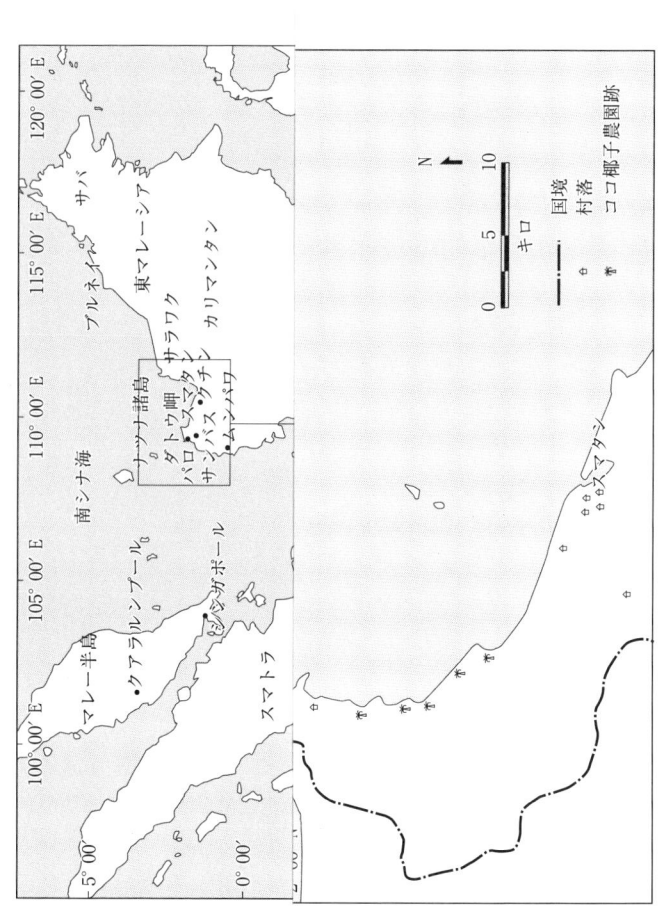

図1-1 調査地

本書での国境社会の分析は，通地域的に適応可能な広義の社会学的な諸問題に結びつくものと私は考えている。国境は，単一の国家システムへの社会的，経済的，文化的，政治的な包摂と排除という二つの異なるベクトルがきわめて見え易いかたちで出現する社会的フィルターである。国家領域の最周縁部における「国民」「民族」「村落」などのコミュニティの重層的な生成プロセスを歴史的に検討する本書は，国家という領域的政治システムにおける集団形成にあずかる制度設計と運用，そのもとでの社会集団の差異/差別化という根本的な社会的プロセスの考察を目指している。

国民国家へのアプローチ

　国民国家はあまりに長いあいだ人々の頭のなかの観念として論じられ続けてきたきらいがある。「ナショナリズム」という人口に膾炙し，すでに多くの議論が費やされ，さまざまな異論の出現をもって私たちを魅了してきた概念の登場以後（cf. Gellner 1983, Balakrishnan 1996, Lomnitz 2001, Smith 1971, Tonnesson and Antlov 1996），「国民」と「国家」，ないし「国民国家」という分析概念は，長きにわたり想像され，流布され，転移可能な抽象概念として議論されてきた。国民国家は識字能力のある知識層，ナショナリスト，そして近代化という国家プロジェクトの受益者などの頭のなかに存在する観念実体として扱われてきたといってよいだろう。国家や国民は，新聞，小説，国旗，国歌，博物館の説明文，地理の教科書のなかの地図，人々の記憶や忘却のなかでコード化され，シンボル化され，テキスト化されたものとして，いつのまにか人々の頭のみを居場所とするようになってしまったように思える。
　ナショナリズム（nationalism）やナショナリティ（nationality），さらにはネーションフッド（nationhood）といったさまざまな接尾辞をともなった抽象概念に

1）アイルランドとEU域内の国境を対象に調査を続けている文化人類学者トーマス・ウィルソンらは，国境を「国家とコミュニティがお互いの歴史を刻印する空間」と表現している（Wilson and Hastings 1998: 5）。本書では，国家のインターフェースがいかにシステムとして構造化されるか，そして国境コミュニティにおいて人々はどのように国家や国家を越えるシステムへの包摂に対応してきたかを検討する。

よって説明されてきた国家や国民のかたち，いいかえれば人々の頭のなかの観念的な国家国民というアイコンを，ボルネオの国境の村の人々の日常のレベルまでいったん引きずりおろしてみようというのが本書の基本的なスタンスである[2]。ナショナリズムを中心とした多くの国民国家論のなかで見えにくいのは，想像され，流布される国家や国民のかたちに対する日常世界での人々の反応である。ボルネオの国境社会における国家の制度的制約とこれに対する人々の営為は日々の現実である。国家や国民という概念，そして国家と国民を結ぶハイフンの意味を，国家の最周縁部における社会と国家の相関関係のなかで再検討することが以下の各章での試みである。

　本書では，ボルネオ西部国境地帯における国家空間の生成と変容を構造とエージェンシー（行為主体）という基本的な二つの視点から考察する。国家による組織的な力の行使，さらには国家自体を包摂する近代世界システムが国境という場でどのような構造的なかたちをとって出現し，人々の日常に影響をあたえるのか。国境社会はどのような反応をもってこれらの力に対するのか。本書では，国境空間をさまざまな構造とエージェンシーが拮抗し，これがきわめて明らかなかたちで観察可能となる一つの社会的な場として位置づけている[3]。ついては，国家による土地の国有化と商品作物生産をめぐる開発政策，トランスナショナルな労働の組織化，民族的な分節化をともなった労働市場の成立，移民法や税関制度のもとでの人々と商品の国家帰属の単一化，空間的実体としての行政村や国家の名付けによる民族集団の成立など，領域国家の成立に初源的に特徴的な事象とこれに対する在地社会の反応を，上からの歴史と下からの歴史の結節点としての国境空間に見ていくことにしたい。

2）本書は，ジオ・ボディの形成と変容の考察をとおして，東南アジアにおける国民のかたちと国家の機能に関する議論に新しい視点を加える目的をもっている。しかしながら，B. アンダーソンの『想像の共同体』やトンチャイ・ウィニッチャクンの『地図がつくったタイ』などで展開される議論とは，社会的なアクターへの注目という点で，その基本的なスタンスを異にしている（Anderson 1991, Thongchai 1994）。いいかえれば，これらの国民形成や国家空間形成に関する議論では見えにくい国家と社会の相互作用の実態を，ボルネオの国境社会を例にとりながら，史的ならびに民族誌的事実の提示をとおして考察していく。

3）ヨーロッパの国境社会を考察した古典的なモノグラフとしては，人類学では Cole and Wolf 1974, 歴史学では Sahlins 1988, 1989, 1990a, 1990b がある。前者は歴史的ならびに生態学的アプローチをフィールドワークに生かしたものであり，後者は国家とエージェンシーの関係への接近に関して卓越している。

密貿易や不法入国，国境を跨いだ重婚，焼畑耕作，ならびに森林伐採，農園労働者のトランスナショナルな逃散，国籍の無視と利用，国家通貨と為替レートの策略的な活用など国境社会での人々の日常のおこないに本書は全章をとおして意識的である。その存在証明が，まさに国境という制度的境界に依存することから，国家領域は数ある共同体の空間のなかでも，最も固定したものとして扱われてきた。これに焦点をあてて，従来の構造論を人々のエージェンシーのなかで溶解させることが本書のねらいでもある[4]。

　国境を舞台とした社会と国家のあいだの弁証法的な関係を理解することによって，ボルネオ島の熱帯雨林における国民と国家の形成に関する比較社会学的な議論は，広く国民国家形成に関する一般的な議論に呼応するものとなる。しかしながら，同時に，本書は東南アジア島嶼部海域マレー社会の地域研究への貢献も目指すものでもある。きわめて移動性の高いマレーやブギスの海洋貿易商や農民，焼畑耕作を生業とするダヤック，そして投機的な華人資本家や労働者たちにとって，トランスナショナルな移動にもとづく非領域性や非定着性は，その生活世界の基本的な性格となってきた。第一次森林の優勢な小人口社会であるボルネオの熱帯雨林を国家の境界が分断した際に，これらの人々がどのような反応を示してきたのか。マレー海域社会の海と川を基盤とする生態的ニッチのなかで，広範な移動を例外というよりはむしろ規範としてきた人々が領域国家に遭遇した歴史体験を考察する本書は，従来の西洋社会から帰納されてきた国家と社会の関係や理論とは異なる事例を提供する[5]。

　社会と国家の相互関係を検討するにあたっては，国家領域を超える人とモノ

4）下記「本書の構成」部分で詳述するが，本書はルンドゥ地区という行政区の地域史（第一部）とマレー村落の社会誌（第二部）の重層的な構成となっている。人々のエージェンシーという問題に関していえば，国境社会での人々の社会経済活動には反国家的とみなされるものもある。国境を越える交易や人の移動，国境を越えした二重居住，他国領内での森林産物の採集など，人々の生活を支えてきた活動の一部は，国家からすれば不法，アカデミックな伝統を踏襲すればインフォーマル・エコノミーとラベルが貼られる行為も含まれている。十全の民族誌記述と調査の倫理は引き替えにはできない。本書は，このような理由から，人々の生活権や生活圏への影響を考慮した上で限定的な記述にもとづいた社会誌となっていることを記しておきたい。

5）ボルネオ西部国境社会についての特定的なモノグラフである本書は，東南アジア島嶼部マレー世界についての書であるとともに，アメリカ大陸やヨーロッパにおいて行われてきた国境社会の研究にも呼応することを目指している（cf. Heyman 1991, Kearney 1991, Wilson and Hastings 1998）。

の社会的流動の概念化ならびに民族誌的分析への適用が課題の一つであり，国境の内部および国境の外部への人，商品，情報，行為，文化，制度，貨幣などの移動に注目し，国家のあいだのフローの法則定立的な運動を明らかにすることが必要となる。については，国境という社会的位相の形成によって発生した運動が，いかに国家によって制御，維持，抑制されるかを考察するとともに，構造化された社会的流動に対するカウンター・フローの出現のメカニズムにも注目していきたい。分離と連鎖，断絶と結合，緊張と共生，収縮と拡張など国家のあいだの社会的接合と切断ならびに構造化された社会的流動の理解をとおして，国家と社会の関係を探る。国家や帝国のあいだで形成されるネットワーク，これらに対置されるものとして，個人や家族，そしてコミュティのあいだの社会的ネットワーク，時に民族集団を超えて形成される商業的ネットワークなどさまざまな社会的紐帯を分析の対象とすることにより，これらのハブが最も重層的に重なり合う空間，すなわち社会的なインターフェースとしてボルネオ西部の国境地帯を位置づけている。

「国民」の不均衡な拡張

　国民という名のもとで括られる社会的範疇が所与のものではなく，領域性をもった政治システムのもとで生成されることは，近年の「歴史」や「文化」の創造をめぐる構築主義についての議論とともに一種の了解事項となっている。このような視点を集団の生成論に敷衍した国民形成の議論の多くが，一種の観念的な共同体論の性格をもつこともある意味では当然である。すでにみたように，さまざまな社会集団は，人々の頭のなかでの「想像」や「象徴」なしには生まれず，国旗や地図に始まりセンサスや博物館の展示説明にいたるまでさまざまな具体的なソフトウェアによって人々の頭のなかに移植される (Hobsbawm and Ranger 1983；Anderson 1991；Thongchai 1994)。これらの議論に特徴的なのは，多くが一枚岩の「国民」(例えば，ナショナリズムへの感応者としての識字者や地理学における国家地図の学び手) を想定しており，社会的な周縁化や分節化，個々人の国家に対する振る舞いが等閑視されてきたことは否めない。
　「包摂」のみならず「排除」，さらには人々の意識的な反国家的，もしくは脱

国家的な行為に注目し，さまざまな種類の国民の存在を前提としながら，国家による社会的境界生成の動態を実証的に考察することが本書の目的でもある。国家空間の周縁部において「国民」という単一のシンボルのもとで一括されながらも，周縁化され，排除され，国家の歴史のなかで忘却の対象とされ，そのアイデンティティそのものを領域国家に否定される国境社会の人々のエージェンシーに焦点をあてて，その国家との関係を歴史的に検討することは本書の大切な課題の一つとなっている。

　本書では，国境コミュニティを一つの社会学的な集団類型とみなしている。植民地統治とその後の国民国家の形成の歴史を経て，世界の地表は国境に分割され，そこには無数のコミュニティが国境線をはさんで存在している。なぜ国境村落は現在のように国家の中心から最も離れた領域国家の境界上に存在するようになったのか。なぜ住民たちは，往々にして正統な「国民」や国定の「民族」の範疇からはずれたものとして認識されるのか。国家の境界と村落の境界が一致する領域国家の臨界点で，彼（女）らは国家の空間や村落の空間を日常の生活世界のなかでいかに認識しているのか。国境をとりまく国家の政策やさらに大きな構造的な諸力に対して村人はどのような関係を結んできたのか。本書では，これらの問いを地域限定的に国境社会の歴史のなかで検討していく。

　「国民」という集団範疇が領域国家のなかで支配的になる過程は決して均等なものではない。この意味で，E. ウルフの指摘は当を得ている。「歴史的なタイミングや人々の地理的な場所，そして社会的ならびに文化的な分節のなかで彼（女）たちが占めるさまざまな社会的位置やその活動のシステムの違いによって，人々が国民として国家の政策や機構に包摂される過程は不均衡なものとなる。国家による集団生成の不均等な拡張により，同質でトータルな国民というよりも不均質な社会的配列が生じることになる」（Wolf 1999: 12）。本書では，国境社会の人々が「国民」や「民族」といった社会的範疇を国家の最周縁部の日常においてどのように流用し，社会集団の生成と維持にかかわる国家のルールを時に受容し，時に換骨奪胎してきたのかを1世紀を超える地域史と村落史のなかで検討する。

フィールドワークとマイクロ・ヒストリー

　以下の各章では，1840年代から2006年までの地域史と村落史のなかで，ボルネオ島西部，現在のマレーシア側のフロンティア社会を望遠，接写，開放などさまざまな分析的なレンズを用いながら考察していく[6]。

　考察のコアとなる空間はきわめて限定的なものであり，国境に隣接する1,800平方キロメートルほどの一つの行政地区（第一部）および100平方キロメートルほどの国境村落の生活圏（第二部）に限られている。誰も知らない，そして書かれたことのない国家空間の履歴に対する人類学者のこだわりが本書の特徴ともいえる。

　考察の対象としている地域と村落について入手可能な史資料はすべてあたるように努力したが，記述されるべき歴史時間の断絶や欠落は多い。ついては，国家史や民族史の名のもと，そして特定のテーマのもとで，限定した空間を超えて（時にあちらこちらに飛び跳ねて）議論を行うことを本書では意識的に自重した。この小さな地域に代々かかわってきた人々が知らないこと，彼（女）らが自分のことではないと感じるような事柄はできるだけ書かないようにしたといってもよいかもしれない。このようなストイシズムは，地域史とフィールドワークを接合するための一つの方法でもある[7]。本書は，通時的な資料分析な

---

[6] フロンティアという言葉によって通常は二つの意味が想起される。第一は，例えばアメリカ史におけるフレデリック・ジャクソン・ターナーのいわゆる「フロンティア仮説」を思い起こさせるものである。アメリカが西に向かって広がっていくという時に想起される無限定的，非限定的な開拓空間のイメージである。例えば，東南アジアの島嶼部研究でながらく議論されてきたフロンティア空間は，農業的な開拓前線であり，そこでは，まさにギャンブラーとでもいえるような土地を拓き，成功を求めて移動する投機的な農民像が取り上げられてきた。

　もう一つの語義的な意味でのフロンティアは国境を意味する。国の一番最周縁部という意味でのフロンティアである。政治的なシステムのなかでの最周縁部であるだけではなく，経済的ならびに文化的な領域のなかで，一番端，次のシステムとの境目（インターフェイス），すなわち二つの文化，二つの経済，二つの政治システムのあいだに位置するような「はざま」としての社会空間である。以下では，開拓前線としてのフロンティアと文化，経済・政治的システムの境界域，この二つの言葉を中心に議論を進めたい。

[7] 歴史と民族誌，そしてミクロとマクロの結合については本書の姿勢は，内堀1996の姿勢に近い。

らびに共時的なフィールドワークにもとづき，歴史動態を意識した人類学的研究（historically informed anthropology），もしくはフィールドワークを中心にすえた社会史研究（anthropologically informed social history）といった二つの性格をもっている。いいかえれば，国家史や国境をめぐる国際関係史，国家や帝国の国境空間に対する政策や運用などいわば上からのマクロな歴史とフィールドワークをとおして再構成された国境社会のミクロな歴史を国境という空間に同時に映すことを本書は試みる[8]。

B. クーンの言葉を借りれば，私は「人類学者がフィールド・ノートを扱うように，歴史資料を扱う」ことに専念した（Axel 2002: 13）[9]。ついては本書が対象とする歴史とその空間について少々説明しておこう。

領域国家の形成を国家と社会の両サイドから実証的に見ていくためには，国境のイベント・ヒストリーをきわめて限定的に理解していく必要がある。これらのイベントには，国の歴史やさらに世界史と結びつく軍事衝突や村の焼き討ちといった事件もあればマレー村落の住民や華人の農園労働者や密貿易者たちのみが知る日常の出来事もある。本書はこれらの政治経済的な大きな動態と日常の出来事の絡みあい，二つの歴史時間のインターフェースに焦点をあてている。

本書では 160 年ほどの地域史と村落史を扱っているが，これらの空間履歴の最新ページの上を私は人類学者として歩き回ったことになる。計 2 年を越える現地でのフィールドワークをとおして，この空間に対するきわめて親密な感覚をもったことは社会史の理解に役立つものであった。以下の各章で記述される川や山，岬，そしてコミュニティの一つ一つに土地勘があり，場所を同定することができる。それらに張り付いた景観の多くも頭のなかにある。

フィールドワークをとおした歴史空間への共感は，私にとって史資料や古老の記憶を理解するために大切な意味をもっている。モンスーン時の荒れ狂う南シナ海の恐ろしさ，インドネシア領海からサラワク側に入った時に眼前に伸びる海岸線が与える開放感と安心感，国境部沿岸に今も残る農園跡に朽ち果てて立つココ椰子の風景，たびたび境界設定の協議がもたれてきた国境で実際に分水嶺を見つけることの難しさ，人々がゴム板を担いでサラワク領に向かった山

---

8) Wolf 1986, Mintz 1985, Roseberry 1983 を参照。
9) 歴史人類学の動向については Alex 2002。

あいの道の細さと遠さ，共産ゲリラが樹上にハンモックを設営して潜伏した森の暗さ。これらはナコダと呼ばれたマレー人海洋貿易商，密貿易に従事したサンバス・マレー農民，胡椒農園から逃散して国境地帯で捕縛された華人農園労働者，そしてサラワクに軍事侵攻したジャワ兵などが国境の歴史のなかで身体をもって感じてきたものである。フィールドワークをとおして追体験することで得られる共有感覚は，風のにおいや闇の濃さ，ジャングルのさまざまな音の記憶とともに私のなかに今も残されている。このような空間に対する皮膚感覚的な記憶をもったフィールドワーカーによる歴史的アプローチが本書の一つの特徴となっている。

　サラワク王国ルンドゥ地区という一つの植民地行政区の歴史を再構成するにあたっては，サラワク博物館に所蔵されている『サラワク官報』(The Sarawak Gazette) におよそ九十年余りにわたって掲載されたすべての月間地区報告ならびに関連記事にあたった[10]。イギリス植民地資料としては，CO 144, 531, 874, 947 を中心に Colonial Office Files を英国キューガーデンズのパブリック・レコード・オフィス，シンガポール・ナショナル・アーカイブスならびにシンガポール国立大学中央図書館で閲覧した。オランダ領西ボルネオ（現インドネシア，西カリマンタン）側の植民地資料に関しては，ジャカルタのインドネシア国立公文書館 (Arsip Nasional Republik Indonesia) に所蔵されている Memorie van Overgave, West Borneo (Westerafdeling van Borneo) を利用した。口承伝承に関しては，東マレーシア第一省南西部に位置する国境村落テロック・ムラノーならびにスマタン，ルンドゥ，クチンのサラワク・マレー，ダヤック，華人コミュニティ，加えてインドネシア西カリマンタン州のタマジョ，パロ，ポンティアナック，ムンパワ，サンバスなどのサンバス・マレー人ならびにブギス人村落で聞き取り調査を行った。

　最後に本書の方法論について。人類学ならびに歴史学に加えて，理解の窓口

---

10)　『サラワク官報』は，1871年に創刊された月刊の政府官報である。その内容は，ラジャの名のもとで発布される「Notification」や「Order」，その他の条例の通告，行政地区報告抄録，商品市場価格，英国や海峡植民地英字新聞の転載記事，月間気象情報など多岐にわたり，地方行政官がクチンのみならず他の行政地区の状況を知る上で重要な役割をはたした。行政官のみならず，一般購読も可能であり，サラワクにおける一種のコミュニティ・ペーパーの性格ももっていた。ちなみに『サラワク官報』の行政地区報告「Monthly Report」は，各地方行政官からクチンに送られた報告書が部分的に掲載されたものであり，サラワク古文書館およびロンドンの関係機関でも，オリジナルの報告書は存在しなかった。

1923年1月2日付け『サラワク官報』の表紙。

となった先行研究は，社会学，政治学，生態学，地理学などさまざまなジャンルにわたっている。地理的にも現在のマレーシアとインドネシアを扱っており，マレーシア研究やインドネシア研究といった一国地域研究の枠を超えるものとなっている。学際的ならびに脱一国研究といった性格，そして積極的な折衷主義がこのモノグラフの性格規定を難しいものとしているとすれば，著者としては嬉しい限りである。

本書の構成

　本書の構成は以下の通りである。
　本書は二部構成となっている。第一部「スルタンの辺境から国家の周縁へ」では，現在のインドネシア，西カリマンタンに隣接する東マレーシア，サラワク州南西部，ルンドゥ地区（Lundu District）国境地帯の歴史の再構成を試みる。については国境地帯における国家空間の生成を1841年の初代白人王ブルックによるサラワク王国建国から1963年のマレーシア連邦編入までの植民地史のなかで考察する。
　第二章「国家が所有を宣言する時」では，ブルネイ・スルタンとサンバス・スルタンの辺境が蘭領西ボルネオとサラワク王国という二つの植民地国家の境界によって分断されていく過程に注目し，「無主の土地」とみなされた空間が国有化宣言のもとで国家による分配の対象とされるプロセスを検討する。初代白人ラジャ，ジェームス・ブルックのもとでの土地，移民，労働にまつわる政策立案と運用に焦点をあてながら，サラワク王国南西部の辺境地域における国家空間の創世期を明らかにしていく。
　第二代ラジャ，チャールス・ブルック（1871～1910）の経済政策のもと，ルンドゥ地区は商品作物生産のための農業フロンティアへと変化する。土地の国有化ならびに農園開発を条件とした土地用益権の民間への譲渡をとおして，ルンドゥ地区では華人，ダヤック，マレー系という三つの民族集団による胡椒，ガンビール，ココ椰子耕作が進み，マレー海域世界に特徴的な複合社会の様相を呈するようになる。本章では，民族集団による労働組織化の相違などに注目しながら，サラワク南西部辺境社会の生成プロセスを『サラワク官報』における

行政報告などの第一次資料を用いながら再構成していく。

　第三章「国境の履歴」は，ルンドゥ地区に形成された複合社会を植民地政府がいかに国家の空間として馴化していくか，その政策，運用，そして国境社会の反応を1920年代後半までの地域史のなかで考察する。従来，国家領域を越境して行われてきたダヤックによる焼畑耕作の囲いこみ，華人農園労働者の国境を越えた逃散とこれを阻止するための施策，阿片と博打の管理者としての植民地政府が華人労働者のモビリティ剥奪のために果たした役割，ココ椰子農園へのマレー農民の組織的移住と帰化政策，森林産物への課税など，本章では，前章でその成立過程を考察した農業フロンティアがいかに国家空間としての性格を強めていくかを検討する。

　第四章「ゴムとコンフロンタシ」では，1920年後半から始まる国境社会でのゴム・ブームにまず焦点をあて，単一商品作物生産への移行の過程を詳述するとともに，1934年の「国際ゴム協約」によるゴムの新規植え付け禁止と生産制限によって活発化した密貿易を中心に，国家の経済的境界形成と国境社会の反応を考察する。国際的な生産調整策のもと，国家が経済的単体として閉じようとした際，蘭領西ボルネオとサラワクの国境社会は国家領域を越えた商品フローをもって対応し，ゴムのみならず広範な物資が蘭領からサラワクに流入し，密貿易はルンドゥ地区の主要産業となる。本章では，日本軍占領期をはさんで，ルンドゥ地区が反国家的な経済ニッチとしての性格をもつようになる過程に注目する。

　国家経済の空間的囲い込みに対するインフォーマル・エコノミーは，しかしながら，国家による暴力的な国境の線引きによって終焉を迎える。第四章の後半部では，1963年に始まるインドネシアによるマレーシアへの軍事侵攻（コンフロンタシ Konfrontasi），これに続く華人コミュニストの森林地帯における潜伏活動により，いかにルンドゥの国境地域が政治的なフロンティアと化していくかを描写する。

　第一部はサラワク最南西部ルンドゥ地区の辺境社会の地域史を『サラワク官報』などの史資料にもとづき，ブルック政府による植民地開発からマレーシア連邦編入までの時間の流れのなかで検討するものである。これに対して，第二部「国境線上の国家と村落」は，主にマレーシア成立後の国境社会の動態をフィールドワークをとおして考察する。第二部の各章においては，テロック・ムラノーという一つのマレー人村落に焦点をあわせ，第一部で描かれた国境の

地域史に人々の顔と声を付け加えていく。考察の対象とするサラワク・マレー人コミュニティは，ルンドゥ地区スマタン小地区のスマタンとダトゥ岬のあいだの沿岸部に位置し，その村境がインドネシア国境と一致する最はての村落である。第一部で考察したルンドゥ地区の周縁部であると同時に国家の周縁部にもあたるテロック・ムラノーの歴史的エスノグラフィーは，本書のなかでは，一種の入れ子構造をたもちながら，第一部の地域史に人々の日常世界を投影させる意味をもっている。

第五章「国家の臨界点」では，テロック・ムラノー村落史が再構成される。海賊の港としてスールー海域から訪れる海洋民の寄留港として栄えたダトゥ岬周辺が，ラジャ・ブルックによる軍事的平定後，サラワク領のなかの化外の地として，非サラワク臣民のための移住地となったのが1870年代のことである。本章では，蘭領西ボルネオ沿岸部サンバス地方から移住したマレー系住民のココ椰子農園開発ならびに，農園経済の衰退とともに，住民たちが焼畑による陸稲耕作に特化していく経済的な周縁化の過程が明らかにされる。

第六章「民族の周縁」では，沿岸部のマレー人コミュニティの陸への生態適応，すなわち第一次森林での大規模な焼畑耕作への特化という歴史をふまえながら，テロック・ムラノーのマレー農民の民族的周縁化を検討する。ついては，サラワク植民地化のもとで民族的なヘゲモニーを確立したクチンを中心とした貴族層のマレー人社会との比較において，焼畑民としてのマレー人の民族性を国家領域の形成過程のなかで考察する。国家領域の生成とともに進行する国民の差異化や民族内の成層化を，国家空間というアリーナのなかで再検討することが目的である。

村の境が国の境であるテロック・ムラノーの農民たちにとり，国家の領域は地図上の彩色でもなければ，都市のナショナリストの頭のなかの抽象物でもなく，日々の生活のなかでの現実である。第七章「村と国の境界」においては，国家の空間がいかにテロック・ムラノーの人々の生活世界で認識されてきたかを検討する。本章最終節では，インドネシアによる軍事侵攻によって国境線が刻印された1963年のコンフロンタシという政治的事件に注目し，国際政治のなかでの国家空間の顕在化について人々の日常のなかで考察する。

1963年以降のマレーシアとインドネシアという二つの国民国家の成立，特に両国の軍事的衝突という歴史体験をとおして，ボルネオ西部国境社会は，国家のヘゲモニックな空間の分断による国民の生成と歴史的に存在するトランスナ

ショナリズムの共生という相反する社会的ベクトルを内包する場となる。インドネシア人とマレーシア人と国籍は異なっても，共に国家空間の周縁部に住む人々のあいだでは，国境を越えたネットワークが親族関係や経済活動をとおして形成されてきた。第八章「国家の浸透圧」では，1980年代後半に形成されたインドネシア開拓村タマジョとテロック・ムラノーの村人の社会関係を描写し，そこに見られる共生と緊張，そして断絶と結合を検討する。については，国境を通過する人，商品，労働力，貨幣など社会的フローに注目し，インドネシア通貨ルピアの減価に象徴される国家経済の格差拡大という構造のなかで決定される国家のあいだの浸透圧について考察する。

　第九章「国境の使い方」では，アジア経済危機後のテロック・ムラノー村とタマジョ村の再訪を足がかりに，現在進行的に進むボルネオ西部国境社会の変化を検討する。テロック・ムラノーにおける定点観測を離れ，サラワク州と西カリマンタン州のあいだに形成された国境地帯に今一度フォーカスを拡大させながら，ポスト・コロニアルな状況下で進む領域国家と国境社会の共鳴と拮抗の関係に注目する。

　最終章「国境と権力」では，組織的権力と構造的権力という二つの権力類型に照らしながら，植民地期から現在にいたる地域史のなかでボルネオ西部国境における国家と社会の生成にかかわる空間的契機を論じる。については，国家空間と権力の関係を2006年までアップデートしながら，トランスナショナリズムと国家の関係を総括する。

第一部
スルタンの辺境から国家の周縁へ

第二章
国家が所有を宣言する時

国家空間をめぐる四つのプロセス

　東南アジア島嶼部における領域国家の成立は，いわゆる「前近代」から「近代」への移行にかかわるトータルな社会変化であり，多くの在地社会が植民地化という歴史のなかで体験した普遍的な社会的プロセスでもある。国家空間の生成を考えるにあたり，以下のような四つのプロセスを明らかにすることが必要と思われる。

　近代国家という空間が，先行する社会編成を根幹から変換させていく長期的プロセスの端緒は，まず国家がある空間を「領有」するためのイデオロギーの確立から始まる。国家空間の生成は，とりもなおさず国家が特定の空間に対する排他的な関係を確立することを意味し，国家による空間の「所有」を支えるイデオロギー的な了解を取りつけることが前提とする。このような第一のプロセスは，例えば，植民地状況のもとでは，ある空間を概念的に「無主の土地」とみなすことに始まり，国家による新たな土地の国有化宣言という一種儀礼的なプロセスがこれに続く。

　国家の空間的所有の強制的な承認のプロセスに続いて必要なものは土地法などの法的な制度設計である。いったん国家の所有物となった土地は，多くの植民地状況のもとでは，国家による土地用益権の譲渡というかたちをとおして臣民や企業家に再分配される。ここで，注意しておきたいのは，このような土地の分割と譲渡のプロセスは，多くの場合，農民や契約労働移民の範疇確立と労働力動員に関する国家の制度設計と表裏一体をなしていることである。蘭領東インドにおける強制栽培やマレー半島におけるゴム農園開発の例を引き合いにだすまでもなく，労働や生産と無縁な土地制度といったものは存在しない。

　このような制度設計を第二のプロセスとすれば，次に必要となるものは制度運用である。東南アジア島嶼部においては，オランダやイギリスなどの列強西洋諸国の植民地政府や企業経営体のもとで，国家による制度設計に続く実質的な運用が進んだことは周知の通りである[11]。これらの三つの歴史過程とともに

---

11) イギリスの植民地政策により，警察力や徴税権を伴った支配の機構としての近代国家の成立プロセスについては白石（2000）を参照。

見ていかなければならない第四の動態は，在地社会の対応のプロセスである。これを理解するためには，在地社会の社会編成や生態学的基盤などのバリエーションを考慮した個別的なケース・スタディが必要なことは言うにまたない。領域的国家の所有に関するイデオロギーの確立，これを支える制度設計と実質的運用に対して，東南アジア島嶼部の「前近代」的な社会編成がいかなる反応を示したのか。外部から注入された新しい社会変化に対する在地社会からの反応を知るためには，例えば，スルタンやこれに連なる政治的エリートのみならず，国家空間のなかに新たに括り込まれた農民，漁民，焼畑民，狩猟採集民，商人など，さまざまな人々に注目し，それぞれの歴史的体験を検討する必要がある。

本章と次章は，国家空間の形成にかかわるこれらの四つの社会的プロセスを考察することを目的としている。東南アジア島嶼部の在地社会が経験した植民地化のプロセスを，国家空間の生成という視点から再考した時に何が見えてくるのか。ボルネオ西部，蘭領西ボルネオ（現インドネシア領西カリマンタン）に隣接するサラワク王国の行政地区ルンドゥ（Lundu District）の辺境地域に焦点をあてながら，国家の空間的実体化のトータルな社会過程を，同時に進む国境社会の生成の社会史に投影させながら検討していきたい。

国家と領有

「所有」という現象を考えるにあたり，通常私たちがとる手続きの一つは，まず所有する主体と所有される客体を特定することだろう。「誰」または「何」が所有の主体であり客体であるか。所有の行為主体といえば，個人に始まり，家族，親族，村落などの血縁や地縁で結ばれた共同体に加えて，企業体，寺院，軍隊から国家にいたるまでさまざまな団体が頭に浮かんでくる。所有される対象も，動産や不動産などいっさいの有体物やいわゆる知的所有物，さらには人間自身などが考えられる。

個人，組織，社会，そして国家の作りだす関係のなかで所有の意味を探るには，個人を起点としながら社会関係の網の目を拡大させていくのが常套的な方法だろう。個人の所有は，二者間から始まり血縁や地縁にもとづく共同体や団

体と絡まりあいながら多種多様なかたちをとる。

　以下では，所有をめぐる国家と社会の関係を可能なかぎり包括的な視点から検討していく。ついては，広範かつ複雑に絡みあう所有関係の束を下から上に眺めるのではなく，視点を逆転させてトップダウン的に眺めてみたい。これは，個人から国家まで所有関係を順に拡大させていくという容易ではない手続きのもとで，錯綜していく個人と集団の関係の束を考察することを避ける一つの方策でもある。そのために，所有の主体を「国家」，そして客体を「空間」のレベルまで一挙に引き上げて歴史的に考えてみようというのが本書のスタンスである。

　国家を所有の主体とし，所有される対象を空間としてみて改めて気づくことは，国家が空間所有について「領有」や「領土」といった特有な語彙をもっていることである。これらの言葉は，いずれも国家による空間の所有が国家の存在理由そのものと深く結びついていることを示すものである。国家が親族などの共同体や会社などの団体と異なる点は，その成立と存続の前提条件に「領域性」が明確に組み込まれていることにある。国家とは所与の領域のなかで物理的な力を行使する正統性を独占的にもつ団体であるという先述のマックス・ヴェーバーの定義をもちだすまでもなく，領域は国家成立のための重要な要件とされる。リヴァイアサンとしての近代国家が生成するためには，領域の所有，すなわち国境によって括られた国家空間の領有が重要な前提となるというわけである。

　国家に本源的に付与された領域性は，政体の発達段階のなかでは「近代」と「前近代」を分ける重要な指標とされてきた。このような領域論の系譜は，現代の社会学にも基本的にはかたちを変えずに受けつがれている。例えば，伝統的国家が近現代の国家といかに異なるかを強調するA.ギデンズは，「社会システムとして見た場合，伝統的国家の『辺境』が，国民国家の間に存在する『境界』と著しく異なることの理解は必要不可欠である」（ギデンズ 1999: 64-65, cf. Giddens 1984）とし，そこには新カント派から始まりヴェーバーを経由した領域国家論の系譜をみることができる。

　国家による空間所有という現象を，ヴェーバーのように国家の定義のなかに最初から押し込めたり，ギデンズのように一種の社会進化のスキームとして議論することは容易い。しかしながら，これらの議論では，能動的に空間を所有する国家の振る舞いや国家的なプロジェクトが新たに注入される際の受け手社

会の状況を理解することは難しい。本章は，個人と国家の両者にまたがる社会関係の総体としての国家空間の形成過程を考察することを目的としている。それは，定義のなかで固定した国家と社会の関係を検討しなおし，国家領域の起源論とは異なる視点から領有という現象を考えることである。

「曼陀羅」と「銀河系政体」

　従来，東南アジアにおける領域形成は，静的な構造論もしくは形態論を中心に論じられてきた。すなわち「辺境」と「境界」は区別され，近代国家は，前者ではなく後者によって規定されるという領域生成に関する二分法である。そこでは，不明確なゾーンではなく，直線的な国境によって括られることが近代国家の成立の前提とされる。これに対して「銀河系政体（galactic polity）」（Tambiah 1976）や「曼陀羅」（Wolters 1982）と表現されるような前近代国家は，中心がその外縁を決定すると考えられている。二者関係の連鎖，すなわち人の支配の連鎖によって構成される空間では，支配者の権力は安定しておらず，中核地域，地方，属領，朝貢国からなる支配の同心円が，支配者のカリスマの消長によって伸縮を繰り返す。象徴的な支配は，領域的にぼんやりとした圏を形成するのみであり，その周縁部は明確な区切りがなく曖昧なものと考えられている。B. アンダーソンはこれらの前近代国家を「文化システム」として規定し，宗教共同体（イスラーム共同体，キリスト教世界，仏教世界など）と王国をその例としている（アンダーソン 1997）。

　これらの「文化システム」に対して，近代国家は，明確な領域をもつ政体であり，これを規定する国境は，「隣接する国家の領土の接触するところにあり，主権の限界を決め，そのなかに含まれる政治的地域の空間的かたちを定義する特別の意義をもつ。［中略］境界は［中略］国家主権のあいだの垂直的な接触面が地表と交差するところに成立する。［中略］垂直的な接触面として，境界は水平的な広さをもたない」（Muir 1975: 119，アンダーソン 1997: 286 より重引）。以上のように，従来の東南アジアにおける政体領域論では，基本的には「前近代」と「近代」の二分法にもとづいた議論が中心をしめ，「辺境」と「境界」という異なる空間概念にもとづいた議論は，最終的には静的な構造論にとどまること

になる。先にみたように領域性を国家の成立の大前提とする定義論も発展段階論的な国家領域の変成モデルも基本的にこれらの二分法的な形態論にもとづくものであるが，いずれも実証的な検討を欠く。この意味で，ちょうどアンダーソンがそのナショナリズム論のなかで「国民」を「正統的なフィクション」と称したように (Anderson 1990: 95)，地図上で彩色される近代国家の領域も，最終的には観念論的なソフトウェアとして論じられてきた。

本章と第三章では，東南アジア島嶼部における植民地化の進行のもと，ぼやけた辺境が国家の国境によって分断され，領域国家が空間的な実体として形成される過程を二つの視点から明らかにしたい。まず本章では，ブルック植民地政府のもとでサラワクの大地が国家の土地に転換される法的ならびに経済的過程に注目する。空間の国有化は植民地化のもと，サラワクのみならず隣国の蘭領西ボルネオでもみられ，二つの国家空間を分ける植民地化プロジェクトが同時に進められた。熱帯雨林に覆われた分水嶺を国境とするサラワク／西ボルネオ辺境社会において国家の境界がいかに刻印されたのか。第三章ではこの問題を取り上げ，植民地国家の曼陀羅的辺境から領域国家への変遷のプロセスを明らかにし，国家と社会の弁証法的関係について考察を行うことにする。

以下では，植民地国家が「無主の土地」の「所有」を宣言した際に何が起きたかを具体的に考察しながら，行為主体としての国家の領有とこれによって規定されるところの個人や社会の関係の変質を追うことにする。その具体的作業として，ボルネオ島西部のルンドゥ地区国境地帯を19世紀後半から今世紀初頭にかけての地域史のなかに位置づけながら，国家の最周縁部から見えてくる領域生成の過程を明らかにしたい。

国家が所有を宣言する時

ボルネオにおいても，近代国家としての植民地が成立する以前は，ブルネイ，サンバス，クタイ，バンジャールなどのスルタン王国を数多くの土侯がとりまき，「曼陀羅」政体に特徴的な領域形成がみられた。これらイスラーム的文化システムの干渉しあう最周縁部は，まさに銀河系の縁のような曖昧な帯域であり，英明なるスルタンの力が重なりあい浸透しあう空間であった。

このようなボルネオのぼやけたジオ・ボディに西洋近代国家が介入し、領土の分割を最初に行ったのが1824年の英蘭条約である。この結果、両国はシンガポールの南をオランダが、その北をイギリスが領有することで合意する。しかしながら、この「シンガポールの南と北」の分割という条約事項は、スマトラ島については、オランダ側の領有権の承認ということで落ち着くが、ボルネオ島の境界設定となると問題を残す。当時は、やっかいな問題を避けるために、両政府がボルネオの具体的な分割をみあわせ、島の中央部をつらぬく山地帯を大まかな境界としたのみで実際の領域確定は行われなかった。

　以下で考察していくボルネオ島西部は、二重の意味で緩衝地帯であった。すなわち、この地域は、1824年の英蘭条約によって生じた領域的緩衝域であると同時に、境界をもたない伝統的政体としてのブルネイ・スルタンとサンバス・スルタンによる緩やかな圏的支配のはざまとして従来から存在してきたのである。このような空間に、突然、自らを白人ラジャ（王）と称して王国をうちたてたのが、ジェームス・ブルックという英国人青年であった[12]。ジェームスを初

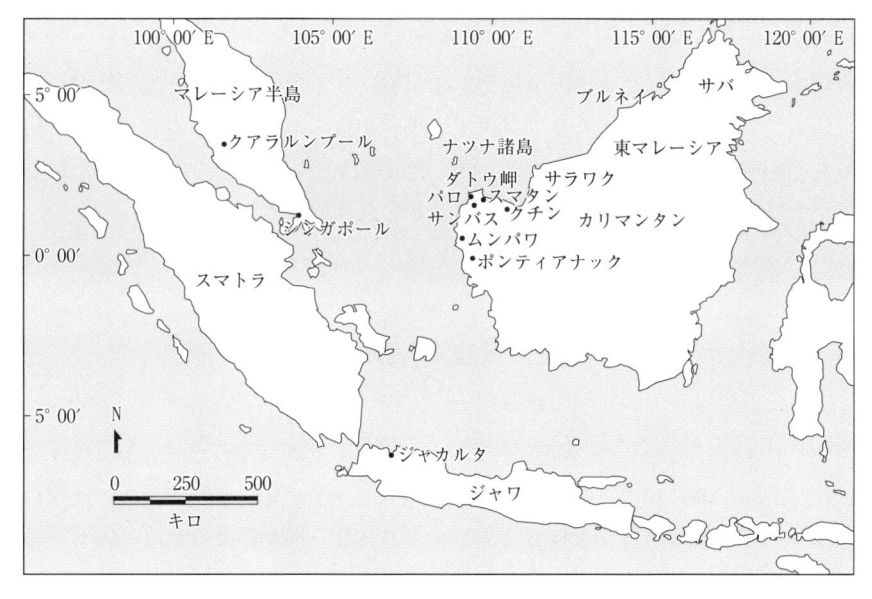

図2-1　マレー海域世界

12）ラジャ・ブルックならびにサラワク植民地政府についての歴史的考察としてはWalker 2002を参照。

代として三代，百年間にわたりボルネオ西部の「シンガポールの南と北」にまたがる政治的緩衝地帯にブルック一族によって建設されたのがサラワク王国（現マレーシア，サラワク州）である。親の遺産を手にした元東インド会社官吏のジェームス・ブルックは，シンガポールからニューギニアにいたる領域でのイギリス支配の確立を願う若き覇権主義者であった。彼がブルネイ・スルタンとイスラーム土侯たちの内戦が激化していたサラワク（現在のクチン周辺部）に寄港したのが1839年である。地元のマレー人土侯の反乱を抑えるためならば，この白人冒険家にサラワクを割譲することはブルネイ・スルタンにとり政治的損失ではなかった。かくてボルネオの辺境であったサラワクは1841年にジェームス・ブルックの王国となる。この王国は当初，植民地としての承認を欧米列強諸国から受けることもあたわず，スルタンによる象徴的主権の譲渡のみを国体成立の証としていた。それは，従来ボルネオに散在したイスラーム土侯たちの伝統的政体を越えるものではなく，その領域の外縁も明確な境界を欠いていた。

このような初代ラジャのもとでの疑似「曼陀羅」国家が植民地として変質し，のちのイギリス統治（1946〜1963）を準備するような近代国家に転成していく過程の検討は，まさに本章の主題である国家による空間の所有と深く結びついている。以下では，まずサラワク植民地政府が自らの国家空間のデザインを始めた1860年代以降の土地制度の立案と運用に注目しながら，国家がいかにしてサラワクにおける領有を進めていったかを具体的に考察することにしたい。

「無主の土地」の国有化宣言

サラワク王国において，初代ラジャのジェームス・ブルックの治世（1841〜1871）末期の1863年に「土地法」（Land Regulations）が発布された。この法律はサラワクの土地の国有化を目的とするものであり，国家による突然の領有宣言であった。

村落，ならびに競売に課されている土地を除く農業のために必要とされるすべての空閑地と荒廃地は，政府の意向のもとで，1エーカーあたり1ドルをもって譲

渡，または900年の期間をもって1エーカーあたり50セントの地代をもって貸与される。これらには1エーカーあたり10セントの免役地代ならびに15セントの測量費が加算される。

900年の貸与期間をもって借地した者は，3年終了時に，1エーカーあたり1ドルを追加することにより，その土地を購入することができる。

借地契約者ならびに単純不動産権保持者の区別なく，所有開始から10年以内に土地の4分の1が開墾，耕作，牧草地としての使用もしくは建築用の目的に供されていない場合は，その土地は政府の接収の対象とされる (Porter 1967: 32)。

　この1863年の土地法により，習慣法（adat）にもとづいた先住民の土地への権利は保障されたが，それはあくまでも耕作中の土地に限られた。焼畑の休閑地はすべて国有化され，現行の耕地を越えた開墾や作付けは政府許可が必要となった。サラワクにおいて，この土地法により最も影響を受けたのは焼畑耕作を生業とするダヤック系住民である。これら山間部の焼畑陸稲耕作民のあいだでは，耕作地の用益権が双系的な親族関係をもつ集団のなかで通世代的に継承される。初めて第一次森林を開墾した者に双系的につながる子孫は，その土地の耕作権を共有する権利をもつ。この場合，個人は父方および母方，さらにはその父方と母方からの用益権を受け継ぐため，一つの第二次森林耕作地をめぐり複数の親族集団成員が耕作権を共有することになる。このような焼畑耕作をめぐる用益システムは，西洋的な所有概念としての私有とは元来なじまないものであった。在地社会の土地管理形態をサラワク政府は共同体的占有とみなし，その結果，村落の入会地以外の個人の耕作地への永続的な所有関係が否定されることになる。

　甥のチャールス・ブルックが二代目のラジャとなると，さらに土地法の改編が行われ，土地の上物に対する先住民の権利も政府による買収の対象となる。1871年に追加された条項は以下の通りである。

不法占拠者は土地に対する実際の権利を有しない。しかし，政府が土地を接収する際には，その土地の植物の一時的所有者は補償を受けとる。この補償は政府が指名する2人以上の人間によって決定される。これらの土地の上にある建物の価

値は最大25ドルに制限され，地代ならびに税金の支払いのために収用の対象となる（SG Jan. 24, 1871: 39）。

焼畑耕作民は，1863年の土地法により世代をこえた耕作地の用益権を失い，この追加条項によって，祖先が開墾した土地に植えたドリアンなどの果樹への世代をこえた権利も失う。1863年および1871年の土地法により，いまや「不法占拠者」とされたサラワクの先住民の土地に対する関係は否定され，祖先から営々と受け継がれてきた森林産物に対する継承権もサラワク政府によって接収されることになる。

東南アジア島嶼部におけるイギリスとオランダによる植民地化においては，土地制度に共通した一つのパターンが指摘できる。それは植民地管理下の大地が「無主の土地」（terrae nulius）としてみなされ，国家による国有化が宣言されることである[13]。そこでは，従来の在地社会のシステムのなかに埋め込まれた人々と土地との関係が概念的に無視される。植民地国家が土地の国有を突然宣言する前提としては，東南アジアにおける英蘭両国に共通する支配のイデオロギーが存在する。これは「国家＝最高地主説」とも呼ぶべきものであり，地元社会には共同体占有はあっても私的所有は存在しない，従来，唯一最高の土地所有者であった専制君主のあとを継承した政府は土地の独占的な所有を行うことができる，という植民地行政側の支配の論理である。

シンガポールの建設者であるS. ラッフルズが，ジャワの社会編成を称して，「未開人種の間では分業が殆ど存在しないのと同様に，専制主義のもとでは権力の分立は存在せず，専制君主は所有権者（propriator）であって，他のすべて

---

[13] 「無主の土地」に関しては，安田1999に詳しい。「無主地の概念は，本来ローマ法の概念であって，グロチウスにより国際法の概念として構成されたとされ，領土取得の一つの条件である先占の法理の前提とされた。この概念はヨーロッパが非西洋世界に拡大しつつあった18世紀から19世紀にかけて，非西洋諸国の植民地化を正統化する理論の一つとして広く主張された。そこでいわれる無主地とは，第一に国際法上の主権という観点からは，その地が何者によっても領有されていないということであり，第二に，所有権法上の観点からはそれが何者によっても所有（possession）されていない，ということを意味した。」（安田1999: 397-398）。

西洋社会が「無主の土地」とはじめて遭遇し，いかに土地所有を行ったかについては，コロンブスの新世界における領有宣言についてのグリーンブラッド（1994）の考察がある。そこでは，土地所有が言語的行為として分析され，所有行為の宣言や記録，原住民からの申し立ての有無などをめぐる支配のイデオロギー形成が論じられている。

はその財産（property）である」(Raffles 1830: 151-152) と述べたように，当時の東南アジア社会においては，すべての土地が専制的君主に帰属するとされ，在地社会には共同体的な土地占有のみで私有観念が存在しないと考えられた。これはとりもなおさず，以後の列強植民地における伝統的政体から植民地行政府への土地所有権の移管を支えるイデオロギーとなり，イギリスやオランダの植民地政府が在地支配層にかわり最高地主として在地社会を統治するための理論的な屋台骨となった。この「国家＝最高地主説」のもととなるアジア的土地所有に関するイメージは，マルクスがその遺稿『資本主義的生産に先行する諸形態』のなかで，土地所有の欠如は，全東洋に通じる鍵であると論じたものとも通底する(cf. マルクス 1963: 84)。マルクスは周知のとおり，アジアにおける国家ないし専制君主を唯一最高の土地所有者として理解する一方で，一般の人々を単なる土地占有者とみなしている。このような視点は，イギリスとオランダの国家による植民地的土地所有を支えるイデオロギーと合致する。

ラッフルズの国家＝最高地主説が，以後サラワクや北ボルネオを含む英領植民地における国家の土地領有を支える理論的支柱となったように，オランダも蘭印東インド（現在のインドネシア共和国）において同様な論理のもとで土地の国有化を進めた。ジャワでは，1870年の「国有地宣言」と通常呼ばれる農業令第一条のもと，デサ（村落）における共同的な土地占有権が概念的に認められる一方で，個人の私的土地所有が否定される。おりしも強制栽培制度の廃止にともなって，すべての土地の国有地宣言がなされ，民間資本が経営するプランテーションへ契約による土地の租借が進められた。1871年には矢継ぎ早に借地法が制定され，国家を唯一最高のチャンネルとした土地への権利の再分配が進められるようになる[14]。

国家＝最高地主と労働力動員

サラワクでは，強制栽培制度や西洋人投資家による大規模プランテーション

---

14) 西洋社会におけるアジア的共同体占有の概念生成に関しては郷 (1986) が参考となる。イギリスならびにオランダの植民地支配のイデオロギーとしての「国家＝最高地主説」については，江守 (1966) を参照されたい。

開発が進まず，基本的にはダヤックならびにマレー系の小農ならびに華人の農業労働者による小規模農園が奨励されたが，その土地政策は上でみた「国家＝最高地主」という支配の論理からはずれるものではない。サラワク植民地で特徴的なのは，すべての土地法条項がなんらかのかたちで商品作物生産のための労働力動員と結びついており，特に華人の資本と労働力の組織化に密接にかかわることである。

華人農園経営者は，優遇政策のもとで，土地の貸借料支払いと納税を免ぜられ，シンガポールとサラワクのあいだの汽船運賃も政府が負担した。以下は，ガンビール[15]と胡椒栽培をサラワクの主要産業にしようした第二代ラジャ，チャールス・ブルックによるシンガポールおよび蘭領サンバス在住の華人資本家誘致の公布である。

政府はガンビールならびに胡椒の栽培に適した土地を少額の地代をもって99年間に渡って譲渡する。画地はおよそ1,000平方ファゾムである[16]。ついては，300平方ファゾム以上の土地が1年以内に開墾されてガンビールの作付けが行われること，毎年連続して適当な量の胡椒の収穫があること，そして真摯な態度でガンビールならびに胡椒の耕作が遂行されることを土地の譲渡の条件とする。これらが遵守されない場合，譲渡された者がその土地を放棄した場合，もしくはその一部でもジャングルに回帰させた場合には，土地譲渡は無効となり，政府が土地を収用する権利を有する。

サラワクにおいてガンビールと胡椒の耕作を真摯に望むトウケイ（towkays）ならびに苦力（coolies）に対して，政府はシンガポールからクチンまでの渡航費用を負担する[17]。

現在から4年間はガンビールならびに胡椒に対する輸出税は課されない。その後の課税は，胡椒に関しては1ピクルあたり20セント，ガンビールに関しては10セントを越えないものとする[18]。政府の援助を受けずに，自己の資本をもってサ

---

15) アカネ科のつる植物。収斂性のある物質（catechu）を含み，これは皮なめしや染料に用いられる。
16) 1 fathom（尋）= 1.8 メートル。
17) トウケイは華人商人・資本家を指す。以下本文では taukay と表記する。
18) 1 pikul = 60.5 キログラム。

ラワクに来て農園を拓いた者については，現在より 12 年間にわたり課税措置を
とらない (Porter 1967: 38-39)。

　この発布が出された 1871 年当時，蘭領西ボルネオにおける華人の経済的結
社 (kongsi) では，金鉱の産出量減少と植民地政府との衝突のため新天地を求め
て転出する者が少なくなく，サラワクは蘭領西ボルネオの多くの華人労働力を
吸収する農業フロンティアとなった (Chew 1990: 43)。サラワク南西部には，
金鉱掘削のために華人居住区が形成されるとともに，ガンビールと胡椒栽培に
従事する華人が増加した。華人の農園は，華人資本家が土地登記を行い，農業
労働者を割り当てるかたちで形成された。多くの華人労働者は，ガンビールお
よび胡椒の苗の代金や収穫までの生活費を農園主から借り受け，収穫された農
作物は，一般の市場に卸すことが禁じられ，市場価格より低い値段で農園主に
買い上げられた (SG June 1, 1889: 77)。

　華人誘致のために地代や税金に関する緩和措置がとられるが，国家の土地で
の耕作に関してはきわめて厳格な成果主義がとられていることが注目される。
土地の譲渡を受けるためには，1,000 平方ファゾムのうち 300 平方ファゾム以
上の土地が 1 年以内に開墾され，ガンビールの作付けが行われ，毎年連続して
適当な量の胡椒の収穫があることが条件とされ，土地の一部でもジャングルに
回帰させた場合には，土地譲渡は即座に無効となった。このようにサラワクが
植民地政体として前近代的な王国から変貌するプロセスにおいては，国家によ
る土地所有に加えて労働力の組織化が重要な要因となり，土地の国有化宣言と
一体となった生産様式がサラワクの領土を広く覆っていくことになる。

　国家による生産関係のコントロールは，奴隷制に始まり，インドネシアの強
制労働制度にみるような公的義務労働，そしてサラワクでみられた華人苦力
による契約労働と，さまざまな形態をとる。しかしながら，国家によるすべての
労働力動員の基礎には，「国家＝最高地主説」という空間所有のイデオロギーが
必須となる[19]。前近代国家と近代国家の領域についての相違を，先にみたよう
な境界生成に関する二分法的な類型論で終わらせるよりも，資本主義的な生産
様式をともなった土地分配の唯一最高の機構とするイデオロギー形成とその実
効的運用を具体的に検討することがより重要となる。

　以下では，東南アジア島嶼部のフロンティア社会において，国家という外部
的なシステムが在地社会に埋め込まれていく際に，いかに空間所有という国家

的プロジェクトが進められたかを，蘭領西ボルネオに隣接するフロンティア行政地区に注目しながら考えていくことにしたい。

ルンドゥ地区における農園開発

サラワク王国の第一省ルンドゥ地区（Lundu District, First Division）は，サラワク最南西部に位置し，ブルック政府による植民支配の歴史のなかでは，最も古い行政単位の一つである。1,870平方キロメートルの行政地区は，沿岸部のダトゥ岬と内陸部のラヤ山に端を発する分水嶺によって区切られ，前面を南シナ海に，背後を蘭領西ボルネオ領（現インドネシア共和国，西カリマンタン州）にはさまれている。領内最大の河川ルンドゥ川の河口には，砦を配した庁舎があり，植民地行政に関する事務が執行された。民族的には，マレー，華人系，そしてジャゴイ，ララ，スラコウ，スブヤウなどのダヤックから構成されている。1898年，1939年，1947年，および1960年の地区人口は以下の通りである（SG-LDMR Aug 1, 1898: 166, Jones 1962）。

蘭領サンバス地区と接するルンドゥ地区は，クチンに隣接した行政区としてラジャ・ブルックに直接統治された。イバンをはじめとする反政府勢力の活発な他の地域に比べ，ルンドゥ地区は少数の華人と恭順な陸ダヤック，そして体制派のマレー人から構成され，白人行政官が内陸部の砦に赴任する前に経験をつむ研修の場とされていた。ルンドゥ川の交通の拠点に設置された砦には，わずか1名ずつの白人行政官とマレー人官吏が駐在するのみで，彼らには行政的決定権は与えられず，日常の些末な審議事項まで直接ラジャの決断に委ねられていた。

ブルック政府がサラワク南西部において植民地行政を開始するはるか前から，

---

19) 国家による空間所有とそこでの労働力の動員は，ロック以来の「自己の身体やそのはたらき（労働）を自己の本源的な所有物とみなす『自己所有』」と「自己が労働を投下した対象は自己の所有物になるという『労働所有説』」という二つの所有に関する思想を根底としていることが指摘できる（杉島 1999: 16）。杉島は，このようなロックの所有論が西洋近代の所有論の典型をなすものであることは，カント，ヘーゲル，マルクスをはじめとする多くの思想家がおなじような発想にもとづく所有論を展開していることにみてとれると指摘する（杉島 1999: 16）。

表2-1　ルンドゥ地区人口（1898）

	男子	女子	合計
華人系	629	168	798
マレー	737	659	1,396
スブヤウ	429	436	865
スラコウ	366	333	699
ララ	135	120	255
その他	61	66	127
			4,140

(SG-LDMR Aug 1, 1898)

表2-2　ルンドゥ地区人口（1898, 1939, 1947, 1960）

年	人口
1898年	4,140
1939年	8,485
1947年	9,159
1960年	13,408

(Jones 1962)

ルンドゥとその周辺地域はダヤック首長の支配のもとにおかれていた。ルンドゥ川から蘭領西ボルネオ／サラワク国境部ダトゥ岬にいたる地域のダヤックならびにマレー系住民は，ルンドゥ・ダヤック（Lundu Dyak/Dayak）の首長への蜜蝋や燕の巣などの貢納が義務づけられていた。ルンドゥからダトゥ岬にいたる土地に植えられたすべての果樹は，この首長の祖先によって植えられたものとされ，1本でも切り倒した場合には罰金が科せられた（SG, May 1, 1882: 31）。スペンサー・セント・ジョンの1860年代の旅行記は，彼が訪れたルンドゥ・ダヤックのロングハウスに関する生き生きとした描写を残している。

　サラワクにおいてこの村ほど繁栄している村を私は知らない。オラン・カヤと呼ばれる老人は，その強固な意志をもって，通常の社会関係を逆転させ，支配者層であるマレー人たちを支配下においている。長きにわたってマレー首長による貢納義務からの自由を謳歌し，当地のダヤックたちは繁栄し，その日常はきわめて満ち足りたものとなっている（St. John 1862: 8）。

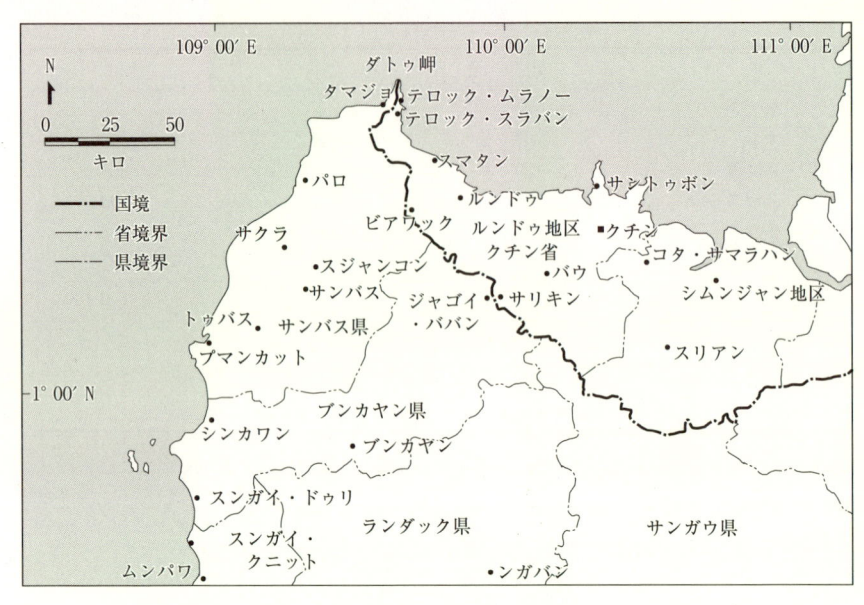

図2-2　サラワク（マレーシア）と西カリマンタン（インドネシア）

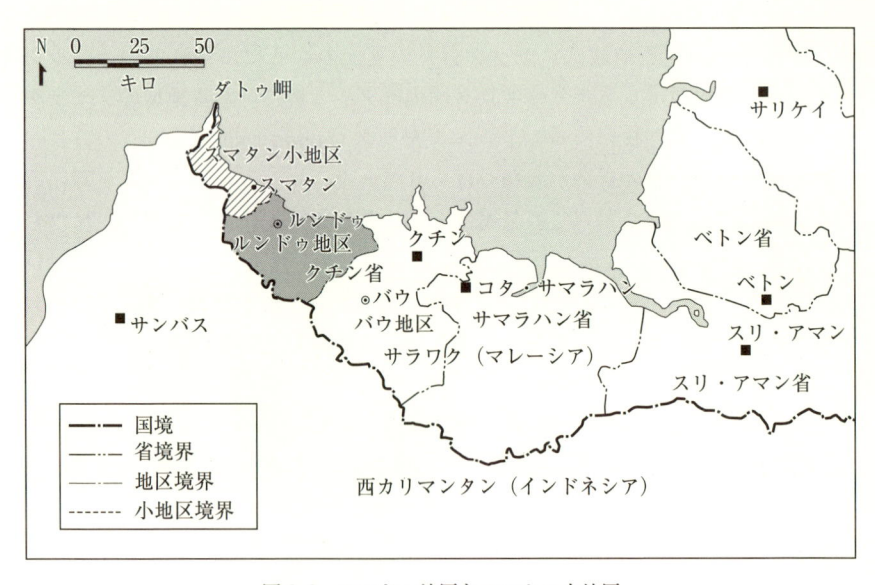

図2-3　ルンドゥ地区とスマタン小地区

しかしながら，この繁栄は二代目白人王チャールス・ブルックによって終焉を迎えることになる。1882年3月23日にラジャ・ブルックの布告が発せられ，ルンドゥ・ダヤック首長の支配権は完全に否定された（SG May 1, 1882: 31）。これ以後ルンドゥ首長の支配した土地は，サラワク王国第一省のルンドゥ地区として，サラワク王国の直接的な行政管理のもとにおかれるようになる。クチンならびに周辺行政区を所管する第一省は，ブルック植民地のなかできわめて重要な行政区として位置づけられ，その長である弁務官（Resident）はサラワク行政官のなかでは最高位のポストとされた。

> サラワク第一省においては，ヨーロッパ人の弁務官1名ならびに2名の補佐官がクチンならびに近郊行政区の植民地行政にあたっている。第一省はサラワク王国における民政の最高府たる位置をもち，その長である弁務官は，チャールス・ブルックが厚い信頼と信用を寄せるポストであった。弁務官は，通常ラジャによって招喚され，第一省以外の他省ならびにサラワク全体にかかわる行政についての助言を行い，ラジャ不在の際には，彼に代わって植民地統治のさまざまな決定にあたった。しかしながら，クチンならびに第一省に関しては，ラジャの頻繁なる介入のもと，第一省弁務官個人が政策決定を行うことはなかったのも事実である（Ward 1966: 94）。

　このように，ダヤック首長の土地であったサラワク南西部の辺境地域は，二代目ラジャのもとで政府の新しい政策決定が直接的に運用される一種の実験場として，サラワク王国における植民地支配の拠点行政区となっていく。ルンドゥ地区においては，すでに詳しく見たような国土の国有化のもと，商品作物生産とあいまった耕作地の分配が，地元住人であるダヤックのみならず，華人ならびにマレー系の移民を対象として進められるようになる。
　ルンドゥ地区における胡椒，ガンビール，コーヒー，ココ椰子農園の開墾促進には，二代目ラジャ・チャールスの治世であった19世紀後半のシンガポールにおける一次産品市場の急激な伸長がその要因として考えられる。おりしもチャールス・ブルックがラジャを戴冠する2年前の1869年のスエズ運河開通は，世界市場の商品連鎖を急速に拡大させた。シンガポールにおける商品作物取引の伸びは著しいものがあり，開通後の5年間に貿易総額は58,250,915ドルから89,632,235ドルへと急増し（Moore and Moore 1969: 371），マレー海域世界の

第二章　国家が所有を宣言する時　41

貿易ハブとしての地位を強固なものとしていた[20]。北東ならびに南西モンスーン期に南シナ海を航行してシンガポールに出入港するピニシ（Pinisi：ブギスの海洋貿易船）やジャンク（junk：華人の帆船），そしてヨーロッパ人の汽船の海洋ネットワークに対して，ボルネオ西部ダトゥ岬からブルネイにいたる沿岸部はきわめて戦略的な位置を占めており，サラワクの沿岸海洋貿易ネットワークとシンガポール，リアゥ・バンカ諸島，ナトゥナ諸島などを結んだ大洋間貿易の開発は，サラワク植民地の経済政策のなかでもきわめて重要なものであった（図 2-1 参照）。

ラジャ・チャールスのもとでのサラワク政府は，まず華人資本家のサラワクへの誘致を試み，その戴冠直後の 1872 年にはリオ諸島ならびにシンガポールから華人商人をルンドゥに招き，胡椒ならびにガンビール農園開発への参入を要請している。この政府による華商招聘には，当時のサラワク政府所有の汽船のなかでも最も高速を誇ったローヤリスト号が用いられ，往復の運賃は政府の負担によるものであった。

ローヤリスト号により，シンガポールならびにリオより相当数の華人商人（taukays）がサラワクに寄港した。これらの華人商人は胡椒ならびにガンビール耕作に適した土地を探す目的をもって当地を訪れたものである。彼らは同汽船によってシンガポールに戻ったが，出発前に当地で見聞したことに対する満足を表明した。ローヤリスト号による無料の送迎が用意され，クチンからはハートイーズ号がルンドゥまでの航海を行った。これらの華人商人たちの計画によれば，シンガポールに会社を設立し，これにはサラワクの商人も参加できるようにするとのことである（SG June 17, 1872: 46）。

20)

表 2-3　シンガポールにおける輸出額の年度比較

年	輸出額
1868	$58,250,915
1869	$58,944,141
1870	$70,789,586
1871	$68,768,337
1872	$82,435,504
1873	$89,632,235

（Moore and Moore 1969: 371）

初代ラジャ、ジェームス・ブルックの治世においても、サラワクへは多くの華人が移民している。その多くの目的地が第一省であり、特にバウ、クチン、ルンドゥが移住先とされた。バウにおいては蘭領西ボルネオのマンドールなどからの公司（kongsi）による金鉱掘削のための苦力の集団移住が行われ、クチンならびにルンドゥには多くの農民がこれも西ボルネオから移住した。これらの華人のサラワクへの移住は、1840年代ならびに1850年代に公司を基盤とした西ボルネオの華人コミュニティとオランダ植民地政府との衝突が激化したことが、その理由として考えられる（Chew 1990: 21-22）。ルンドゥ地区においては、「およそ200人の華人がほぼ100エーカーに達する農園を開墾し、さまざまな野菜、特に多くの豆類とサツマイモを栽培している」ことが記録されている（St. John 1862: 8）。セント・ジョンによれば、これらの農作物は輸出用ではなく、地元の市場で売買され、これらの購買者の多くは「ルンドゥ川の北部でサゴ椰子の栽培に従事する」華人労働者であった（St. John 1862: 8）。

　このようにサラワク南西部は、すでに初代ラジャの時代より国境をこえた西ボルネオからの華人労働者の移民が行われており、前述のシンガポールやリオの華商にとり、サラワクにおいて農園経営を開始するための労働力供給の問題は当初から解決されていたと考えられる。1877年の『サラワク官報』で掲載されたルンドゥ地区行政官の「現在試行中の華人によるガンビールと胡椒栽培スキームが仮に成功をおさめるならば、これはマレーならびにダヤックによるガンビールと胡椒、さらには他の商品作物の栽培につながる足がかりとなることが予想される」という報告を裏付けるように、その後1880年代のルンドゥ地区においては、華人に加えて、マレーならびにダヤックをとりこんだ商品作物栽培が進んだ。1887年には「華人農園主とダヤックのあいだの土地紛争ならびに衝突はすでに常態化し、ルンドゥで開墾されている胡椒農園の数からみても、このような土地紛争はさらに増えるであろう」という状況にいたっている（SG July 1: 1887: 121）。これらの農園開発は、すでに検討したブルック政府の土地の開墾権付与に連動した農園開発のもとで進んだものであり、商品作物の栽培を絶対条件とした国家による土地の譲与を骨子とした1863年の土地法に依拠するものだった。

　ルンドゥ地区に駐在する白人行政官は、商品作物を耕作しない者の新たな土地開墾を禁止する土地法の意味を地元住民に徹底すべく、住民たちを「裁判所に押し込み、彼らに土地法の意味を説き、新たに農園を拓いたり、これを拡張

する際には許可が必要であること，そしてルンドゥ砦の関係当局への申請なしに開墾することが許されないことを説明」している (SG July 1, 1887: 121)。このような行政官による土地法の周知の甲斐もなく，ルンドゥにおいては無許可の森林開墾が続き，1889 年にはラジャ自らの訓令が『サラワク官報』に掲載されている。

> ルンドゥ山の麓の土地のマレー人による開墾が進んでいる。開墾地はすでに地元ダヤックによって譲与または売却されたものと聞き及んでいるが，ここですべてのルンドゥの住民に対して，ルンドゥ川とガディン山のあいだに横たわる土地を開墾し栽培を行うものは自己の責任のもとでこれを行うこと，そして，それらの土地が政府によって接収された場合にはいかなる補償も行われないことを通告する (SG January 1, 1889: 1)。

ルンドゥ地区においては，1883 年 6 月には政府への申請なしに土地を開墾し，商品作物を栽培した者には罰金が科されることとなる。3 ヶ月後の同地区司法報告によれば，早くも華人に対する 5 ドルの罰金が課され，政府許可なしに森林を伐採したダヤックには法廷手数料の支払いが実際に命じられている (SG September 1, 1883)。

大きな混乱を地元社会で引き起こしたこの土地法の主な目的は以下のようにまとめることができる。一つは開墾される土地使用の目的を商品作物栽培に限ること，一つは，ダヤック系住民による焼畑陸稲栽培のための第一次森林ならびに第二次森林の開墾の抑制である。新たな開墾は，一定期間内に商品作物を植えることを前提とし，これを怠ればせっかく拓いた土地も政府の接収対象とされ，他の農園主などへの権利の譲渡も強制的に行われた。1890 年代の『サラワク官報』のルンドゥ地区報告は，引き続いて管轄区内での土地法施行によって生じた混乱と行政官の日常業務を記録している。

> 私の時間のかなりの部分は近隣の農園の測量のために費やされている。基本的な作業は下った許可のために土地の標識をつくることである。ルンドゥに居住するシブヤウ・ダヤックはシムニンとカティ川のあいだの土地を与えられた。この土地はその形状から農地の拡張が可能であり，15 区画が隣接しあっている。仮に彼らがこの土地を放置し，雑草の生い茂る土地とした場合には，今後いかなる土地

も与えられないことを彼らに理解させた。土壌はきわめて良質であり，若いジャングルに覆われた土地は，いかようにも使用できるものである（SG October 2, 1893: 163）。

ソンパとランブンガンのあいだかなりの広さの土地がマレー人たちのココ椰子栽培のために与えられたが，いまだにスイカが植えられた小さな小道がつくられているのみである。6ヶ月以内に本格的なココ椰子のための開墾が始まらない場合は，この土地は他の者に譲渡されることが当初からの約束となっている（SG October 1, 1898: 194）。

ココ椰子耕作のために多数の許可が出されたが，現在のところ何の耕作も始まっていない様子である。この土地はマレー人がココ椰子耕作をするために2年間確保されてきたが，何も行われない現状に鑑み，この土地を華人に譲渡し，彼らが好きなものを植えるようにさせることとする（SG December 1, 1898: 224）。

商品作物栽培の促進を目的とした新しい土地法の施行によってルンドゥ地区における土地開墾はきわめて早いペースで進んだ。1889年の報告によれば，ルンドゥ地区の担当官がルンドゥ川の上流ならびに沿岸部において，60,000本あまりの胡椒が植えられた合計70の農園を確認している。1893年から1895年の2年間にルンドゥ地区では総計293にのぼる土地の開墾許可が出されている（SG Dec. 2, 1895: 220）。これらの申請はおおかたが華人によるものであり，これにスブヤウ，ジャゴイ，ララなど少数のダヤックが続いている。1880年代のルンドゥにおける農業開発の発展のなかでは，マレー系住民の存在はきわめて希薄である。すでに見たように若干数の申請が行われているが，多くの報告は，彼らが土地を放置したため華人などの他の申請者に転用されるケースに関するものである。マレー系住民が積極的にココ椰子農園開発に参入しはじめるのは1890年代中庸からのことである。蘭領西ボルネオ沿岸のブギスならびにサンバス・マレー人の海洋貿易者によるダトゥ岬付近の農園開発については後述する。

労働組織化と複合社会

　ルンドゥの商品作物生産は，華人，ダヤック，マレーの三つの民族集団によって行われ，それぞれが異なった労働の組織化の形態を示すものとなっている。華人の胡椒ならびにガンビール農園は，シンガポールやクチンの商業資本家によって開発され，農園で雇用される華人の多くは蘭領西ボルネオなどから移住してきた苦力であった。スブヤウ，ジャゴイ，スラコウなど地元のダヤック住民たちは，少数ながらも胡椒などの商品作物耕作を行ったが，労働の担い手は家族ならびにロングハウスを越えるものではなかった。沿岸部でのココ椰子農園は，主に蘭領西ボルネオ沿岸部のサンバス・マレーやブギスの海洋貿易商人（nakoda）によって進められ，彼（女）らのリーダーシップのもと国境を越えた村人の移住がはかられ，農園とマレー農村が同時進行で形成された[21]。少数のマレーならびにダヤックの労働者が華人の胡椒ならびにガンビール農園で雇用された事例があるが，基本的にはルンドゥのプランテーション経済において労働の組織化は民族集団を単位とし，マレー半島部と同様な「複合社会」（plural society）の形成がみられた（cf. Furnivall 1939, 1944）。以下では，華人，ダヤック，マレー系のそれぞれの民族集団に注目しながら，ルンドゥ移民社会の形成を1880年代からこの地域がゴム生産に大きく傾斜していく1920年代中頃までの地域史のなかで検討していくことにしたい。

華人資本家・苦力・阿片

　1889年の統計資料によれば，ルンドゥ地区の華人人口は947人，男女の比率は5対1（男765人，女182人）であり，典型的に男性優位な初期移民社会の性格を示している。当時の『サラワク官報』の月間地区報告によれば，これらの

---

21) ナコダは直訳すれば「船長」であり，ブルネイ，ムカ，クチン，サンバス，ポンティアナックなどのボルネオ沿岸とシンガポール，マレー半島などを結ぶ海洋貿易やルジャン川，カプアス川での内陸の住民との物産取引に従事した。

大部分が蘭領西ボルネオからの移民であり，胡椒とガンビール農園での労働に従事した。すでに見たように，シンガポールやクチンの華人資本家たちは，ブルック政府の農業政策による税金の免除や土地貸借期間の延長など優遇措置を受けた。これらの華人資本家は農園管理者を派遣し，その指揮のもとで蘭領からの華人苦力が商品作物の生産を行った。

　これらの農園は『サラワク官報』では，「plantation」「garden」「estate」などと複数の表現で表記されている。その規模と労働者の数は農園によって大きく異なるが，1893年の1年間に限って例をあげれば3〜8ヘクタールであり，胡椒100本ほどの小規模なものから1,000本ほどのものまで変差がある。ルンドゥ地区のなかで最も国境に近いスマタン沿岸部では，「100本以上の胡椒を有する農園は37に達し，これらの農園では合計50,250本の胡椒が栽培され，81人の華人男子が雇用されている」（SG July 1, 1893: 114）とあり，「ポンティアナックの華人は28人の苦力を雇い，コーヒー農園のために600エーカーの土地を開墾している」ことも記録されている（SG April 1, 1985: 66-67）。

　『サラワク官報』においては，資本力のある華人商人のもとで開発された農園は「firm」と表現され，蘭領西ボルネオにおいて金鉱経営にあたった「公司」をもって呼ばれる組織もあった。例えば，総計5,500本にのぼる七つの胡椒農園を経営したBan Hin Longはルンドゥにおける代表的な公司であり，ルンドゥ・バザーに二つの商店，さらにクチンにも住居をもっていた（SG August 1, 1892: 143）。これらの大規模な農園には日々の経営のために事務員（clerk）が常時配置され，苦力たちには宿舎が用意された。これらの華人農園主たちは，ブルック政府の許可のもとで，華人労働者たちに酒類（arrack）と阿片を販売する権利を有していた。以下はこれらの農園の一つを巡回した植民地官吏の記録である。

表2-4　ルンドゥ地区人口（1889年/1898年）

	男子	女子	1898年合計	1889年合計	＋/−
華人	629	168	798	947	−150
マレー	737	659	1,396	1,023	373
シブヤウ	429	436	865	844	21
スラコウ	366	333	699	804	−105
ララ	135	120	255	333	−78
その他	61	66	127	149	−22

(SG August 1, 1898: 166)

ニボン川の Bong Keh Sam のコーヒー農園においては，苦力のために鉄木（belian）を屋根板に用いた堅固な宿舎が建設中であり，すでに完成した建物の半分には苦力が収容されていた。28人にのぼる苦力たちの健康状態は良好であり，うち問題を起こした6人に罰則が与えられた (SG April 1, 1895: 67)。

華人苦力と資本家の労使関係に関する十全な資料を『サラワク官報』の記述に見いだすのは不可能であるが，以下のルンドゥ地区行政官報告は，苦力たちの労働がいかに農園経営のために組織されたかの一端を示すものである。多くの華人苦力は雇用者に前借りの借財で縛られており，胡椒収穫の際には，ルンドゥなどのバザーで取引される価格よりはるかに低い価格で，これらの華人資本家に収穫を卸すことが強いられていたことが明らかとなる。

農園を開くにあたっては恥ずべき慣行が流行している。これは華人商人（taukay）と苦力の両方に百害あって一利ないものであり，最終的には農園そのものを失うことにつながるものである。何の仕事もなされない前に前借金が雇用主から苦力に支払われるシステムは東洋の悪習にもとづくものである。このような慣行のもとでは，無一文の苦力は誰でも，収穫のあかつきには市場価格より低い値段で胡椒を卸す約束とともに，ほんの数尋の土地を開墾し，胡椒の苗を植えることによって，いくばくかの前借りをすることができ，さらには収穫までの当座の食費などの経費は雇用主へのつけとされる。このような苦力は，収穫時には最初の借金に加えて，華人商人によって支給された食費のつけ払いに苦しむことになる (SG June 1, 1889: 77)。

胡椒栽培は，他の商品作物と比べて投機的な操作が可能な作物である。胡椒の実は充分に乾燥させ，保管に気をつければ長期にわたって手元に置いておくことが可能である。市場価格をにらみながら仲買商人に卸すことができることから，銀行に預けている現金とのアナロジーでこの商品作物を語る農民は現在でも多い。しかしながら世紀末のルンドゥにおける胡椒栽培者たちは，華人商人たちによる搾取の対象となり，きわめて低価格でこれらのパトロンに収穫物を卸さざるをえなかった状況が植民地官吏によってしばしば記録されている。

当地ルンドゥにおいて胡椒栽培者はきわめて低い卸売り価格に甘んじており，そ

の価格はシンガポール市場の半額以下というケースもままある。私は2週間おきにバザーに公告を貼り，シンガポールにおける市場価格を苦力たちに知らせ，より良い価格で商人たちに胡椒を卸すようにしむけている（SG August 1, 1899: 261）。

このように胡椒栽培者を保護する施策を行う一方で，ルンドゥ駐在の政府官吏たちは，管轄地区における胡椒流通の管理を行っている。ルンドゥ地区の農園で働く華人たちのなかには，農園主以外の商人により良い価格で胡椒を卸そうとするものがあとをたたなかったが，これに対して白人官吏はきわめて厳格に取り締まりを加え，苦力と雇用主のあいだ以外の胡椒流通がその対象となった。

ルンドゥ地区においては，明らかに複数の華人商人が不正買い付けを行い，この行為の悪害はこれらの商人自身に及ぶのみならず，地区全体へ影響を及ぼしている。これは同地住民の人心を乱し，資格のない商人へ収穫物を持ち込むことを誘惑するものであり，強盗などの犯罪への第一歩である（SG June 1, 1889: 78）。

行政官の憂慮にかかわらず，ルンドゥ地区における胡椒の不法売買は続き，逮捕される華人商人も続出している。

スンパディからの胡椒の不法販売によりクチンの Tap Soon Seng 雇用の Lee Kai Juh ならびに Chee Soon & Co. 雇用の Sio Chang と Ah Siam が逮捕された。前者の場合，購買者の身元は明らかとなったが現在はクチンにいる（SG September 1, 1893: 146）。

華人経営の農園における商人と苦力のパトロン・クライエント関係は，前者に対する後者の借財によって固定化され，労働契約時の前借りのみならず，阿片，飲酒，賭博などがさらに労働者を農園に縛りつけることとなる。このような状態のもと，苦力たちは胡椒を市場取引価格よりはるかに安価で雇用主に卸すことが強いられた。阿片中毒になった苦力やギャンブルで破産して自ら命を絶つ者が出るなかで，国境を越えて蘭領西ボルネオに逃散する苦力も続出した。これについては次章で触れることにする。

焼畑耕作民と国家

　すでに見たように，1882年にはルンドゥ・ダヤック首長の支配権がラジャ・ブルックによって否定され，ルンドゥ川河口に建てられた砦に駐在する白人行政官がクチンのラジャと弁務官の直接的な指示のもとで地区管理に従事するようになった。従来のような首長に対する貢納義務もなくなり，支配者の交代は，蘭領西ボルネオ側からの移住民であるスラコウなど他のダヤック諸集団からも当初は好意的に受け取られた (SG May 1, 1882: 31)。しかしながら，ルンドゥのダヤックたちは，支配者の交代が彼らの生活世界に根本的な転換をもたらすことを知るには時間がかからなかった。

　ブルック政府の経済政策のもとで，主に蘭領西ボルネオから当時の農業フロンティアであったサラワクに移住してきた華人やマレー系住民と比して，ルンドゥ地区のダヤックの大部分はながらくこの土地で焼畑による陸稲耕作に従事していた。すでに詳しく検討したように，1863年改正の土地法はサラワクの土地の国家による管理を宣言するものであった。これによりダヤック諸集団が築いてきた土地に対する関係，すなわち祖先によって拓かれた第二次森林に対する用益権は認知されたが，以後，新規に第一次森林を開拓するためには政府の許可が必要となり，その目的も商品作物の栽培に限られることとなる (cf. Hong 1987: 40)。このような植民地政府の土地政策は，森林開墾者に双系的に連なる親族のあいだで用益権が共有されるダヤックの人々の土地運用システムとは相容れないものであり，ルンドゥにおいても混乱を引き起こすこととなった。

> スブヤウ・ダヤックは，近隣の土地を常に自分たちのものと考えており，土地法の意味を理解し，その真価を認めているとは言い難い。現在，無許可の無責任な森林伐採は禁止されていることを彼らが理解し，許可制度により原住民が，その土地を常に商品作物栽培目的で利用するようになることを私は期待している (SG September 1, 1893: 146)。

　何人かのスブヤウ・ダヤックは，政府の許可なしに森を拓いたことに対する裁判所の罰金を不当なものとし，不服を申し立てている (SG December 2, 1895: 220)。

1893年に改訂された土地法においては，さらに「商業的土地占拠者（commercial squatters）」が「寛大なる処遇を受け」，「土地の権原をもつことを許される」ことを明記しており，これによって，他者によって開墾されたが「放置されている」土地に対する法的な用益権が付与されることになった（SGG 1893: n.d.）。ダヤックなどの焼畑耕作においては，開墾され，陸稲栽培のために用いられた土地は生産力の回復を待つために通常数年から十数年におよぶ休閑期のあいだは放置されることになる。新しい土地法は，ダヤックが開墾し，慣習法によってその用益権が保証されていた土地までもが商業目的に華人資本家などの農園のために使用されることを法的に保証するものであった。

　このような植民地政府の土地囲い込み政策のもとで，ルンドゥ地区におけるダヤック諸集団のあいだでは，第二省ほかのイバンなどに比して早期から伝統的な粗放的焼畑耕作から商品作物生産への転換が進んだことが注目される。ルンドゥのダヤックたちの一部は，実際のところきわめて精力的に胡椒栽培を行うものが現れ，その農園の繁栄は視察に訪れた白人行政官に強い印象を与えている。

> スラコウ・ダヤックによって拓かれた胡椒農園の素晴らしい外観は私を感動させるに充分なものであった。規模は小さいが，それは華人農園に匹敵するものである（SG February 1893: 26）。

> スラコウ・ダヤックによって植えられた胡椒畑はきわめて良い発育状態であり，これらのダヤックたちは，その農園管理により高い評価を受けるに値するものである（SG January 2 1894: 10）。

　平均的なダヤックの胡椒畑の面積は，華人のそれに比べれば小規模なものであった。ダヤック所有の胡椒の本数は一つの農園あたり350本から450本であり，華人の983本から1,403本と比べれば，その規模は小さく，ロングハウスに居住する世帯での経営が可能なものとなっている。しかしながら，『サラワク官報』では，スマタンのスラコウ・ダヤックによって維持されている3,000本の胡椒農園の記録がある。3,000本の胡椒は，その収穫期には世帯レベルの労働力で対応不可能であり，さらなる労働力の動員が必要である。ダヤックの人々による商業的な胡椒生産に関しては，しかしながら，その労働に関する社

表2-5 農園あたりの平均胡椒本数

地　域	農園数	胡椒本数	本数/農園
ジャンカ	11	9000	818
スブリス	2	1000	500
スラヤン	6	5000	833
ラ ラット	11	5500	500

(SG, September 2, 1889) より作成

会関係を窺うことのできる史資料は残されていない。

マレー貿易商とココ椰子農園

　ルンドゥ地区を舞台としたマレー海洋貿易商ナコダ (nakoda) の活動は、ブルネイ、サラワク、リアウ・リンガ諸島、ナトゥナ諸島、サンバスをはじめとする蘭領西ボルネオ沿岸部を含むマレー海域世界の一部として了解するのが適当であり、ブギスの海洋ネットワークをとおして、ジャワやスラウェシ、南カリマンタン、東カリマンタンを含むさらに広域な海域世界のなかに位置づけることができる。19世紀中庸の建国当時、サラワク南西部サラワク王国と蘭領西ボルネオを分かつダトゥ岬とその周辺域は、ボルネオ島西部南シナ海沿岸部に形成されたマレー商業圏の北限に位置し、西ボルネオ海域世界の一つのフロンティア的な性格をもつ地域であった。

　ダトゥ岬を北限としてボルネオの南シナ海沿岸部には、マレー人の商業集落 (Malay trading settlement) が帯状に形成され、群島全域にわたる貿易は40人から60人乗りで800～1,200ピクル [約48トン～72トン] の帆船を操る地元のマレー人ならびにブギスの海洋貿易商によって行われていた。これらの貿易船は年に二回の航行を行い、船の規模によって異なるが、毎年2,000～8,000スペイン・ドル相当の積送品がそれぞれの船によって運ばれた (Moor 1837: 13)。

　初代ラジャ・ジェームス・ブルックがサラワク王国を1841年に建国した後にも、これらのマレーならびにブギス商業ネットワークは、ダトゥ岬を中継点と

してブルネイと蘭領ボルネオ沿岸部を結んで機能し，ルンドゥ地区のルンドゥ川ならびにスマタン川河口域は戦略的な寄港地であり続けた。19 世紀中庸からはシンガポール市場における材木需要の急増に呼応して，多くのマレー商人がいまだ第一次森林の優勢な同地区の沿岸部で，木材伐採に加えて船舶の建造に従事し，蘭領西ボルネオ出身のサンバス・マレー人が船大工としてナコダの指揮のもとサラワク側で雇用された。1890 年代の『サラワク官報』のルンドゥ地区報告では，木材伐採と船舶の建造に関するきわめて頻繁なナコダと白人行政官の接触が記録されており，その内容は，特定の樹種や蜜蝋などの森林産物の独占的な伐採と収集のナコダによる申請，シンガポールならびにジャワへの積送品に対する植民地政府による輸出税，建造された船舶 (sampan) に対する課税など多岐にわたっている (SG February 1, 1893: 26; September 1 1893: 146; April 2, 1894: 56; December 1, 1894: 208; August 1, 1895: 144; December 2, 1895: 220)。ダトゥ岬からルンドゥにいたる沿岸部ならびに同地域のルンドゥ川，スマタン川，そしてサムンサン川上流における森林伐採に端を発するこれらの蘭領西ボルネオ出身のマレー人貿易商の活動は，ルンドゥ地区における後のココ椰子農園ならびにマレー人村落の形成の契機となるものである（図 2-2，図 2-4 参照）。

しかしながら，ナコダ貿易商たちの形成した海域ネットワークにもとづく商業活動は，サラワクの歴史家サニブ・サイードが指摘するように，華商資本ならびに労働力の誘致を基本的な政策とするブルック政府のもとで衰退の方向に向かうことになる。

（ブルック政府によってとられた）重要な政策の一つは，資源ならびに市場をマレー貿易商から隔離させることであった。これはダヤックとマレー貿易商のあいだの相互依存を断ち切ることを意味し，砦システムを中心とした主要河川におけるマレー人を対象とした定住化政策によって達成された。その後，人々の動きに対する監視と制御が強化されるようになった。この砦には 1 人ないし 2 人のヨーロッパ人官吏と 1 人のマレーの地元官吏が常駐し，戦略的かつ行政的中心として機能するようになる。

マレー貿易商たちは，このような状況のなかで，砦周辺の土地で生計のための農耕に従事することが奨励され，この結果，流域のマレー人コミュニティは政府の管理下に置かれるようになる。これらのマレー人たちに残された選択は，定着

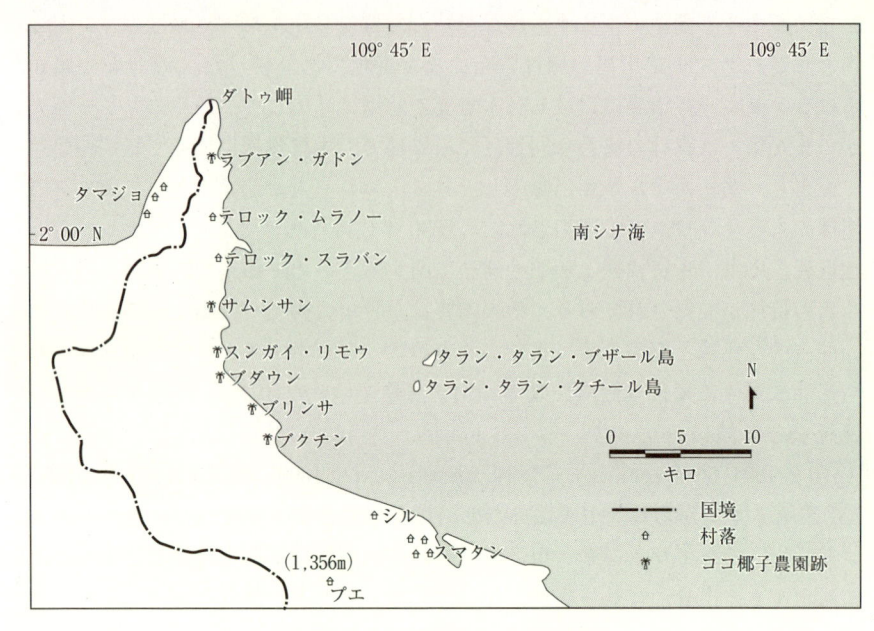

図2-4　ダトゥ岬-スマタン沿岸

的で受動的な職業につく以外なくなったのである (Sanib 1985: 21-22)。

　ブルック政府のもと，商業における優位を華人商人に譲り渡したナコダ商人層は，徐々に河口地帯に定着し，その生業を商品作物生産に転換するようになる。ルンドゥ地区においては，ダヤックや華人と異なり，マレー系住民は胡椒やガンビール栽培に従事することはなく，沿岸部でのココ椰子ならびにバナナ農園開発に従事し，内陸部の華人とダヤック，そして沿岸部のマレーという生態学的な棲み分けが行われるようになった。例えば1894年の1月のスマタンにおいては，1,122ピクル (67,881キロ) の胡椒が出荷されているが，マレー人の名前は1人として胡椒生産者としては登録されていない (SG March 1, 1894: 41)。

　すでに見たように，1890年代のルンドゥ地区では，ルンドゥとスマタンの河口と上流部において，華人ならびにダヤックの胡椒，ガンビールならびにコーヒーなどの農園開発が進んでいた。これに対して，マレーおよびブギスのナコ

ダ商人たちはダトゥ岬からルンドゥにかけての沿岸部をその生業ニッチとしてココ椰子農園開発を手がけるようになる。彼らの多くは蘭領西ボルネオ沿岸地帯ですでにココ椰子農園経営を行っていたナコダたちであり，すでに農園開発のノウ・ハウをもっていた。前述したように，これらの商人は，ルンドゥとスマタンの沿岸部においては，すでに木材伐採ならびにその場で製材した材木を用いての船舶建造を行っていた。

　ココ椰子栽培によるコプラ生産は，胡椒と比べれば投機的な性格が少なく，国際市場における取引価格の変動の影響を受けにくい。図2-5はサラワク政府によって記録されたクチン外国貿易における1890年の1月から1900年の12月までの胡椒とコプラの価格変動を示すものであり，乱高下を繰り返す胡椒に比べて利益は少ないが比較的安定した価格でのコプラ取引が明らかとなる。図2-6は，クチン外国貿易の総額に占めるこれらの輸出品目の割合を示すものであり，市場価格の高下に胡椒の輸出量が敏感に反応しているのに対して，安定した利益をココ椰子栽培者に提供している。このような商品作物市場の状況のもと，1890年代には，国境部ダトゥ岬からルンドゥにかけての南シナ海沿岸部ではココ椰子農園がベルト状に出現し，これにともなってマレー人村落が形成されるようになる。

　人の手の入っていない沿岸部の第一次森林をココ椰子農園へと変えてコプラ生産を始めるためには，最も労働集約的な森林の伐採作業のあとに，播種，雑草駆除，収穫したココ椰子の実の皮むき，果肉部分の乾燥などさまざまな過程が続く。雑草駆除に加えて，イノシシなどの獣害を防ぐためには農園全体を柵で囲う必要があり，日々の補修作業も必要となる。農園維持のためにマレー貿易商たちは，開発した農園に常駐し，ココ椰子の維持管理ならびに収穫，コプラ生産に従事する労働者として，蘭領西ボルネオ，ポンティアナックからムンパワ，スムドゥン，サンバスにいたる沿岸部のブギスならびにサンバス・マレー農村から移住者をダトゥ岬経由の海路で運んだ（図2-1，図2-2参照）。これらのマレー系住民は，家族ごと移住するものが多かったのが特徴であり，独身男子中心の華人苦力の場合とは対照的である。これらの集団移住では，移住者の子供，時には孫世代，大工や産婆，そして呪医までが含まれていた[22]。ナコダはココ椰子農園開発のための土地区画申請をルンドゥの植民地政府で事前に済ま

22）テロック・ムラノー村民からの聞き取りによる。

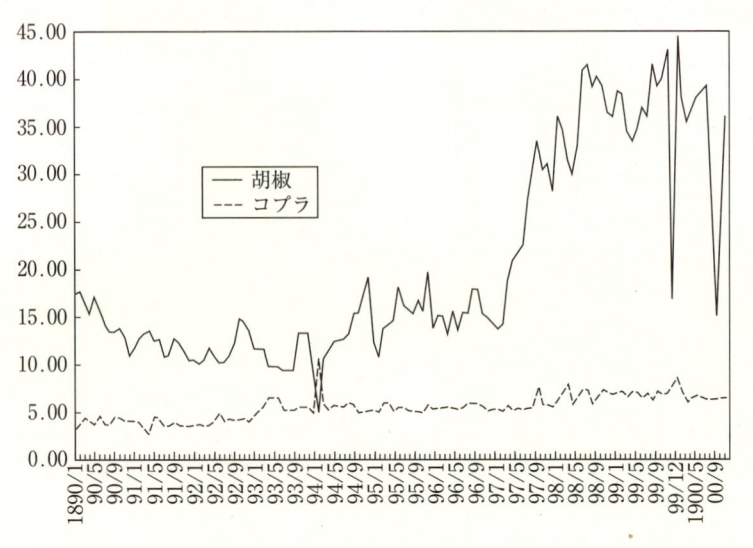

図2-5　クチン外国貿易における胡椒とコプラの価格変動（$/picul）

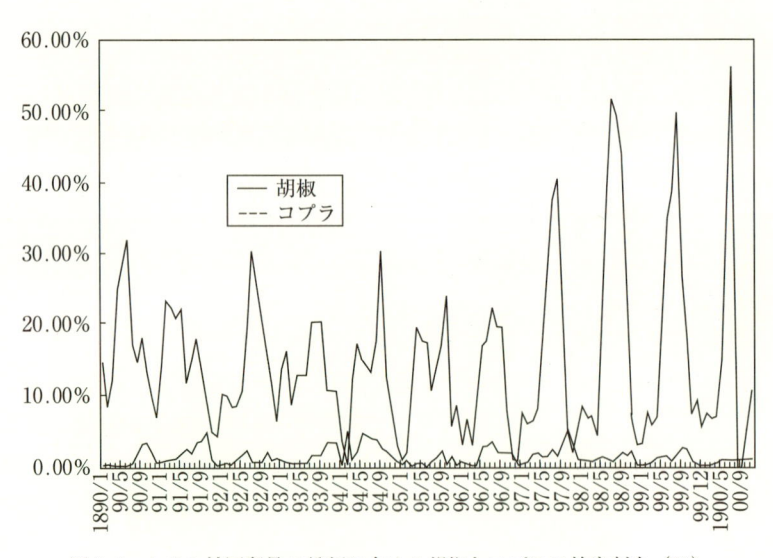

図2-6　クチン外国貿易の総額に占める胡椒とコプラの輸出割合（％）

せ許可を得た上で，これらの移住民を蘭領西ボルネオ側から運び，定着当座には米などの基本食料の提供も行った。

　これらのナコダ貿易商の多くはメッカ巡礼を終えた者に与えられるハジ（hajj）の称号をもっており，多くが識字能力をもっていたと考えられる[23]。ルンドゥ砦における商品作物栽培のための新規土地開拓に必要な申請書は英語，華語，もしくはジャウィ（修正されたアラビア語表記のマレー文字）であり，当時としては，これらのナコダたちは広い世界観をもつ知識人であった。

　ダトゥ岬からルンドゥにかけての沿岸部で活動したナコダの多くは同時に複数のココ椰子農園の開発にあたった。彼らは蘭領サンバス沿岸とダトゥ岬のあいだを頻繁に往復し，マレーならびにブギス農村からの移住者を新天地サラワクのココ椰子農園地帯に送ることを繰り返したのである。

　このようなココ椰子農園開発にともなうサンバス地方からの移住により，ルンドゥ地区沿岸部のマレー系住民は1890年代に入って急増し，1898年には男子737人，女子659人と千人を上回る数となる。同年の華人人口が，男子629人，女子168人と典型的な男子労働者にかたよった人口構成を示しているのに対して，マレー系の男女比率は女子1に対して男子1.1であり，世帯を中心とした移住が中心であった（表2-1, 2-4）。ちなみに華人労働者の減少は，1880年代後半に相当数の雇用が行われた実験的コーヒー農園の雇用が後頭打ちになったことによる。ルンドゥ地区の行政官は，マレー系人口の増加を「極めて満足すべきこと」とし，この増加の理由を「サンバスからの移住ならびに自然増」によるものとし，「5人，6人の子供をもつ家族が当地のマレー人のあいだでは珍しくない」というコメントをクチンのラジャのもとに送っている（SG August 1, 1898: 166）。

　地区行政官の月間報告に記載されたココ椰子農園は，ブクチン，ブリンサ，ブダウン，スンガイ・リモゥ，クアラ・サムンサン，テロック・スラバン，テロック・ムラノーなどの海浜もしくは河口部に拓かれており，これに付随するかたちでマレー系住民の村落（kampung）が形成されている（図2-4参照）。1898年の時点で「スンガイ・ブリンサからテロック・ムラノーにいたるすべての海浜部がココ椰子栽培のために開拓されており，これらの農園は海から約

23）サラワク・マレー人であり，サラワクとブルネイのあいだの海洋貿易に携わったナコダを祖父にもつマレーシア国民大学人類学部のアワン・ハスマディ・アワン・モイス先生のご教示による。

300メートルの長さにわたるものであった」(SG July 1, 1898: 142)。

クアラ・スマタンからクアラ・ブランギにいたる海岸部には，合計17にのぼる農園が集中しており，これらは平均で幅1 1/4マイル［約2.1キロ］，深さ400ヤード［366メートル］の大きさである (SG August 1 1899: 261)。

スンガイ・プグとスマタンのあいだには5～6個のココ椰子農園がマレー人によって拓かれており，幅1 1/4マイル［約2.1キロ］，深さ300～400ヤード［274～366メートル］の深さで伸びている。開墾地にはココ椰子がめいっぱいに植えられており，発育状態はきわめて良好である (SG January 3 1899: 11)。

これら地域にはマレー村落は以前には存在せず，ナコダたちのもとで農園開発ならびにココ椰子栽培にあたった労働者たちにより自然発生的に生まれた居住地が村落として植民地当局に認知されるようになった。通常，一つの村落を複数の農園が取り囲むかたちでココ椰子農園が形成されており，スマタンにおいては1899年に正式な村長 (tua kampung) ならびに地区長 (penghulu) の指名のもとで，プリンサ，ブダウン，スンガイ・チナ，サムンサン，テロック・スラバン，テロック・ムラノーが行政村として記録された（図2-4参照）。以上のように，19世紀末までにダトゥ岬とルンドゥにかけての海浜地域は，行政官の言葉を借りれば「ひとつのココ椰子農園ベルト」たる景観を示すものとなった (SG July 1, 1908: 169)。

無主の土地から複合社会へ

1870年から1890年の20年間に，第二代ラジャ，チャールス・ブルックの経済政策のもと，サラワクの資源利用ならびに商品作物の生産システムは大きな転換を迎えた。1871年のサラワク政府輸出品目のリストにあげられたものは，グッタ・ペルカ，インディアン・ラバー，蜜蝋，ナマコ，サゴ，金，米，樟脳，ベゾアール（胃石）などに限られ，その多くは非栽培の森林産物であった (SG 1871)。これに対して1886年の輸出統計によれば，森林産物の全貿易額に占め

スマタン沿岸のココ椰子農園跡。

第二章　国家が所有を宣言する時

る割合はわずかに8パーセントを占めるにすぎなくなっている（表2-6）。

　サラワクのこのような輸出経済の質的転換は，シンガポール市場の成長と軌を一にして進んだ。サラワク南西部の辺境地区ルンドゥにおいても，ラジャ・チャールスの積極的な土地制度改革と資本誘致により，第一次森林に覆われたルンドゥ・ダヤック首長の支配地はきわめて短期間に胡椒やガンビール農園に転換されたことはすでにみたとおりである。

　本章でみたように，政府の経済政策に最も迅速に反応したのは華人商人であった。華人による胡椒，ガンビール，コーヒーなどの農園経営は，サラワク政府により阿片と博打の管理を任された商人のもとでの苦力の契約労働によるものであった。これに対して，地元のダヤックも少数ながら胡椒などの換金作物生産に従事したが，その労働形態は，家族経営のレベルを超えるものではなく，契約労働や労働者の組織的な移住などは見られなかった。マレー人は，ダヤックや華人と基本的に異なる生態的ニッチである沿岸部の砂地もしくは劣等な土壌のケランガス（kelangus）森林を開墾してのココ椰子開発にあたった[24]。これらの農園の多くは，国境を越えた蘭領西ボルネオ沿岸部のマレー系（サンバス・マレーならびにポンティアナック近郊のブギス）のナコダ貿易商のもとで開拓され，彼らの出身地方の農民が村落単位で移住するなど，その開発における労働動員のかたちは，華人やダヤックと異なるものであった。

　異なる労働組織化の様式をもつ三つの社会集団による農園開発は，ルンドゥ地区に民族的な複合社会の形成をもたらした。これらの新しい労働形態に依拠した商品作物生産は，民族，労働の組織化，生態学的ニッチなどについて基本

表2-6　1886年度全輸出額に占める産品の割合

品　　目	割合（％）
森林産物	8.00%
鉱物	9.70%
栽培作物ならびに加工産品	52.90%
海産物	0.60%
再輸出産品	8.80%

（SG 1886より作成）

24) kerangas とは，イバン語で「陸稲の育たない土地」を意味するきわめて貧栄養な土壌を意味し，林冠木の樹高も20メートルを超す程度であり，シダやウツボカズラが生える漂白された保水性の低い砂地を意味する。

的な性格を異としながらも，サラワク政府の土地国有化にもとづく辺境の農業フロンティア化という植民地政府の経済政策のもとで進行した。

19世紀最後の四半世紀におけるサラワク植民地支配の変化は，国家による空間の所有とそこでの労働力の組織化という基本的な二つのプロセスを内包するものであった。サラワク政府による空間所有は，具体的には，土地，労働，そして商品に対する実効的な管理として現れた。本章では，東南アジア島嶼部における植民地化において広くみられた「国家＝最高地主」という支配の論理に注目し，サラワク南西部ルンドゥ地区を例に取りながら，「無主の土地」という空間的範疇が国家によって形づくられ，在地社会の土地運用をめぐるシステムが否定されていく過程を明らかにした[25]。

ルンドゥ地区の辺境における国家による空間の所有，そして労働の動員化にもとづいて誕生した複合社会の維持のためには，この農業フロンティアに生きる人々の定住化，これらの人々の国籍確定，さらには課税を目的とした農産物や森林産物の国家領域における流通の管理など，商品と人の国家帰属の単一化にむけた国家的装置が必要となる。次章では，国家空間の生成にあずかる国家と社会のせめぎ合いを，国境社会に内在する人々と商品のトランスナショナリズムの動態変化を中心に1920年代後半までの地域史のなかで考察していく。

---

[25] いかなる所有のイデオロギーが土地，そこに生き働く人々，そして人々が土地に働きかけて得られた産物に対して国家により用意されたか。比較のベクトルをさらに多方向に設定し，まずは東南アジア大陸部を手はじめに他の地域との比較のみならず，それぞれの地域内での生態学的ニッチや交易ネットワーク，そして商品生産システムなどの変差にも留意しながら，いかに近代国家が空間所有のプロジェクトを進めてきたかを理解していく必要がある。

国家を空間所有の主体とし，人々の土地との関係を共同体的所有と一括して私的所有を否定する「国家＝最高地主」の概念は，19世紀西ヨーロッパのブルジョワジー社会で支配的なパラダイムであった社会進化論と表裏一体をなすものである。当時の社会発展段階説のもとでは，スルタンを頂点とした朝貢制度にもとづく東洋的専制は，西洋社会がすでに通過した封建制度下の社会編成と近似のものとされた。その上で西洋植民地勢力は，唯一最高の地主として在地権力を継承し，自らの空間の独占的私有を正当化したわけである。「国家＝最高地主」の論理と「東洋的専制」のイメージがどのように植民地期に非西洋社会に埋め込まれていったか。さらには，第二次世界大戦後の国家独立のなかで，新しい国民国家がこのような空間所有のイデオロギーを拒否したのか，はたまた温存し流用したのか。本章はこれらの問いを実証的に明らかにする一つの試みである。

第三章
国境の履歴

フロンティアと国境線

　ルンドゥは，ブルック植民地のなかでもクチンに次いで古い行政地区の一つであり，前章でみたように，第二代ラジャ，チャールス・ブルックのもとで施策の実験場として，華人やマレー系の資本導入と労働力の組織化をとおした換金作物栽培が進められた。このようなルンドゥ地区の内陸部は，開発の最前線であると同時に，蘭領西ボルネオとの国境を共有する辺境地域でもあり，ダトゥ岬から内陸にむけてサラワク王国と蘭領に二分されるボーダーゾーンはスルタンの時代から引き継がれたフロンティアでもあった。本章では，このようなルンドゥ地区が国家の空間としてかたちを整えていくプロセスを考えていきたい。
　ルンドゥ地区の内陸部を蘭領西ボルネオと分かつ国境線は，ダトゥ岬から内陸のラヤ山やアピ山に連なる山並みをメルクマールとし，その東側がサラワク領，西側がオランダ領西ボルネオとされた。このような分水嶺を境界とする国家領域の境目は，歴史的にはサンバス・スルタンとブルネイ・スルタンの支配権のインターフェースとされ，ぼやけた圏的な辺境が近代植民地国家の境界にそのまま引き継がれた。前章でみたアンダーソン，ギデンス，タンバイア，そしてウォルタースなどによる区別に従えば，ボルネオ西部においては，前近代的な文化システム／曼陀羅／銀河系政体などと表現されてきた空間がそのまま近代国家の領域区分に移行したことになる。
　このようなぼやけた辺境が，植民地システムの制度的発展のなかで，どのように国家の空間枠組に変質していったのか。国家＝最高地主としてブルック政府の国家空間の国有化と土地の再分配のプロセス，国境の確定，そして国家による人とモノの囲い込みはいかなる政策とその実効的運用を促したのか。新しい国家空間の成立に対して在地社会の反応はいかなるものであったのか。これらに対する答えをサラワク南西部の国境地帯における19世紀末から20世紀初頭の歴史のなかで具体的に見ていきたい。

国家空間・想像・地図

　領域が国家成立の前提条件とされ，明確な境界（国境）によって囲まれた領域の存在が，国家の定義そのものに組み込まれる——このような国家領域のモデルは，西洋の学的伝統においては，カントにその源流をさかのぼるまでもなく，すでに見たようにヴェーバーからギデンスなどの議論，そしてアジア社会の政体に関するS. タンバイアやE. リーチらの議論にみられるように一つの定型とされてきた (Leach 1960, Tambiah 1976)。

　このような国家のかたちに関する考察としては，おたがいに結びついた二つの議論に注目しなければばらない。B. アンダーソンとトンチャイ・ウィニッチャクンである。前近代から近代の移行期に特徴的な空間の変容プロセスについては，彼らの「想像の共同体」や「ジオ・ボディ」といった考えは，国家空間の履歴を考える上で多くの示唆を与えてくれる（アンダーソン 1997，トンチャイ 2003）。

　近代国家の領域は，アンダーソンによれば，私たちの頭のなかの想像 (imagining) という触媒なしには存在しない。私たちの観念作用を欠いては，国民と国家 (nation-state) のあいだのハイフンは連結器としての意味をもちえないというのがその主張であり，同様の観点から，近代国家の領域が社会のなかで内面化されるプロセスについても想像を一つの触媒と位置づけ，政治的空間のロゴ・マークとしての地図のもつ意味を説明している。近代地理学の成立および近代国家のかたちの大量複製としての地図の出現が，いかに国民のあいだで国家という空間を内在化させることに成功したか。アンダーソンによれば「人口調査」と「博物館」とともに，「地図」は国家の領域的な生成のための重要な道具となる。人口調査は被支配者を確定し，数量化による租税台帳や徴募台帳の作成を可能とし，博物館は国家の系譜の正統性を明確にするための民族的歴史の馴化に貢献する。これに対して地図は，地理学の成立と地理教育の普及とあいまって，政治的空間の最終的なアイコンとして近代の国民国家の空間認知の礎となるというわけである。人口調査によって範疇化されたこれらの人々，例えば，「マレー人」や「ブギス人」などが「政治的目的のためにどこで終わるものか，領土的に限定することで，断乎として分解」（アンダーソン 1997:

288)されるためには，幾何学的格子（ジオメトリカル・グリッド）に区切られた地図上の国境と領土が必要となるというのがその主張である。

このような国家空間の生成論においては，地図は国家空間のテキストとして位置づけられている。例えば，国家領域の生成に関する広義のマス・コミュニケーション論ともいえる『地図がつくったタイ——国民国家誕生の歴史』のなかで，トンチャイは国家空間のロゴとしての地図に注目し，実際の測量技術の発展に加えて，資本主義の浸透にともなう印刷媒介の拡大のもとで国家のジオ・ボディが人々のなかで内面化される過程を具体的に検討している（トンチャイ 2003)[26]。

ナショナリズムの生成と流布，そしてアイコンとしての国家のジオ・ボディの社会化についての議論から私たちは多くのことを学んだ。しかしながら，これらの議論のなかで見えてこないのは，ある国家空間に取り込まれた，もしくは自ら身をおくことにした人々の日常の振る舞いである。これらに着目し，その動態や主体性といったものを明らかにするには別のアプローチが必要となる。

国家が領域国家として空間的な構造的変化を社会にもたらす際には，在地社会の反応そのものが，国家による政策決定やその実効的な運用にも影響を与える。想像やナショナリズムをとおした国家のかたちや地図として現れる国家の空間についての議論から離れ，社会と国家のインターアクションを国家空間の形成と変容のなかに見ていくこと，これが本書の基本的な視点である。いいかえれば，国家と社会のあいだのダイナミックな関係を実証的に理解すること，このことを両者のコンタクト・ゾーンである国境に焦点をあてながら新しい視点を提示することが本章のねらいである。

第二章でみたように，植民地政策のもとでは，在地の従来の社会編成は否定され，無主とみなされた土地は国有化宣言のもとで華人やマレー人などの新しい移民集団に分け与えられた。空間的な所有を前提にして，国家に必要なことは，その「領有」対象を明確にすることであり，政治的な国家の境界である国境設定，ならびにこれに関する実効的な支配は領域国家形成に必要とされる大切なステップである。以下では，特に国家への人とモノの帰属，すなわち国家領域におけるアイデンティティの問題を検討していきたい。

---

26) タイの国家領域に関する考察としては，田邊（1972）も参照されたい。タイにおける国家領域生成を国家による森林資源の管理という点から論じ，トンチャイの議論に批判的検討を加えたものとしてはVandergeest and Pelusa(1995)がある。

国境の内在化

　図3-1は，サラワク王国の領土的伸長を示している。1840年代には，クチンの周辺に限られていたサラワクは，軍事的および商業的要衝における砦の設置をとおして，その版図を拡大していった。しかしながら実際は，前章でくわしく見たように，土地制度が整備された1870年代以前には，国家に固有の領域は存在せず，その司法権が適応される範囲も確定されていなかった。サラワク王国の領地的拡大の唯一の根拠は，クチンの本庁と蛸足的につながれた砦と，そこに駐在する白人行政官の存在でしかなかったわけである。ラジャの力の象徴としての砦の連鎖は，まさに点の集積であり，面的な広がり，すなわち領域的な実体性は付与されていなかった。

　すでに見たように1824年の英蘭条約は，「シンガポールの南と北」という地図上の分割を意図したものだった。しかし，ボルネオ島に関しては，実際の領域確定は行われず，その中央部をつらぬく山地帯の分水嶺が境界とされた。サラワク南西部は，ブルネイ・スルタンとサンバス・スルタンによる圏的支配の

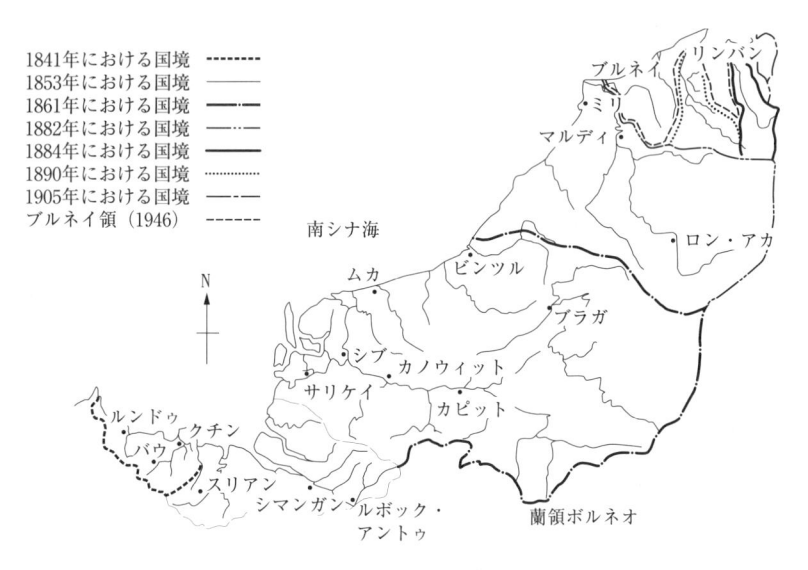

図3-1　サラワク王国の領土的拡大

はざまであるのに加え，英蘭条約のもとで，東南アジア島嶼部におけるイギリス帝国とオランダ帝国の植民地支配の緩衝地帯となったのである。

　蘭領サンバスとサラワク南西部の国境は，アピ山を最高峰としてゆるやかにダトゥ岬につらなる稜線をもって分けられていた。サラワク領では，国境部からルンドゥ川，トゥバ川，スリキン川が下流に延び，サンバス領では，サンバス川，ランダック川，スパラン川が平野部に向かって流れ込んでいる。ブルネイ・スルタンとサンバス・スルタンの支配圏の境は，測量の対象とされず，分水嶺のみがぼやけた境界として認識されていた（図3-2参照）[27]。

　サラワクが植民地国家として空間的にかたちをなしていく過程は，この小王国が一つの社会経済的単位として閉じていく過程であった。物理的な国境の線引きが，実際には意味をもたない第一次森林に覆われた国境部において，国家という本質的には外在的な政治権力の空間的境界が事実上の効力をもつのは，それが人と商品の移動を規制する時にほかならない[28]。

　表3-1は，1871年から1930年代にかけて『サラワク官報』に掲載されたルンドゥ地区の国境関係の政府通達および関連報告の一部をまとめたものである[29]。その内容はきわめて多岐にわたっているが，繰り返し現れるトピックは以下のような国家管理に収斂している。

「結婚登録義務化」
「他国者重婚禁止」
「森林産物への輸出税課税」

[27) 国境設定に関する在地社会の認識については，第七章第三節「東漸する境界線」で実証的な検討をおこなう。
28) このようなルンドゥのフロンティア地域が，国家の境界として画定されていく歴史的過程は，国境の内在化と人と商品の帰化という二つの「自然化」の過程でもあった。この自然化（naturalization）という言葉は，サラワク南西部のフロンティアにおける国家領域の生成を考える上で，一つの鍵概念となる。これを「何ものかが，かつては存在しなかったにもかかわらず，あたかも昔から存在するように想起される状態」と考えれば，ルンドゥ地区の国境地域で19世紀後半から進行したのは，人とモノの帰化による内なる国境の自然化に他ならない。「帰化」とふつう翻訳される国籍の変更が，naturalizationと表現されることを考えても，人々と商品がnaturalizeすることは基本的には同一の現象と了解することは可能だろう。国家の場が常態となるためには，まず国境の内在化が必要であり，この過程で，移動を本質とする人々と商品の国籍確定が進んでいく。
29) 表-10は，筆者が，サラワク博物館に所蔵された『サラワク官報』所収のルンドゥ地区報告書（District Report）から制作したものである。

86

een afstand van vierhonderd vijftig meter tot een punt op den Goenoeng Api, waar een pilaar is geplaatst; vandaar volgt de grens de waterscheiding afwaarts in ongeveer Z.W. richting over een afstand van zeshonderd vijftig meter tot een punt, waar een pilaar is geplaatst; vandaar in een richting ongeveer W. ten N. over een afstand van zevenhonderd meter tot een punt op het voetpad van het astronomisch station Goembang naar Siding, waar een pilaar is geplaatst; vandaar het voetpad volgende in eene over het algemeen N.O. richting over een afstand van vijfhonderd meter tot punt Batoe Aoem, waar een pilaar is geplaatst; vandaar in een rechte lijn loopende ongeveer N.W. ten N. tot de eerste rivier, een zijtak van de Odong rivier, een afstand van zeshonderd meter; vandaar den zijtak op den rechteroever volgende in eene over het algemeen W. richting tot de samenvloeiing met de Odong rivier, waar een pilaar is geplaatst; vandaar in een rechte lijn loopende ongeveer N.W. tot een punt op den linkeroever van de Tring rivier, waar een pilaar is geplaatst; vandaar in eene over het algemeen N.W. richting tot een punt op den linkeroever van de Toepijem rivier, waar een pilaar is geplaatst; vandaar in eene over het algemeen N.N.W. richting tot een punt op den rechteroever van de Pon rivier, waar een pilaar is geplaatst; vandaar den bergrug volgende in eene over het algemeen W. ten N. richting tot een punt op den linkeroever van de Meroemo rivier, waar een pilaar is geplaatst; vandaar over de Meroemo rivier tot een punt op haar rechteroever, waar een pilaar is geplaatst; vandaar de waterscheiding volgende in eene over het algemeen N.W. richting tot het triangulatie-station Goenoeng Broenai, waar een pilaar is geplaatst.

Van het triangulatie-station Goenoeng Broenai loopt de grenslijn ongeveer N.N.W. in een rechte lijn tot het Goenoeng Djagoei (Poko Pajoeng) triangulatie-station, waar een pilaar is geplaatst op het punt waar deze rechte lijn het voetpad tusschen Billeh en Djagoei Babang snijdt.

Van het Goenoeng Djagoei (Poko Pajoeng) triangulatie-station volgt de grenslijn den rechteroever van de Boewan rivier (welke binnen vijftig meter van bovengenoemden pilaar ontspringt) in eene over het algemeen N. richting tot haar samenvloeiing met de Berenas rivier, op welk punt een pilaar is geplaatst. Pilaren zijn eveneens geplaatst op den rechteroever van de Boewan rivier bij het punt waar zij wordt gekruist door het voetpad tusschen Setaäs en Siloewas en waar zij wordt gekruist door het voetpad tusschen Setaäs en Goenoeng Raja. Van het samenvloeiingspunt

アピ山とラヤ山のあいだの国境についてオランダ本国と蘭領東インド植民地で交わされた行政報告（Mailrapporten 1928）。

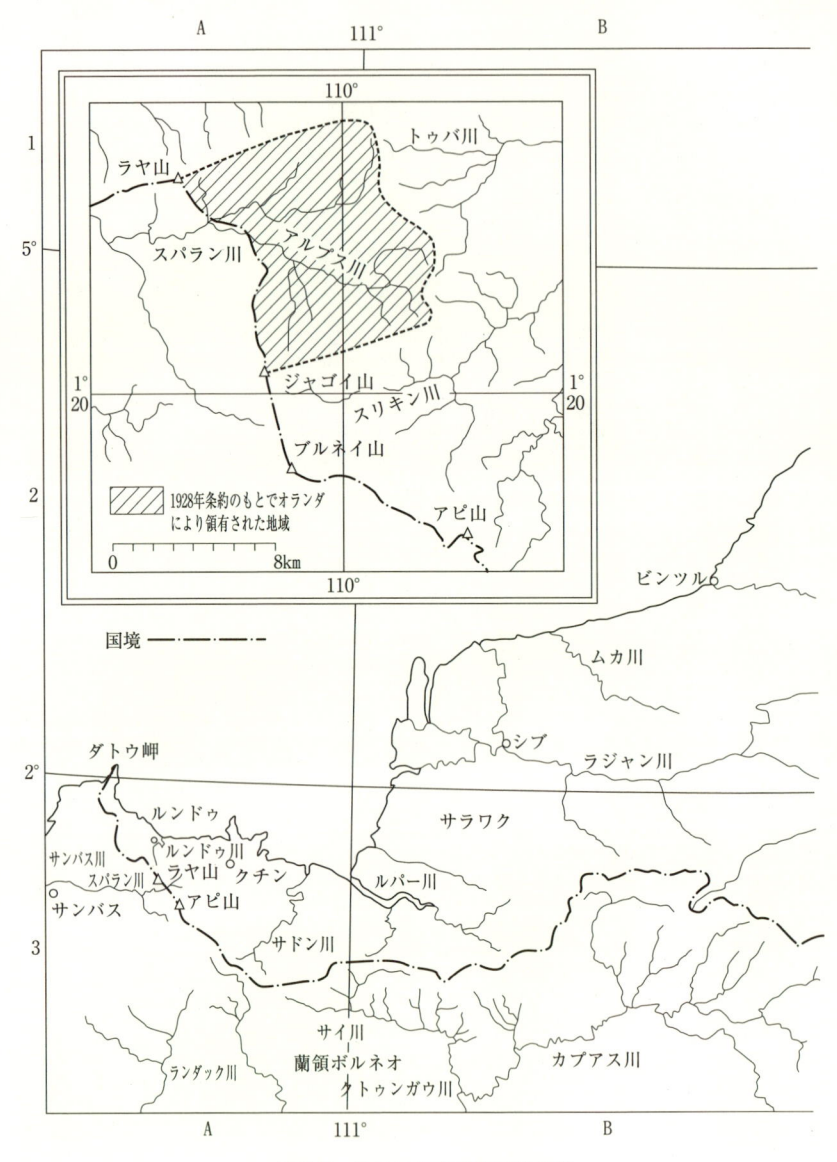

図 3-2　サラワク南西部国境地帯

「農作物への輸出税課税」

「密貿易取り締まり」

「国境警備」

「国境越境焼畑耕作の禁止」

「人頭税納付義務」

「耕作地登記義務」

「妻子扶養義務化」

「越境犯罪人逮捕」

「逃散苦力逮捕」

「度量衡管理」

「コレラ・天然痘発生時の国境通行禁止」

「帰化申請」

「パスポート携帯義務化」

「阿片管理」

　これらの通達や禁止事項からは，基本的に三つの政策を読みとることができる。すなわち，国家空間の生成にかかわる諸制度は，1）労働力としての人々の管理と囲い込み，2）人々の帰属固定化にかかわるアイデンティティの操作，そして3）モノ，具体的には課税対象としての商品の国境をこえる空間移動の規制に分けることができる。例えば，「パスポート携帯義務化」「越境犯罪人逮捕」「逃散苦力逮捕」「コレラ・天然痘発生時の国境通行禁止」「阿片管理」「国境越境焼畑耕作の禁止」「人頭税納付義務」「耕作地登記義務」は，ルンドゥという農業フロンティアにおける商品作物生産者の空間移動と管理に関与するものであり，「帰化申請」「結婚登録義務化」「他国者重婚禁止」「妻子扶養義務化」は，人々のサラワク領内での定住を促すための国家による個人と家族の社会的帰属の決定に深くかかわっている。「森林産物への輸出税課税」「農作物への輸出税課税」「度量衡管理」「密貿易取り締まり」「国境警備」は，輸出税の課税対象である商品の国境を越えた移動を規制するものである。

　以下では，国家による実効的支配の具体的な事例にあたりながら，サラワク南西部国境地帯においていかに国家の領域生成が進んだかを考察していきたい。次節では，焼畑耕作，阿片，家族をめぐる国家管理，人々の記憶と忘却に関する国家介入と領域生成，商品と国境領域の問題などを取り上げる。

表3-1 ルンドゥ地区国境関係の政府通達および関連報告 (1871〜1937)

年月日	
1871 5/12	婚姻法：他国者サラワク領内重婚禁止，妻子扶養義務化
1874 7/24	サラワク/サンバス国境画定に関する政府委員会開催
1874 5/11	サラワク/サンバス国境地帯で焼畑耕作に従事するジャゴイ・ダヤックの処罰
1876 6/5	サンバス領におけるサラワク臣民による森林産物収穫禁止
1876 6/27	サンバス領への通行に際してのパスポート携帯義務化
1876 6/27	サンバス領の森林産物収穫に際して，サンバス・スルタンからの許可取得とパスポートの携帯義務，森林産物への10%納税義務化通告
1878 8/31	野生ゴム，サゴ粉に対する輸出税課税
1879 3/4	蘭領の犯罪者ハジ・バカーのサラワク領への逃亡に関する政府委員会開催
1879 3/4	蘭領におけるサラワク臣民襲撃に関する政府委員会開催
1883 9/27	蘭領におけるサラワク臣民殺害に関する政府委員会開催
1883 12/8	ガンビールおよび胡椒に対する輸出税課税
1884 8/1	国境地帯のジャゴイ・ダヤックへのサンバス・スルタンの徴税要求に関する報告
1884 7/22	サラワク/サンバス国境線設定についての蘭印政府提案に関する政府委員会開催
1885 5/1	パスポート不携帯の華商の蘭領での逮捕についての報告
1887 12/20	蘭領に逃亡した犯罪者の引き渡しに関する政府間協定決定
1890 10/10	サンバス領（パロ）におけるサラワク臣民による森林産物収穫禁止
1891 2/5	蘭領に逃亡した犯罪人追尾の手続きに関する通告
1891 3/2	蘭領に逃亡した犯罪人追尾の手続きに関する通告
1891 12/31	蘭領に逃亡した犯罪者の引き渡しに関する政府間協定決定
1891 4/1	サンバス領で蘭印政府当局により逮捕されたサラワクの苦力に関する報告
1892 1/2	蘭領に逃亡した犯罪者の引き渡しに関する政府間協定決定
1892 3/3	ブダウンにおける天然痘発生に起因する住民のサンバス領への移住に関する報告
1882 3/17	蘭領に逃亡した犯罪人収監に関する報告
1893 1/3	サンバス・スルタンよりの許可証を携帯しサラワク領に移住を希望するサンバス・マレーの処遇に関する報告
1893 2/1	ラジャの許可を得てスラバン岬に移住した蘭領スラサン島民に関する報告
1893 12/1	逃散苦力の国境での逮捕報告
1893 10/2	塩密輸およびパスポート不所持によりサンバス領ムンパワで逮捕されたサラワク・マレー商人に関する報告
1893 6/1	海洋貿易商およびナコダの登録義務化通告
1893 3/1	8人のサンバス華人のサムンサンにおける逮捕報告
1893 10/2	ルンドゥにおける不法胡椒売買者逮捕報告
1893 9/1	スマタンにおける木材伐採に対する課税通告
1893 10/2	スマタンにおける木材伐採に対する課税通告
1893 4/2	サンバス労働者による木材伐採および船舶建造に対する課税通告
1893 2/1	サンバス労働者による木材伐採および船舶建造に対する課税通告
1893 10/2	サンバス，スムドゥンより移住したマレー人50家族のスマタン定住に関する報告
1894 4/2	パスポート不携帯者の国境越境監視についてダヤック村民への協力要請
1894 1/2	労働契約下の苦力および犯罪者の越境逃散防止のためサンバス領に入る際の通行許可証携帯義務化通告
1894 4/2	逃散華人苦力の捜査および逮捕に関する報告
1894 3/1	ダトゥ岬付近の洞窟でのサンバス領のダヤックによる燕の巣の収穫に関する報告
1894 4/2	ルンドゥにおける華人不法胡椒売買者逮捕に関する報告

1894	3/1	サンバス労働者による木材伐採および船舶建造に対する課税通告
1894	5/1	マスケット銃[30]を密貿易したダヤックの逮捕および3ヶ月の入獄に関する報告
1894	11/1	疫病の沈静後，サンバス，パロよりサラワク領に再び戻る移民の増加に関する報告
1895	9/20	逃散ジャワ人労働者逮捕に関する政府委員会開催
1895	10/1	蘭印政府サンバス地区副長官によるジャワ人労働者逮捕協力要請
1895	1/2	サンバスに戻り11ヶ月間妻子の扶養を怠ったサンバス・マレー人の妻（ルンドゥ在住）の離婚申請許可
1895	8/1	ルンドゥの商人の使用する秤の精度管理に関する報告
1895	8/1	サンバス・マレー人によるマスケット銃の密貿易取り締まりに関する報告
1895	8/1	スマタンにおける森林伐採申請の許可通知
1895	8/1	マレーおよびダヤック住民に対する予防接種の開始
1895	9/2	サンバスにおけるコレラ発生，これによるスマタン港の外国船の寄港禁止通告
1896	1/2	サンバス・マレー人によるマスケット銃密貿易，商人逮捕と猟銃接収に関する報告
1896	8/1	サンバス・マレー人によるサラワク領内での重婚，逮捕に関する報告
1899	8/1	国境近隣のプリンサ，テロック・ムラノー間の沿岸部での疫病発生に関する報告
1900	6/1	サンバス領への通行に際してのパスポート携帯義務化通告
1900	6/8	サンバス領への通行に際してのパスポート携帯義務化通告
1900	7/2	サンバス領への通行に際してのパスポート携帯義務化通告
1900	8/1	帰化申請手続き告知
1900	6/1	逃散マレー人のサンバス領内での逮捕と収監に関する報告
1900	8/1	輸出税算出のためのシンガポール向け木材計測に関する報告
1900	9/1	税関管理によるルンドゥ河口における商品積載船の管理についての報告
1912	2/1	サンバス臣民によるサラワク領内でのエンカバン[31]収穫に関しての報告
1912	8/1	蘭印政府によるサラワク産ブラチャン[32]に対する輸入税課税，これに起因するスマタンでのブラチャン売り上げの減少に関する報告
1914	6/1	サンバス移民と地元ダヤックのあいだの土地紛争（村落境界）に関する報告
1917	9/1	ルンドゥにおけるサンバス・ダヤックの重婚およびサンバスにおけるルンドゥ・ダヤックの重婚に関する報告
1924	4/2	森林法違反者への罰金措置についての報告
1926	9/1	国境線画定のためのプエ・ダトゥ岬間の実地検分報告
1930	3/1	ルンドゥ，スマタンおよびスンパディにおける阿片の売り上げ報告
1932	1/2	蘭領よりのタバコの密貿易により華商逮捕
1932	2/1	国境越境犯罪人の追跡捕獲失敗に関する報告
1932	6/1	国境部における華人住民の監視のための電報機器と人員の配置に関する建議
1932	8/1	蘭領における天然痘発生による国境通過許可証受給禁止および交通遮断通告
1934	5/1	国境部における保護林の拡大に関する報告
1935	12/2	国境部のジャゴイ・ダヤックの越境耕作および耕作地不足の現状に関する報告
1935	4/1	国境部におけるジャゴイ・ダヤックに対する人頭税課税指示
1935	6/1	越境犯罪人追跡を怠った現地人官吏の処罰に関する報告
1936	2/1	テロック・スラバンにおけるゴムおよびタバコの密貿易に関する報告
1936	8/1	ムアラ・トゥバス・ダトゥ岬間のゴム密貿易に関する報告
1936	5/1	ゴム密貿易を行った蘭領マレー人逮捕（罰金500ドル）に関する報告
1937	4/1	国境部におけるジャゴイ・ダヤックの越境耕作に関する報告

（出典：Sarawak Gazette 1871-1937）

焼畑・阿片・家族

　資源としての人とモノを，国家と市民社会に分配するにあたり，そのバランスを可能な限り前者に傾けようというのが，国家支配の基本的原理といえるだろう。歴史が示すように，特に植民地では，国家によるこれらの資源の専有と組織化は著しいものとなる。この過程は，大きく見れば二つの段階を含んでいる。まず，労働力が在地社会に移管され，いわゆる複合社会と称されてきた多民族労働市場が形成される。次に，これらの労働力によって収奪もしくは生産された鉱物，森林産物，農作物などの空間的な移動が規制され，国家領域を越えて移動する商品への関税収入が国家の財源とされる。このような労働力と商品の領域内での囲い込みのために国家領域の画定は必須となる。これら国家のプロジェクトは従来，領域国家というアリーナを自明のものとして考察されてきたが，フロンティア社会における人や商品の移動にまつわる国家管理は本質的に領域国家の境界の確定が必要条件となる。

　前章が明らかにしたように，第二代ラジャ，チャールス・ブルックの治世（1871～1917）以前には，サラワク王国に制度的な国土は存在しなかった。サラワク領土の国有が法制化されたのが1871年であり，これ以後，サラワク領の土地は1エーカーあたり50セントの貸与料をもって900年という年限付きで臣民に払い下げられた。この貸与は，農業を目的に土地を使用する場合のみ成立し，10年のあいだに耕作地ないし放牧地に転換されない場合は，政府に返還されるという条件がつけられたことはすでにみた（SG Jan. 24, 1871: 39）。ルンドゥ地区においては1889年の時点で，従来の居住者のダヤックに加え，千人前後のマレー人と華人のコミュニティが形成されていた。これらの三つの民族集団は，おのおの生業形態や共同体の歴史を異にし，1871年以降に進行した国境

30）musket. 16世紀から19世紀にかけて使用された長筒火器。ライフル銃にとって代わられた。

31）イリペ・ナッツ（Illipe Nuts）：Meranti (Red)［Shorea属，Dipterocarpaceae科］の果実。ボルネオでの現地名はエンカバン／ンガバンなど。果実の総重量の約50パーセントに及ぶ油成分は，チョコレートなどの製造に用いられる。

32）小エビを塩漬けにし，ペースト状にした魚発酵食品。

の内在化に,それぞれ異なったかたちで向き合うことになる。そこでは,トランスナショナルな焼畑耕作への規制,阿片や賭博の管理,家族のかたちそのものに対する法規制,そしてアイデンティティ・ポリティクスなどさまざまな国家の働きかけを見ることができる。

焼畑耕作民と領域国家

　サラワク南西部の国境地域に居住するジャゴイ,ララ,スラコウなどのダヤック諸集団にとり,国土の成立は,その移動性の剥奪を意味した(図3-3参照)。焼畑陸稲耕作に従事してきた内陸部ロングハウスの住民たちにとり,人口圧の増大や焼畑耕地の生産性の低下は,新しい森林の開拓によって解決されるべきものであった。しかしながら,商品作物の栽培を前提とした土地登記の進行のもとで,サラワクおよび蘭領サンバスの国境隣接地域に残る第一次森林を求めて移住することが制限されるようになる。1870年代から1880年代にかけては,ルンドゥ地区と蘭領西ボルネオのサンバス地方の両植民地にまたがって居住し

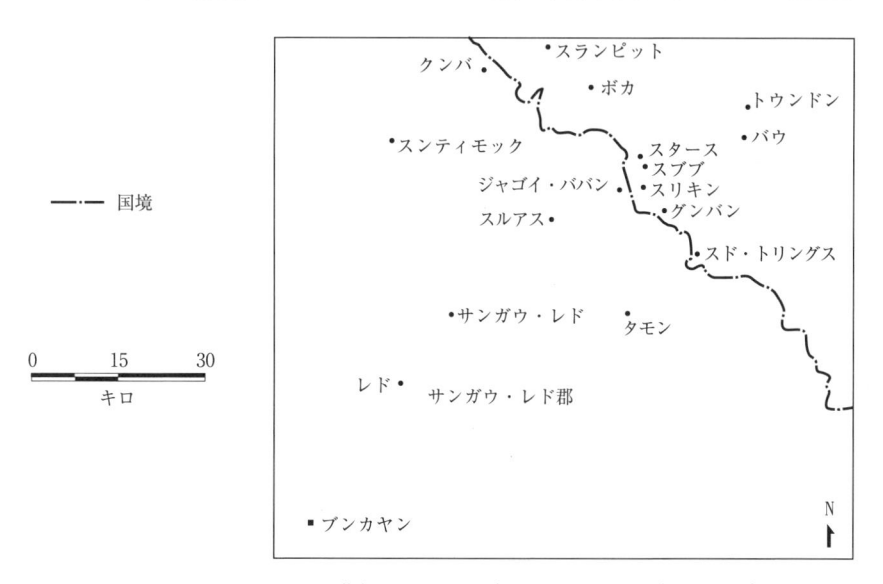

図3-3　サラワク/蘭領西ボルネオ(現西カリマンタン)国境

焼畑耕作を行うジャゴイ・ダヤックへの人頭税の課税を主張して，両政府が折衝を繰り返している (SG May 16, 1874: n. s., SG July 24, 1874: n. p., SG Aug. 1, 1884: 81)。以後半世紀以上のながきにわたりジャゴイ・ダヤックの帰属問題は，サラワクと蘭領西ボルネオの両政府にとっての重要な懸案事項となっていく。

陸ダヤックのジャゴイたちにとって，耕地不足は深刻な問題であり，いまだに豊富な第一次森林の残っている蘭領ボルネオ領内での焼畑耕作を希望している。私［ルンドゥ地区行政官］は，彼らに，そのためには蘭領ボルネオ政府からの許可が必要なこと，そして，もし国境の向こう側で耕作する場合も，蘭領ボルネオ政府とサラワク政府の両方に納税の義務があることを言い渡した (SG-LDMR Apr. 1, 1935: 51)。

1890年代には，ルンドゥ地区の歳入のなかで，国境部に近い山間に居住するダヤックからの人頭税は第一位を占めるようになり，領内の臣民，特に移動性の高い焼畑民からの税の確保は植民地経営のための重要な財源となった（表3-2）。

次に，華人とマレー人が，ルンドゥ地区の労働市場を構成する重要な民族集団となった過程を検討すると，1870年代から進んだ労働力の囲い込みは，移動と定着という二つの段階からなることがわかる。華人とマレー人のサラワク領への移動と定着は，その組織化，労働形態そしてコミュニティの形成などに関して異なる性格をもっている。

表3-2　1893年ルンドゥ地区歳入

歳入源	歳入額
ダヤック歳入	$786
マレー歳入	$342
裁判記録費および罰金	$692
諸免許	$92
登記審査費	$84
合計	$1,726

(SG-LDMR May 1, 1893: 78)

苦力の逃散

　華人農業労働者は，優遇政策のもとで，土地の貸借料支払いと納税を免ぜられ，シンガポールとサラワクのあいだの汽船運賃も政府が負担したことは前章でもみたとおりである。当時，ガンビールと胡椒栽培をルンドゥの主要産業にしようした第二代ラジャは，シンガポールおよび蘭領西ボルネオ在住の華人資本家を誘致し，プランテーションの発達をもくろんだ。

　サラワク政府が，これらの華人農園経営に果たした役割は大きい。農園開発と華人労働力の確保をうながす優遇政策に加え，これらの労働力のサラワク領からの流失を防ぐため，きわめて直接的な管理政策がとられた。すなわち，サラワク政府は，阿片の流通を国家的に統制し，これを華人農園経営者に卸したのである[33]。農園主は，阿片の前渡しによって苦力たちを負債でしばり，ガンビールや胡椒など換金産物を栽培させた。また，ラジャは華人コミュニティに対しては，酒 (arrak) の醸造および販売と博打場の開設を許可し，農園主が，阿片とともに労働者たちを借金でしばり，そのモビリティを奪うことを容認している。

　「自暴自棄となった苦力たちの多くは，手持ちの最後の1セントまでを阿片と賭博に使いはたし，あげくの果てには，小屋の梁から首を吊って，みずから己の惨状に終止符をうつ」(SG June 1, 1889: 78) とルンドゥ地区報告で報告されたこれらの契約労働者が，国境を越えて蘭領サンバス側に逃散することは法律で厳に禁じられた。以下は，逃散苦力および犯罪者の国境越えを阻止するために，ラジャが下した通行許可証保持に関する通告である。

通行許可証：労働契約中にもかかわらず逃散した苦力および犯罪者の効率的な捕
　縛のため，以後，蘭領サンバスに戻る個人ならびに集団の代表者は，サラワク領

---

[33] 1930年代末にいたるまで，サラワク政府にとり阿片統制はきわめて重要な問題であり続けた。政府の年次財政報告においては，阿片に関しては Government Monopolies, Sarawak, Annual Opium Report と呼ばれる個別の報告書がつくられ，年間の政府による購買量，価格，消費量，登録された阿片吸引者数，阿片中毒者の死亡件数などが詳細に記録されている。

を出る前に，クチン，パク，シムンジャン，もしくはルンドゥにおいて政府発行の通行許可証を取得することを義務化する。国境越境者は，これらの通行許可証を通過するダヤック村落の長に提示する義務があり，通行証明書を携帯しない者は，ダヤックの長によって犯罪者としてクチンに連行される (SG January 2, 1894: 56)。

これらの華人労働者の捕縛については，蘭領サンバスの当局との連携がとられ，国境地帯に居住するダヤックも通行人の監視，追跡，および捕縛の任を負った。ルンドゥ駐在の白人官吏は，しばしば国境地帯の村々を訪れて，不法越境者の監視を依頼している[34]。

シダマックとスバコ経由でスマタンに向かう。シダマックに午前10時に到着。私を待っていた約50人のスラコウ・ダヤックと通行許可証不携帯で国境を越える者の取り扱いについて協議した (SG April 2, 1894: 56)。

マレー人家族と記憶

華人農業労働者にとり，蘭領との領土的臨界が，茫漠とした境界からその越境が社会的制裁をともなう国境へと変化したのに対して，マレー人たちが国境を認知し，サラワクの国土を内面化していった過程は大きく異なる。華人苦力が，内陸のガンビールや胡椒のプランテーション形成過程で労働現場に張りつけられた一方，マレー人移民は海岸部のココ椰子プランテーション開拓をとおしてサラワクの地に定着するようになる。蘭領西ボルネオで従来ココ椰子耕作に従事していたマレー人およびブギス人のナコダ貿易商たちは，ポンティアナックからダトゥ岬にいたる沿岸部の耕地が減少するにつれて，新天地をサラワクに求め活発に土地登記の申請をした。その結果，19世紀末までにスマタンとダトゥ岬のあいだの沿岸部には，ココ椰子プランテーションが帯状に形成された（図2-4参照）。

ブリンサ川とテロック・ムラノー間の沿岸線は，いまや間断なくココ椰子農園の

ために拓かれており，2〜3年前に植えられたこれらのココ椰子は元気に育っている（SG July 1, 1898: 142）．

　これらのプランテーションのための労働力としては，多くの場合，ナコダの指揮のもとで，蘭領サンバスの村落から数十戸の単位でマレー人家族がサラワク側に移住した．すでにみたとおり，大工，呪医などを含む村人が集団で移住し，チェーン・マイグレーションによる移民の増加がみられた．

　このような村落の分出によって形成されたマレー人コミュニティを新しい国土に固着させるためには，華人労働者に対するようなギャンブル，飲酒，そし

34）華人の農園労働者，マレー人のココ椰子耕作者，そして内陸の焼畑民ダヤックたちのサラワク領での定着に加えてサラワク政府が腐心したのは，領内の住民の健康保全であった．1895年に初めてワクチン接種を行う以前には，サラワク政府は疫病の発生に対して，国境を閉じることによって国境地域住民の罹病を防止した．ひとたびコレラや天然痘などが発生すると，二つの政体間の人々の通行が禁止され，国境に隣接する住民は国家領域の周縁部から，より中心部へと移住させられた．

　サンバスにおけるコレラや天然痘の発生の知らせは，いちはやくサラワク領へと伝わり，これらに対してサラワク政府は，国境通行の禁止をもって対処している．

　（サンバス領でのコレラ発生に対する）予防措置がスマタンの港でとられ，サンバス船の寄港が禁止された．クチンに向かうサンバス船舶が，頻繁にスマタンで一時停泊をすることを鑑みた措置である（SG Sept. 2, 1895: 167）．

　24日のオラン・カヤ・パセーの報告によると，サラワク国境に隣接する蘭領東インドの村落アロックにおいて天然痘が発生した模様である．25日に補助医師が到着し，約600人に予防接種を行う．現時点では，サラワク領において実際の発症事例はないが，サンバスへ抜ける道は閉じられ，サラワク領への通行は禁止されている（SG Aug. 1, 1932: 142）．

　国境の向こう側で発生した疫病に対する人々の恐れは，国家によって画定された空間の差異を人々に内面化させたという点で，いかなる制度的支配よりも有効なボディ・ポリティックスとして国家領域の内在化に役だったことは想像に難くない．現在のマレーシア/インドネシア国境においても国境は隣国からの疾病の流入を阻止するさまざまな手段が講じられている．インドネシア西カリマンタン州に接する国境地帯は，現在でもマラリアの多発地域として「ブラック・エリア」（kawasan Hitam）と呼ばれており，サラワク州保健省の定期的なマラリア蚊駆除のためのスプレーが行われている．これらの地域はインドネシア人の越境入国が多く，彼らがマラリア原虫の媒介となっているというのがサラワクの政府医療関係者の説明である．

　ちなみに，インドネシアでの鳥インフルエンザ発生の頻度が増加するなかで，サラワク州政府はインドネシア，カリマンタン州からのサラワク州への家禽類の密輸入，特に州内に持ち込まれるギャンブル用の闘鶏に対する国境での監視を強化している．

第三章　国境の履歴

て阿片購入による借金による縛りつけではなく，まさに国家による家庭内領域への介入，家族のかたちそのものの法的規制が加えられた。表3-1でも見られるように，サラワク政府はマレー人移民の「重婚禁止」ならびに「家族の扶養義務」を通達し，移民が蘭領サンバスとサラワクに同時に複数の家族をもつことを禁じている。華人労働者が農園から逃散し，追尾と捕縛の対象とされたのに対して，マレー人の場合は，サンバスに家族がいながらサラワク領で新たに結婚し家庭をもった者，ならびにサンバス領に戻ってサラワクに残した家族扶養の義務を怠った者が処罰の対象とされた。政府から任命されたマレー人の村長および地区長にとり，家族の国家帰属の画定のため婚姻登録は，人頭税の徴収に加えて大切な職務とされた。以下の官報にみられるように，しばしば両植民地政府の照会のもと，重婚者の摘発が行われている。

11日に第一省長官代理が裁判を開き，サンバス・マレーのハジ・オマーに6ヶ月の禁固を宣告した。ハジ・オマーは，現地人官吏のタン・アハマットに，サンバスに妻はいないとの虚偽の申告を行い，これにより，ルンドゥの女性との結婚を許された。しかしながら，ハジ・オマーは実際には，サンバス監獄からの脱走者であり，すでにサンバスに妻子がいることが判明し，上記の宣告となった（SG Aug. 1, 1896: 101）。

16日，プエのアハマットの娘，カヤの訴えを受ける。蘭領スラサン島民である夫のハジ・タリプは，彼女のもとを去り，すでに11ヶ月間，扶養の義務を怠っている。ハジ・タリプは，現在サンバスにおり，妻のもとに戻る意志がないことは明らかであり，これによってカヤの正式な離婚が承認された（SG Jan. 2, 1895: 11）。

領域とアイデンティティ

以上でみたような労働力の国家領域内での囲い込みといった問題は，従来の政治経済学的な考察を大きく越えるものでない。これに加えて，国家の領域が認識され，時系列的な連続性をもつ過程を理解するためには，人々の記憶と忘却に関する国家的介入の検討が必要となる。

J. G. フィヒテの表現を借りれば，国家の「外的な国境」は「内的な国境」にならねば存在しえない（フィヒテ 1997）。国家による記憶の地図化は，個人と家族，家族と親族，そして親族と村落をつなぐ紐帯としての記憶を，国家領域という一定の枠組のなかで培養し，囲い込むとともに，その枠組の外との関係を忘却させるという重層的なプロセスを含んでいる。

　すでに検討したように，移民の「重婚禁止」と「家族の扶養」を義務化することはサラワク政府にとり重要であった。移民がサラワク領内と領外に同時に複数の家族をもつこと，そして妻子を養うことを怠ってサラワク領外に去るという行為は，国家による直接的な干渉の対象となった。このような家族の形態や機能についての制度的介入がもたらすものは，国家枠のなかでの「家族の自然化」ないし「家族国籍の単一化」であり，世帯レベルでのアイデンティティ・ポリティックスに密接に結びついている（cf. バリバール 1997）。

　人頭税の徴収に加えて，婚姻登録が村長と地区長に課された重要な責務であったことをはすでに述べた。人々の国家帰属の画定の一つのチェック・ポイントとして，結婚を契機として国家の台帳に人々の名前を記録することは，世帯の単位での人々の把握に加えて，これから生まれてくる個人をサラワク臣民として画定していくためにも必要であった。

　サラワクにおいては，出生主義と父系出自認知の原則により，以下の条件を満たす個人に国籍が与えられた（Boyd 1936: 415）。

1）サラワク領内（領海を含む）で出生した者
2）上記に該当する父をもち，サラワク領外で出生した者
3）サラワクに帰化が認められた父をもち，サラワク領内で出生した者

　表3-1からも明らかなように，19世紀後期から今世紀初頭にかけての国境地帯の人々の交通は，それが熱帯雨林に覆われた小人口世界であるにもかかわらず，きわめて頻繁であった。陸路に加えて，サラワクと蘭領サンバス間の海路は，モンスーンで海が荒れる半年間を除き，多くのマレー商人や華人の貿易船や地元住民の小舟（perahu）が行き来した[35]。このような状況で，サラワクに流入した移民第一世代のうち，少なからぬ数の人々が再び国境を越えて蘭領サンバスなどに戻ったり，二つの領土の越境をくりかえしながら暮らしていたことは想像に難くない。

第三章　国境の履歴　81

しかしながら，このような状況は，第一世代と第二世代が交代するきわめて短いタイムスパンのなかで大きく変化していく。すなわち，自らをサラワクの人間（orang Sarawak）と疑いなく呼ぶ集団の誕生である。移民第二世代になれば，彼（女）らにとっての地図化された記憶は，まさにサラワクに関するものに限定されはじめ，親世代の記憶の忘却は加速する。例えば蘭領サンバス生まれの親たちがアイデンティティの拠りどころとする風景や記憶のなかでの地図はサンバスのものであるが，サラワク生まれの子供たちにとってのそれは，村の敷地であり，近隣のサラワクの海や川，そして山々に関するものとなる。例えば，1908年当時のルンドゥのマレー人たちは，ほぼすべてが1880年代以降にサンバスから移民した「サンバス・マレー」（Melayu Sambas）であったが（SG June 1, 1908: 136），この民族集団のもつ記憶の地図は，世代が更新する数十年の時間幅のうちに書き換えられ，民族呼称の「サラワク・マレー（Melayu Sarawak）」への変化とともに，彼らの子供たちの記憶はサラワクという空間を中心とするようになる。

　国籍や市民権の生成を考えるにあたっては，国家による「名づけ」に加え，「名のり」とも呼ぶべき人々の自発的な行為にも注目しなければならない（cf. 内堀1989）。サラワク政府が移民第一世代の「名のり」，すなわち「帰化」（naturalization）にきわめて熱心であったことは興味深い。1900年に『サラワク官報』で通達されたサラワクへの帰化手続きでは，サラワク領内に5年以上居住し，これからも居住することを望む者は，帰化請願書をラジャに提出することが義務づけられている。帰化申請者は，年齢，出生地，父の名，出生地，職業および母の名，出生地，既婚・未婚の別，既婚者の妻の名，妻の両親の名，子供の数，性別，現在の居住地，職業，サラワク領内での居住年数を明言し，永久的に居住することを希望する旨をラジャに宣言することでサラワク臣民となることができた（SG Aug. 1, 1900: 146）。

　個人や親族の通時的なつらなりが国境という空間によってひとたび断絶する

---

35) ダトゥ岬付近の入り江は，蘭領ボルネオのポンティアナックやサンバス，サラワクのクチン，ムカ，そしてブルネイなどのあいだを航行する船舶が嵐を避け，薪水を補給するために利用された。19世紀前半から，このダトゥ岬周辺は，「海賊の湾」（Pirate Bay）と呼ばれ，スールー海を南下してボルネオ西海岸部にいたり収奪を繰り返したイラヌンやジャン川を下りサラワク沿岸部で首狩り行為をしていたイバンの停泊地として知られていた。この地域に関しては第五章以下で詳述する。

と，人々の記憶の地図は国家の枠にそって書き換えられていく。上記の国籍条項および帰化申請をとおしてサラワクへの国家帰属を明確なものとした第一世代がもうけた子供たちは，親たちの出身村や親族，近隣地域，そして国土に関する集団的記憶を世代の経過とともに徐々に失っていく[36]。

森林産物の越境

　人の移動とアイデンティティに関する国家管理に加えて，商品のトランスナショナルな移動が管理の対象とされるようになるのは，ルンドゥ／サンバス国境地帯では1870年代のことである。当時，両政府にとっては，鉄木などの木材やエンカバン[37]などの森林産物が主要な課税対象品であり，これらの国家領域を越えた移動が取り締まりの対象となった。
　まず1876年に，サラワク政府に先んじて蘭領西ボルネオ政府はサンバス・スルタンの名前のもとで，サラワク臣民（Sarawak Subjects）によるサンバス領での森林伐採についての通告を発している。それは，以後サラワク臣民がサンバス領に入るときはパスポートを携帯し，森に入る際には，サンバス・スルタンの許可を得ること，さらに，材木および森林産物を領内から持ち出す際には，10パーセントの輸出税を納めることなどを申し入れるものであった（SG June 5, 1876: 3）。
　一方ルンドゥ地区では，鉄木などの木材は，主に蘭領サンバスのマレー人およびブギス人貿易商人によって伐採され，スマタンならびにルンドゥ河口に集積されたのちシンガポールへ運ばれた。サンバス領における規制と同様に，これらのサラワク産の木材切り出しに対しては輸出税が課され，ルンドゥ駐在の官吏は頻繁にルンドゥとダトゥ岬のあいだの沿岸部の視察を行っている（May 1, 1893: 78, Dec. 1, 1894: 208, April 2, 1894: 56, Aug. 1, 1895: 144, Dec. 2, 1895: 220, Aug. 1, 1900: 175）。例えば，以下でみられるように，サラワク領で伐採した木

---

[36] 村落成員の母村からの分出の結果，分村において母村に関する記憶が比較的短いあいだに失われることは珍しいことではない。このような集合的な健忘症は，国境を越えた人々の移動と定着をとおして母村との接触が疎遠となるなかで，さらに加速することになる。
[37] エンカバンについては，注31を参照。

材を用いて船舶の建造をするサンバス・マレー人や切り出した木材を輸出していた華商の納税が義務づけられている。

22日付けの指令に従い，本地区で木材を伐採し，舟（sampan）の建造に従事するサンバス・マレー人に関しては，10艘につき1艘を税として納めさせることとなった。木材の切り出し及び造船のためには，法務事務所で許可を取得しなければならない（SG Feb. 1, 1893: 26）。

4日にスマタンに華人船が入港。ナコダ（船長）は，沿岸部でピニャガ[38]材木の切り出しを希望している。同船は，1890年の10月にもスマタンに寄港しており，50ドルの税金の支払いを条件に伐採が許可された。今回も同額が課税された（SG Sept. 1, 1893: 146）。

エンカバンは，鉄木などの材木と同様に市場価値が高く，住民にとっては貴重な収入源であった。その結実は不定期であり，収穫時には多くの人々がサラワク／サンバス国境を越えて移動した。サラワク側の住民にとり，サンバス住民によるエンカバンの収奪は現金収入の減収を意味した。以下は，サラワク側の地元民が所有するエンカバンの実をサンバスの住民が収穫することを嫌い，サラワク領内（すなわち自分の森）からの締め出しを求めた例である。自分の利益を他国人から守るため，地元住人が国家領域というものを戦略的に利用した例として興味深い。

マレー人タン・アハマットは，他の地区の者が当地区でエンカバン（イリペ・ナッツ）の収穫を行うことを禁止することを懇願。法務事務所の書記は，蘭領サンバス臣民の当地でのエンカバン収集が禁止されるべきか，そして禁止の際には，これをタン・アハマットに通知するか否かを書面で私［ルンドゥ駐在の行政官］に問い合わせてきた。私は，自分には本件に関する決定権はないことを伝えた（SG Feb. 1, 1912: 33）。

19世紀末から20世紀初頭においては，森林産物に課される輸出関税は国家

38）フタバガキの双子葉植物 Shorea pinanga.

の重要な歳入源であった。表3-3にみるように，サラワク政府は，頻繁にイリペ・ナッツ（エンカバン），燕の巣，籐類，樹皮，グッタ・ペルカ[39]，ダマール[40]，ジュルトン[41]などの森林産物への課税および税率の引き上げ[42]を繰り返している。当時，森林産物にかけられた関税の収入合計は，主要商品作物であった胡椒とガンビールからの収益よりも多く，サラワク植民地経営は森林産物の輸出関税に依存していた（表3-4）。ちなみに，輸出入関税の収入がサラワクの国家歳入に占める割合は，1895年には，21.4パーセント（歳入 453,800.24ドル中で輸出入関税収入は96,928.87ドル）に達している（SG April 1, 1896: 80）。

　以上でみたように，二代目ラジャ，チャールズ・ブルックの治世のもとで，人とモノを対象とする納税義務が課されるようになったことを機に，サラワク南西部国境社会においては，国家領域を越えた移動が犯罪として処罰の対象となっていった。注目してよいのは，国境を越えた社会的流動に対する国家の規制の性格が，民族集団によって異なることである。華人についての管理は主に農園契約労働者の逃散の取り締まりを中心としたものであり，サンバス／サラワク国境を越える者のパスポート携帯の義務化は，サラワク領内での労働力確保に結びついたものであった。人の流動の国家による干渉の場は，マレー人の場合は華人と異なり家族を中心としたものである。重婚，越境者のサラワク領内における家族の扶養義務，帰化などに管理が集中しており，独身の若年労働者を中心とした華人とは異なる政策を見ることができる。これに対して，ダヤックの農民たちに対する国家の干渉は，人頭税（head tax）の支払いに関するものを中心とし，税を支払う限り，焼畑耕作をサンバス領ならびにサラワク領の両方で行うことが許可された。

　このような人の国境をめぐる移動に加えて，モノの国家領域を越えた移動に対する管理は，まずグッタ・ペルカ，野生インド・ゴム，ダマール，ラタン，樹皮などの森林資源の越境者による採取を対象にしながら法的な整備が進み，鉄木などの木材伐採，そして胡椒，ガンビールなどの商品作物への輸出税の課

---

39) グッタ・ペルカの樹液は，50度以上に熱するとゴム状になり可塑性があり，耐酸容器・歯科治療材・電気絶縁材材などに用いられる。
40) ダマール樹脂はフタバガキ科の樹木から得られる。灯火，船の水漏れ防止剤，塗料，ワニス，インクの材料等の工業原料とに用いられる。
41) ジュルトン（*Dyera costulata*）の樹脂は1920年代から60年代にかけてはチューイング・ガムの原材料とに用いられた。
42) 関税率の改定通告も銜む。

表3-3 サラワク政府による課税物産通告および税率の引き上げ通告
(1875〜1908)

通告年	課税対象
1875	ガンビール，胡椒
1882	ブラチャン，エビ，魚
1885	燕の巣
1886	再輸出された海産森林物産
1891	籐類
1895	樹皮
1898	ニッパ椰子糖
1899	木材伐採
1900	グッタ・ペルカ，野生インディアン・ゴム
1901	籐類，胡椒，ダマール
1902	グッタ・ペルカ，ジュルトン，胡椒
1903	塩魚
1903	イリペ・ナッツ
1904	胡椒
1904	ダマール
1908	野生インディアン・ゴム

(出典：Sarawak Gazette 1875-1908)

表3-4 1895年度輸出関税収入

品　目	額（$）
鉄木，その他材木	2,142.17
ビーズワックス	893.73
燕の巣	1,934.49
樟脳	258.9
カッチ	4.2
海産物	735.66
グリア	0.2
グッタ・ペルカ，野生インディアン・ゴム	13,849.28
ガンビール	2,419.15
胡椒	3,216.54
籐	6,017.46
サゴ（生）	895.08
サゴ（粉）	16,641.20
植物性タロー	630.71
その他	10.69
合　計	50,249.46

(SG April 1, 1896: 80)

税へと変化していった。

国家と社会の共鳴関係

　曼陀羅的な政治システムを特徴とした空間に，近代国家という異種の権力形態がもちこまれると，英明なる王の威光によって伸縮するぼやけた政治的なゾーンが国家機構の最周縁部，すなわち国境線によって規定されるようになる。この変化は，類型論としては正しく理解できる。しかし，その過程を理解するためには歴史のなかでの個別事例の検討が必要となる。その具体例として，本章では，サラワク南西部，当時のオランダ領西サンバスとの国境に隣接するルンドゥ地区国境における社会的流動に注目した。

　すでに見たように，1824年の英蘭協定は，ボルネオの列強諸国による地図上の分割を意味したが，実際の政治経済的な空間の分割が始まるのは，サラワクでは1870年代を待たなければならなかった。イスラーム土侯たちの小マンダラ群の極としてのブルネイ・スルタンとサンバス・スルタンの威光の果てるインターフェースに建設されたのがサラワク王国であり，その政体は，初代ラジャ，ジェームス・ブルックのカリスマにもとづいた曼陀羅的性格を当初は温存していた。従来のスルタンを中心とした前近代国家的政体と西洋列強諸国によって形成された植民地国家を二つの政体類型とすれば，サラワクは，これらの中間項にあたる王国であったと考えてよい。サラワクのぼやけた帯域が一線的な国境にとってかわられるのは，第二代ラジャ，チャールス・ブルックの治世（1871～1917）であった。王国のこの転成は，初代ラジャのジェームス・ブルック個人から発する威信のベクトルが徐々に意味を失い，代わりに国家が国境線を外周とする一つの空間的実体へと変化していく過程でもあった（cf. Walker 2002）。

　このような王国の植民地的転成は，どのような契機から始まったのか。まず，これが外因的であり，サラワクの国家機構の内的発展によるものではないことを理解しておく必要がある。サラワク王国が，蘭領西ボルネオと接し，南シナ海を隔てて英領マラヤに向き合っていたことは，サラワクの植民地的転成を考える上で重要である[43]。シンガポールを結節点とした華人労働市場および商業ネットワークの急激な拡大，そして東南アジアを包摂する近代世界システムの

第三章　国境の履歴　87

形成とあいまって，サラワクは植民地的ネットワークの一部となると同時に，国家を一つの社会経済的単体として閉じることを要請されるようになる。すでに見たように，サラワクにおいては，労働力と商品の国境を越える移動に対する国家管理は，国籍や関税に関する実効的支配の強化として現れた。労働力と商品の囲い込み，そしてサラワク臣民の記憶と忘却に関するアイデンティティ・ポリティックスのもとで，サラワクの領土的生成が徐々に進んだ。

七十余年という時間の流れのなかで，サラワク王国のフロンティアにおける制度的支配を眺めてみると，国家と社会のあいだにきわめて緩慢な拮抗関係が存在することに気づく。国家の領域形成にあずかる諸制度と，これに対する社会の反作用という二つのベクトルの関係は，あたかも横糸と縦糸が結ばれながら，徐々に一つの織物となっていくように，その反復と往還を特徴としている。今ひとたび表3-1を眺めてみると，これらの実効的支配の本質は，まさに場当たり的な法令ないし通告の発布にあることが明らかとなる。まず問題が生じてから，その後に対応する法令を周知させるという意味で，その支配のチャートは一貫した政策的視野を欠いていた。法的に禁止された後も，国境部における苦力の逃散，密貿易，パスポート不所持，関税の不払い，サラワクとサンバス両方での重婚，国境を越境した焼畑耕地の開墾などは繰り返し行われ，これがさらなる制度的強化を導くというパターンが特徴的に現れている。

国境社会を対象とした制度的支配の諸相に焦点をあてた以上の議論は，ややもすると読者に，サラワクが「強い国家」であったという印象を残したかもしれない。しかしながら，熱帯雨林の小王国の実効的支配は相対的に弱いものであったこと，そして，国境部の社会も，決して「弱い社会」ではなかったことを，ここでもう一度確認しておいたほうがよい (cf. Migdal 1988, 2001)。

第一次熱帯雨林が支配的であったサラワク／サンバス国境地帯では，陸上の

---

43) ボルネオ南西部における国家領域の生成を包括的に理解するためには，蘭領サンバス側での領域支配のプロセスを複眼的に考察する必要がある。このためには，サンバスにおけるオランダの植民地支配と自生的な政体の関係，特に，植民地化のもとでのサンバス・スルタンを中心としたマンダラの存続もしくは消滅の歴史的理解が重要となる。残念ながらオランダ植民地期資料 Memorie van Overgave, West Borneo (Westerafdeling van Borneo) では，ルンドゥ地区における施策に呼応する具体的な事例の記述を見つけることができなかった。多くの記述はサラワク領／西ボルネオ領の境界設定にさかれており，その意味では地図上の領土分割に関する行政的手続きのみがオランダ本国に報告されている。

交通手段は徒歩に限られ、モンスーン中には悪天候のため海路は1年のうち半年間にわたり遮断された。通年航行可能なものはルンドゥ川に限られ、多くの河川は交通手段として機能しなかった。ルンドゥ地区の1889年当時の人口密度は、1平方キロメートルあたり2.2人であり[44]、約1,800平方キロメートルの広さの地区を担当したのは、わずかに白人行政官とマレー人官吏の2人であった (Naimah 1999)。このようなルンドゥ地区国境部に点在するダヤックとマレー人の村々を行政官が視察することは稀であり、これらは行政機構の恒常的な管理からはずれていた。

　サラワク国家が、この熱帯雨林の小人口社会に支配の刻印を残すことができたか、言いかえれば、上で見たような数々の法的規制が実際にサラワク／サンバス国境社会に生きる人々を縛ったか——これらの問いに対する答えは否である。国境地帯に生きる人々の適応戦略の多くは、本質的に反国家的にならざるを得ず、国家のインターフェースに特徴的な経済的利益は往々にして村境が国境という辺境部に存在する理由の一つとなっている。密貿易に代表されるように、マージナルな社会的場での活動は国家処罰の対象とみなされるが、人々にとってはきわめて日常的な行為であり、国家が境界を設定する前からつちかわれてきた社会的ネットワークの一部である。

　密貿易のみならず、表3-1で見たような諸規制に対する様々な違反、例えば重婚なり契約農園労働者の国境を越えた逃散などをとっても、記録に残された逮捕は、実際の違反行為のまさに氷山の一角であることは言うまでもない。これに対して、すでに検討したように、サラワクという植民地国家が法的な規則をとおして辺境社会の人と商品の移動、労働、そして国家に対するアイデンティティを、個人、家族、そして村落集団レベルで干渉しようとしたことも事実であり、国家領域を越境する人のモノの帰属固定化に関する制度設計と運用は1870年代から70年間の長きにわたって繰り返された。

　「強い国家」対「弱い社会」、もしくは「弱い国家」対「強い社会」といったような二律背反の問題設定は、19世紀後半から20世紀前半にかけてのサラワクを考えるためには有用ではないようだ。そもそも、国家と社会を対立するものとして位置づけてきた視点は、常に社会のなかに包摂され、見え隠れする国

---

[44] ちなみに1991年のルンドゥ地区の1平方キロメートルあたりの人口密度は13.5人である (Jabatan Perangkaan Malaysia (Cawangan Sarawak 1994: 22)。

家を覗ってきた人類学の方法論にはそぐわない。両者の関係をゼロ・サム・ゲームのなかで論じるよりも，これらの関係の質的理解，特にその生成の契機と変化を歴史的，社会的，生態学的など地域に固有なコンテクストのなかで考えることが私たちの関心事である。

19世紀後半から20世紀初頭のサラワクにおける社会と国家の関係は相互補完的であり，国家が社会に対して実効的な支配の働きかけを行うと同時に，社会が国家領域を成立させるための役まわりを担っていたことに留意しなければならない。国家と社会の共鳴関係のもとで，一系的な国家制度の進化はおこらず，19世紀後半からの歴史のなかで，あたかも時の流れが停止したと錯覚させるように，同種の犯罪と国家による取り締まりが反復をもって現れている。場当たり的な支配と人々の適応戦略のどちらを欠いてもサラワク王国の植民地的転成は不可能であった。

このような共鳴関係は，しかしながら，往々にして国家と在地社会という閉じたサークルのなかでのみ考察される傾向がある。トランスナショナリズムやグローバリゼーションといった，このサークルをさらに包摂し，変化させる大きな構造のなかでの国家と社会の関係理解も必要となる。

次章では，国家と社会の共鳴関係を単一の国家領域を越えたトランスナショナル，さらにはグローバルなアリーナで検討する。1930年代に英蘭二帝国が，プランテーション・システムの保護のために，ゴム管理に関する国際協定を発動させた際，サラワクでは植民地国家が経済的単体として閉じる動きとともに，トランスナショナルなゴム板の密輸が地元経済の主要産業となった。国家と社会の関係を市場や帝国など国家外部のアリーナを含めて考察しながら，戦間期以降に変質しはじめる国家と社会のあいだのハイフンの意味を明らかにしていきたい。

第四章
ゴムとコンフロンタシ

国家経済圏と国際レジーム

　二代目ラジャ，チャールズのもとで，ルンドゥ地区は，胡椒，ガンビール，ココ椰子などの商品作物を中心とした農業フロンティアへと変貌していった。シンガポールや蘭領西ボルネオのサンバス地方出身の華人資本家とマレー系商人に土地の用益権が分配された結果，およそ1880年代後半から四半世紀のあいだに，ルンドゥ地区は異なる労働の形態と異なるコミュニティの形成原理をもった民族集団が共存する複合社会へと変貌していった（第二章）。
　土地の管理と労働力のトランスナショナルな動員が進行するなかで，植民地政府は蘭領西ボルネオ国境に隣接するルンドゥ地区における人と商品の国家帰属の単一化を進めた。この結果，「結婚登録義務化」「他国者重婚禁止」「妻子扶養義務化」「森林産物への課税」「農作物への課税」「密貿易取り締まり」「国境警備」「パスポート携帯義務化」「阿片管理」「国境越境焼畑耕作の禁止」「人頭税納付義務」「耕作地登記義務」「越境犯罪人逮捕」「逃散苦力逮捕」「度量衡管理」「コレラ・天然痘発生時の国境通行禁止」「帰化申請」など政府による人々，栽培作物，そして森林産物などの国境を越えた流動に制限が加えられるようになる。その結果，ブルネイとサンバス両スルタンのぼやけたフロンティアは，国境線をもって分断しようとする国家と在地社会に内在的なトランスナショナリズムの拮抗する場となっていった（第三章）。
　ルンドゥの内陸部での胡椒とガンビールと沿岸部でのココ椰子栽培に従事していた華人とダヤック，そしてマレー農民たちが東南アジアを席巻したゴム・ブームに巻き込まれるのは1920年代後半のことである。以下ではゴムの到来に焦点をあて，農業フロンティアにおける単一商品作物生産への移行を詳述した後，ルンドゥの国境社会が徐々に反国家的な経済的ニッチに変貌していくプロセスを再構成していく。
　1920年代後半のスティーヴンソン・スキームならびに1934年の国際ゴム協定によるゴム生産の国別割り当て制度のもとで，ゴムの新規植え付け禁止とともにゴム板の商取引が制限されるようになると，蘭領西ボルネオからルンドゥ地区への密貿易が活発化した。その結果，日本占領期を除いた1940年代，そして朝鮮戦争による第二のゴム・ブームに沸く50年代をとおして，超国家的なイ

ンフォーマル・エコノミーがこの辺境地区の主要産業となっていく。国家が国際的な生産調整策のもと，経済的単体として閉じようとした際，蘭領西ボルネオとサラワクの国境社会は国家領域を越えた商品フローをもって対応し，密貿易をとおして国家の境界に新しい価値をみいだしていく。

東南アジアにおけるゴムの拡大

　ゴム（Hevea brasiliensis）は，南米ブラジルを原産地とし，もともとアマゾン川流域の地元民により採取され，交易の対象となっていた。欧米でも，その存在は知られていたが，重要な換金作物となるのは，樹液の軟化を抑え，運搬に適した粘度を保つ技術（vulcanization）が発見された1839年以降のことである。当初は，レインコート，靴，自転車のタイヤ，コンドーム，その他の家庭用品の原料として用いられ，その後，鉄道ならびに電気産業のための需要も増加したが，とりわけ，19世紀末の欧米の自動車産業の発展は，ゴム栽培の大きな推進力となった（Rawlins 1969: 219）。

　東南アジアのゴムの起源は1870年代にさかのぼる。1876年に，種子がブラジルから英国のキュー・ガーデンズに密かに運ばれ，そこで選定された約二千本の苗木がセイロンとインド，さらにシンガポールに送られた。のちに，世界第一の生産地となるマレー半島部に植えられたゴムは，そのほとんどがシンガポール経由の苗木を起源とするといわれている（Rawlins 1969: 219）。自動車タイヤ用樹脂の需要の増加に呼応して，今世紀初頭には，英領マラヤ，蘭領東インドをはじめセイロン，ビルマ，インド，インドシナなどで，外国資本の導入のもとでの大規模なゴム・プランテーションおよび地元民による小規模農園が出現した。

　欧米市場における価格の変動に左右され，列強諸国の国際協定による生産制限の対象となってきたゴムは，東南アジアの農民が栽培してきた数々の換金作物のなかでも，ひときわ国際的な市場商品としての性格が強い。従来のスパイス類，コーヒー，紅茶，タバコなどの嗜好品やサゴやココ椰子類と違い，ゴムは，自己消費と無縁の工業材料であり，生産者自身が世界規模の周期的なブームとスランプにふりまわされるという意味で，東南アジアの換金作物生産の歴

史にとって特異な経験であった。なかでも，注目されるのは，このような新種の換金作物が，きわめて短期間に広範囲の農村部へ浸透したことである。19世紀末からの四半世紀のあいだに，東南アジアの主要なゴム生産地の総栽培面積は，約1万6000倍に拡大し，大規模プランテーションのみならず，小農的な生産世帯も成長した (Drabble 1973: 219)。

チャールズ・ブルックとゴム生産

サラワクにゴムが運び込まれたのは1881年，宣教師ホースがシンガポールで入手し，クチンの自分の教会の敷地に植えた3粒の種がサラワクで発芽した最初のゴムといわれている。しかしながら，これは単なる実験の域をでず，ブルック政府による本格的な商業的ゴム栽培が始まるのは1890年代末ないし20世紀初頭であった (Rawlins 1969: 219)。

1902年にサラワク政府の官立商社ボルネオ・カンパニー (Borneo Company) は，第一省のバウ近郊のトゥゴラで初のゴム園経営をはじめ，これは後にダハン・ラバー・エステイトに発展していく。当時，サラワク政府のゴム栽培とその商業化への関心の高さは以下のような1908年の『サラワク官報』の記録からも窺い知ることができる。

現在，合計650本のゴムが樹液採取可能な状態まで生育しており，樹齢は7年から10年と推定される。ほぼ同数が採取に適したサイズになるのも間近である。シグにおいては，樹齢およそ2年の3,000本がきわめて順調に生育している。約4,000本のゴムがそれぞれのエステートで植えられる予定である (SG Oct. 1, 1908: 247)。

同年，サラワク政府は，政府直営ゴム園の樹液サンプルを品質検査のためにシンガポールを送り，商業的価値の検討を依頼し，サラワク産のゴムが世界市場で充分に通用する質であるとの回答を得ている。この後，1910年に政府ゴム園で収穫された160ピクルのゴムが，1ピクルあたり363ドルの値で初めて輸出されている (Rawlins 1969: 220)。

サラワクは，英領マラヤ，蘭領東インドをはじめ，セイロン，ビルマ，インド，インドシナなどの列強諸国の植民地に比べ，明らかにゴム後進地域であった。試験農場で 650 本のゴムがようやく樹液採取可能となった 1908 年には，英領マラヤでの合計 255,000 エーカー，そして蘭領東インドの 101,000 エーカーをはじめとして，東南アジアにおいて総計 611,000 エーカーの土地がゴム生産のためにすでに利用されていた（Drabble 1973: 219）。

　他の植民地と比較して，サラワクにおけるゴム栽培が後発であったのは，チャールズ・ブルック自身の植民統治の哲学に起因する。サラワクを統治したブルック家の二代目国王は，白人による大規模なゴム栽培がサラワクの土地におよぶことを嫌い，ヨーロッパ人によるプランテーション開発の申請をことごとく却下した。1910 年に，外国資本の導入にやぶさかではなかった息子ハリーを仲介として接近してきたイギリス人プランテーション経営者の許可申請を一蹴した際に息子に送った以下の手紙は，チャールズの白人ゴム園入植者，そして投機的なゴム栽培に対する懐疑ないし反発をよく伝えている。

　　私はこの 1 ヶ月間に同種の許可申請をたびたび受けた。しかしながら，現在のゴム・ブームを本質的に懐疑する者として，サラワクが，この産物の一大生産地となることを望まない。仮に，我が臣民が自身でゴムを栽培し，ヨーロッパ人の会社の売る値段の 20 分の 1 の卸値で売ることができるというならば話は別であるが。私はゴムという名を嫌悪する。私にとってゴムは巨大なギャンブルに他ならず，それは，今日，多くの者に富をもたらしていても，他日，必ず貧しい小農の貴重な蓄えを奪い取るものである（Reece 1988: 28 より重引）。

　1910 年 11 月 1 日にブルック政府は，サラワク臣民および華人，インド人，そして他の東洋人が，自分の所有するゴム園をヨーロッパ系会社ならびにヨーロッパ人個人に売却することを禁止し，その理由を官報に以下のように表明する。

　　サラワク政府の目的は，土地を居住者の利益のために開発し，その結果，子孫に対する相続財産たるゴム農園の所有によって，臣民が利益を享受することにある。この目的は，臣民のゴム園が，より富裕で投機的な白人階級の手に落ちることから守り，これを厳格なる態度をもって禁止することによってのみ達成される。以

上の政策は，恐らく白人の利益にそわないとして批判ないし反対されることが予想されるが，褐色の人種の土地の外国人および投機家への売却は，東洋の諸国の地元民に対する社会的正義に反するものである（SG Nov. 1, 1910: 227)。

自身がイギリス人であるチャールズ・ブルックの保護政策により，サラワクでは，当初から西ヨーロッパ資本の投下による大規模なプランテーションは退けられ，地元民による小農的生産の育成が試みられた。これを二代目ラジャの善政とみるか，列強資本のサラワクへの参入を恐れるブルック一族の自己権益の防衛とみるかは意見が分かれるところだろう。少なくとも，英領マラヤや蘭領東インドで見られたような急速なゴム園開発と，これにともなう地元民および移民のプランテーション労働者化という現象はサラワクではみられなかった。以下では，第一省ルンドゥ地区の今世紀初頭の状況を再構成しながら，地元農民によるゴム栽培の発達過程を検討していきたい。

ルンドゥ地区のゴム・ブーム

チャールズ・ブルックは，対外的にはゴム・プランテーション経済への鎖国政策をとったが，その一方で，地元の小農によるゴム栽培を奨励している。例えば，1910年にルンドゥの政府所有のゴム園の視察に訪れた際には，ラジャ自らクチンからゴム種子を無料で地元民のために送ることを約束している（SG-LDMR July 15, 1910: 151)。

しかしながら，政府の促進策にもかかわらず，ルンドゥの農民たちのゴム栽培への反応は鈍かった。地区行政事務所のあるルンドゥ砦に隣接した政府ゴム園は，地元民が管理を委任されていたが，1913年の時点で，ほとんど放置された状態であることが行政官のクチンへの報告書からも窺える。以下でみるように，1910年代をとおして，依然としてルンドゥにおいては，従来の沿岸部マレー農民によるココ椰子，そして内陸部での華人およびダヤックによる胡椒生産が主要な商品作物であり続けている。

登記記録によれば，現在，300以上にのぼるココ椰子農園が本地区に存在する。

5年のうちには，ランブンガンとスマタン間には，ひと続きのココ椰子農園の帯が形成されよう。椰子の種子は，100個で5ドルから6ドルの値で取引されている（SG-LDMR July 1, 1908: 169）。

胡椒および他の換金作物の農園は，去年に増して良好に実りをつけているようにみうけられる。この地区においては，胡椒とココ椰子の栽培が非常に盛んである（SG-LDMR July 15, 1910: 151）。

今月6日にスマタンへ出発。スマタンとダトゥ岬のあいだのすべてのココ椰子農園を視察する。そのうち最大のココ椰子農園は，ルボック・ガドンのマレー人女性の所有のもので，6,000本の椰子と補助的作物として数百本のバナナが植えられている（SG-LDMR May 16, 1916: 100）。

　1916年2月のサラワク官報は，ゴムに対するルンドゥ農民たちの反応を「最近のゴムの市場価格の高騰の知らせを驚きをもって聞いている」（SG 1916 Feb.）と記録している。しかしながら，実際のところ地元の反応は鈍く，クチンに送られた当時の地区報告書でも，胡椒農園の登記件数が，ゴムのそれを圧倒的に上回っている。

（ルンドゥにおいては）ゴム栽培は盛んに行われているとはみうけられない。今年度は，ただ1ヶ所の農園がゴム栽培の登記をしたにとどまった。1916年に1件，1915年にも5件の登録がみられたのみである。政府ゴム林も，いくつかが樹液採取の段階にすでに達しているが，他の大部分の林が生育するまで，実際の採取は待つことになるであろう。
　今年度の胡椒園の新しい登録は19件で，合計本数は6,000本であるのに対し，去年は，50の新農園が登記され，約17,000本の苗木が植えられた。現存する胡椒畑の状態は良好である。去年の新農園は，その多くが200本以下の小規模なものであるとの報告を受けている。植え付けが雨期であったこと，加えて，植民者たちは地元の商店から資金の前借りができなかったことから，これらの農園の多くが資本不足から雨期をのりこえることができずに荒れるがままに放置された。今年度は，約200の農園が，胡椒税（vine tax）を支払った（SG-LDMR Sept. 1, 1917: 223）。

ルンドゥの換金作物経済は，1920年代中頃を期してようやく小農的なゴム生産に移行しはじめる。「今月の1ヶ月間に，14件のゴム栽培申請と1件の胡椒栽培申請が認可された」(SG-LDMR Aug. 3, 1925: 10) とあるように，ゴム栽培のための土地登記数が胡椒のそれを凌駕するようになる。

> 管轄区は，現在きわめて繁栄しており，無数のゴム，ココ椰子，胡椒栽培の許可申請を受理した。過去においては，当ルンドゥ地区においては極めて少量のゴムが植えられていただけであったが，政府ゴム園が開かれ，収穫が行われるのを目にした地元民たちは，今やこぞってゴム栽培許可の申請をはじめている (SG-LDMR Jan. 2, 1925: 10)。

サラワクの他の地域に比べて，ルンドゥのゴム栽培への移行は，遅きに失した感がある。例えば，第二省のサリバス川流域のイバン人は，すでに1909年の時点で，大規模なゴム栽培をはじめており (Pringle 1970: 203, Uchibori 1984: 230 より重引)，1911年には，パクおよびサリバス川のイバン人は，100本から7,000本規模をもつゴム園をもち，さまざまな樹齢のゴムの木の数は，合計で40,000本に達することが報告されている (Sarawak Gazette 1911: Simanggang Monthly Report, 1 July 1911, Uchibori 1984: 230 より重引)。ルンドゥとサリバスのゴム参入の時間差は，主に従来の換金作物生産の浸透の程度の違いとして説明が可能だろう。すなわち，多くのイバンの人々は，胡椒などの作物を経ずに，従来の焼畑陸稲耕作からゴム栽培への転換または共作を図った。これに対してルンドゥでは，チャールズ・ブルックの経済政策のもとで，すでに1880年代から胡椒，ガンビール，ココ椰子の耕作が始まり，今世紀初頭には生産がすでに軌道にのっていたためにゴムへの耕作転換は遅れたと考えられる。

ロンドンのゴム市場における価格は，常に小刻みな乱高下を繰り返しており，1908年から1910年にかけての高騰の後，農民にその作付けを促すような高値が再びついたのは1925年のことであった (Barlow 1978: 32, 55)。ルンドゥの農民たちのゴム栽培への参入がようやく始まった1920年代後半は，イギリスによるスティーヴンソン・スキームと呼ばれる生産調整策が効を奏し，ゴムの市場価格がもちなおした時期にあたっている[45]。この市場価格安定政策は，蘭領東インドが参加しなかったものの，当時世界の72パーセントのゴム生産量を誇っていたイギリスが，その植民地であるマラヤとセイロンから欧米市場に輸

出されるゴムの量を制限し，需要と供給のバランスの調整を図ったものであった。上でみたようなルンドゥのゴム栽培申請の増加が，生産調整による1925年前後のゴム価格の再高騰に呼応しているのも単なる偶然ではなく，シンガポール市場の市況に地元農民が敏感に反応したものと推測される。しかしながら，ゴム価格はいったん回復の兆しをみせた後，大恐慌の影響で1931から32年にかけて再び暴落する。これに対して，英，蘭，仏などをを中心としたゴム産出植民地の宗主国は1934年にかつてない規模の生産調整策をとって市場の価格安定を目指すようになる。

国際ゴム協定（1934）とサラワク王国

　上で考察したように，ルンドゥにおいては，1920年代の中頃を期して，ようやく地元農民がゴム栽培を始めた。しかし，実際に樹液を採取するまでには，さらに数年が必要であり，この地区でゴム生産が可能となったのは，1930年初頭以降と考えられる。サラワク全般をみると，1910年代から20年代の好況と不況の繰り返しのなかで，ラジャの保護主義的な政策のもと，徐々にゴム生産農家が形成されていった。ゴム価格が急落した1930〜32年以前には，86,000ヘクタールのゴム園がサラワク領内に存在し，その90パーセントが小農的な世帯によって栽培されていた (Cramb 1988: 114)。英領マラヤでは，すでに1904年，蘭領東インドでは1907年に，この栽培面積を超えるゴムがプランテーション・システムを基礎にして植えられていたことと比較すると，サラワクにおけるゴム栽培の歴史の特殊性が明らかになる。

　1929年10月29日のニューヨーク，ウォール・ストリートの大暴落は，自動車産業界を直撃し，米国では，暴落直前の乗用車年間生産台数460万台が，

---

45) プリングルは「元ブルック政府官僚によれば，サラワクはスティーブンソン制限政策に加わっていたとのことである」(Pringle 1970: 334) と記している。しかしながら，どのような政策がサラワク内でとられたかに関しては不明である。少なくとも，ルンドゥのゴム生産者に対する実効力のある制限策がとられたと結論できる記録は，現在のところ見つかっていない。このスティーヴンソン・スキーム（1924〜1928）に関しては，Drabble 1973 などを参照。

1932年には110万台まで落ち込む。タイヤ生産量の激減により、1925年のロンドン市場のピーク時に1キロ4.17ドルをつけたゴム価格は1932年には13セントまで凋落する (Barlow 1978: 59, 61)。1934年に発動された国際ゴム協定 (International Rubber Agreement) は、このような不況を、ゴム生産国が生産量および輸出量を調整することにより乗りこえようとするものであった。英領マラヤ、蘭領東インド、セイロン、インド、仏領インドシナ、タイ、英領北ボルネオ、サラワクなどのゴム産出地域は、あらかじめ決められた割り当てに従ったゴムの輸出を義務づけられ、新たなゴム植え付けも禁止された。

サラワクは、積極的に協定に参加したのではなく、英国植民地政府の圧力のもとで不承不承に生産割り当てを受け入れたというのが実状である (Pringle 1970: 334)。大規模な外国資本によるプランテーションではなく、その圧倒的な部分を小農的経営に依存していたサラワクでは、生産制限で直接的な影響を受けたのは農民層であった。

1930年初頭には、ルンドゥのゴム園の多くが樹液採取可能な段階に達しており、農民たちは、大きく変動する市場価格に敏感に反応している。ロンドン市場でキロ1ドルを割りこみ、なおも価格凋落が続いた1930年には、はやくもゴムに見切りをつけてゴム林を切り倒す者もでたが[46]、1933年の価格の上昇時には、ゴム林所有者のほとんどすべてが、放置されている林にふたたび入り、樹液の採取をはじめている[47]。このように価格の上昇によっては、いつでもゴム林に戻る潜在的な生産者がすでに形成されていた状況で、ゴムの生産および輸出量の制限策が政府によって実施されたわけである[48]。

まず、政府は1934年に、新規のゴム作付けを全面的に禁止する。すでに植えられているゴムに関しては、毎4ヵ月のうち1ヶ月を「樹液採取休日」(tapping holiday) と定め、この期間のゴム生産を禁じた。1937年には、さらに生産者および輸出商人らを管理する「クーポン制度」(coupon system) が導入される。マレー半島から派遣された英国植民地政府の役人の助けをかりて、当時その数お

---

46)例えば、「すべての農民たちは、現在焼畑の準備で忙しい。すべての丘陵地の耕地の開墾が終わり、すでに火入れが行われた。多くの場合、実際に耕作に使用する以上の林が焼き払われ、これには多くのゴム林が含まれている」(SG-LDMR Oct. 1, 1930: 254)。

47)「ゴム価格の僅かな上昇により、現在、ほとんどすべての地元民が、樹液の採取を再びはじめ、ほとんどジャングルと化していたゴム園は、ふたたび下草が刈られている」(SG-LDMR July 1, 1933: 90)。

よそ 90,000 に達していたとされるゴムの小自作農地のセンサスが作製され(Pringle 1970: 334)，それぞれの生産者が商人に卸すゴム板の量が算出された。現金化の際には，一種の兌換紙幣としてクーポン券が用いられた。生産者のみならず，ゴムを輸出する商人も登録が義務づけられ，3ヶ月毎に定められた割り当て量に従ったゴムの売買が義務付けられた。すなわち，これらのクーポンには，それぞれの農園から採取可能なゴムの出荷量の上限が記してあり，「出荷量の実際のチェックは，ゴム生産者のレベルではなく，ゴムを外国に輸出するゴム商人・輸出業者のところでなされ」，彼らは「自分が集めた手持ちのクーポンの総量のみ，外国に送り出すことが許された」（加藤 1996: 150）。

　1934 年は，サラワク国家の歴史のなかでも，メルクマールとなる年といえる。従来，商品作物生産のフロンティアの一つであったサラワクは，英，蘭，仏などの植民地諸国によるゴムの生産調整の協定への加入を余儀なくされ，その結果，国内のゴム生産者は，列強主導の世界的な生産システムに完全に組み込まれていくことになる。この意味で，従来「近代世界システム」の最外縁部にあったボルネオ島の小王国サラワクが，ようやく西ヨーロッパ諸国による支配の対象としての周縁（periphery）ないし衛星（satellite）的国家群の仲間入りをしたのが 1930 年代であったと考えることもできよう。

　しかしながら，本章は，サラワクの世界システムへの編入の時期およびその過程の検討を目的とするものではない。むしろ，以下では，ボルネオ島西部ルンドゥ地区のサラワク／蘭領ボルネオ国境部という周縁のなかのさらなる周縁ともいうべき地域に焦点をあて，ゴム経済の浸透に反してゴム生産を行わず，密貿易にもとづくインフォーマル・エコノミーに傾斜していった地域社会の歴史を検討し，国境という社会経済的ニッチにみられる国家と農民社会の関係をローカル・レベルから明らかにしていく。

---

48) ゴムが植えられてから，樹液の収穫が可能となるまでには，通常 6 ～ 7 年の期間が必要である。農民たちが，自らゴムを植えようと決断する時というのは，まずはゴム高騰の時ということになろうが，往々にして，劇的な高騰のあとには反作用的な低落があるのが市場の常であり，樹液採取の段階に達した時の市場価格はだれも予想できない。しかしながら，ひとたびゴム林が成長すれば，季節を選ばず収穫が可能であり，樹液の採取期間が約 30 年ほど続く。このようなゴムの性格のため，ゴムの所有者は，市場の動向をにらみながら高値をつけた時のみ生ゴム板を生産し，価格低迷時には放置しておくことになる。ゴムが，好きな時に現金の引き出しが可能な「ゴム銀行」と呼ばれた所以である。

ゴム密貿易と国境社会

　国際ゴム協定のもとで規制が導入されたのち，ルンドゥ地区においては，白人行政官は，村々を精力的に巡回して説明会を開いている。

　今月，クーポン券の見本が送付され，これを実際に地元民に見せながら集中的にクーポン制度の喧伝作戦を行った。聴衆を前にしての説明にあたって，実際のクーポン券見本は，非常に効果があった。［中略］マレー農民の新制度に対する理解ははやく，ダヤックの反応もおおむね良好だった。クーポンという言葉のほうが，tiket jual gutah（ゴム販売券）よりも好まれた。これが他の地区でも同様であれば，正式名称の変更も検討すべきと考える（SG-LDMR Dec. 1, 1937: 252）。

　クーポン制度によるゴムの生産・輸出量制限および新規植え付け禁止を柱とする新制度のもとでは，ゴムを生産せず，クーポンのみを華人商人に売却する者に加え，許可された量以上のゴムを売買して利益をあげようとする者が生産者および仲買人のなかに現れた。ルンドゥ地区においても，樹液採取休日にゴム園で働いた者の処罰（SG-LDMR May 1, 1936: 107, June 1, 1936: 132）やゴム林保有の証明となる官製の登録ナンバー・プレートの不正取得および偽造の摘発が担当行政官の重要な仕事となった[49]（SG April 1, 1936: 86）。しかしながら，「みずから模範となるべきところが，逆に，自己のゴム園の登記を最後までしないのは，いつものことながら，華人コミュニティの長であるキャピタン・チナである」（SG-LDMR June 1, 1937: 135）という報告からも明らかなように，当時のルンドゥ地区事務所は白人行政官1名，マレー人補佐，裁判所書記などのごく少数のスタッフから構成されており，地区内のゴム栽培地帯の全体的な管理は実際には不可能であったといえる。
　一方，国境の向こう側の蘭領西ボルネオのゴム生産者と華人商人たちも，サラワクと同様に，宗主国オランダの国際ゴム協定加入のもとで，ゴム樹液の採

---

49) この登録番号は，商人に卸す生ゴム板に刻印する必要があり，農民が割り当て量に従って生産したゴムであることを証明するものであった。

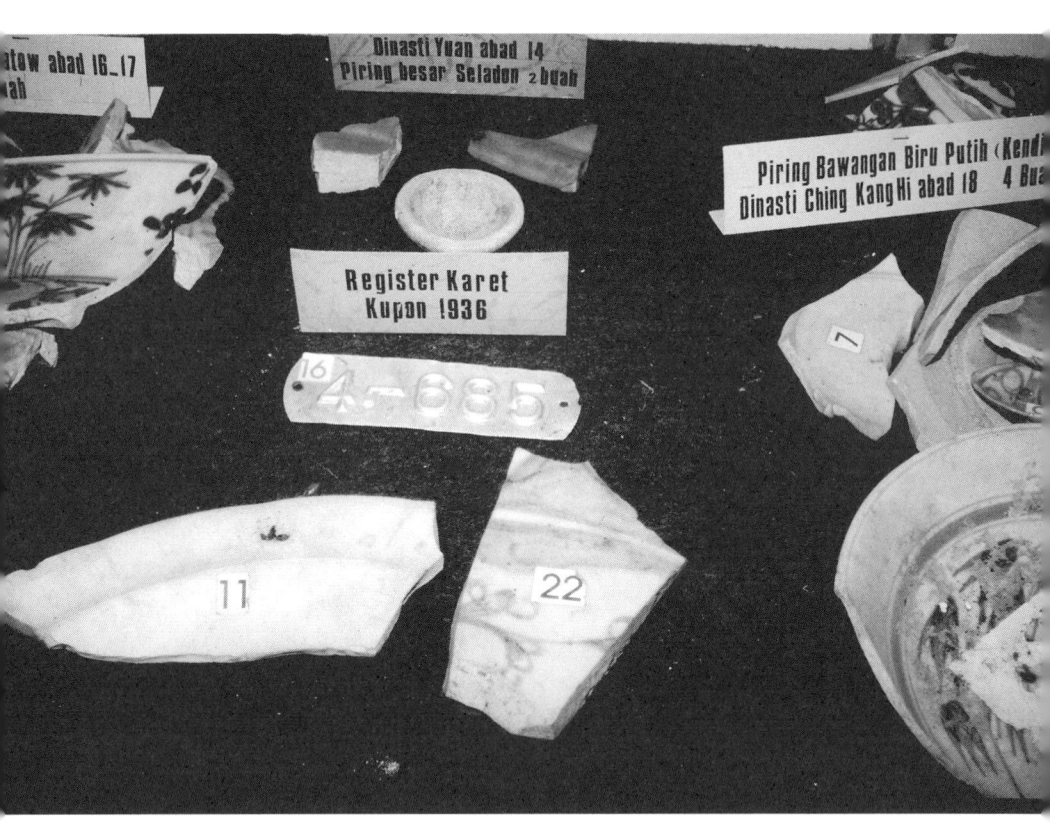

ゴム登録プレート（インドネシア，西カリマンタン，サンバス・スルタン博物館蔵）

取および輸出を制限された。この時代を知る者の多くはすでに物故しており，残念ながら，クーポン制度のもとでの蘭領西ボルネオの個々のゴム生産地の状況を知ることはきわめて困難であった。しかしながら，蘭領の他のゴム生産地からの報告は，国際ゴム協定のもとで進行した農村社会の変化を知る上で参考になる。以下の蘭領スマトラ，クワンタン地方の村人の述懐は，クーポン制度導入によって引き起こされたゴム景気の様子をよく伝えている。

　この政策の当然の帰結として，村のゴム農園所有者は，ゴムばかりではなくクーポンさえも，ゴム商人——そのほとんどが華人だった——に売ることができるようになった。小農園所有者の中には，クーポンの売却だけで生活し，ゴム採取は外部からの出稼ぎ労働者に任せた人も多かったという。
　クーポン時代の興奮は，たんにゴム価格が高かったというだけではない。クーポンという紙切れが金になるという異常な状況，濡れ手に粟の心理がもたらした興奮でもあった。
　「クーポン時代はとにかく豪勢だった。年寄りだって若返ったものさ」寄宿先のダトゥの言葉である。（加藤 1996: 150）

サラワク／蘭領西ボルネオの国境地帯の国際的なゴム生産システムへの編入は，しかしながら，上記のスマトラをはじめ他の多くの東南アジア島嶼部の農村社会とは異なり，宗主国—植民地国家—地域社会—農村を一つのセットとした経済的包摂の連鎖のなかで捉えることのできない国家による領域支配と地域経済圏のズレを生むことになる。ボルネオ島西部においては，国際ゴム協定のもとでの規制導入と時期を同じくして，蘭領西ボルネオのサンバス地方から大量のゴムがサラワク領に流れ込み，単一の国家領域を越境した流通経路が形成されるようになる。ゴム密貿易圏の誕生である。現インドネシア西カリマンタン，サンバスのマレー村落の古老たちの回想によれば，国際ゴム協定が締結された当時，サラワクでのゴム価格は，蘭領のそれよりも上回っており，両国の市場価格の格差を前に，多くの西ボルネオの農民はサラワクでゴムを売ることを選択した。このゴム流入は，ゴムの生産および輸出の国家規制に対する地元民の反応であることは，サラワクおよびオランダの国際協定加入後に，それが始まることからも明らかである。ちなみに，ゴム密貿易以前の密輸に関しては，ライフル銃の前身であるマスケット銃とタバコの2品目が『サラワク官報』に

記録されている（SG-LDMR Jan. 2, 1896: 12, SG-LDMR Jan. 2, 1932: 8）。これらの商品は，蘭領西ボルネオ沿岸部のマレー人およびブギス人ナコダが散発的にサラワク領に持ち込んだものであり，ゴム板を運び込むサンバス地方の多数の農民とこれを待ち受けるサラワクの華人商人による1930年後半以降のゴム密貿易とは性格を異にする。

1934年に始まるゴムの生産・輸出の国際的な制限は，サラワク／蘭領ボルネオ国境部という二つの国家システムが直接的に干渉しあう空間を，きわめて反国家的な経済ニッチに変えたといってよい。国境に隣接したこれらの地域においては，農民は国際的な生産システムへの編入というよりも，むしろ，ゴム密輸に立脚したインフォーマル・エコノミーに包摂されるようになる[50]。

例えば1936年には，ゴムの密輸活動に関する報告が，ルンドゥからクチンへ毎月のように送られている。その一部を紹介してみよう[51]。

バウからルンドゥにかけての国境地帯で，大量のゴムの密輸が行われていることは疑いない。国境警備隊員のアリは，7ピクルあまりのゴムを所持した2名の中国人および16名のダヤックの逮捕に成功した。ゴム板に刻印されたサラワク政府の登録番号は明らかに偽造されたものであり，中国人の1人は，国境部は最近とくに警戒が厳重であることを知らせる華人コミュニティの長（キャピタン・チナ）のオンからの手紙を所持していた（SG-LDMR Apr. 1, 1936: 86）。

A. F. R. グリフィン氏は，26日にルシール号に乗ってゴム密輸者発見のために沿岸部パトロールに出かけたが，月末になっても戻ってきていない（SG-LDMR June 1, 1936: 131）。

「蘭領ボルネオの密輸者たちは，ゴムとタバコの海上運搬の危険を避け，陸路での密輸に切り替えようとしている」との噂話をテロック・スラバンの村人は聞いたとのことである。これも，ムアラ・トバスとダトゥ岬のあいだで最近行われた沿

50）本章では，「インフォーマル・エコノミー」を，諸国家制度によって規制されない経済活動（income-generation）といった広い意味で用いている。インフォーマル・エコノミーの概念規定に関しては，Castells and Portes 1989に詳しい。

51）ルンドゥにおける1930年代後半から日本占領期までの密輸に関する『サラワク官報』（Sarawak Gazette）の記述は以下の通り。SG-LDMR Apr. 1, 1936: 86; SG-LDMR May 1, 1936: 107; SG-LDMR June 1, 1936: 131; SG-LDMR Aug. 1, 1940: 212。

岸部パトロールの効果であろうと思われる (SG-LDMR Aug. 1, 1936: 188)。

　関税を支払わずに国境を越えて商品をサラワク領に運び込み，地元の華人商人に卸す行為は，サラワクおよび蘭領西ボルネオでは，「スモーケル (smokel)」と呼ばれている[52]。蘭領からサラワク領へのゴムのスモーケルは，蘭領西ボルネオ沿岸部からダトゥ岬を迂回してサラワク領入りする海上輸送と陸路での国境越えの二つの方法がとられた。海上輸送は，中国人によって行われ，サラワク側ダトゥ岬のテロック・スラバンおよびテロック・ムラノーの両村を中継地としてクチンに直接ゴム板が運ばれ，陸路の場合は，担ぎ屋がビアワック，バウ，サリキン付近の国境越えの道を通ってサラワク領へ入り，地元の華人商店にゴム板を卸した。

　ゴムの密輸は，蘭領ボルネオからサラワクへの一方通行であり，これは，蘭領におけるゴム生産の歴史と深く結びついている。すでに見たように，国境に隣接するサラワク側のルンドゥでゴム栽培が本格化したのは1925年以降であり，実際に樹液の商品か可能となるのは1930年代である。これに対して，国境の向こう側のポンティアナックからパロならびにサンバスにかけての西ボルネオ沿岸部および河川域では，オランダによる植民地経済政策のもと，1911年に初めて128トンのゴムが輸出され，ルンドゥの農民たちがようやくゴムを植えだした1924年には，その輸出量は15,247トンに達している (Uljee 1925: 75-76)。サラワクへのゴム密輸が急増した30年代後半には，西ボルネオは，ジャワを除く外領におけるゴムの総植え付け面積のなかで15パーセント以上を占めるにいたっている (相川 1944: 188)。ちなみに，蘭領東インドでは，「エステート企業に対し，原住民栽培が，生産と輸出において略々対等の規模と位置を保っていることが第一の特徴であり，馬來に比して原住民栽培が優勢」(相川 1944: 183) であり，例えば1939年の総輸出量375,776トンのうち，49.6パーセントが小農的栽培によるものであった (相川 1944: 184)。

　当時の西ボルネオ沿岸部および河川域では，民族集団による住み分けと生業活動の特化が進行していた。ポンティアナックからムンパワの沿岸部にはブギス人集落とコプラ生産のためのココ椰子農園がリボン状に形成されていた[53]。

---

52) この "smokel" とは，もともと "smokkelen" (英："smuggle") というオランダ語から由来すると推測される。
53) コプラ (copra) は椰子の果肉を乾燥させたもの。コプラ油の原料。

これに対して，さらに北側のムンパワのドゥリ川以北からパロにいたる沿岸部とサンバスやカプアスなどの内陸河川地帯には，マレー人が分布し，従来，漁業およびココ椰子と水稲生産に従事していたが，1920年代と30年代のブームとともにゴム栽培に重点がおかれるようになった（図2-2参照）[54]。

　サンバス・マレー農民のゴム生産者のなかでは，特に，サンバス付近の沿岸部とサンバス川下流域の住民によるゴムのサラワク領へのスモーケルが盛んとなり，その経済は国境交易に依存するようになる。華人商人によって形成されたシンガポール向けの商品流通ネットワークは，ポンティアナックを中心としており，これらの沿岸経済システムからはずれたサンバス・マレー人は，古老の言を借りれば，「地元の華人商人にゴムを売ったり，ポンティアナックにゴムを運んだりするよりも，むしろダトゥ岬近くのテロック・ムラノーをはじめとしたサラワク領の密貿易拠点にゴムを運んで，より高値で売りさばくことを好むようになった」わけである。

　この時期に蘭領からサラワクへゴムの流入が激増した理由は，以下の三つが考えられる。まずは両植民地の市場における価格の格差が第一の理由としてあげられる。1930年代当時，すでにゴム生産層が成熟していた蘭領側のゴムが，発展途上のサラワク側のゴム市場に高値を求めて流入したわけである。これに加えて，サンバス地方の蘭領における地理的周縁性，すなわちポンティアナックなどの商業中心地からの遠さも，農民たちが，より近い国外のゴム市場を求めた理由であろう。

　市場価格の格差および市場へのアクセスといった地理的条件は，しかしながら，なぜ1930年代後半にゴム密輸が活発化したかを充分に説明するものではない。さらに，第三の理由としては，国際ゴム協定によるゴム生産および輸出規制，特にクーポン制度の導入があげられる。この制度のもとでは，ゴム園所有者は，クーポンという紙切れを商人に売ることにより現金を得ることができた。このような状況では，自分の輸出量を増やすためにクーポン券をゴム園所有者から買い上げる華人商人も当然でてくる。クーポン購入によって増えた輸出量の補填は，蘭領からのゴムをあてれば，政府の管理とまったく異なる流通経路でゴムの売買が可能になる。蘭領側の農民は，クーポン割り当て量以上の

---

54) ムンパワのスムドゥン村出身の古老によれば，日本占領前の数年間には，ゴムの採取が活発に行われ，早朝から数時間の作業で，1日に10キロから12キロのゴムの収穫があったとのことである。

第四章　ゴムとコンフロンタシ

ゴムの売却は禁止されており，採取したゴムを闇でサラワク側に卸せば利益となる。ルンドゥ地区の沿岸部で一番国境に近い町スマタンの華人商人の回想によれば，彼の父親は，日本占領期以前には，「手持ちのゴム板の総量に見合うようにクーポン券を農民から買い上げていた」とのことであった。このようにゴム生産者と華人商人の両者の利害の一致が，国際ゴム協定のもとでのゴム密貿易を活発化させたわけである。

サラワクにおける国際ゴム協定のもとでのゴムの生産・輸出制限は，1941年12月の日本軍侵攻によって終焉を迎え，日本軍政期には蘭領西ボルネオからサラワクへのゴム密輸活動は停止する。日本の敗戦後の1946年に，1世紀あまり続いたブルック一族の支配は幕を閉じ，サラワクはイギリスの直轄植民地となり，その後，1963年にはマレーシア連邦に編入する。一方，蘭領西ボルネオは，インドネシア共和国の独立により，同国の西カリマンタン州として再編されていく。このような政治的変化のもと，ボルネオ島西部国境地帯の密貿易は，戦後の混乱期を経て再び活発化し，インドネシア／マレーシアの軍事衝突（コンフロンタシ）の勃発で国境地帯の緊張が高まる1963年まで続くことになる。

基幹産業としての密貿易

1934年から日本軍侵攻までの時期を，国境部におけるインフォーマル・エコノミーの前期，第二次世界大戦後からコンフロンタシまでを後期と区分すれば，この二つの期間の密貿易の性格が若干異なることが指摘できる。前節でみたように，前期の密貿易は蘭領ボルネオとサラワク領におけるゴム価格の差によって引き起こされたものであり，クーポン制度のもとでの生産者と華人商人の戦略的な売買がこれを助長した。密貿易の対象とされたものは主にゴムに限られ，1934年の国際ゴム協定の施行に起因する商品の国際移動という性格が強い。

これに対して，後期の密貿易の活性化は，朝鮮戦争による1950年代のゴム価格の急騰に加えて，独立後のインドネシア国内経済の混乱などを背景とした。ゴム板に加えて，豚など家畜類，丁字タバコ，金，布地，食料品などが，サラワク領の流通網に吸収された。ルンドゥの行政官の中央に送る報告書には，密輸品の種類と規模の拡大と密貿易に依存するルンドゥ経済の状態が記されてい

る[55]。

1959年の半年間にスマタンを除いて，インドネシアから直接ルンドゥに輸入された商品の総額は，ほとんど100万ドルに達している。密貿易は，いまだかつてない規模で行われており，国境密貿易の浮き沈みは，そのままこの地区の経済に反映している。[中略]密輸品の取引による巨額な利益は，刑罰への恐怖にまさっている。現在，ルンドゥにおいては，処罰を恐れる密貿易人はいない。竹でできた無数の交易小屋が，文字どおり雨後の竹の子のように一晩で出現し，人々は，罰金は密貿易のための一種の「税金」と心得ているふしがある（LDR 2nd Half Year 1959 n. d.）。

ルンドゥの主導的な商人たちによると，現在のように，課税対象となる物資が没収され，密貿易者が処罰され続けると，このままでは地元の商業は枯渇するとのことである。ルンドゥの経済は密貿易者によって成立しており，彼らがすべて監獄行きとなると，ルンドゥの市場は壊滅する恐れがあると彼らは口を揃えて訴える（LDQR 3rd Quarter 1954 n. d.）。

国境の向こう側のインドネシアの経済的破綻とインドネシア警察による国境警備の減少により，ルンドゥの第二の経済とも呼ぶことのできる密貿易は再び活性化している。イリペ・ナッツの収穫が終了すると同時に，ゴムがルンドゥに流入しはじめ，市場は上向きの気分に支配されている。現在，ルンドゥは，8～9年前のブーム以来の密貿易好況を迎えている。ゴム密輸は，川の水量が増え，船による運搬が容易になる年末にかけて急増することが予想される。これらの密貿易は，高度に組織化されており，競争も激しいといわれている。クチンの大商人のもとで組織された仲買人たちは，国境のこちら側でゴムを待ちうけ，携帯したラジオで逐一シンガポールの市場価格を確認しながら買い付けるとのことである（SG-

---

[55] ルンドゥにおける日本占領期後から1963年のマレーシア／インドネシア軍事衝突（コンフロンタシ）までの密輸に関する『サラワク官報』およびルンドゥ地区報告書（Lundu District Report）の記述は以下の通り。SG-LDMR June 39, 1952: 135; SG-LDMR Dec. 31, 1953: 231; 1954年ルンドゥ地区第3四半期報告；1956年ルンドゥ地区上半期報告；1956年ルンドゥ地区下半期報告；1957年ルンドゥ地区下半期報告；1958年ルンドゥ地区上半期報告；SG-LDMR July 31, 1959: 164-166；1959年ルンドゥ地区上半期報告；SG-LDMR Jan. 31, 1959: 14; SG-LDMR Jan. 31, 1959: 164; SG-LDMR March 31, 1960: 58-59; SG-LDMR Dec. 31, 1962: 277; SG-LDMR Apr. 30, 1963: 78.

LDMR Mar. 31, 1960: 59)。

　国境地帯のゴム密貿易は，インドネシア，西カリマンタン州から運ばれたゴム板を，サラワク側の華人商人が，あらかじめ決められた交易地点で買い付けるかたちをとった。担ぎ屋は，ゴムを卸して手にした現金を元手に，サラワク領内で物資を仕入れ，これを蘭領ボルネオに帰って売りさばき，"dua kali untung"（二重の利益）を得た。あらかじめ注文を受けたもの以外では，通常，漢方薬，ナイロン服地などがサラワクで仕入れられた。以下は，当時のスモーケルの一例で，サンバス出身のマレー人からの聞き取りにもとづくものである。彼がインドネシアによるマレーシアへの軍事侵攻の勃発する前年1962年に，ジャーナリストとしてサラワクに潜入する際，ゴムの担ぎ屋を道案内とした時の記録である（図3-3参照）。

　このマレー人の担ぎ屋は，出発地サンガウ・レド（Sanggau Ledo）から，まずスルアス（Seluas）に入り，ここで31キロのゴム板を仕入れ，これを担ぎながらジャゴイ・ババン（Jagoi Babang）へ向かった。そこで18キロ，さらにスリキン（Serikin）で5キロ，ボルリン（Borring）で17キロを更に買い足し，最終的には合計70キロ以上のゴム板をサラワクの華人商店に卸した。米を自炊しながら，獣道にちかい小道を蛮刀で蔓や小枝を切り払いつつ歩いて二晩がかりの旅だった。

　これらのスモーケルが発覚し，サラワク領内で逮捕された場合は，厳しい処罰が待っていた。特に，華人商人による大規模な密輸組織は，警察および税関局の厳重な警戒の対象となった。しかしながら，「ダトゥ岬を船で迂回する中国人たちは捕まったが，マレー人の担ぎ屋の場合は，警察は哀れに思って目こぼしをしてやった」というマレー人の回想からも明らかなように，少量のゴム板を担いで山を越える個人的な密輸は，事実上，取り締まりの対象外であり，資本力のある華人商人と一般農民の担ぎ屋では，その処罰において一種のダブル・スタンダードが存在していたと考えられる。

　日本軍政期には，サラワク領と蘭領カリマンタンは，それぞれ帝国陸軍と海軍の占領地区として分割され，その境界は従来のサラワク／蘭領ボルネオ国境がひき続いて用いられた。第二次世界大戦後は，サラワクは英国の直轄植民地に，蘭領西ボルネオは独立国家インドネシア共和国の行政単位（西カリマンタン

州)に組み込まれる。イギリス政府とインドネシア共和国という政体のもとで新たに線引きされた国境は,地勢的には植民地国家のもとでの旧国境を踏襲したが,従来に増して,商品の移動に対する障壁としての性格を強めていく。ブルック政府からサラワクを引き継いだイギリス政府にとり,輸出入関税がもたらす収入は,国庫収入の68パーセントを占めており,国境を越えた物資の移動に対する課税は,その植民地経営にとって最も重要な財源となった(Government Printing Office 1954)。

　前述のごとく,新興独立国インドネシアの国内経済の混乱は,カリマンタン州内の物資のサラワク流入を生んだ。このような状況下で,国庫収入の増加を意図するイギリス植民地政府は,領内に運びこまれる商品に対する課税政策を強化している。

　最近は,国境に近接して居住する地元民による小規模な物資の運搬の他は,インドネシア商品のルンドゥ地区への輸入は報告されていない。豚や他の課税対象品は,テロック・スラバンを経由してサラワク領内に入ってくるが,その後は直接クチンのサントゥボンに密輸されるので,スマタンの関税局にとり,その把握は不可能である。先日,関税局官吏および警察は,テロック・スラバンとダトゥ岬間の海上で,7 ピクルのコーヒー豆を積み不法入国した小舟を発見し,ルンドゥに連行して,関税を徴収した(SG Jan. 31, 1959: 14)。

　1962年に徴収された輸入税は,総額2,229.98ドルであった。課税対象品は,インドネシアより輸入されたものであり,タバコ,サロン布,コーヒー豆,鉛,茶などが主であった。インドネシアより輸入されたゴムの総量は,11,090.20ピクルであった。
　サイー・ビン・コモルと名乗るインドネシアのマレー人は,1,660本の紙巻タバコの関税不払いのために捕らえられ,タバコは裁判所によって没収された(SG Dec. 31, 1962: 277)。

　上でみたように,サラワクの歴史における1930年代と1950年代の二つの時期は,国家による国境の線引きが強化されたという意味において重要な意味をもつ。1930年代は,国際協定のゴム輸出量割り当てのもと,領域内の農民の生産活動と華人による商業活動に対する国家規制が強化された時期であり,第二

次世界大戦後の1950年代から62年にかけてはには，関税増収をもくろむイギリス政府の新たな植民地経営のもと，ゴムをはじめとした商品の国際移動の監視が強まった。このような過程を経て，ボルネオ島西部は，サラワクと蘭領ボルネオという別個の経済単位に徐々に分断され，ダトゥ岬から内陸部にむけて分水嶺に従って二分された地域は，単に地図上の領域区分にとどまらない自立的な二つの植民地経済システムに分化していく。

　二つの国家，サンバス地方のゴム生産世帯，そしてサラワク領の華人商人という四つのエージェントの力学関係のなかで，ゴム経済の浸透における空白地帯とも呼ぶべき局所性をもつにいたったルンドゥ地区国境社会の歴史は，第二代ラジャ，チャールズ・ブルックの経済政策，ゴム価格の市場での変動，列強植民地諸国によるゴム生産・輸出制限策および関税政策の強化，そして国境部における密貿易に立脚したインフォーマル・エコノミーの成立など重層的な歴史の産物であり，国家，ならびに国家を越えた関係性のなかでのみ理解することができる。国境の経済的機能の強化のもとで，国家領域の周縁部に位置するルンドゥとサンバスの地域社会は，密貿易の活性化により，反国家もしくは反システムとも呼べるような性格を温存し続けた。特にルンドゥの国境地帯は『サラワク官報』に記載された地区行政官の言葉を借りれば，「不可思議な隔離」(curious isolation)」のなかで，1960年代初頭まで国家行政ならびに国家の経済システムから隔離された化外の空間であり続けることになる（LDR 2nd Half Year 1959 n. d.）。

政治的フロンティアの誕生

　ルンドゥの国境隣接地域は，1930年代から1960年代初頭までという長きにわたり国家領域の最周縁として孤立をかこつこととなる。すでに見たように，この国境社会は経済的単体としての国家領域のなかでみれば辺境であるが，商品流通の大動脈としてボルネオ西部域経済の中心的ハブとして機能した。このようなトランスナショナルな商品連鎖ならびに人々の流動が突如として停止するのが1963年であり，国境地帯で勃発したインドネシア共和国と新生マレーシア連邦のあいだの軍事衝突は，この国境地帯をふたたび政治的なフロンティ

アに変容させていく。

　1963年当時イギリスの直轄統治のもとにあったサラワクが，クアラルンプールのマレー政府を中心とした政治統合体に編入し，イギリス植民地化からの脱却を果たすという当時のマレーシア首相トゥンク・アブドゥラ・ラーマンの「マレーシア構想」は，ボルネオで国境を共有するインドネシアにとっては，マレー海域世界の元英領植民地におけるイギリスの政治的ヘゲモニーの温存を意味するものに他ならなかった。インドネシアのスカルノ大統領はこれを「ネオ・コロニアリズム」と糾弾し，1963年のマレーシア編入をとおしたイギリス植民地支配からのサラワク独立を受けて，東マレーシア領内への軍事的侵攻を開始する。ボルネオ西部においても両国の軍事衝突は頻発し，国境部におけるインドネシア兵とイギリス兵，ネパールのグルカ兵，オーストラリア兵を含むマレーシア側の兵士の迷彩服は日常の風景となる。このような状況下でインドネシア，西カリマンタンとサラワクのあいだの密貿易は停止する。

　マレーシア連邦への編入と引き替えにサラワクが獲得したイギリス植民地体制からの脱却に対する代価は，国境社会にとっては小さなものではなかった。国境部は，イギリス軍の特殊部隊 (SAS) ならびにグルカ兵とインドネシア国軍ならびに NKKU (Negara Kesatuan Kalimantan Utara 北カリマンタン統一国家) のゲリラ軍が直接的に交戦する戦場となった。当時のインドネシアにおいては大統領スカルノによって共産党が政治的認知を受け，インドネシア共産党 (Parti Komunis Indonesia) は政治的にきわめて活発な運動を行っていた。サラワク側の華人，特に多くの若者が国境を越えてカリマンタン側に入国し，共産主義思想のもとでの祖国サラワクの独立を目指し，軍事訓練を受けた。このような政治的混乱のもと，サラワク／カリマンタン国境部には，総計1万から1万5000人にのぼるイギリス軍兵士が駐屯し，これにオーストラリア，ニュージーランド，そして半島マレーシアの兵士が加わり，インドネシアのコンフロンタシ (konfrontasi) 政策のもとでの軍事侵攻に備えた。

　ルンドゥ地区はサラワクにおける最南西部に位置する国境部であり，クチンにも比較的近いことからインドネシアならびにマレーシア連合軍の双方にとって戦略的に重要な戦場となった。イギリス軍特殊部隊によれば，ルンドゥ地区におけるインドネシア側との交戦は公式に記録されたもののみで12回を超え，ルンドゥとスマタンを結ぶ内陸部の道はイギリス軍のエスコート無しには一般人の交通は不可能となった (Dickens 1991)。ひとたびインドネシア軍の侵攻が

第四章　ゴムとコンフロンタシ

あれば，まずは防波堤となるべく，国境部の村人たちは自衛軍（RELA: Ikatan Relawan Rakyat Malaysia）の兵士として組織され，軍服と銃器が支給された。

コンフロンタシと呼ばれるインドネシアとマレーシアの軍事衝突は，両国間の1966年の和平協定によって終結し，その後1967年5月に締結された新しい協定により，ボルネオ島カリマンタンとサラワクの国境管理に関する取り決めがなされた。これがインドネシアとマレーシアという独立国家による初めての国境社会に関する制度設計とその運用ということになる。国境部には合計で16のボーダー・コントロール・ポストが設置され，これらに限って正式な越境交通が許された。各ポストの近隣住民にはボーダー・パスが支給され，これを提示することによってパスポートなしでの国境を越えた訪問が行われるようになった。これらのボーダー・コントロール・ポストは，ビヤワック，カンダイ，スタアス，スリキン，グンバン，サピット，トゥポイ，パン・アモ，プラマン・マトゥ，ブナン・グナ，トゥラグス，パダワン，バトゥ・リンタン，ロボック・アントゥ，バ・クラランの16ヶ所である。パスの受給者は，氏名，性別，アイデンティティ・カード番号，出生日，出生地，身長，髪の色，顕著な特徴，現住所，職業に関する情報，顔写真，署名，ならびに右親指の指紋の提出が義務づけられ，国境社会の住民情報のファイリングが一挙に進んだ（Bala 2002）。

1966年の和平協定によって国境地帯にもたらされた平安はしかしながら短命なものであった。国境の森は1970年代初頭から1980年代末の長きにわたって，ふたたび共産ゲリラの活動拠点となり，インドネシアとマレーシア当局による厳しい弾圧を招くようになる。ルンドゥ地区における共産ゲリラの最後の投降は1988年のことである[56]。

コンフロンタシに加えて共産ゲリラの潜伏活動は，新しく生まれたマレーシアという領域国家のなかでのルンドゥ国境社会の孤立を二つの意味においてさらに増長させる。一つは，国家プロジェクトとしての経済的発展からの辺境農民社会の逸脱である。軍事的衝突と共産ゲリラの潜伏活動は，ルンドゥ地区の第二の産業といわれた国境貿易を停止させたのみならず，クチンを中心とした商業ネットワークからの隔絶，その結果として国境社会の経済的停滞をもたらした。すでに第二章で見たように，第一省ルンドゥ地区の農民社会は，他省と

---

56) コンフロンタシならびに共産ゲリラ活動が国境部の村落生活に与えた影響に関しては，第五章ならびに第七章で詳述する。

比しても，胡椒，ガンビール，ココ椰子をはじめとした商品作物生産が比較的初期から定着していたが，商業ネットワークの寸断のもと，多くの農民が焼畑陸稲耕作に依拠した自給自足経済への逆行を余儀なくされたのである。コンフロンタシによって新しい政治的フロンティアとなったルンドゥの国境地帯は，その後十数年におよぶ共産ゲリラ活動により，政府の各種開発プロジェクトの埒外におかれた国家経済におけるフロンティア化していった。

　経済的統合からの辺境農民社会の逸脱に加えて，東マレーシア，サラワク州という国家領域の成立は，ルンドゥ地区国境における社会的帰属の断絶をもたらすこととなる。これは従来から存在した国境を越えた国境コミュニティが維持してきた社会経済的な共生と新しい独立国家によって刻印されたマレーシアとインドネシアという国籍にもとづく社会的帰属の断絶のあいだの位相と呼ぶべきものである。インドネシアとマレーシアの軍事的衝突に由来する暴力的な国境地帯の領土的分断は，人々の国家的帰属に突然の固定化をもたらした。トランスナショナルな家族・親族関係で結ばれた国境社会の人々は，インドネシア軍の軍事侵攻という絶対的な国家的刻印により，国境のあちら側とこちら側，「マレーシア人」と「インドネシア人」という二つの社会的範疇によって分断された。植民地期ならびにイギリス直接統治のもとでのサラワクと新生インドネシアのあいだの従来のきわめてぼやけた国境は，マレーシアとインドネシアの軍隊が駐屯し，相対峙する顕在的な軍事境界へと変化したのである。このような状況のもと，ルンドゥの国境村落は，クアラルンプールとジャカルタを中心とする同心円の最外縁部が重なりあう社会空間となり，人々はヘゲモニックな国家的な分断と従来から維持されてきた国境を越えた共生という二つの相異なる関係性のなかで生きていくこととなる。

第二部へのプレリュード

　第一部「スルタンの辺境から国家の周縁へ」では，『サラワク官報』に記載された地区行政官報告書を中心に，ルンドゥ地区における辺境社会の地域史をブルック植民地政府による開発からサラワクのマレーシア連邦への編入までのマクロな歴史のなかで描写した。これに対して，以下の第二部「国境線上の国家

第四章　ゴムとコンフロンタシ

と村落」は，国民国家のもとでの国境の日常へと考察のレンズをフォーカス・ダウンさせ，領域国家マレーシアの一つの村落でのフィールドワークをとおして，よりミクロな視点から国境空間を考察する。ルンドゥ行政地区において最も国境に隣接して位置する村落の歴史的モノグラフは，第一部で考察したフロンティアの地域史に対して「入れ子」的な村落史を提供する意味をもつ。第一部で国家の政策と運用の検討を中心とした歴史の再構成に，いまいちど人々の個人史や村落史を重ねあわせることが第二部の目的となる。以下の各章で記述される国家の臨界点の社会史は，フィールドワークなしには，決して私たちの知るところとなるものにはならないローカルな時間である。第二部では1963年マレーシア独立後の現代史に多くの紙幅をさきながら，第一部の地域史への接ぎ木を試みる。

対象となるコミュニティ，テロック・ムラノーはダトゥ岬に隣接する海岸部に位置するマレー農村であり，ルンドゥ地区のなかでも現在のマレーシア／インドネシア国境に近接したコミュニティである。村人自身が「hujung Malaysia（マレーシアのはずれ）」と呼ぶテロック・ムラノーでは，村の境が国境と一致する。このような国家領域の識閾に焦点をあて，トランスナショナルなエスノグラフィ（民族誌）を記すことが以下の作業となる。テロック・ムラノーの微視的かつ共時的な考察と第一部において検討されたマクロな地域史の考察を相互補完的に重層させながら，後者に人々の顔と声を付け加えていくことができればと考えている。

以下ではまずテロック・ムラノーの村落史の再構成を試み，続く四つの章において国境地帯の最周辺に位置するマレー村落の民族誌的記述を行う。村という一つの社会空間に焦点をあてた以下のモノグラフは，ある意味では長期定着調査にもとづく伝統的なコミュニティ・スタディである。しかしながら，それは同時に，村境＝国境の向こう側にある生活世界との関係性のなかで生成する社会的，経済的，そして文化的な動態のなかでのみ了解可能という意味において，すぐれてトランスナショナルな性格をもつ。国家の臨界点における村落の形成，民族の生成，そして国家空間の出現を，国と国のインターフェースにおいて検討することをとおして，マクロとミクロの社会動態の接合点を人々の日常のなかに探っていきたい。

第二部

国境線上の国家と村落

第五章
国家の臨界点

護符とシャロット

　プエにあるスラコウ・ダヤックのロングハウスにほど近い海岸にたたずみ，初めてダトゥ岬を見た日を今でも鮮明に記憶している。調査地選定のための予備調査としてクチンからルンドゥ経由でスマタンを訪れたのは1992年の8月のことだった。自らサラワク出身であり，ケンブリッジ大学でE. リーチのもとスラコウ・ダヤック社会についての博士論文を提出し，マレー半島の大学で教鞭をとっていたサラワク・マレー人の人類学者アワン・ハスマディ先生の運転する125 cc エンジンのバイクに乗り，背中にしがみついて未舗装の山道をおよそ4時間あまり，体の節々の痛みも限界に達した頃にスマタンにあるスラコウ・ダヤックのロングハウスに到着した。村長や村人たちと挨拶を交わした後，腰を伸ばしがてら出かけたスマタンの沿岸はまさに白砂青松，プエ山のふもとには波頭で白くけむった海岸線が美しく延びていた。プエ山やタラン・タラン・クチール島，タラン・タラン・ブサール島などを指し示した後にハスマディ先生がおっしゃったのは，「この海岸線の先にはダトゥ岬という岬があり，インドネシアの西カリマンタン領とマレーシアのサラワク領はそこで二分されている。このダトゥ岬のふもとにテロック・ムラノーというマレー農村があり，その村のマレー人たちは熱帯雨林のなかで代々焼畑耕作をして生きている」ということだった。

　ダトゥ岬は，折り重なるようにして続くほかの岬に隠れ，私が立つスマタンの沿岸からは見ることができなかった。しかしながら，私に強い印象を残したのは，テロック・ムラノーの他の村落からの遠さ，絶対的な孤立だった。テロック・ムラノー村はインドネシア領に隣接しているが，マレーシア領で一番近いスマタンの町までは40キロあまり離れている。スマタンとダトゥ岬のあいだの沿岸部には海浜まで迫った森林とココ椰子農園跡が続くのみであり，車はもちろん人が歩く小道もない。ボートのエンジンの大きさ，乗り込む人や荷物の重さによって異なるが，通常，3〜4時間要する海上交通がモンスーンの悪天候で遮断される半年のあいだは，村人は引き潮をみはからって海岸線を8時間ほどかけて徒歩でスマタンに必要物資を求めてやってくるという。

　ハスマディ先生によれば，ダトゥ岬のふもとで暮らすこのマレー人たちは，

サラワク第一省のなかでは唯一焼畑陸稲耕作を生業とするイスラーム教徒とのことであった。州都クチンに近いサラワク川河口のデルタ地帯に集中して村落を形成しているサラワク・マレー人たちの生業は，海や川に関連したものであり，漁業とココ椰子栽培がその民族的な指標とされてきた。少なくとも，博物館の説明文や歴史書に描かれるサラワク・マレー人たちは，海や川を自由に航行する貿易商人ナコダやデルタの生態系に順応しながら生きる漁民たちである。

　この予備調査の時点では，国境部の熱帯雨林を拓き，大規模な焼畑を行い陸稲を耕作して生きてきたサラワク・マレー人の存在は聞いたこともなければ読んだこともなく，私の理解も，このような民族誌的に正しいとされるマレー人像を越えるものではなかった。クチンに戻ってサラワク・マレー人に関する文献にもう一度あたっても，そこに描かれるマレー人は，沿岸部を生業ニッチとして漁労に従事する漁民，ココ椰子やゴムの栽培をする農民，もしくは小規模な商いに従事する者たちであり，第一次森林を開墾し，火を入れ，掘り棒を使って播種し，陸稲の収穫を行う農民像は，サラワクやカリマンタン内陸のダヤック諸民族のそれであっても，サラワク・マレー人のいわいる本質論的な説明とは大きく異なっていた（Abang Yusuf Puteh 1996, Harrisson 1970, Leach 1950, Sanib Said 1985, Zainal-Kling 1973）。

　スマタン港に面して建てられたマレー人の茶店で喉の渇きをいやした。ハスマディ先生によれば，「もし今ここから見える人々のIDカードを調べれば，多くはインドネシア人か昔インドネシア人で既にマレーシア人になった者，そうでなければマレーシアのIDを申請中のインドネシア人ということがわかるだろう」ということであった。停泊中の船舶の屋根にはためく赤と白のインドネシア国旗や燃料タンクを運ぶ痩せてはいるが強靱そうなインドネシア人船員たちの姿とそこここで耳にするインドネシア語は，この言葉を裏付けるに充分な風景をスマタンの日常に付け加えていた。

　調査地選定のためにスマタンとルンドゥ沿岸部のマレー人コミュニティの訪問を終えて州都クチンに戻った私の頭からテロック・ムラノーという村落の名前は容易には離れなかった。テロック・ムラノー村は，サラワク州というマレーシア国家の周縁のなかでも，最も周縁部に位置する村落であり，西洋列強の植民地，独立後の国民国家のはざまでつくられた歴史的インターフェースを生きてきた村として強い印象を私に残したのである。

　このテロック・ムラノーを長期の住み込み調査村にすることを決めるまでに

第五章　国家の臨界点

は時間はかからなかった。すでに半年以上のあいだ植民地資料の読み込みを続けてきたサラワク第一省ルンドゥ地区のなかで最も国境に近接したコミュニティであるということは，自分が地域史の再構成を試みてきた空間の一つの臨界点といえ，国境社会の一つのミクロコスモスを提供してくれると考えたのが第一の理由である。国境地帯に住み込み，国家を目の高さから考えたいというフィールドワーカーとしての欲求を否定できなかったということも付け加えておこう。

さらに，いうなれば「民族誌的に正しくない」テロック・ムラノーの人々に対する興味を抑えることができなかったことも第二の理由にあげられる。サラワク・マレー人の公式的な民族指標から逸脱した生業に従事し，インドネシアと隣接しているために，その国家帰属さえもが疑問視されている人々。国家という枠のなかで正しいとされる「サラワク・マレー人」の民族誌に屋上屋を架すことを避けたいという矜持もあったかもしれない。従来，サラワクに関する民族誌は，イバンやオラン・ウルなどのダヤック諸民族や華人に集中し，東マレーシアにおけるイスラーム教徒についての人類学的な民族誌は植民地期のトム・ハリソンの調査以降は皆無であった (Harrisson 1970)。しかしながら，クチン近郊で調査をし，独立後のサラワク・マレー人についての正統的なモノグラフを書くことに興味を感じることはできなかった。時はちょうど「本質主義」批判がどこでも聞かれるようになった頃であり，民族誌的に正しい人々を描くという人類学的な営みのうさんくささやこれに対する懐疑を一種の担保として，民族や国家の作りだす位相のなかで新しい民族誌を書くという野心も，隔絶された国境の村での長期調査を決めたいくつかの理由の一つであった。

クチンに戻り，調査のカウンターパートであったサラワク博物館の研究者とサラワク州政府の担当官にテロック・ムラノーでの調査を希望する旨を伝えた時から私のフィールドワークは始まったといってよい。私が調査を希望するマレー村落が，漁村ではなく，深い森の残る国境地帯で陸稲焼畑を行う農民であることを告げると，博物館の館長や館員たちは，わざわざニューヨークから来て，民族誌的に正しくないマレー村落で調査を希望する日本人の計画に明らかな懸念を示した。テロック・ムラノーでは正しいサラワク・マレー文化に関する調査は不可能であるとして，サラワク川流域デルタの別の調査地に変えることを直接的に示唆するものもおり，ダトゥ岬のマレー人たちはゴム交易から始まり代々密貿易にたずさわるインドネシア人だと言外にほのめかす館員もいた。

クチンのサラワク・マレー人の友人たちの多くもテロック・ムラノーの人々の民族性に関して懐疑的なものが多く驚かされた。テロック・ムラノーでの住み込み調査に入る前，私と妻はクチンの中心部からバスで20分ほどのマレー人の都市中間層の多く居住する地区に家を借りて住んでいた。テロック・ムラノー村での調査計画を告げると，友人たちから返ってきた質問の多くは，「あそこの村人は本当にマレー人なのか」「本当のマレーシア人ではないのだろう」といったものであった。ジャングルで焼畑耕作をして生きてきたと聞くや，質問はテロック・ムラノー村の人々の宗教に及び，次には「本当にイスラーム教徒なのか？」という疑問が投げかけられることになる。

　この時点ではっきりしたことは，テロック・ムラノーの人々は，多くのマレー人同胞にとって正統的なサラワク・マレー人とは思われておらず，「民族」と「国民」という二つの社会的範疇できわめて周縁的なイメージをもたれていることであった。一般的にサラワクにおいては，熱帯雨林のなかでの焼畑耕作は，そのままイバン，ビダユ，オラン・ウルなどダヤックと総称される山の民の連想へと直結する。彼（女）らの多くは現在キリスト教徒であるが歴史的にはアニミストとしてイスラーム教徒であるマレー人とは異なる生業，宗教や世界観をもつものと了解されてきた。ダトゥ岬のマレー人たちは，州都のクチンから遠く離れた国境地帯の住民であり，インドネシアへの近さは「サラワク・マレー人」（Melayu Sarawak/Sarawak Malay）という国家を天蓋として作られてきた民族範疇からも逸脱をすることになる。

　私と妻がテロック・ムラノー村入りを前にして，クチンで蚊帳や蝋燭，ランプなどの買い物に走り回っていた時のことである。ルンドゥの海岸部に別荘をもち，テロック・ムラノー村のことをよく知るマレー人のご夫婦が夕食に招いてくださり，話題は当然，私たちがこれから住み込むことになる村に関するものとなった。奥さんの祖父が日本人ということも手伝ってか私たちに特別親切にしてくださったご夫婦が，出発直前に渡してくれたのがお守り札であり，黄色い布の表面にはクルアーンの一節が細かいジャウイ文字で記されていた。彼らによれば，「テロック・ムラノーの人たちは，すでにインドネシア人やダヤックと混じり合っているためにイルム・ヒタム（ilmu hitam，ブラック・マジック）に長けているので注意しなければならない」とのことであり，「この護符とともにシャロット（bawang merah，赤タマネギ）を携帯して，その呪術から身を守りなさい」というのが出発前の最後の忠告であった。

すでにランダス・モンスーン期に入り，黒雲に覆われた空の下を私たちがスマタン港からテロック・ムラノーに向かったのは10月に入ったある日であった。クチンから未舗装の山道をバスの後部座席で飛び跳ねながら，ルンドゥ経由でスマタンに到着した時にはすでに昼を過ぎていた。テロック・ムラノーから迎えに来てくれた村の若頭的な役目をつとめるアバン・セイウェンとともにボートで出発した直後から一天にわかにかき曇り，大粒の雨のなかの航行となった。漆黒の海上で30ccのヤマハの船外機が壊れ，アバン・セイウェンは再びスマタンに戻るべく荒波と風雨のなかを櫂一本でこぎ出し，永遠に続くのではと思われた数時間の格闘ののちシルというマレー村落にようやくたどり着くことができた。ここでさらに弱小船外機，ジョンソン15ccを借りて再出発し，大波に揺られながらテロック・ムラノー村にたどり着いた時には真夜中となっていた。度重なる大波にすべての荷物はたっぷり海水を吸い，クチンで渡された護符のジャウイ文字もラップを巻いていたにもかかわらず海水を浴びて判読不可能となってしまった。

　バッグの底にシャロットとともに忍ばせていた護符は，南シナ海の荒波を慰撫し，私たちを無事にテロック・ムラノー村に送り届けてくれたと今でも私たちは信じている。このようにして1993年10月，国境の村でのフィールドワークは始まった。

国境とトランスナショナル・エスノグラフィ

　以下の第五章から第九章は，1871年の白人ラジャ，チャールス・ブルックによる平定から1963年のサラワクのマレーシア編入による独立にいたる第一部の地域史への二種類の民族誌的な接ぎ木と考えることができる。一つ目の延長は空間的なものである。この第二部では，ルンドゥという行政地区からさらに焦点を絞っていくことにより，よりミクロな社会動態を考察することを試みる。ついては，村落を考察の対象としながら，第一部の地域史により限定的な焦点を付け加えていく。

　第一部での地域史と第二部の村落史は，時に重なり合いながら補完的な歴史体験を私たちに示すものであり，テロック・ムラノー村の歴史はルンドゥの歴

史と入れ子的な関係をもっている。しかしながら,そのマイクロ・ヒストリーにいかなる歴史的代表性を期待するものではない。ルンドゥ地区の国境地帯にある村々は,それぞれが異なる歴史をもつ。そのうちの一つの歴史的体験にある種の代表性を付加して,「国境社会史」や「周縁民族史」に昇華させてしまうという考えはなく,むしろ意識的にこれは避けたいと思っている。ただ,植民地の行政記録のもとで恣意的に切り取られた地区から一つの村落に焦点をあてることにより,人々の顔や声を,そして昨今の社会学的な言葉を用いればエージェンシーと呼ばれるものを,マクロ,そして準マクロな地域史に織り込むことができればと考えている。

一つの村の歴史の再構成にあたっては,サラワクにおける植民地期が終焉した1963年で停止した第一部の社会史を民族誌的現在まで延長させることを試みる。これが二つ目の時間的なエクステンションである。国境社会の国民国家マレーシアへの編入とその後の体験を考察し,最終的には2006年の時点まで民族誌的時間を敷延していきたい。

国境が村境と一致するテロック・ムラノー村についてのエスノグラフィは,二つの両立しにくいプロジェクトを同時に行う意図をもっている。すなわち,時間と空間におけるマクロとミクロの接合である[57]。村落を基点としたコミュニティ研究は人類学を人類学たらしめる基本的な作業である[58]。しかしながら,機能的に充足し,閉じた空間としての村落の社会関係を非歴史的に描くことは現在の人類学では手放しでは受容されることはなくなっている。分析単位の時空間的な拡がりについて,人類学者は意識的にその方法論に関する議論を重ねており,現在,一つの村や地域,さらには国家をも越えた文脈のなかで調査地を位置づけない研究はもはや存在しないといってよいだろう。

これらのことは現在の人類学にとっては,基本的な了解事項である。しかしながら,特に,グローバリゼーションやトランスナショナリズムと民族誌の親和性ということになると人類学者の旗色は少々悪くなる。日常のフィールドワークをとおして国家や国家を越える社会編成を考察の対象とするのは,物理的かつ論理的にも方法論的にも困難であることが少なくない[59]。

---

57) この問題についての理論的考察としては石川(1993,2003)がある。
58) 内省的な人類学やカルチュラル・スタディーズなどの大きな運動のなかで人類学の閉塞や危機が叫ばれるようになって久しいが,いうまでもなく,村落調査をはじめとしたミクロ状況にかかわりながら良質のモノグラフを書くことを否定する人類学者はいない。

テロック・ムラノー村でのフィールドワークは，私にとって方法論的な一つの試みでもあった。特に難しいエピステモロジーをもちださずとも，直截的に，二つの国家の周縁，二つの国家のはざまに身を置きながら，国家という概念的かつ物理的な枠組を日常的に出入りしながら村落での調査を行うことは，トランスナショナル・エスノグラフィへの実質的な足がかりとなった。マレーシアという領域国家の最周縁に位置し，国内の隣町は徒歩で8時間離れているが，国境の向こうのインドネシア村落には半時間もかからない。このような空間で村の日常をみることは，直接的に国家の枠をこえたトランスナショナルな状況で国家と社会の関係を考えることを可能とする。国家やトランスナショナリズムを概念的に考察するのではなく，目の高さで日常的に，そして生身の人間から離れることなく，これらと向き合うことがねらいであった。第一部での植民地史の焦点が，時に国境における人やモノの社会的流動やフロンティアにおける複合社会の形成に関する「国家」(state) の制度設計やその運用についての検討に傾くものであったとすれば，以下の第二部での焦点はより「国民」(nation) に傾いたものとなっている。テロック・ムラノーにおけるマレー農民の社会史を一つの例としながら，領域国家が空間に刻印を残す際に，そこに生きる人々はどのような関係を国家と結んできたのか，第二部の各章はこの問いをめぐる具体的な回答となる。

　以下の第五章では，まず史資料にもとづくルンドゥの地域史とテロック・ムラノーの村人の記憶という二つの歴史時間の接合を試みるが，このことに関して私はかなり幸運なフィールドワーカーであったことをまず記しておきたい。
　ルンドゥ地区の地域史を調べるために，調査許可取得直後から『サラワク官報』のルンドゥ地区報告 (Lundu District Report) を妻とともにクチン市にあるサラワク博物館で読み進めた。毎朝8時15分から昼休みを除いて午後4時までを資料の請求，関連記事探し，そしてノートへの書き写しにあて（貴重資料のためにコピーは許可されず多くは手書きとなった），1870年から1960年代までの約1世紀にわたる資料読解を終えるには半年以上要した。1963年のサラワク

---

59) 空間のみならず，歴史時間のスケールにおけるミクロとマクロの問題にも，歴史学のみならず人類学もさらなるコミットメントをもつべきだろう。現在と1930年代の戦間期を労働移動に焦点をあてて歴史人類学的に考察した例として石川 (2003) を参照されたい。

のマレーシア編入後,『サラワク官報』のフォーマットが変更され,地区報告も植民地期とは様変わりして資料的意味が半減したこと,そしてコンフロンタシならびにその後の共産ゲリラの活動により,ダトゥ岬からルンドゥにいたる国境地域に関する恒常的な行政官報告がなくなったことから,ルンドゥ国境地域についての私たちの史資料の旅もマレーシアという国民国家成立にいたるまでのものとなった。

　『サラワク官報』は,マレーシア半島部におけるイギリス植民地政府の地区報告と比しても,その微細な,時に冗長とさえもいえる白人官吏とラジャとの交信を特徴としている。ラジャのもと,サラワク王国の植民地行政官はサラワク・マレー方言を学習することなしに管轄区に赴任が許されなかったため,地区報告は内容の濃い記述を誇るものとなっている。ラジャに毎月送られるその報告は,例えば,ドリアンの落下で村人の頭にいくつ穴があいたか,そして椰子ガニによる食中毒で亡くなった家族の息を引きとる順番,その臨終の様子などにいたるまで,きわめて細かい記述が綿々と記載されている。

　テロック・ムラノーでの実際の住み込み調査を始める前の半年以上にわたって1,800平方キロメートルに満たないルンドゥ地区の歴史を手書きで書きとめる作業により,未だ訪れたことのない地名,そしてそこにたびたび登場する華人農園主やマレー人貿易商の名前は,きわめて親しいものとして私たちの頭のなかに記憶されるようになった。クチンで借りていた家をたたんでルンドゥ地区スマタン小地区のテロック・ムラノー村に住み込み始めた私たちは,村人の口からさまざまな地名が発せられるたびに,持ち込んだ博物館での調査ノートを繰っては,関係する『サラワク官報』の行政記録やエピソードを遡及的に振り返るということを繰り返した。村人にとっては,私たちはことあるごとにスマタンやルンドゥ,そしてダトゥ岬などで報告された百年以上前の出来事やマレー人の名を口にする不可思議な日本人であったにちがいない。

　テロック・ムラノーでの住み込みが長くなり,サラワク・マレー語にも慣れはじめ,徐々に人々から祖先の話が聞かれるようになった頃,私たちは予想しなかった楽しみに遭遇するようになった。クチンで書き留めたノートにたびたび登場し,私たちにすでに馴染みになった多くのマレー人ナコダたちの名前がテロック・ムラノーの人々の口から発せられはじめたのである。植民地行政記録のなかに閉じこめられた歴史上の人物が,村の開祖や祖先として口承伝承や親族の記憶のなかで,私たちの前に再び生き生きと姿を見せたのである。ハ

ジ・タハ (Haji Taha) やナコダ・ヒタム (Nakada Hitam) などさまざまな海洋貿易商たちが、まさに「上からの歴史」と「下からの歴史」の結節面としてのテロック・ムラノーの歴史のなかに再び現れたのである。

テロック・ムラノー村の景観

　テロック・ムラノー村は、東マレーシア、サラワク州第一省ルンドゥ地区 (Daerah Lundu) スマタン小地区 (Daerah Kecil Sematan) に位置するマレー農村である。スマタンはルンドゥ地区のサブ・ディストリクトとして390平方キロメートルの広さをもち、23の行政村を管轄している。その民族構成は、マレー、スラコウ・ダヤック、華人が三大集団を占めており（表5-1）、マレー人の村落は内陸部にもいくつか存在するが、主に海岸部に形成され、プエのスラコウ村落を除けば、ダヤックの村落は内陸部、華人はスマタン・バザーを中心に棲み分けがすすんでいる。

　テロック・ムラノー村は、ルンドゥとダトゥ岬のあいだの沿岸部の最も国境寄りのマレー人村落である（図2-4参照）。シルなどのスマタンの沿岸部に形成されたマレー村落からテロック・ムラノーならびにテロック・スラバンのあいだには無人の沿岸部が続く。ほぼ40キロにわたる砂浜の背後には第二次森林が生い茂り、散在する背の高いやせ細ったココ椰子に迫っている。これらのココ椰子は第一部でみたマレー人ナコダによって開発されたココ椰子プランテーションの跡であり、ブクチン、ブリンサ、サムンサンなどの河口には特に密度の濃い群生がみられる。後述する1963年のインドネシアによる軍事侵攻まで

表5-1　スマタン区の人口構成（1991）

	人口	世帯数
マレー	2,553	436
スラコウ	2,581	343
華人	686	103
計	6,102	882

（スマタン小地区役場資料）

テロック・ムラノー湾を望む。

は，これらの河口には少数のマレー人が居住していたが，現在はまったく無人の砂浜が続いている（図2-4参照）。

スマタンから海上を進むとまず右手にタラン・タラン・クチールとタラン・タラン・ブサールの二つの小島をのぞむことができる。現在この島はウミガメの産卵地となっており，サラワク博物館の管理のもとにおかれている。海上からみて左手奥に続く低い尾根の向こう側はインドネシア領である。ダトゥ岬を頂点とする半島部はその中央部を分水嶺がインドネシア領とマレーシア領に分けており，折り紙の鶴の羽のように分断された両国の領土はダトゥ岬に近づくにつれて細まり，最後には岬の先の灯台に設置された30センチ四方のコンクリートの境界盤に収斂する。スマタンとダトゥ岬のあいだで最大の河川はサムンサン川であり，現在はサムンサン国立公園の管理事務所が置かれ，数人のマレー人が駐在している。ちなみに，ダトゥ岬のマレーシア領もタンジョン・ダトゥ国立公園となっている。国境地域の多くの地域が一般人の立ち入りが制限された国立公園となったのは，マレーシアとインドネシアの軍事衝突後のことである。これらの森林でのインドネシア人による不法伐採があとをたたず，1990年代になってようやくクチンから派遣された軍隊によるオペレーションが行われはじめ，多数のインドネシア人が逮捕された。

サムンサン国立公園とタンジョン・ダトゥ国立公園のあいだに広がる第二次森林の優勢な沿岸部に位置するのがテロック・ムラノー村である。ボートではスマタンから（乗客数や荷物の重さ，エンジンの大きさによるが）通常3〜4時間ほどで到着するが，モンスーンで海が荒れる10月から3月の半年間は干潮時に海浜を8時間あまりの徒歩を強いられることはすでに述べた。多くのテロック・ムラノー村民にとり，地続きのインドネシア側の村落タマジョはマレーシアの他の村や町に出かけるよりは遙かに容易である。

波の穏やかな入り江をたたえたムラノー湾は，隣接するスラバン湾とともに，真水の流れる河川をもつ良港であり，19世紀後半から多くのマレー人たちがココ椰子プランテーションを開拓してきた。第二章で詳しくみたようにスマタンからダトゥ岬にかけての沿岸部にベルト状にココ椰子農園が拓かれ，ナコダの指揮のもと多くのサンバス・マレーおよびブキス農民が移住を繰り返してきた沿岸部である。現在も訪問者がボートの上からまず眺めるのは，村を取り囲んで林立するココ椰子の老木であり，これらの背後にひかえるのは代々にわたって焼畑に用いられた第二次森林に覆われた山々である。

テロック・ムラノー村。

遠浅の海岸を岩にボートを接触させないようにして入湾すると，目の前に現れるのはマレー村落に典型的な杭上家屋である。クチンなどのマレー人居住区では全く見ることのない椰子の葉で屋根のみならず壁もふいた家も数軒残っている。1993年の調査開始時の時点でテロック・ムラノー村は全41世帯，211人（男性107人，女性103人，華人男性1人）であり，イノシシの猟で生計をたてている50歳代の雷州華人を除けば全員がマレー人のイスラーム教徒であり，国籍も帰化手続き中のインドネシア人妻と夫を除けば全員マレーシア国民である。
　海岸線に平行した小道をはさんで20戸の家が建ち並ぶとともに，ぽつんぽつんとさらに17戸が村の敷地内に点在している。村から離れた山中ならびに国境近くにも計4戸の家屋敷がある。華人の家は村の端に位置し，日常の村人の生活圏からは若干離れている。このパ・アヒンと呼ばれる華人は誰も狩りをしないイノシシを鉄砲も使わず猟犬で追いつめ竹槍で突き殺しては，塩漬け肉をスマタンから20キロほど離れたルンドゥの華人商人に卸している。「アナ・コミュニス」（コミュニスト・ゲリラの子供）と陰で呼ぶ村人もいるが，テロック・ムラノー村民との関係は良好であり，擬制的な親子の関係を結んでいる村人もいる。村人以外には，村の小学校に赴任しているララ・ダヤック，ビダユ・ダヤック，クチンならびに半島マラッカ出身のマレー人教師計5人が校舎の横に建設された官舎で暮らしている。これらの教師は，テロック・ムラノーのような僻地に赴任することによって，自らが望む土地への早期転任が可能になる。
　村にはサラワク州が設置した自家発電装置によって夜の7時から11時まで電気が供給されることになっている。しかしながら，1年のうち半年ほどは燃料切れもしくは整備不良で，村人は暗闇での生活に戻ることになる。水は村から遠くない川の上流にさしたパイプから直接各家へ引かれている。高価ではあるが便利さには代えられないためスマタンから運んでくるトン・ガスと呼ばれるプロパン・ガスが普及している。しかしながら，ココ椰子油や薫製づくりなどのためには伝統的な炉で薪をくべることも多い。
　村には多くの犬が群れをなして歩き回っている。村を訪問する都会のマレー人にとってはまず驚きの風景である。イスラーム教徒の村人たちにとっては，もちろんこれらの犬は愛玩の対象とならないが，イノシシの村への進入やココ椰子の食い荒らしは，これらの犬によって確かに防がれている。伝染病を恐れて内陸に入ったところで鶏の飼育を行う村人は明らかに餌づけをして獣害対策とし，特定の犬に名前をつけて猟に連れて行く者もいる。

スマタンより到着。

ココ椰子農園のあいだを貫く道沿いに家々が帯状に並んでいる。落下するココ椰子の実を避けるために椰子の木からは数メートル離れて立つことは子供の頃からこの村では身体化する。村の裏手にはすでに祖先たちが焼畑に用いた第二次森林が広がっており，焼畑がパッチ状に散在している。村から出ている道はテロック・スラバンとインドネシア領タマジョに向かう道に加えて，複数の農道が比較的近いところに位置するカカオと胡椒の畑，そして焼畑耕作地と村を結んでいる。

　村で見られる胡椒，カカオなどの換金作物栽培はきわめて小規模なものにとどまっている。胡椒畑の多くは墓標のような鉄木のポールが乱立し，ながらく放置されたものも多い。村の背面からインドネシア国境にいたっては村人が代々焼畑を行ってきた第二次森林におおわれており，耕作地が点在している。テロック・ムラノー村を囲む近隣には急峻な山肌を除いて第一次森林は存在しない。

　焼畑耕作が内陸において繰り返されてきたのに比して，資源利用の対象になっていないのが海である。海岸部に村人の所有するボートは通常引き上げられている。テロック・ムラノー村では，もっぱらボートはスマタンへの交通手

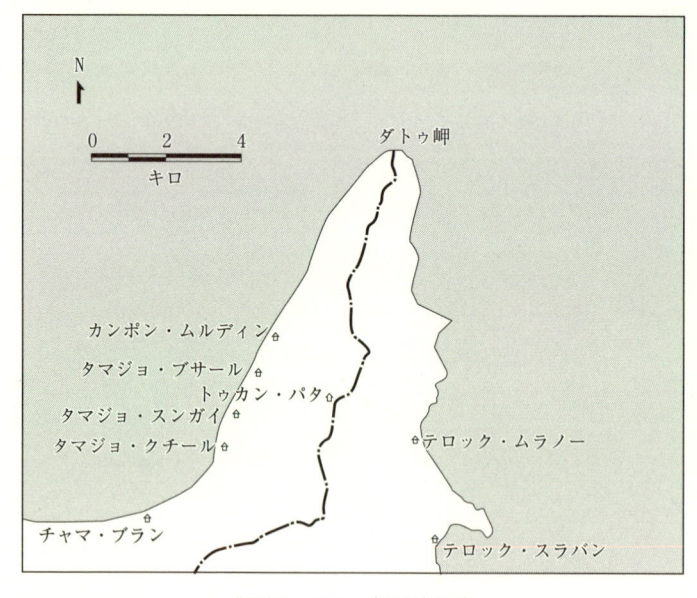

図5-1　ダトゥ岬国境村落

新旧スタイルの杭上家屋。

段であり漁業には用いられていない。女性と子供たちは干潮時にできた遠浅のプールに毒性のある植物の根を叩いて汁を流し、麻痺した小魚をパラン刀でしとめるか、サンピと呼ばれる小型の牡蠣を収穫し、小瓶につめてスマタンの華人やマレー人に卸すが、漁労活動は村人の日常で大事な位置を占めていない。

　テロック・ムラノーからインドネシア国境までは徒歩で30分ほどである。村落内の家のあいだを抜けて小道を進むと、ほどなくして広漠たる野原に出る。ここはテロック・ムラノーの祖先たちが日本軍政下に日本兵との接触を避けるために居を移し、焼畑を行った場所である。徹底的な収奪により第一次森林はおろか第二次森林も姿を消し、現在ではシダとチガヤ草しか生えない野原となっている。

　荒涼とした野原を貫く小道を進み、半時間ほど、村の人々がインドネシアの「丁字タバコ一本分」と表現する距離を歩いて小さな丘の斜面をあがると目に入ってくるのが木製の横幅2メートルほどの門である。マレーシアとインドネシアを分ける国境であるとともに、テロック・ムラノーとタマジョを分ける村境でもある。胡椒畑の真ん中に建つこの手作りの門がブルネイ・スルタンとサンバス・スルタン、そしてラジャ・ブルックのサラワク王国と蘭領西ボルネオ、そして現在のマレーシア、サラワク州とインドネシア西カリマンタン州という三代にわたる政体を分けてきた境界の現在の姿である。インドネシア人によって書かれた「ようこそインドネシアへ　西カリマンタン県サンバス郡パロ区タマジョ村」の文字とインドネシア国旗が描かれた門のまわりには検問所もなければ移民局の施設もない。駐在する役人ももちろんいない。野原のまっただなかに建つこの門のみが、通過する人々にこれが国境であることを気づかせてくれる。門を抜けて小道をほんの15メートルほど進んだところに最初のインドネシア人の家がある。マレーシア側の杭上家屋と異なり地面に張り付いた平屋である。ここからは道の両側に家々が連なることになり、トゥカン・パタ、タマジョ・クチール、タマジョ・ブサールなど人口1,500人にのぼるタマジョの中心部に向かうことになる（図5-1参照）。家から流れるラジオはゆったりとしたマレーシア側のラグ・ムラユ（マレイ歌謡）から一転してダンドゥなどのリズミカルな音調にかわる。丁子タバコの煙とサンバス方言、そして行き交うバイクの黒字に白のナンバープレートなど、国の違いは視覚、聴覚、そして嗅覚に直ちに訴えかけてくる。

　テロック・ムラノーから続く小道はいまやインドネシアの村の家々をつなぐ

テロック・ムラノーの子供たち。

生活道路となる。タマジョ集落にはマレーシア側では見られないパラボラ・アンテナを設置した茶店やビリヤード場もある。昼間からビールを飲んで顔を赤くした男たちが玉を突き、テレビの画面にはジャカルタのドラマが映っている。ちなみにテロック・ムラノー同様に電気は自家発電装置による。多くの世帯は自家発電装置の所有者に幾ばくかの金をはらって車輌用バッテリーに電気をためてテレビなどに用いている。

タマジョ村（Dusun Temajuk）は、行政的にはトゥカン・パタ、タマジョ・クチール、タマジョ・ブサール、チャマ・ブランなどの集落からなる。この村はインドネシア西カリマンタン領のなかでは最も隔絶された村落の一つでもある。管轄役所のあるパロまでは徒歩でまる1日、バイクをもつ若者たちを除けば、マレーシア側と同様に荒れる海を嫌って、村人は森のなかの砂地の小道や海浜部を通常徒歩でパロに向かう。

テロック・ムラノーの村人たちは、その大半の歴史を陸住みのマレー人として森林のなかでの焼畑耕作に従事し、絶対的な地理的隔離のなかで生きてきた。テロック・ムラノーが現在の村のかたちをとるにいたった歴史は、この国境地帯でサラワク王国と蘭領西ボルネオという植民地国家、そしてマレーシア連邦とインドネシア共和国という国民国家が国として立ち現れる歴史と深く結びついている。テロック・ムラノーという国家領域の周縁に位置する村落と国家は相互に共鳴しながら生成してきたといってもよいかもしれない。どのような理由でこのような国家のフロンティアで人々は暮らすようになったのか。自らが「マレーシアの端」と呼ぶこ空間で人々はどのようにして日常を重ねてきたのか。このことを理解するためにはテロック・ムラノーの村人が生き抜いてきた政治、経済、生態、そして文化の位相生成の歴史を1世紀ほどの時間をかけて考察する必要がある。

海のフロンティア

ダトゥ岬についての初期の記述は1864年のものであり、植物採集の旅で同地を訪れたイタリア人植物学者ベッカリによる。当時のダトゥ岬とその周辺に

マレーシア（テロック・ムラノー村）とインドネシア（タマジョ村）を分ける国境ゲート。

は人が居住していなかったことを窺い知ることができる。以下はベッカリがテロック・ムラノー（ムラノー湾）に隣接するスラバン湾に立ち寄った際の記述である。

　私たちはボルネオの最西端，マレー人たちがテロック・スラバン（スラバン湾）と呼ぶ入り江に停泊した。ここには素晴らしい湧き水があり，私たちはすぐさま米を炊いた。きわめて質素な朝食のあとに，私は後ろにひかえる急峻な小山を登ってみた。このように隔絶された人の住まないところに小道なぞあろうはずもない。この一帯，さらにはサントゥボンにいたる沿岸部は，薪水をもとめるラヌンやバランギニなどの船舶の停泊地とされている。テロック・スラバンは，この海域における最も勇敢かつ恐ろしい海賊たちにとり最も人気のある停泊場所でもある (Beccari 1904: 225)。

　ダトゥ岬とその周辺域は「海賊の港」(Pirate Bay) とブルック政府の植民地官吏にも呼ばれ，スールー海域から航行してきた海賊が薪水を求め，破天荒時に避難する港として知られていた。

　［スマタンとダトゥ岬のあいだの海岸部は］ボルネオ島北東部のスールー群島から毎年航行してくる船隊によって荒らされる。これらの船舶は，北西モンスーンの風を受けてジャワ，バンカ，シンガポール，マレー半島の沿岸を巡り，島々を訪れ，その途中で遭遇したすべての貿易船を襲撃し，その船員たちを奴隷とし，頻繁に上陸しては小さな村々のすべての住民を捕縛する (Low 1848: 129)。

　ロウは，テロック・ムラノーの隣の港，スラバンについても詳細な記述を残している。

　ダトゥ岬のなかの港テロック・スラバンは，タラン・タラン島の向かいに位置し，南西モンスーン時には，スールーならびにマギンダナウの海賊たちの碇泊港となる。これらの海賊は，スラバンに母船を投錨させ，より小型で速度の速い軍船が沖合で航行し，常に母船と連絡をとりつつ，ひとたび貿易船が姿をあらわせば，捕縛に充分な武装した船員たちが派遣される。捕縛された品々や奴隷は，サラワクやサドンの河川を経由して，地域の支配者サリバスに送られ，糧食や海賊たち

が航海中に不足をきたした品々と交換される。奴隷たちは，これらの海賊が大荒れのモンスーンの到来とともに，自分たちの島々へと帰路につくまで，手足を縛られた状態で捕縛されている (Low 1848: 128-129)。

東南アジア島嶼部における他のヨーロッパの列強植民地政府の行政官と同様に，初代白人ラジャ，ジェームス・ブルックは，海洋民族をしばしば「海賊」と呼び，彼らを自由貿易と為政に対する重大な敵対者と考えていた。植民地において跋扈する「海賊」のイメージは，これらの異民族の過酷な討伐を正当化するためにも，母国イギリス社会による批判を忌避するためにも必要なものであった (Pringle 1970: 66-67)。ジェームス・ブルック自身，1842年に訪れたスマタンのシルとタラン・タラン島での多数の「海賊」たちとの邂逅について詳しい記録を残している。

海賊バドゥルディンが8人の手下とシルに滞在しているという知らせをもってトゥマンゴンが訪ねてきた。海賊の一団は陸に上がり，首領は村のなかの1軒に荷をといているとのことである。アブ・バカーと主にイラヌン族からなる15名の船員たちもタラン・タラン島に上陸しているのが発見された。長く大きなシックス・パウンダー（6ポンドの弾丸が装着された火器）を搭載した彼らの小型船舶の甲板は，我らの二度の砲撃のために，すでに真二つに折れているはずである。6艘のバリニニ族の軍船がタラン・タラン島に向かい，シェリフ・アブ・バカーと親しく会談を行ったとの情報も得ている。

シルに上陸した後，パンゲランとイラヌン族のパングリマが浜辺に現れるまで待機していたパティンギと合流した。私たちは見つからないように船のなかに身を隠して，これから起こることを見据えていた。浜辺に下りてきたパンゲランとパングリマはともにものものしく武装しており，後者の鎧はさまざまな護符によって飾られていた。一度海辺に下りてきたら，彼らの撤退は不可能である。我々は何ら敵対行動をとることなしに静かに彼らを取り囲んだ。2人は我々の存在に気づき，警戒をあらわにしたが，その異なる振る舞いは見ものであった。ボルネオのパンゲランは静かにたたずみ，無言で，微動だにせず，子供でも彼を殺せるように思えた。これに対して，マギンダナオのイラヌンは絶望にかられ，片手で槍をもち，片手を剣の柄に，彼を取り囲んだ者たちをものともせずに，浜辺

で舞を始めた。彼の顔は蒼白となり，目は怒りに燃え，いつでもアモック（amok）に走る殺気をはなっていた。彼は死を覚悟していたが，1人で死ぬつもりはないようであった。捕縛することあたわず，危険なこの男の人生の時間をここで終わりにすべく，パテインギ・アリが進み出て，男の背中の真ん中に矢を放った。信じられないことに，貫いた矢を胸から1フィートも出しながらも，彼は渾身の力で取り囲んだ男の1人に向かって槍をくり出したが空を切り，力ここに絶えた。すべてはほんの数秒のことであった（Mundy 1848: 306, 309）。

1880年代と1890年代に蘭領西ボルネオからの移民によって多くのマレー人の村落が形成される以前には，スマタンからダトゥ岬のあいだの海浜部には，ごく少数のダヤックのイスラーム教改宗者とマレー系移民が居住するのみであった。1839年にジェームス・ブルックがシンガポールから初めてルンドゥを訪れた際に，地元のダヤック住民に，すでにどのくらいの数のダヤックがイスラーム教に改宗しているかを尋ねたところ，「きわめて多数」との答えを得ている（Mundy 1848: 24）。ラジャ自身も1842年当時のスマタンのイスラーム教徒のコミュニティについての記述を残している。

シルとスマタンはともに漁民の基地である。前者はボルネオ（ブルネイ）からの移民の入植地であり，当初は6〜7人の男から始まったが，地元のダヤックとの通婚をとおして，現在は30世帯まで拡大している。カダヤンはイスラーム教徒であり，ボルネオの周辺地域に多数居住している（Mundy 1848: 310）。

1870年代から1880年代をとおして，スマタンにおけるマレー系の住民は，ブルネイからのカダヤンやマレー半島トレンガヌ出身者などに加えて，地元ダヤックのイスラーム改宗者からなり，彼（女）らのコミュニティは海浜部と内陸部の両方に散在し，スラコウ・ダヤックのロングハウスと併存していたことが『サラワク官報』のルンドゥ地区行政報告から知ることができる。1894年にいたっても，スマタンならびに近辺地域においては34世帯のマレー人が居住するのみであり，スマタンに9世帯，サバハットに9世帯，ルンドゥ山の西側斜面に近いスンガイ・ララットに8世帯，プエに8世帯，そしてスンガイ・バコに2世帯を数えるのみであった（SG January 2, 1894: 10）。

テロック・ムラノーの誕生

　以上で見たようなスマタンを中心とした移民社会と比べると，ダトゥ岬に近い沿岸部のマレー村落は全く異なる開発の歴史を私たちに示す。これらのマレー人コミュニティは，その成立当初から国家（当時のサラワク王国）から疎外された存在であったということができる。先ほど見た海賊の逗留地テロック・スラバンと隣接するテロック・ムラノーは，ダトゥ岬とスマタンの沿岸部のマレー・コミュニティのうちでも早期に成立したものであり，まずテロック・スラバン，そして次にテロック・ムラノーへのマレー農民が移住が始まった。これらのコミュニティは，河川をもち，モンスーンの荒波から船を守る静かな港がひかえている。天然の良港を多くもつダトゥ岬周辺の沿岸部は，スールー海域からモンスーンとともに到来し，薪水を求める海賊たちの港となり，サラワク政府の支配からはずれた海のフロンティアであった。「海賊の港」として国境海域は，ながらくサラワク臣民の移住の対象とならず，サラワク以外のもののみの定住が許される，いわば「化外の土地」としてラジャ・ブルックの直接的な管理のもとにおかれた。以下は，ハリソンによって記録されたテロック・スラバンの古老の回想である。

　最近までここはマニラのクパヤン出身の海賊の一団以外には誰も住まない土地であった。地元ではクラマット岬とも呼ばれている港を海賊の一派が居留地としたのが始まりである。これらの海賊の首領はバティン・ブグンターという人物であり，サラワク，ジャワ，スマトラ，ブルネイ，マラヤなどを航海する船舶に大いなる危害を与えた。戴冠後ほどなく，ダトゥ岬付近に潜む海賊の存在は初代ラジャ・ブルックの知るところとなり，彼はプンリマ・セマンを指揮官とし，武装した男たちを乗せた汽船を海賊鎮圧のためにこの海賊の港に派遣した。
　近寄ってくる汽船を発見した海賊たちは，これを貿易船と誤認し，ただちに全速力で攻撃のために出帆した。それぞれが海上でぶつかり合い，激しい戦いが繰りひろげられた。戦いのなかでプンリマ・セマンはバティン・ブグンターに接近し，長い戦いののち，ついに彼を生け捕りにすることに成功した。
　この戦いにおいてラジャ・ブルックは，このバティン・ブグンターがきわめて

強靱な男であることを知ることになる。どんな武器も彼の体を貫くことができないのである。この海賊が戦いに負けた後，捕らえた者すべてをクチンに送るようラジャは命じた。パティン・ブグンターのみは，しかしながら，その場で殺すこと，それも鉄塊をその体に括りつけ，海に沈めるよう指示が下された。これはすぐさま実行されたが，この海賊に何のダメージも与えることができなかった。これを受けて，次に下された命令は，彼を汽船のボイラーに投げ込むことであったが，これも失敗に終わる。最後に，汽船の煙突に逆さまにつるされ，煙で窒息させようやくこの海賊の息の根を止めることができた。遺体がどこに埋葬されたかは明らかでない。

　クチンに到着後，ラジャは捕縛した海賊を召し使いとして徴用するように命じた。何人かの見栄えのよい者たちが選ばれ，獰猛で性悪に見えるものはその場で殺された。すべてが済んだ後，ラジャは次のことを命令した。テロック・スラバンでのサラワク臣民の居住は許されず，この土地はサラワク以外の個人または家族のみに開かれ，その居住が許可される。サラワクの人々はよそ者（outsider）の性格を知らないが，よそ者は自分たちのことをよく知っていることが理由である。

　このラジャの命令が告知された後，サンバスとナトゥナ諸島からの人々の移住が始まり，ここを住処として田畑を作り，漁業を開始した。第二代ラジャの時代には，西ボルネオ，ムンパワのムラノー村からプンフル・タハに率いられた約50家族がここに居住する許可を得た。ここが手狭になった後，これらの人々はテロック・ムラノーを新しく開拓し，自分たちの出身村の名前を新天地にもつけた。テロック・ムラノーの名は現在もそのまま引き継がれている（Harrisson n. d.: 418-419）。

　以上の口承伝承が明らかにするように，テロック・スラバンとテロック・ムラノーのあるダトゥ岬付近の沿岸部は，当初から，「よそ者」（outsider）の移住地としてラジャによって指定された土地であり，サラワクの臣民が居住することが禁止された。海賊の港として知られたこの海のフロンティアは，海賊行為の政府による鎮圧の直後から，サラワク植民地におけるきわめて周縁的な空間として，当時の蘭領西ボルネオとの緩衝帯として位置づけられたのである。

　この後，ダトゥ岬からスマタンにいたる海浜部は，国境の向こう側からのマレー人の入植が進むことになる。すでに第一部で詳しくみたように，1880年代と1890年代は第二代ラジャ・チャールズの経済政策により，第一省ルンドゥ地

区の農業開発が進み，スマタンにおいても内陸部における胡椒とガンビール栽培と沿岸部におけるココ椰子農園開発が進められた。ダトゥ岬からスマタンにいたる国境に隣接する沿岸部では，蘭領西ボルネオのサンバス地方沿岸部からのマレー系住民の移住が続き，「ココ椰子園のベルト地帯」と称されるような農園が沿岸部に形成されたのはすでにみたとおりである（SG July 1, 1908: 169）。

特に，「よそ者」の移住地として指定されたテロック・スラバンならびにテロック・ムラノーというダトゥ岬のふもとの二つの良港を中心にココ椰子農園の開発を積極的に手がけたのが，先述の伝承に登場したムンパワ出身のハジ（プンフル）・タハであり，彼の活動はルンドゥ地区行政報告にも詳しく記載されている。

16日にプンゲラン・セマンと名乗る男の報告するところによれば，この男はハジ・タハなる者に率いられてサンバスよりシムンサン（サムンサン）の土地を見に来たとのことであった。彼は，のちに30家族ほどと共に入植する希望をもっている。私はプンゲラン・セマンに，シムンサンの土地を確認するとともに，近隣で行われているコーヒー栽培も視察するように忠告を行った。これに加えて，北東モンスーンのあいだシムンサンに人々は閉じこめられることになることを伝えた。移住はおそらく収穫後になるだろうというのがプンゲラン・セマンの予想である（SG February 1, 1894: 24）。

28日に私（アシスタント・レジデント）はシムンサン（サムンサン）を離れ，翌日にハジ・タハが600本のココ椰子を植えている農園に到着した。これらのココ椰子の発育状態は良好である。彼はさらに土地を開墾する予定とのことであった。近隣の海浜部においては，サンバスの人々により小規模な開拓が多く行われ，彼らはゆくゆくは定住する計画をもっている（SG October 1, 1896: 202）。

ハジ・タハと彼とともに来た者たち（his followers）によって開発されたテロック・スラバンとテロック・ムラノーのココ椰子プランテーションは，まったく素晴らしい外観を呈しており，2年以内には収穫が期待できるとのことである。今年はさらに多くの者がハジ・タハに加わり，テロック・スラバンもしくは現在ハジ・タハが第二のココ椰子プランテーションを開墾中のクアラ・サムンサンに定住するだろうとのことである（SG August 1, 1899: 261）。

第二章でみたように，第一次森林に覆われた未開拓地をココ椰子農園に転換するためには労働力の確保が必須となる。森林を伐採し，ココ椰子を植え，獣害から若芽を守るために柵を設け，雑草を駆除し，実の収穫後は，これを開き，乾燥させてコプラを生産するまでの一連の作業は，ハジ・タハなどのナコダたちによって引率されたマレー農民によって行われた。ここでの労働の動員は，かなり大規模であったことが行政官の記録から窺い知れる。ナコダのもと数十家族にのぼるマレー人が集団的に農園開発地に移住したが，蘭領西ボルネオからダトゥ岬を経てサラワク側のスマタン沿岸にいたる航海は時に危険な旅となったようである。

　13日に私はスマタンを訪れ，その後15日にはテロック・スラバンに向かった。テロック・スラバンでは，ムンパワのハジ・タハが多数の同胞マレー人とともに到着したのにちょうど遭遇した。ハジ・タハによれば，6艘の舟に分乗した70人の男と女，そして子供たちがムンパワを出発したのが6日のことであり，昨日（14日）には，一艘の舟がダトゥ岬のスンガイ・タマジョ付近で突風を受けて座礁し，乗船していた4人の男たちは所持品とともに他船に避難したが，100ガンタンの米を失ったとのことであった。2艘の舟は無事であったが，他の2艘に乗船した人々は座礁のためにうちひしがれた様でこれらに続き，残りの2艘は理由不明ながら遅れて到着した。ハジ・タハによれば，テロック・スラバンにはさらに15家族が移住の予定である（SG October 1, 1895: 185）。

　レジデント代理の指示により，昨年8月にテロック・スラバンへの航海中に難破したムンパワの人々に20ドルの見舞金を払うこととなった（SG January 2, 1896）。

　テロック・ムラノー村の古老たちのあいだでもハジ・タハの記憶はいまだ鮮明である。ハジ・タハがテロック・ムラノーに蘭領西ボルネオのサンバス地方沿岸，ムンパワにあったスムドゥン村から人々を連れ入植した際には，彼の子供，孫，伝統的医療職能者（bomoh），産婆（bidan），大工（tukang）などをともなっていたとのことである。
　ダトゥ岬の周辺に形成されたココ椰子農園ベルトに集住したマレー農民にとり，新天地への定着は容易なものではなく，ココ椰子農園は第一次森林に囲ま

れ，このような農業フロンティアで居住者はさまざまな疾病に苦しんだ。

　この地域の沿岸におけるばかげた迷信により，人が病気になるのは精霊の通り道に家を建てたためだと信じ込んでいるものが多くいる。新しく切り拓いた処女森林は当初病気を引き起こすことはすでに何度も説明しているのであるが (SG November 1, 1895: 20)。

　病気を理由にこの土地を離れる者が相当数にのぼっている。去年1年間でブリンサとテロック・ムラノーのあいだの沿岸部に点在する小さな集落においておよそ12人の死者がでた (SG August 1, 1899: 261)。

　スマタンにおいて下級裁判官のジョハリが報告するには，病気の流行を恐れて逃げ出した者のうち，3家族がサンバスのパロから戻ったとのことである (SG November 1, 1894: 189)。

　今日，ハジ・タハはテロック・ムラノーに移住したパイオニアの1人として記憶されているが，ココ椰子農園開発のために村人の祖先たちを入植させたナコダであったことを知るものは村人のなかにはいない。現在のテロック・ムラノーの人々のなかにハジ・タハとの血のつながりを認識するものもいない。ダトゥ岬からルンドゥにいたるマレー人コミュニティの形成の契機となった海洋貿易商たちのプランテーション開発は，村人の集団的な記憶のなかでは完全に忘却されているといってよい。
　これらのマレー農村は，きわめて緩いかたちで組織された人々の集まりをもとに形成されたと考えることができる。通常ナコダたちは，複数の農園を同時に開発していたことは，このことを考える上で重要である。例えばハジ・タハは，テロック・ムラノーやテロック・スラバンのみならず，さらに南下したサムンサンにおいてもココ椰子栽培を試みている。彼は当時，プンフル (penghulu) として地域の長をつとめており，ブルック政府との折衝の任につき，農園開発のために必要な申請をたびたびルンドゥで行っていることが記録されている (cf. SG July 1, 1895: 126)。
　これらのナコダ商人たちは，農園労働力の動員を目的にサンバス沿岸部からのマレー人の移住を組織的に促進させたが，元来の貿易商としての活動も怠り

なく行っている。第三章で見たように，ダトゥ岬とルンドゥの海岸部を訪れた蘭領西ボルネオのマレー商人たちは，ココ椰子農園開発に着手する以前から同地で森林伐採に従事し，材木の製材ならびに船舶造船で利益を得ていた。これらの輸出先はシンガポールやジャワであり，当時のサラワク領の国境周辺部は森林資源のフロンティアとしての意味ももっていた。ココ椰子農園開発は，これらの森林資源の搾取とは表裏一体をなす。森林から木材を切り出す作業は，そのまま農園開発のための開拓作業と結びついており，スマタンとダトゥ岬のあいだで農園開発に従事する多くのナコダ商人は木材伐採を同時に行っている。以下の『サラワク官報』の報告では，ルンドゥに近いスンガイ・アポンで600本のココ椰子耕作を行っているハジ・ウソップが，サムンサン川流域でも森林伐採を行っていることが記録されている。

> 多数の苦力を雇用してブリアン（鉄木）の伐採を行っているテック・ヒンは，サムンサン川での伐採許可を申請した。ラジャにより独占的な伐採を許されたハジ・ウソップを除けば，この地域で森林伐採の申請がなされるのは初めてのことである（SG August 1, 1895: 144）。

> ハジ・ウソップはスタンガン川での5年間の独占的伐採権の申請を行った。彼によれば，道をつくり川をせき止めるためにかかる費用は300ドルとのことである（SG November 2, 1896: 225）。

このように未開発なフロンティア地域における商品作物生産は，森林資源の搾取と分かちがたく結びついていた。多くのココ椰子農園がスマタンとダトゥ岬のあいだの海岸線に注ぎこむ河口につくられ，結果的に比較的安定的なマレー村落が形成された。その結果として，ラブアン・ガドン，テロック・ムラノー，テロック・スラバン，サムンサン，スンガイ・リモー，ブダウン，ブリンサ，ブクチンなどの河口にはココ椰子農園と村落が併存するようになる。特に，サムンサンは大型船舶が航行可能な河川であり，上流域での森林伐採には適した自然環境となっている。現在，サムンサンはサラワク州管理の国立公園となっており，1990年代中頃までインドネシア人による不法伐採が続いたことはすでに述べた（図2-4参照）。

1898年の時点で「スンガイ・ブリンサからテロック・ムラノーにいたる海浜

はすべからくココ椰子栽培のために用いられており，2〜3年前に植えられた椰子は皆良好な生育状態にある」と報告されているように，19世紀末までにはサラワク南西部国境地帯の沿岸部は，マレー人のココ椰子栽培のための農業空間に変貌していった (SG July 1, 1898: 142)。ここで留意したいのは，これらの農園開発が植民地行政府のあるルンドゥやスマタンを中心にして拡大したのではなく，ダトゥ岬を起点とする国境地帯から始まったことである。少なくとも，サラワクと蘭領西ボルネオの国境地帯，特に海域社会は，19世紀末の時点では農業開発の中心であり，周辺ではなかったわけである。これらの開発は，初代ラジャによって「よそ者」と称された当時の蘭領西ボルネオのブキスをふくむマレー系ナコダのトランスナショナルな沿岸開発によって支えられたものであった。このようなマレー海域社会に特徴的な脱領域的な経済活動が植民地政策のもとで終焉を迎えた時，国家領域の周縁に形成されたマレー集落に何が起きたのか。以下では，サラワク経済におけるマレー人ナコダ貿易の衰退と国境部のマレー農民社会の変容を見ていくことにしたい。

エンクレーブとしての農民社会

マレー人と華人はココ椰子プランテーションを拓くための許可申請を引き続き行っている。登録記録が示すところによれば，本地区［ルンドゥ地区］には300以上の農園があり，これから5年のあいだにはランブンガンからスマタンにいたる沿岸部は一つの長大なプランテーション・ベルトとなることが予想される (SG July 1, 1908: 169)。

20世紀初頭のルンドゥ地区行政官のこの報告は二つの意味で注目される。一つは，華人のココ椰子産業への参入であり，もう一つは，ダトゥ岬からスマタン，ルンドゥへと展開したココ椰子ベルトが，さらにルンドゥから東南に伸長していることである。このようなクチン方向に伸びるベクトルのなかで開発されていくルンドゥ地区において，ダトゥ岬周辺は相変わらず蘭領西ボルネオの海域社会の延長域として，サンバス・マレーたちによって拓かれる農業空間であり続けた。

テロック・ムラノーをはじめとする国境地域におけるマレー人貿易商のココ椰子農園開発への参入は，本来的に海域に生きてきた人たちの陸上での経済ニッチの確保の最後の試みであった。ラジャ・ブルックの植民地化のもとでは，すでに第一部でみたように，商品作物生産の促進をもくろむ土地政策により，華人資本に対する優遇政策がとられ，伝統的な海域と河川の商業ネットワークにもとづくマレー人貿易商の経済ニッチはきわめて限られたものとなっていった。内陸におけるダヤック諸集団との森林産物交易も，新規に参入した潮州ならびに客家などの華人商人の資本力に駆逐されるようになり，胡椒，ガンビール，コーヒーなどの商品作物の生産ならびに流通も華人の掌握するところとなる。初代ラジャ・ブルックの統治以来，サラワク経済の牽引者として政府の保護のもと華人の商業ネットワークが拡大する一方で，スルタンの時代からマレー海域世界の覇者として広域な貿易に従事してきたナコダたちは衰退の一途をたどることになる。「最後のマレー商人」と題された蓋棺録が1886年の『サラワク官報』に掲載されていることをみても，サラワク王国においては1880年代後半には，マレー人は華人に商業的優位を譲り渡していたと考えてもよいだろう。

6日に享年46歳でハジ・バニ・ビン・ハジ・ビジャが亡くなった知らせを，サラワクのすべての人々は哀悼をもって聞くことになろう。故人はきわめてエネルギッシュで勤勉な商人であり，生前には複数の貿易船を所有し，地元のみならずヨーロッパ人のあいだにおいてもきわめて人気があった。ハジ・バニの死はサラワク王国にとって大きな損失であり，彼ほどの名望と信望をもつマレー商人にこれ以後会うことはなかろう（SG May 1, 1886: 72）。

プリングルが正しく指摘するように，「サラワクのすべての地域において，ブルック植民地政府の成立と華人商人の到来は，マレー人の商業的位置づけをきわめて周縁的なものに変え」（Pringle 1970: 287），伝統的な海域世界の商業的覇権は，華人に掌握されることとなる。サラワク政府は，例えば第二代ラジャ・チャールズのもとで，きわめて意図的にナコダたちの活動を制限する数々の法律を施行している。以下は登録義務に関するラジャ自らの通達であり，本来的に脱国家領域的なこれらマレー人たちの活動は植民地政府の施策のもとでその移動性を失っていく。

ラジャの名において，すべての帆船の船長が登録証明書を携帯することを義務すること通告し，船長であるナコダがこれに違反した場合には100ドルの罰金を科すものとする (SGG Order No. V, 1893)。

ルンドゥ地区においては，すでに第二章で詳述したように，華人とともにマレー人の商品作物生産が進んだが，華人の労働力動員とマレー人のそれはきわめて異なることを確認しておこう。この労働力の組織化の違いは，華人の胡椒／ガンビール農園とマレー人ココ椰子農園における生産性の違いなどと密接に結びついている。

華人のプランテーションが，植民地行政官によって公司 (kongsi) と称され，苦力と商業資本家の労働契約に依拠した農園経営がおこなわれていたのに対して，マレー人商人層によるココ椰子農園開発は，ハジ・タハとテロック・ムラノーのマレー人たちの例からも明らかなように，非常にルースなパトロン・クライエント関係にもとづくものであったと考えられる。同一村落からの分村といったかたちで数十世帯がナコダの指示のもとで新天地にわたり，ココ椰子栽培をはじめる。これらの農民は，定着初期には米など生活物資の供与をナコダより受けたとしても，基本的には農園維持のコストは住民たちの自給自足経済によるものとされ，ナコダはあくまでも生産されたコプラの買い付けを行うのみである。ここには華人農園における前借りや商品作物の卸売りにおける厳格な一対一関係などはみられない。マレー商人は，多くの場合，不在農園主であり，農園労働者としての集落の住民のモビリティもきわめて高かった。多くのマレー農民が移動を繰り返していたことは，現在のテロック・ムラノーにおいて，ココ椰子農園開発初期から続く家系が一世帯もないことやハジ・タハに連なる親族がまったく存在しないことからも窺い知ることができる[60]。

テロック・ムラノーにおけるナコダ・ヒタム (Nakoda Hitam) と呼ばれる女性農園経営者に関する口承伝承は，19世紀末のダトゥ岬周辺のココ椰子開発にお

---

60) クチン近郊のサントゥボンにおけるココ椰子プランテーションについてのハリソンの以下の記述は，ナコダ商人による農園経営を理解する助けとなる。

> 不在地主が他の者に出来高払いでココ椰子の実を収集させると，通常きわめて頻繁に争議や不正が発生したが，1947年以降，若者達が帳簿をつけることを学びはじめ，年上の者たちも，これを信用するようになってからは，これらの問題は減少した (Harrisson 1970: 464-465)。

第五章　国家の臨界点

けるナコダと村人の関係を私たちに示してくれる。現在でも村人の口から生き生きと語られ，『サラワク官報』においても度々記録されているこの女性貿易商は，ブダウンに「1,600本ほどのココ椰子を栽培し」（SG Oct. 1, 1898: 194），「ブダウン川とリモゥ川のあいだの沿岸部をココ椰子耕作のために占有し」（SG July 1, 1898: 142），「スマタンとダトゥ岬のあいだで最も大規模な6,000本のココ椰子が植えられた農園をもち」（SG May 16, 1916: 100），マレー人のみならず，ダヤックや華人をも指揮して農園開発を行った女傑である。ラブアン・ガドンというダトゥ岬のふもとの入り江では，すでに実をつけることもない幹だけとなったココ椰子が今でも空高くそびえ，彼女の往年の活動を私たちに思い起こさせてくれる。テロック・ムラノーの古老たちによれば，この農園跡には，彼女が設置した鉄木でつくられたイノシシ除けの柵を昔は探すことができたという。以下は，スマタン在住で，その亡夫がナコダ・ヒタムの妹の息子であったプアン・スィティ・マリアム（ネ・アヨン）（調査当時93歳）の回想である[61]。

　ナコダ・ヒタムは背が高く，勇敢なナコダであった。彼女は小型のプラウ（perahu）から大型のカパル（kapal）までさまざまな船舶の操縦に秀でた能力をもち，シンガポールやジャワまで貿易にでかけた。彼女は風を読むだけではなく，これを自分の思うままに操り，目的地まで安全に航行することができた。彼女の乗組員はすべて男であった。ナコダ・ヒタムに口答えをする男はおらず，すべての船員が彼女のことを恐れていた。

　ナコダ・ヒタムは自分の容姿を望むように変えることができた。時に彼女は醜く，時にかわいらしく，そして清純に人々の目に映った。ある日彼女は15歳の少女であり，翌日には70歳の老女となった。彼女はしばしば知り合いの容姿を借り，1日そのままの姿でいることもあった（Ishikawa 2005: 252）。

　このような強いイルム（霊的ないし超自然的な力）をもつナコダ・ヒタムと村人との関係は華人商人と農園労働者とのあいだの金銭を媒介とした関係とは異なる。「ナコダ・ヒタムのもとで働く男たちは給金（gaji）をもらうわけではなく，彼女のイルムの強さから，その加護のもとで働くだけで幸福を感じ，どこにも

---

61) プアン・スィティ・マリアムによるナコダ・ヒタムについての回想について，詳しくは石川2004を参照されたい。

プアン・スィティ・マリアム（93歳）。

従って行った」というテロック・ムラノーの村人の言葉からも明らかなように，このナコダとマレー人たちの関係は雇用関係とは異なる二者関係にもとづいていたようである。

　このような契約にもとづかないナコダと農民たちの関係は，しかしながら，ひとたび特定の個人と個人のあいだの関係が切れてしまえば，集団レベルでの永続的な団体性は失われる。ハジ・タハやナコダ・ヒタムなどのナコダたちは，複数の集落と関係をもち，通常は集落に居住していない場合が多かった。スマタン―ルンドウ沿岸の農民社会における人々の移動性の高さも，これらのマレー人資本家と農民の関係をきわめて可塑的なものとする。ひとたび，これらの商人たちが辺境のココ椰子農園を訪れなくなれば，農園に付随して形成された集落は熱帯雨林のなかの孤立集落となる。たとえこれらの集落において世帯の再生産が行われたとしても，数世代のうちには，ナコダのもとで入植した初代移民やナコダそのものの記憶も，人々の移住と再移住のプロセスのなかで失われていく。このような集団的健忘症は，特にスマタンとダトゥ岬のあいだの沿岸部では顕著であり，「プランテーション・ベルト」(SG July 1, 1908: 169)とまで呼ばれ，数多くの農園と集落が出現した国境に隣接したマレー社会においては，過去と現在のあいだに記憶の断絶が認められる。現在のテロック・ムラノーでは，ラブアン・ガドン，テロック・ムラノー，テロック・スラバン，サムンサン，スンガイ・リモー，ブダウン，ブリンサ，ブクチンなどのココ椰子農園の跡に，ナコダたちの開拓や人々の移住の歴史を重ね合わせて語るものはもはや存在しない。

　ナコダ貿易商人たちがひとたび拓いたココ椰子農園を放擲することも珍しいことではなかった。第一次森林のなかの海浜部にパッチワークのように出現したイスラーム教徒のココ椰子農園は，狩猟の対象となることを免れたイノシシなどにとって格好の餌場となった。獣害による被害は，柵を設置することによって防ぐことができると考える植民地官吏の期待とは裏腹に，多くの農園がイノシシなどの被害により遺棄された。

　　サムンサンの村長 (tua) であるハジ・スレイマンの報告によれば，サムンサン川のいくつかの農園がイノシシによって破壊された。これらの農園はハジ・ウシンとその他サンバス出身者のものである。前回に私がサムンサンを訪れた際には1,500本のココ椰子が植えられたハジ・ウシンの農園も訪れたが，柵は設置され

ていなかった。ハジ・ウシンらの農園は，サムンサン川を背にして狭い帯状をしており，柵で囲むことは難しいことではない（SG May 1, 1899: 118）。

サムンサン川周辺に2年前に拓かれたココ椰子農園は，昨年の時点では良好な状態であったが，イノシシの害によって遺棄され，その後は放置されたままとなっている。柵をめぐらすことは容易である（SG August 1, 1899: 261）。

ナコダが農園から撤退する理由として考えられるのは，コプラ生産の利益の低さ，農園の管理維持の失敗，イノシシなどの獣害などが考えられる。図2-5と図2-6ですでに検討したように，胡椒などが投機的なブーム期と価格の低下を繰り返したのに対して，1880年代から世紀末にいたる期間をとおしてコプラは低い価格帯で推移している[62]。農園でコプラ生産に従事するマレー農民の高い移動性も，農園の存続に大きくかかわる要因であったろう。

テロック・ムラノーでは，1890年代中頃に始まったハジ・タハによる産婆や大工を率いた組織的な農園開発のあともマレー農民の移住が続いた。地区報告によれば，20世紀初頭にも人口は増加を続けていることが確認できる。

当地［テロック・ムラノー］の人口は少ないが，現在も増加中である。多くの人々が蘭領の島［ナトゥナ諸島］から移民してきている。昨年と比してバナナ農園が一挙に増加している（SG August 1, 1908: 200）。

しかしながら，テロック・ムラノーの古老のうちで最年長95歳のパ・ムンドンによれば，彼が両親とともに移住した1910年前後のテロック・ムラノーには，わずか5世帯が暮らすのみであり，その人口は大きく増減を繰り返していたことが予想される。

当時のテロック・ムラノーでは，マレー人の家族5世帯はすべて内陸部に住み，焼畑耕作を行って生計をたてていた。現在テロック・ムラノーに住む村人の多くは，これらの子孫である。ココ椰子のある沿岸部を離れて，森のなかに住んだのは，自分たちの焼畑をイノシシなどの被害から守るためである。それぞれの家族

---

[62] しかしながら，一方でゴムなどの市場価格の変動幅の大きい商品作物に比べてココ椰子は投機的性格の少ない安定した収入源と考えることもできる。

はばらばらに離れて単独で内陸部に住んでいた。焼畑で陸稲を栽培し，時々少量のコプラをつくっては売りに行く，そして自家消費のために魚を捕る。これが当時のテロック・ムラノーの人々の生活だった。スマタンやルンドゥにコプラなどを売りに行くのは丸1日，しばしばそれ以上かかった。人々は風が凪いで海上で風待ちをしなければならなくなった時の用心に，小舟の上で米を炊く用意してでかけた。

パ・ムンドンや他のテロック・ムラノーの古老たちの記憶をあわせてみると，1910年前後にはテロック・ムラノーならびにテロック・スラバンはすでにナコダ貿易商の指揮下を離れ，村人たちは自給自足のための焼畑耕作を行うために，沿岸部を離れて陸住みの生活に入っている。

このようなフロンティア沿岸部に残る森林資源の収奪が外国資本によって再び始まるのが第一次世界大戦(1914)勃発の頃である。華人商人がテロック・スラバンを拠点として周辺の森林の伐採を始め，スラバンとムラノーの住人はコプラ生産を完全に離れて「カンパニ」に雇用され，木材伐採のための苦力となった。1910年代のことを知る数少ない古老プアン・スィティ・マリアム（ネ・アヨン）の回想を以下に記す。

「カンパニ」が来る前の村は小さかった。ア・チョンとスリオンという2人の華人とマリアム，タリフ，パ・ムントゥア，そして私の父親のパ・バハルディンの4人のマレー人とその家族だけだった。香港の伐採会社が操業をはじめてからは，徐々にスマタンやクチンから1人，2人と集まりだし，村は人であふれるようになる。華人，マレー，ダヤックなどの男たちが森に入り，伐採を行った。森はうっそうと生い茂り，海岸といえども歩くのが困難なほどであった。香港からの船が3～4ヶ月おきに村に寄港しては伐採された木を運んでいった。スラバンには，シン・ジャンという華人マネージャーとア・チョンという事務員がいた。彼らは労働者が寝起きするために20軒の家を建てた。私は手製の菓子を彼らに売り，何百ドルという儲けを得た。これらの苦力たちはしばしば喧嘩をして，華人が殺されたこともあった。その遺骸はスラバンの港に埋められた。森の木は5年のあいだに無くなってしまった。

テロック・ムラノーの人々もテロック・スラバンに出かけていっては伐採の

仕事についた。テロック・ムラノー在住のパ・ドルはスラバンに伐採会社が入った1910年代中頃から20年代にかけての集落の様子を以下のように語る。

> テロック・ムラノーでの生活は大変厳しいものだった。小さい時には店もなく，私たちはひたすら食べ物を探し（cari makan），魚をとった。畑仕事も容易ではなかった。ちょうど今のムラノー村のなかを走り回る犬のようにイノシシがいたるところを徘徊していた。
> 　テロック・スラバンの人々に言わせれば，ムラノーは「ダヤックの村」のようであった。村には，もちろん今のような胡椒もカカオもなく，人々は野生の籐を切り出すために森に入った。胃袋を満たすだけが精一杯の生活である。村人はスマタンにこれらの籐を売りに行っては，ランプのためのケロシン油，砂糖，米などを買い，ムラノーに戻っては森に入る生活であった。生活は厳しいものだった。

スラバンに伐採会社が入ったのもその頃である。ホン・シン・ジャンという名前の華人が会社を開いたのである。香港から船が来て，木材を積んでいった。スラバンは苦力で混み合った。この伐採会社の時代を知るムラノーの村人も，パ・ピーイーと私以外は亡くなってしまった。当時，パ・ピーイーはまだ若かった。スラバンの男たちは，パ・ボダンを見ては「まるでダヤックだ」と噂したものである。彼は全く服装に無頓着で，本当に汚くなるまで同じ服を着続けるのだ。テロック・ムラノーの人々も多くはテロック・スラバンに苦力の仕事にでかけた。
　テロック・ムラノーの人々は，米を作るために森を拓いてきた。これが生活のすべてである。祖父から，その子供へ，そして孫の世代へと常に陸稲（padi bukit）を栽培して生きてきた。ゴムもなければ，丁子もない。焼畑と魚を捕ること，これらがすべてである。

ナコダによる組織化のもとでの初期のココ椰子プランテーション経済が機能を停止した後，テロック・ムラノーの人々の生活基盤は，ココ椰子から自給自足的な焼畑陸稲耕作へと傾斜を強めていく。野生の籐などの森林産物の現金化も，コプラ生産に加えて生活物資の購入のための重要な手段となり，ムラノーの生活は，生業形態に関しては近隣の住人のダヤックの人々と大きく変わらないものとなった。
　第四章で論じたように，1920年代後半にルンドゥおよびスマタンがゴム・

ブームを迎えた際，沿岸のマレー農民たちのゴム栽培への参入は遅れ，国際市場での価格高騰による利益を享受することができなかった。スティーブンソン・スキームに続いて1934年の国際ゴム協定は，植民地国別に割り当て量を設定し市場に出回るゴムの生産量を制限することにより，価格下落を抑止するものであった。この協定のもとでのゴムの新規作付け禁止は，スマタンから国境にいたる沿岸部のマレー人コミュニティでも徹底され，この地は東南アジアを席巻したゴム・ブームのなかでまったくゴムの存在しない農業フロンティアとなっていく。前出のパ・ムンドンによれば，テロック・ムラノーやテロック・スラバンのような辺境村落においても，巡回する役人によってゴムの新規作付けは監視され，植えられたゴムの木が見つかった場合は直ちに切り倒されたという。

　日本の占領以前にゴムを植えた者はいるにはいたが，これはスマタンの華人農民に限られ，テロック・ムラノーはゴムとは無縁であった。私たちは苗木をスマタンから手に入れることはできたが，植えることが禁止されていた。ブルック政府が新しくゴムを植えることを禁止したからである。実は，テロック・スラバンでは何人かの村人がゴムを植えてみたが，これは役人の知るところとなり，すべての若木は切られてしまった。罰金は厳しく，3ヶ月の禁固，または50ドルの罰金が科せられた。

　辺境のマレー農村の歴史をとおして，ゴムのもつ意味はきわめて小さい。これらの村落は，ゴム経済の浸透という地域経済の趨勢のなかでも，ゴム栽培を行わず，粗放的な焼畑による陸稲耕作に生産活動を特化させた。従来は換金作物の栽培を奨励していたブルック政府は，サラワクの国際協定参加のもと，一転して農民たちのゴム生産を禁止する。このような世界規模の生産調整のもとで，テロック・ムラノーおよびテロック・スラバンの住民は，ゴムを植えることなく，焼畑による陸稲耕作という自給的な生業形態への依存を強めていく。

　私たちの父親や祖父たちは，テロック・ムラノーで陸稲を焼畑でつくることを選んだ。内陸の森に入り，木を切り倒し，乾燥させ，火をつけ，堀棒で穴を穿ち，籾を蒔き，収穫を得ることを続けたのである。ゴムがとても良い値で取引されることは知っていたが，同時に，ゴムを新しく植えてもすぐに収穫があるわけでは

ないことも承知していた。もし，第二次森林 (jerame) にゴムを植えてしまったら，どこに来年のための米を植えることができる？　私たちは，ゴムを植えるため第一次森林を開墾するための充分な人手もなかった。

　戦後のブーム期においても，テロック・ムラノーとテロック・スラバンにおいては，ゴムの栽培を始める者はいなかった。しかしながら，これらの村々は，ゴムの生産の代わりに，国境という経済ニッチにおいて，特別の機能を付加されるようになる。
　第四章でみたように，蘭領ボルネオ側で1930年代に採取可能となった大量のゴムは，国境を越えてサラワク市場に密輸された。ゴム・クーポン制度の施行のもと，華人商人は，サラワク政府の登録証の偽造番号がつけられたサンバス産のゴム板を国境付近で買い上げ，サラワク側の農民から買い取ったクーポン券を用いて，これらのゴムを輸出した。このようなルンドゥにおけるゴム密貿易に立脚したインフォーマル・エコノミーの盛況は，30年代後半に始まり，50年代の朝鮮戦争によるゴム特需をへて60年代の初頭まで続く。この結果，ボルネオ西部国境地帯には，いくつかの密貿易の拠点が形成された。内陸部においては，カンダイ，ビアワック，スタース，スリキンなどの陸ダヤックの村々が，そして，南シナ海沿岸部では，ダトゥ岬とスマタンのあいだのマレー村落が密輸ゴムの集積地となった（図2-2参照）。ダトゥ岬とクチンを結ぶ海上ルートを利用し，ゴムをはじめとする物資を西ボルネオ／インドネシア共和国からサラワク側へ運搬する船舶にとっては，特に入り江に位置するテロック・ムラノーとテロック・スラバンは絶好の中継地となった。植民地化初期にスールー海域からの海賊を迎えた海域のフロンティアは，蘭領西ボルネオからの密貿易品の「スマッグル・ポイント」となったわけである（SG April 30, 1963: 78）。

　交通手段を欠く現状では，ルンドゥ地区での関税監査の業務遂行は不可能に近い。ほとんどの密貿易が行われる厳重警戒地域は，陸路では到達不可能な奥地にあり，海上交通のための船舶が不可欠と思われる（LDQR 3rd Quarter: July-September 1951 n. d.）。

　内陸の国境地帯と比べて，ダトゥ岬付近の沿岸貿易は，さらに監視の目が届かない。この海域での密貿易は，クチンの賢く，よく組織された者たちによって行わ

第五章　国家の臨界点

れており，彼らは，テロック・スラバンと州都クチンを行き来する無数の中国船を借り上げるに足る豊かな操業資金をもっている。彼らは，一番近いスマタンの税関を避けて直接クチンに入り，その脱税額は莫大なものになると推測される。この地域は，きわめて隔絶されており，海の荒れるモンスーン中には，大型ボートが装備されていないスマタン税関当局が監視活動を行うことは不可能である（LDQR 1st Half: June-December 1959 n. d.）。

ルンドゥ地区における貿易は，主にインドネシアからの輸入品に依存している。特に，その大部分はゴムであり，カンダエ（カンダイ），ビアワック，プエ，テロック・ムラノー，テロック・スラバンなどのスマッグル・ポイントを通って入ってくる（SG April 30, 1963: 78）。

テロック・ムラノーとテロック・スラバンの両村には，クチンの華人商人が4軒の商店をひらき，国境を越えて運ばれるゴムを待ち受けた。ゴムを卸すのは，ダトゥ岬の南部沿岸部のマレー人であり，彼らは，櫂で小舟を操りながらサラワク領入りしたという。華人商人は，これらのマレー農民たちに船外機や舟を貸し付けるものもいたとのことである。当時の様子は，以下の村人の回想に詳しい。

　1950年代，そして60年代は63年のコンフロンタシの直前まで，このテロック・ムラノーとテロック・スラバンは，人で溢れかえっていた。浜辺には，25CC, 50CC, そして100CCもの船外機を付けた船がたくさん停泊していた。このテロック・ムラノーに2軒，テロック・スラバンに2軒の中国人経営の店があった。密貿易者の店である。これらの店主たちは，インドネシアから商品の密貿易をしており，毎日，この海岸には船外機付きの船がやってきたものだ。インドネシア産のゴムは，まっすぐクチンに運ばれた。何トンのゴムが運ばれたかは覚えていないが，ゴムと他の商品は，大きな船にここで積み替えられてクチンに送られた。ゴム，豚，猟銃など，これらはインドネシアのタナ・ヒタム，サンバス，プマンカット，それに遠くはジャワなどから運び込まれた。華人がここで待っていてインドネシアからくる物資を買い付けてはクチンに送るというわけだ。満潮を待って，彼らは荷積みをはじめる。海上に密貿易取り締まりの兵隊がいるときは，密貿易者は，これらの兵隊がいなくなるまで待機した。

コンフロンタシ直前のテロック・ムラノー村。海浜部の山腹では焼畑耕地が拓かれている（1962年2月5日撮影：サラワク博物館提供）。

私たちは密貿易船のガソリンをよく盗んだものだ。海岸まで出かけていって，夜警がいればその晩はあきらめたが，ほとんど毎晩盗んだものだ。私たちは，小さなボートしかもっていなかったから，ガソリンなんて買う必要はなかった。ただ失敬すればよかった。
　私の弟は，これらの華人商人のドライバー仕事をひきうけていて，30 CC のエンジンをボートに乗せていた。人を送り迎えするだけで一晩 150 リンギの稼ぎになった。当時，弟はこんなに大きな指輪をしていたものだ！
　もちろん，ほとんどの村人は恐ろしがってスモーケル仕事の手伝いなどはしなかった。なにしろ，警戒中の兵隊が銃をうちこんでくるなんてこともよくあったからね。

　このように 1950 年代から 1963 年にかけて，テロック・ムラノーおよびテロック・スラバンは，サラワク市場に依存するサンバスのゴム経済を支える重要な海洋中継地となった。しかしながら，ごく一部の村民を除いて，大部分はゴム密貿易から直接の恩恵を受けることもなく，小規模のコプラ生産と自家消費のための陸稲耕作と漁労を行う生活が続いた。戦後には，クーポン制度および新規植え付けの禁止も解除され，ゴム栽培を制限する制度的な締め付けはなかったが，テロック・ムラノーおよびテロック・スラバンにおいては依然としてゴムの耕作者は皆無であった。
　1950 年代に行われたサラワク博物館のサーベイ調査によれば，テロック・ムラノーにおける 15 世帯のうち，13 世帯が耕作地を有している。これらの世帯は，平均で 1.92 エーカーのココ椰子農園，2.2 エーカーの焼畑耕地，1.15 エーカーの「その他の農作物」用の耕地で農業を行っている (Harrisson 1970: 464)。残念ながら「その他の農作物」は特定されていないが，テロック・ムラノーでは伝統的にバナナ，キャッサバなどが植えられることが多い。
　これらの辺境の村落において，ゴム栽培ではなく，焼畑による陸稲の生産が継続されたのは，すでに見たように住民の選択によるところが大きい。もちろん村人は，当時のゴム価格の高騰を知っていたが，従来からの焼畑を選んだのである。前述の古老によれば，すでに 1950 年代後半には，テロック・ムラノーおよびテロック・スラバン付近に限れば第二次森林は不足の兆しを見せている。1960 年の時点で，両村落の周辺の森林地帯は，山稜傾斜地と国境付近の一部を除いては，すでに焼畑に用いられた第二次森林となっている。このように焼畑

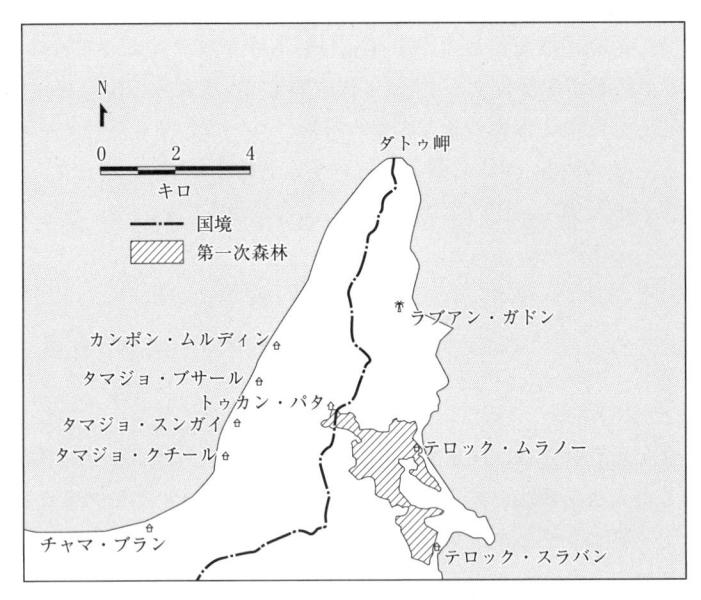

図5-2　ダトゥ岬周辺の第二次森林(1960)

のための第二次森林の狭量化が，ゴム植え付けの抑止力として働いていたことは，村人の生業戦略を知る上で興味深い（図5-2）[63]。

サラワクに初めてゴムが植えられた1881年から80年余りを経て，1960年代初頭に，ついにテロック・ムラノーで初のゴムの苗木が植えられた。しかしながら，この後1963年に，マレーシアとインドネシアのあいだの軍事衝突が国境地帯で勃発し（コンフロンタシ），3人の村人がインドネシア兵士によって射殺され，以後5年間にわたり両村の住民はスマタンなどに強制的に移住させられた（後述）。村人が帰村しはじめた1960年代末には，テロック・ムラノー村のゴム園も樹液採取可能な段階に成長していたが，すでに当時はゴムの価格は下落しており，「たかが卸値が1カティ（6.05キログラム）わずか1リンギのゴム板のために，早朝から頭にランプを付けて，腰をかがめて一本一本樹液を採取する重労働（kerja sakit）」を行う村人は1人もおらず，ゴムが現金収入を村にもたらすことはなかった。

---

63) サラワク博物館所蔵の航空写真の手書き複写による。

後述するように，1970年代にはテロック・ムラノー村付近の国境森林地帯で，共産ゲリラの活動が活発化し，1976年には村人がゲリラによって射殺される。以後，ゲリラ活動が沈静化する1980年代中頃まで，これらの国境部村落は，クチンを中心とした換金作物の流通網から排除され，ゴム園も熱帯雨林のなかに放置された。その後も，ゴムの樹液を採取する者は現れず，テロック・ムラノーは，ゴム生産の歴史を集団の記憶としてもたずに現在にいたる。

国際政治と焼畑

　テロック・ムラノーは，国家領域の辺境で，サラワクとマレーシアという国家が体験した大きな政治の波を受け止めてきた。ジャカルタやクアラルンプール，ポンティアナックとクチンなどの政治経済の中心から発せられる二種類の国家の振動は，あたかもダトゥ岬の国境地域でぶつかり合う二つの波のようにしてテロック・ムラノーなどの農民社会の基盤を揺るがすこととなる。

　サラワクにおけるラジャ・ブルックの三代にわたる植民地化は，日本の軍事占領を経て，王国のイギリス直轄統治領化というかたちで1世紀にわたる歴史を閉じる。ちなみに日本軍占領期には，ふたたびダトゥ岬を境に，旧サラワク側は日本帝国陸軍，そして旧蘭領西ボルネオ側は海軍の所管のもとに置かれた。テロック・ムラノーにも日本陸軍兵は頻繁に食糧供出を強制するために訪れた。往復びんたを含む日本兵の暴力的な振る舞いや全裸で水浴びをする彼らの姿（人前での全裸の水浴は現在でも「日本人の水浴」mandi Jepunと呼ばれている）は，村人の記憶のなかにある。村人によれば，テロック・ムラノーで彼（女）らが体験してきた植民地化とマレーシアという国民国家にいたる歴史のなかで，最もつらく厳しい時代が日本占領期である。村人は激しい食糧不足に悩み，服などの基本生活物資も底をついた。米はすべて軍に供出し，村人は木の皮をなめして服としたという。

　テロック・ムラノーの居住形態は，日本軍占領期に大きく変化する。村人の記憶によれば，すでに日本軍占領期以前からテロック・ムラノーの世帯は，それぞればらばらに焼畑の近くに居住していたが，占領とともに，日本兵との接触を最小限にするためさらに内陸部に移動したという。特に婦女子が日本兵と

遭遇することへの恐れが沿岸部から遠い森林のなかへ移住した大きな理由だったという村人は多い。当時テロック・ムラノー集落の世帯数はおよそ20世帯であり，これらのすべてが現在のマレーシア／インドネシア国境部で焼畑耕作を繰り返した。テロック・ムラノーとインドネシアの村落タマジョをつなぐ小道が貫いている平野が，1940年代にムラノーの人々が暮らした場所であり，集中的な焼畑耕作のため現在はチガヤ草とシダのみが生える広漠たる荒れ野となっている（図5-1参照）。サラワクが直轄植民地としてイギリスの植民地となった後も，テロック・ムラノーの村人は内陸部で焼畑耕作を続け，人々は森のなかに離散して住み，集住形態をとった村落は形成されていなかった。

イギリス植民地化（1945年〜1963年）のもとでのテロック・ムラノーはすでにみたように行政官の言葉を借りれば「不可思議な隔離」のなかに沈静したかのような印象をルンドゥ地区行政報告のページを繰るものには与える（LDQR 3rd Quarter: July-September 30, 1951 n. d.）。村に関する報告は減少し，あるとすれば密貿易に関連するもののみとなる。イギリス植民地政府のもとでは，第一次森林（hutan tua）の無許可の伐採が禁止され，テロック・ムラノーにおいても，すでに焼畑に利用した土地の再生林（第二次森林 jerame muda/tua）を繰り返し焼畑のために用いたとのことである。

マレーシアへの編入による白人支配からの独立は，サラワクに平和，繁栄，そして民族自治をもたらすはずであった。しかしながら，国境社会はさらに大きな国際政治のなかで翻弄され，テロック・ムラノーの人々の生活にも影響を与えることになる。コンフロンタシならびにこれに続く華人コミュニストの国境地帯における活動の政治的局面とテロック・ムラノーの日常についての詳述は，第八章に譲るとして，以下では，これらの二つの国際政治に直結した出来事がいかにテロック・ムラノーの自給自足的な焼畑への依存を助長したかについて触れたい。

すでに考察したように，ルンドゥの国境地帯は1963年に勃発したマレーシアとインドネシアの軍事紛争により，両国軍ならびにイギリス，オーストラリアなどの連合軍が駐屯する最前線と化した。後に詳しく記すようにテロック・ムラノーにおいては，インドネシア兵により村人3人が拉致され，ダトゥ岬のふもとのインドネシア側の海浜で処刑スタイルで銃殺される事件が起こる。マレーシア政府は，すべての村人に村からの待避を命じ，人々はごく少量の家財

道具のみをもって，途中で火がつけられて燃えさかる家々を振り返りながら，スマタンやルンドゥなどに向かった。

インドネシアとマレーシアが停戦協定を結び，正式にコンフロンタシが終焉を迎えたのが 1966 年の 8 月，この後テロック・ムラノーの村人に，昼間に限り，ココ椰子の実をとりに村に戻ることが許可されたのが 1967 年のことである。ようやく村人の帰村が許されたのは突然の待避から 5 年が経過した 1968 年のことであった。まず村長の家族をはじめとして 2 家族が村での生活に復帰し，その他の村人も徐々に後を追った。

コンフロンタシの前には，テロック・ムラノーには 20 世帯が暮らしていたが，緊急疎開の後，帰村が許されてもスマタンなどに留まったものも 6 世帯おり，帰村することはなかった。これに加えて，5 人の村人が村を見ることなしに疎開中に亡くなり，コンフロンタシ後の新しいテロック・ムラノーの人口は激減することになる。

村人がまず村に戻り，森に入り米を作りだした際の感想は，森林の再生に対する驚きであった。スマタン沿岸などのマレー人部落に居候をしながらタピオカ芋などを借りた畑でつくっては糊口を凌いできた村人にとり，第二次森林の成長はとりわけ新鮮に映った。大幅な人口減と第二次森林が少なくとも 5 年以上にわたる完全な休閑に置かれたことは，人口圧の低下と森林資源の再生産の促進をテロック・ムラノーの生態環境にもたらした。このことが村人の焼畑依存に対する延命効果をもったことは疑いない。

このような村人の生活にふたたび大きな転機が訪れるのが，1977 年のことである。インドネシアとマレーシア国境地帯のダトゥ岬のふもとに潜伏していた華人コミュニストがテロック・ムラノーの村人を射殺するという事件が起こり，この後，テロック・ムラノーにおいては，政府の命令により，その歴史ではじめてすべての世帯が海浜に集住させられ，現在の村の形態をとるにいたる。この後も，村人たちは焼畑を海浜で行い，ある村人の言葉を借りれば「ココ椰子の近くで海を眺めながら焼畑をして米をつくる」という祖先の生活がもどることとなる。

ダトゥ岬の第一次森林を中心にカリマンタン側とサラワク側に潜伏していたコミュニストたちの最後の投降が 1988 年のことであり，この時点までテロック・ムラノーは農業スキームなどの州政府プログラムの埒外におかれ，胡椒などの商品作物生産とは無縁な生活が続いた。

国家の臨界点

　テロック・ムラノーの成立は，ルンドゥ地区の辺境沿岸地帯にココ椰子農園を誘致するサラワク政府の農業政策のもとでの労働者の組織的移住に端を発するものであった。現在のフィリピン，スールー海域から訪れる海賊の停泊地であったダトゥ岬近辺は，ラジャ自らの指導のもと，サラワクの民以外の者ののみが移住を許され，1880年代後半を皮切りに，国境を越えた蘭領西ボルネオ，サンバス地方の海洋貿易商人ナコダたちによる農園開発が進み，ココ椰子園の維持と収穫のために移住したマレー農民の集落が形成された。

　サラワク植民地経済への華人資本の導入をもくろむ政府の華人優遇政策のもと，商業ニッチを徐々に失ったマレー人貿易商たちの最後の生業戦略としてココ椰子農園開発が試みられたが，20世紀初頭には多くの農園からナコダが撤退，スマタンとダトゥ岬のあいだに形成されたナコダのココ椰子農園ベルトの跡に，マレー農民の村落が残されることとなる。コプラ生産の衰退は，これらのマレー農村の生業基盤に大きな変化を与え，その経済は商品作物生産から焼畑陸稲栽培に依存した環境依存型の経済へと変貌していく。サラワクが領域国家として，その国家空間を国境で囲い，国家経済のネットワークがクチンを中心として編成されるなか，国境地帯のマレー人コミュニティの周縁化が進むことになる。ココ椰子には適するが，スイカやパイナップル以外は耕作に適さない砂地の優勢な沿岸部の生態的ニッチに残された村人は，イバン語で「焼畑が不可能な土地」と呼ばれるクランガス（kelangus）森林で焼畑を行い生き延びる道を選んだのである。

　1920年代後半からサラワクの辺境部ルンドゥにもゴム・ブームが訪れる。しかしながら，スティーヴンソン・スキームならびに国際ゴム協定のもとでグローバルなゴムの産出規制が熱帯植民地に適用されるなか，蘭領ボルネオとサラワク王国のあいだの国境地帯は，前者から後者にむけてのゴム板の密貿易の拠点となり，後に不法に運ばれる商品はタバコ，布，金などに拡大し，密貿易がルンドゥの主要産業といわれるまでの発展を示す。このような状況で，テロック・ムラノーも密貿易の重要な海洋拠点となり，商品の積出港として1963年のコンフロンタシ勃発まで栄えた。

軍事衝突という国家によるきわめて性急かつ暴力的な領土的線引きが国境空間にひかれた1963年以降は，5年間にわたる村からの強制疎開，続く1970年代中頃から十数年におよぶコミュニスト・ゲリラの潜伏活動など，テロック・ムラノーは国家の領域のなかの真の辺境となり，商業ネットワークや国家の福祉から断絶され，村人たちは最小限のコプラや森林産物の現金化と大規模な焼畑陸稲耕作を主な生業として生きることになる。

　次章ではテロック・ムラノーにおけるマレー人の陸化の過程と民族性の関係について考察していきたい。生態適応の歴史過程はエスニシティならびに国家への帰属をめぐる社会的周縁化にどのようにかかわるのか。次章ではこのような問いを改めてたてながら，テロック・ムラノーというマレー村落を民族性という観点から理解するために，国家空間における中心と周縁に位置する二つのサラワク・マレー社会の比較考察を行う。国家空間の最周縁に位置するテロック・ムラノーに対照されるのは，現在の州都クチンを中心に生成してきたクチン・マレーというエリート層である。国家の中心と辺境で異なった歴史体験を経ながらも，国家による国民の創出プロセスのもとで「サラワク・マレー」という同一の民族範疇で括られてきた二種類のマレー人の出自を比較しながら，国家の領域性と民族集団内の社会的位相の発生について考えていきたい。

第六章
民族の周縁

国家領域と社会集団

　国家の周縁におけるテロック・ムラノー村の約1世紀にわたる歴史は，マレー海域社会におけるナコダ商人による海洋貿易の衰退，すなわちマレー交易経済から華人の商業資本へのマクロな史的転換点で起きたミクロな社会史ということができる。そこで見られたココ椰子プランテーション経済から自給自足的な焼畑耕作への生業活動への変化は，マレー海域世界における長期的な経済編成の変化やコンフロンタシやコミュニストのゲリラ活動など政治的事件などの影響のもとで進んだものであった。前章で見たように，テロック・ムラノーにおける村人の生業戦略を理解するためには，植民地化に起因するマクロな経済的変化ならびに国際紛争などに起因する政治的事件史のなかで，これを歴史的にみることが必須となる。この意味でテロック・ムラノー村落史は，政治―経済―生態コンプレックスとしてとらえるべきものであり，F. ブローデルのいうところの三つの歴史時間の絡み合いといった視点からも理解されるべきものであろう（cf. ブローデル 1991-1995）。

　テロック・ムラノーの歴史はルンドゥ地区の体験してきた社会生態史の一つの縮図と考えることもできれば，その社会的隔絶と根本的疎外をして，サラワク・マレー社会にできた例外的なエンクレーブとみなすこともできる。国家の中心，すなわち政治経済的な中心における民族，国民，文化の創造と再生産は，国家周縁部のそれとは異なる。しかしながら，一つの領域国家のもとでは，国家によって進められる社会集団の配置と配列は，領域内のすべての人々にトータルなかたちで一様な社会化を要求する。そのような過程では，さまざまな差異が「国民」というラベルのもとで隠蔽されていくことになる。

　　国民生活（national life）は不均衡に拡大する。国民が分節的に構築される状況で，それぞれの国民は同等のものではありえない。ある人々や集団は国家的に重要な場に引きずり込まれたり，自ら身を置くことになるが，他の人々や集団は無視され，周縁化され，消去される。さまざまな社会的なセグメント（分節）が国家という領土の上に不均等に配置され，国民というシンボルのもとで均一なものとして表象される（Wolf 1999: 11）。

E. ウルフが正しく指摘するように，国家における領域形成と国民形成は表裏一体をなすプロセスであり，国家による空間的なアレンジメントにおいては，国民という名のもとで表象されるさまざまな社会集団の不均衡な社会的配置を生むとともに，これを単一化し，差異を消去する力も働く。以下では，国家の領域性と集団の社会的位相の発生という問題を考察していきたい。国家領域の確定にともなう社会集団の差異の生成は，植民地国家ならびに現在の国民国家の生成において常にみられる社会的プロセスである。本章では，特にサラワク・マレー社会における民族性と人々の生業戦略の関係を中心に，国家のもとで創出される民族や国民範疇と人々の生活実践のあいだで生じる位相を明らかにしていきたい。テロック・ムラノーの生業活動については，補遺で詳述している。本章と併せてお読みいただきたい。

民族と周縁化

　ダトゥ岬の国境地帯に位置し，隔絶されたテロック・ムラノー村は，従来の人類学者が対象としてきた多くの「閉じた小社会」と同様に，「サラワク・マレー人」の民族誌を書きあげるにはお誂えむきの場と一見したところ映る。しかしながら，この村は，文化や経済，そして国家といった諸相のなかでの大いなる「ずれ」を常に私に見せ続けた。伝統的な民族誌は，一つの民族が一つの文化を保持していることを暗黙の前提としてきた。このような了解事項のもと，政府から調査許可を取得し，民族に加えて一定の国籍をもった人々を恣意的に括りとり，そこに一つの文化をみいだすことが，従来の人類学の作業となってきたわけである。しかしながら，私たちが暮らしたマレー村落は，このような民族と国家と文化の対応関係に疑問符を抱かせるような社会的な場であった。

　テロック・ムラノー村で常に感じた私自身の民族論の揺れは，「マレー人」や「マレーシア人」といった社会的カテゴリーに関する彼(女)ら自身の名乗りと外部による認知の不一致から生れたものであった。言うまでもなく，現在，テロック・ムラノーの人々は自分たちをマレー人でありマレーシア国民であると考えている。しかしながら，これらの村人の生活と歴史は，民族と国民国家の二つの社会的範疇に関して，その正統性に疑問をいだかせるものでもある。す

なわち，クチン在住の都市のマレー人たちにとって，村人は「マレー人」ではなく「ダヤック」に，そして「マレーシア人」ではなく「インドネシア人」に近いものとして認識される。

　テロック・ムラノーの村人の社会的位相の発生のおおもとが，彼（女）らのおかれた社会経済的状況にあることを知るまでには長くはかからなかった。この村の人々の生業のかたちと国家に対する周縁性という二つの要因が，その社会的帰属を曖昧なものにしていたのである。

　従来，「サラワク・マレー人とは誰か」については，その生業形態が重要なメルクマールとされ，「沿岸部または川筋を中心とする生態環境で漁業と水稲稲作に従事する」というのが，マレー人のお定まりの民族的指標となってきた。これに対応するのが，ダヤックと総称される非イスラーム教徒であり，「ロングハウスと呼ばれる長屋式の住居に集団で住み，内陸の山地部で焼畑陸稲耕作を行う」という文化的なラベルが彼（女）らに貼られる。この民族性の定義については，人類学者がきわめて重要な役割をはたしてきたことはいうまでもない。

　東マレーシア・サラワク州では，内陸部のダヤック，沿岸部のマレー人，そして都市部の華人が3大民族集団を形成してきた。華人と異なり，ダヤックとマレーは，スマトラやマレーシア半島からの移民をのぞけば，基本的にそのストックを同じくし，ボルネオへのイスラームの伝来を機に，ダヤックの諸集団がイスラーム教に帰依した結果，現在のマレー人という民族集団が形成された。現在，ダヤックたちは伝統的なアニミズムに加えて多くはキリスト教に改宗し，イスラーム教を信奉するマレー人とのあいだには明確な民族的境界が存在する。

　このような宗教的指標に加え，上で述べたように，生業形態はダヤックとマレーを分ける大切な文化的な特徴とされてきた。沿岸部もしくはデルタ地帯の川筋に住み，水田耕作と漁業活動に従事する人々という典型的なマレー人像を逸脱し，森で焼畑陸稲耕作を行うところに，テロック・ムラノー村人に関する民族的指標の混乱が生じたのである。「原生林を開拓し焼畑陸稲耕作で自給するマレー人」に関する驚きや疑問は，すなわち「だから本当はマレーではなく，ダヤックではないのか」という民族性に対する疑念に結びつく。前章でみたような，広大な森林を拓き，火をかけ，掘り棒を用いて陸稲の籾をまき，稲穂を一本一本小刀で刈りいれるマレー農民は，まさに焼畑を文化の基層として生きてきた山の民ダヤックの民族範疇に抵触する。これは，サラワクの歴史的な文脈のなかでマレー人が創造してきた民族の境界を侵犯するものでもある。

一つの民族内での生業形態の差異化は，生態的条件への適応の結果であり，同一の民族呼称のもとでの生業形態の分化と共存は普遍的にみられる。しかし，マレー人にとり，焼畑という生業形態は，民族範疇を瓦解させるに充分な民族的指標の混乱をサラワク南西部沿岸地帯で生むことになる。もちろん，サラワクのマレー人のなかには政府の役人や会社のホワイト・カラーも多い。村に住む人々も換金作物の栽培や都市部での出稼ぎを行うなど，その生業の形態はさまざまである。しかしながら，海や川を志向した生業に関するマレー人のイメージは，内陸部のジャングルでロングハウスを中心とした集住的な村落を作り，焼畑で陸稲を生産してきたダヤックの人々から自分たちを区別するための無視できない意味をもっている。

　テロック・ムラノー村のマレー人たちの社会的範疇の周縁化は，辺境地域の生態学的要件に加え，この地域での国家の生成の過程，国家が一つの経済的単体として閉じていくプロセスに深くかかわっている。これは，具体的には，第一部で考察したような国境地帯という周縁的な社会空間に特徴的な密貿易や経済のトランス・ナショナリズムをとおして国境地帯の住民の社会的な周縁化が進み，テロック・ムラノー村は「密貿易者の村」，「インドネシアからの不法入国者の村」というラベルが貼られるようになる。ボルネオ島における「汎インドネシア化」とも呼べるインドネシア労働者の国境を越えた広がりのなかで，マレーシアの移民法に抵触する不法入国者としてのインドネシア人像の定着とあいまって，国境に隣接するテロック・ムラノー村は，インドネシア人のサラワク流入の最前線の一つとして位置づけられている。

包摂と排除

　テロック・ムラノーの村民たちは，文化的ならびに政治経済的な中心から遠く離れたフロンティアにおいて，サラワク・マレーという範疇の最外縁部に押し出された結果，「インドネシア人」および「ダヤック」により接近した位置でしばしば語られてきた。このような国家，民族，そして文化の周縁化の問題は，歴史的にとらえることによってのみ理解することができる。ボルネオ南西部の国境地帯は，ブルネイとサンバスという二つのイスラーム圏がそのままイギリ

スとオランダという西洋列強諸国によって植民地空間として踏襲され，この境界が後には，さらにインドネシア共和国とマレーシア連邦という国民国家の国境となる。このような歴史的体験のなかで，テロック・ムラノーの村人たちが，国境のもとでつくられた民族集団の範疇のなかで周縁化するプロセスを考えるためには，サラワクにおけるマレー人という民族範疇の生成を歴史的に検討する必要がある。

以下では，「サラワク・マレー文化の頂点」(Abang Yusuf Puteh 1996c: 2) として，その民族範疇の中心に位置する現在のサラワク州都クチンおよび周辺部のマレー人と国境の村テロック・ムラノーのマレー人という二つのサラワク・マレーの出自を比較することにより，民族範疇の生成の動態を検討していく。特定の民族範疇が創造され，実体化していく過程では，常に「包摂」と「排除」という二つの相反する運動が発生する。特定の下部集団が，民族範疇の中核で形成され，正統性を獲得していく一方で，民族範疇の周縁部でマージナルな位置を占める集団も出現する。以下では，ブルック植民地政府を支えたマレー人貴族の子孫と国境地帯のマレー農民の2種類の民族的出自を，民族の中央と周縁という対立的な構図のなかで検討していきたい。

民族が実体化し，特定の名と文化要素が強調されていく過程は，これらのマーキングのもとで，人々が，代々紡がれてきたとされる民族のタペストリーに織りこまれ，生きているあいだに実際には会うことも喋ることもない無数の他人と，民族という横糸を介して結びつけられていく過程でもある。時間の経過とともに織り手は代わっていくが，この民族のタペストリーには，一定のコードが存在し，そぐわない色の糸は取捨選択されていく。このコードは，しかしながら，所与のものではなく，能動的な民族の「語り」によって通時的に矯正されていくものである。

民族のコードが固定化し構造化していく過程では，民族を語る者，実際に語られる客体としての特定の下位集団，語られるために選択された特定の歴史や文化要素が，密接に絡みあいながら一つの関係性を維持するようになる。民族が実体化されていくにつれて，これらのセットからはずれるものは，支配的な「語り」から排除されていく。他者との差異化を促すことのない慣習や正統とされる文化要素から逸脱する行為，国家のイデオロギーに直接かかわらない多くの歴史は往々にして「民族」の語りから排除されてきた。

民族の過程で立ち現れてくる公式の語りは，政治家や宗教家のスピーチ，博

物館の説明文やパンフレット，政府系メディア，テレビやラジオなどの一般マスコミ，民族集団によって組織された各種団体による刊行物，そして人類学者による民族誌などによって補強されながら，通時的な連続性を与えられていく。一方，これらの公式の語りに整合しないものは，無視されるか，または，傍系ないし例外的な文化要素として認識され，時間の経過とともに忘れられていく。

　ここで注意すべきは，このような周縁化のプロセスは，権力の発生とその不均衡配分という政治的側面をともなうことである。これは，領域国家という枠組のなかでは，民族集団間ならびに民族集団のなかでの成層化に結びつく。民族の語りにまつわる包摂と排除が展開される政治的な場，言葉をかえれば，これらの2種類の社会的成層化が進行するユニットは，いうまでもなく国家であり，この枠組を欠いた民族論は成立しない。

サラワク・マレー人とは誰か

　サラワク・マレー人の民族範疇の生成を考えるにあたっては，まず「マレー人」という大範疇の検討から始めるのが順当な手続きだろう。マレー人とは誰かを考えるにあたっては，従来の多くの人類学者が行ってきた手続きを踏襲するのが妥当なやり方である。すなわち，「マレー人」という範疇で括ることのできる社会集団の存在をあらかじめ想定した上で，その歴史，社会，文化などを辞書的に規定していく方法である。この手続きは，「マレー人」に限らず，アフリカの「マサイ」でも，タイの「ルー」でも同じことで，「〜族」「〜人」という範疇を，あたかも実在する社会集団として語るために，私たちは，地理的分布，文化要素，政治組織，言語，生態的適応，地域共同体の構造などを指標として，一定の文化を担う社会単位の抽出を行ってきた (Naroll 1964: 283)。これらの文化要素に従って「マレー人」を定義してみよう。

　「マレー」(Melayu) の語源に関しては諸説あるが，パレンバン（後には，マラッカやジョホール），ミナンカバウ，タンジョン・プラなどマレー世界の中核をなす王朝の元祖とされる3人の王子の故地である南スマトラ，パレンバン近くのムラユ川に発するという地名語源説が有力である。「マレー人」は形質的にはモンゴ

ロイド系，言語的にはマラヨ・ポリネシア語族に属する。広義のマレー系民族は，古典的にはプロト・マレー（Proto-Malay）と新マレー（Deutero-Malay）に分類され，マレー半島および東南アジア島嶼部に広く分布している。プロト・マレーの例としては，マレーシアのオラン・アスリのうちのジャクンやスムライ，フィリピンのイフガオなどがあげられ，新マレーとしては，マレー半島，スマトラ東部，リアウ・リンガなどの小島群，ボルネオ沿岸部に住む狭義のマレー人，インドネシアのアチェ，ミナンカバウ，ブギス，ジャワなどの諸民族，そしてフィリピンの多くの民族があげられる。

　スンナ派のシャーフィー派のイスラームを信奉し，マレー語を話し，アダット（adat）と呼ばれる習慣に従う。大多数は村落（カンポン）に住み，平野部で水稲耕作を営む農民または沿岸部の漁民であり，住居は高床家屋が一般的で，河川や道路沿いにリボン状の集落を形成する。村にはダトゥと呼ばれる長老を中心とする政治的有力者とイマムと呼ばれる宗教的指導者がおり，伝統的に貴族／平民の階層分化がみられる。一部の母系制社会を除けば，親族組織は双系的である。財産は，慣習法とイスラーム法のどちらかによって相続され，前者は異性均分相続，後者では娘は息子の半分を相続する。儀礼生活は，金曜日のモスクでの礼拝，クンドゥリと呼ばれる共食儀礼をともなう誕生，割礼，結婚，死などの通過儀礼，1ヶ月にわたる日中の断食，断食明けの祝祭ハリ・ラヤ，メッカ巡礼を祝うハリ・ラヤ・ハジなどに彩られる。イスラーム教徒として豚肉を食することは禁忌であり，犬も不浄の動物とされる。

　これらの語りは疑似的な民族範疇に，ある種の実体性を付加する意味では価値があるが，あくまでも，総体としては実在しない定義の束でしかありえない。現在までのエスニシティをめぐる議論は，すでに，これらの民族に本質的とされてきた社会・文化的要素が，その民族名をもって呼ばれる個々の社会集団の多くにあてはまらないことを確認してきたし，「これまである『民族』的な集団の客観的な指標とみなされてきたもののすべてをかね備えた集団のみを『民族』とすることはとうていできないだけでなく，こうした指標のうち特定のものに優先権を認めることすら困難になっている」（内堀 1989: 29）ことを明らかにもしている。

　上記のような民族指標が一種の構造物であるならば，「マレー人」という名で括られる実際の下位集団の一つひとつ，さらに一つひとつの村は，当然，これ

らの紋切り型から逸脱した文化要素や歴史的体験をもつことになる。しかしながら，ここで各々の文化要素が逸脱しているか適合しているかを云々する作業は生産的ではない。より重要なのは，ある文化要素や歴史的体験が，実体化した民族範疇の指標としてとりこまれていく過程と，これらが特定の民族の指標から除外されていく過程の両方を見きわめていくことである。

民族の出自と国家の出自

　サラワク州の民族地図は，基本的にはマレー系，華人系，インド系の三大民族範疇から構成される西マレーシアのそれよりもさらに錯綜している。マレー，イバン，ビダユ，ムラナウ，オラン・ウル，そして華人系，インド系などに加えて，カダヤン，プナン，クラビット，カヤン，ブキタン，カジャマン，シハン，バイー・スガンなどの多くの民族範疇が存在し，これらはさらに細分化される場合が多い。例えば，ひとことでビダユといっても，実際の対面的な状況では，人々はシンギー，ララ，スラコウ，ジャゴイなど，さらに下位の範疇にのっとって区別しあう。これらの無数ともいえる民族範疇は，政府統計では次のように分類されている。

　イスラーム教徒としては，マレーに加え，ムラナウ，カダヤンなどが含まれる。イバン，ビダユ，そしてオラン・ウルと総称されることの多いクニャ，カ

表6-1　サラワクの民族構成（1991年）（単位：千人）

民族集団	人口
マレーシア国民	1,695.30
マレー	359.2
イバン	505.2
ビダユ	96.8
その他の土着民族	104.1
華人系	474.7
その他	15.1
非マレーシア国民	18.3
合　計	1,713.70

(Buku Tahunan Perangkaan Sarawak 1991)

ヤン，クラビットなどの「その他の土着民族」は，伝統的に陸稲焼畑を行い，ロングハウスに住み，アニミズム的な民族宗教を保持してきたが，キリスト教への改宗が顕著である。華人系は，客家，福州が多く，福建がマジョリティの半島部とは異なる出身地構成を示している。

　「民族と国家はどちらが先行するか」といった問いかけは，さしあたって本章の目的とするところではない。しかしながら，サラワクのマレー人に限定して考えると，この民族範疇は，国家という枠組が成立して初めて実体化しはじめたと考えざるをえない。サラワクの歴史的文脈では，少なくともマレーという民族範疇は，国家の出自と相反するというよりも，むしろ相乗的な関係を保ってきたといえる。

　サラワクは，過去150年あまりの歴史のなかで，ブルック政府支配（1841〜1941），日本軍政（1941〜1945），イギリス植民統治（1946〜1963），マレーシア連邦編入（1963〜）という政治的な変化を経たことはすでにみたとおりである。もともと現サラワク領は，ブルネイ・スルタンの支配下にあり，スルタンによって配置された役人が地元のダトゥと呼ばれる土侯から貢納を徴収していた。しかし，英国人ジェームス・ブルックがこの地を訪れた1839年当時には，ブルネイ支配に対する反乱が頻発し，スルタンは，ブルックに武力的制圧を依頼，平定の代償として1841年にサラワク領を与えた。当時の領土は，現在のサラワク州第一省にあたるダトゥ岬からサドン川流域のあいだに限られ，ブルネイ領南西部の辺境地帯であった。もともと，現在のクチン周辺が限定的に「サラワク」と呼ばれていたが，ブルック植民地政府の領土的拡大にともない，現在の東マレーシアのサバ州を除いた地域がサラワク植民地国家として認知されるにいたった。この領域的支配は，日本軍政，イギリス植民地化，1963年のマレーシア連邦編入を経て，東マレーシア，サラワク州という現在の行政単位に引き継がれた。サラワクの歴史的体験は，西マレーシアのそれと大きく異なり，当然のことながら「マレー」という民族範疇そのものも，西マレーシアで生成したものと起源を異にする。以下では，民族の「名称」および「出自」の問題を取り上げ，サラワクの歴史のなかでの民族範疇の実体化のプロセスを考察してみよう。

　「現実の歴史的世界において，外部者の介入は実際，「民族」範疇の生成にとって最大限に重要な意味をもっている。そうした介入のなかでも最も強い効果がもたらされるのは，外部者が多かれ少なかれ制度化された政治権力である場合

である。ここで外部から介入する制度化された政治権力を「国家」と呼ぶことになんらの不都合はあるまい」(内堀 1989: 32)。サラワクの歴史において重要な意味をもつ国家権力の介入は，1841年の白人王ブルックによる植民地化と1963年から現在にいたるマレーシア連邦への編入である。これらは，「サラワク・マレー」という名称を固定化させ，この民族範疇に特有の歴史と文化を出現させた長期的なプロセスという意味で，他の政治権力の介入，たとえば，日本軍政支配とは本質的に異なる体験といえる。

マレー語で Melayu ないし Melayu Sarawak, 英語で，Malay ないし Sarawak Malay という各称は，通常，サラワク州でイスラーム教徒に適用される。何人であれ自身をマレーと称するものは，イスラーム教徒である。しかし，逆は真ならずで，すべてのイスラーム教徒がマレー人ということにはならない。例えば，ムラナウと呼ばれる人々は，イスラーム教徒と伝統宗教の信奉者（現在は，キリスト教徒が多い）に分かれ，イスラーム教徒は，マレーよりもムラナウをもって自己同定するものも多い。

いつからサラワクのイスラーム教徒が社会範疇化し，「マレー」という民族呼称が話し言葉および書き言葉として定着したかを実証するには，包据的な書誌学的調査が必要だろう。しかしながら，政治的に考えると，ここに一つの見方がなりたつ。すなわち，サラワクにおける「マレー」という呼称は，1841年のブルックによる植民地化を契機として成立したという R. プリングルの指摘である。民族呼称が外部権力によって名付けられ，特定の集団がこれに呼応し名乗りをあげた場合，呼称の分布は，植民地や国民国家という政治的単位のなかに限定されることになる。しかしながら，この呼称が近隣地域での慣用に従った借用語であった場合はこの限りではない。サラワクの場合，スマトラおよびマレー半島のイスラーム教徒を指して使われていた「マレー」という名称を，ブルックがそのままサラワク沿岸部のイスラーム人口の呼称としたという見解がなりたつ。これを支持するものとして，元英領北ボルネオのサバ州には，マレーという民族は存在せず，イスラーム教徒たちは，ブルネイ，バジャウ，スールー，カダヤンなど個別の名称をもって呼ばれていることがあげられる[64](Pringle, 1970: xix)。

1963年のマレーシアへの編入というサラワクの政治的決定も，サラワクのマレーという民族範疇に大きな変化をもたらした。南シナ海を隔てて異なる歴史を体験してきたマレー半島とサラワクが連邦制度のもとで一つのマレーシアと

いう国家となったことにより，両地のイスラーム教徒は，「マレー」という呼称をもつ同一の民族として範疇化される。ちなみに，マレーシアでは，1948年のマレーシア連邦協定の市民権条項のなかで，法律的に「マレー人」が規定されている。この規定によると，マレー人とは，マレー語を日常的に話し，イスラームを信仰し，マレーの習慣（アダット）に従う人々とされる。ここでは，言語，宗教，慣習による民族の定義が採用され，出自を問題としていないところが注目される（前田 1993: 226）。この規定は，一般にマレーシアにおける「マレー人」の定義として今日まで有効である。文化要素に関して大枠で以上の三つの条件に適合するために，サラワクのマレーが半島のマレーと同一の範疇に組み込まれたといっても，あくまでも文化的に近似値をもつものどうしの便宜的な結合にすぎない。

　特定の民族範疇が，歴史のなかで構造化していくプロセスは，民族の出自の生成という現象と深く結びついている。C.カイズが指摘するように，民族とは，人々が共有していると信じる文化的特性によって正統化される血筋を分かちあう一種の出自集団という性格をもつ（Keyes 1976: 208）。すなわち，他とは異なる文化的特性を分かちあう共通感覚が，特定の出自の共有という擬似的な体験を民族範疇に与え，その結果として民族の歴史的な継続性が確立するというわけだ。サラワクのマレー社会の場合，共通の文化的特性となるのは，イスラームの信奉であり，伝統的な宗教やキリスト教を信奉する他のダヤックとの明確なメルクマールとなっている。民族範疇の統合的な指標となるイスラームは，しかしながら，個人が社会化の過程で習得していく諸々の文化要素と異なる性

64）「サラワク・マレー」（Sarawak Malay, Melayu Sarawak）という形容詞付き民族呼称になると，さらに，その起源は政治的な国家による名付けといった色彩が強くなる。サラワク植民地の成立以前には，対面的な日常レベルでは，「サラワク・マレー」という覆いのもとでの民族範疇は当然存在しなかった。実際，「サラワク」は従来，クチンとその周辺域を意味し，国家の名称として認識されていなかったことを考えると，「サラワク・マレー」がクチンを中心とした地縁的な下位範疇から国家の名付けに対応するような上位範疇に変質していくのは，初のマレー語の新聞がクチンで発刊され，サラワク・マレー統一協会（persatuan Melayu Sarawak）が結成された1930年代，ないしマレー人が中心となって展開され，サラワク・ナショナリズムの発露と位置づけられるイギリス植民地化への反対闘争がおきた第二次世界大戦終結後と考えるのが順当かもしれない。サラワク・マレー統一協会およびサラワク・マレーの初の新聞刊行については *Fajar Sarawak*（Thomas 1984）を参照。イギリス植民地化反対闘争については，Mohammad Hasbie Sulaiman 1989; Sanib and Fatimah 1976 を参照。

格をもち，これがサラワク・マレーという民族の生成過程をより複雑なものとしている。元来，イスラームへの改宗の手続きはきわめて簡単で，2人以上の証人のまえで，「アッラーのほかに神なし。モハマドはアッラーの使徒である」と唱えれば，誰でもイスラーム教徒になることができる。この改宗の行為は，マレー語で「イスラームに入る」転じてマソ・ムラユ (masuk Melayu)「マレーに入る」と呼ばれ，単に宗教上の宗旨変えのみならず，個人の民族境界の越境というさらに広い意味での社会的変身の意味が付加されている。基本的には，血や生得性の概念が不在である宗教的帰属を指標とする民族範疇は，その実体化のために，操作的な民族の語りを必要とする。現在のマレー半島部で支配的な政治的地位を確立している「マレー人」の歴史的出自は，1400年頃に起こり，1511年にポルトガルによって侵略され陥落した港市国家マラッカにさかのぼられることが多く（加藤 1994: 75, 79-80），この民族的な出自がマレーシアという国民国家のシンボルとなっている。これに対し，サラワクでは，同じ「マレー人」であっても，半島とは系統の異なる民族の出自を指摘することができる。

現在のサラワク・マレーに関する民族の語りは，まず自己の出自隠蔽から始まるところに特徴がある。数世紀にわたる地元民のイスラームへの改宗によってサラワク・マレー社会の重要なセグメントが徐々に形成されたという事実の否定が，その民族の語りの基調をなしている。すなわち，自分たちを「外来者」として語り，自らの民族範疇を差異化するわけである。サラワクを訪れ，定着した海洋貿易者たちや移住者をのぞけば，現在のサラワク・マレーの祖先の多くは，ビダユ，イバンなどのダヤックおよびムラナウなどと同根の出自をもつ。しかしながら，サラワク・マレーの起源に関しては，むしろ「イスラム教徒のサラワクへの大量移民」と説明されることが多く，その際に語られる民族の故地としては，マレー半島とスマトラがあげられてきた。これらの故地にさかのぼり，自分たちの出自を歴史的に正統化する作業は，主に2種類の語りをとおして進められる。一つは，初源的な民族の出自についての創生神話であり，もう一つは，諸個人につながる血筋（系譜）の正統化という具体的な語りのかたちをとる。

クチンのマレー人たちの初源的な出自に関する語りは，ダトゥ・ムルパティと妻ダトゥ・プルマイスリ（もしくは，ダヤン・スリ）にさかのぼられる。ダトゥ・ムルパティはラジャ・ジャワの孫にあたり，スマトラのミナンカバウの貴族の

家系の生まれである。妻のダトゥ・プルマイスリは，マレー半島，ジョホールのラジャ・ジャロムの娘とされる。彼らはスマトラで結婚後，サラワク西部ダトゥ岬を経由し，クチンの下流域デルタのサントゥボンに移り住み，彼らの息子たちはサラワク川からルジャン川にいたる地域の支配者となっていく。ダトゥ・ムルパティの伝説は，竜に変身してしまう息子のエピソードなどを含んださまざまなバージョンが存在するが，最も重要なモチーフとして，ミナンカバウとジョホールというマレー海域世界の中心地に出自をさかのぼる外来者としての貴族の旅の遍歴が語られ，彼らが，マレー半島，サンバス（現インドネシア，西カリマンタン州），ブルネイのスルタンたちと密接に関係していたことが確認される。この伝説では，もともとダヤックの改宗者としてのマレーの地付きの出自は，ダトゥ・ムルパティとダトゥ・プルマイスリという王族のサラワク来訪という語りのもとで語られることはない (Mohammed Yusof Shibli 1950: 264)。

ブルック政権成立前にサラワクを支配し，それぞれダトゥ・パティンギ，ダトゥ・トゥムンゴン，ダトゥ・バンダールという世襲的タイトルをもつ3人の土侯たちが，すべてダトゥ・ムルパティから始まる譜を主張したのも，権力者にみられる系譜操作の常道といってよい。これらの土侯は，ブルックのもとで懐柔され，植民地政府を支える高官となり，これらの子孫がブルック政権のもとで貴族としての社会階層を形成するようになる。このようなダトゥ・ムルパティにつながる擬制的な出自を共有する特権的な社会集団はプルアバンガン (perabangan) と称され，男子はアバン (Abang)，女子はダヤン (Dayang) という世襲的なタイトルを用いる。ここで留意すべきは，これらのプルアバンガン層の形成は，まさにブルック植民地国家の形成を契機としていることである。ブルックは，植民地政策の一部として，ブルネイ・スルタンの支配時代に税の徴収の任についていたアワン (Awang) ないしプンギラン (Pengiran) という称号をもつブルネイ起源の貴族層に対抗する支配階層を，サラワクで自ら作りだしたわけである (Sanib 1985: 5)。

サラワクのマレー人の多くが，地元ダヤックの改宗者の血をひくという事実は，ほとんど語られない一方，降臨する「外来王」としての民族の始祖とその子孫の物語は，サラワクの政治的な場で現在も繰り返されている。例えば，クチンで開催された第2回「マレー文化セミナー」のオープニングでは，マレー世界の伝統的格闘技であるシラッのデモンストレーションとともに，サラワク州主席大臣夫妻が，張りぼての作りものの小舟にのり，マレー人の正装である

クチン・マレー人の男女（撮影年月日不詳：サラワク博物館提供）。

金糸のソンケットを腰にまいた男たちにかつがれて入場した。ちなみに，大臣夫妻はイスラーム教徒であるが，夫のアブドゥル・タイブはムラナウ族の出身，ライラ夫人はオーストラリアで教育を受けたヨーロッパ人イスラーム教徒である[65]。ここで想起されるイメージは，外来者としてのサラワク・マレーの歴史であり，大臣は自身のスピーチ（実際には，私の隣に座っていた政府の役人が準備した原稿であるが）でも，サラワク・マレーのミナンカバウ起源を強調し，サラワクにおけるマレー文化の保存を訴えた（*Borneo Post*, June 29, 1993）。

このようにダトゥ・ムルパティ伝説とこれにつらなる系譜の操作は，サラワク・マレーの大多数のもつダヤック出自を隠蔽し，この民族範疇に固有の時間的連続性を与えている。ダトゥ・ムルパティを頂点に，その血筋を中心的縦軸として，3人のダトゥのもとから派生する貴族プルアバンガン（perabangan）の系譜の束は，時間の経過とともに円錐状の構造をもつ社会編成体を形成する（cf. Kirchhoff 1959）。この円錐状の親族範疇では，中心的な出自の軸（axial line）に直接的な親族関係をもつ社会集団を中核として，円錐の基底では一種のグラデーションをもった差異化が進行する。サラワク・マレーの場合，ダトゥ・ムルパティの出自に連なるとされるプルアバンガン層が中核に位置し，周縁部に広がるにつれて，平民層がこれを取り囲むようなかたちで形成されることになる。このような社会編成体においては，政治・経済的な差異に加えて，「マレー人」を規定するところの文化要素の収斂と解体といった民族的な文化資源の不均衡な分配が生じる。

従来，利益集団としての民族集団間の政治経済的資源の分けあいについての考察は多いが（cf. Chivers 1985），同一民族のなかでの特定の下位集団による文化要素の創造と独占，および他集団の民族的周縁化についての考察は，充分になされているとはいいがたい。以下の考察は，領域国家と社会階層という二つの分析枠組を意識しながら，権力論的な側面を民族論に付加することを意図している。ついては，特に国家と民族の周縁に位置する社会集団に注目し，民族の実体化における反作用ともいうべき問題を検討していきたい。

民族範疇の実体化の過程では，一つの民族範疇で括られる諸下位集団のうち，ある特定の集団が民族範疇の核として構造化していく一方で，他の集団が民族境界のへりに押しやられて排除の対象となる。この場合，これらの方向の異な

65）ちなみに，ライラ夫人は，もともとポーランド系のイスラーム教徒である。

る現象が領域国家の枠組のなかで起こること，そして，中央と周縁の分離は常に階層的なグラデーションの両端で進行することを，ここで確認しておくことは重要と思われる。上で考察した創生神話にもとづく出自の正統化と貴族層の生成は，中央の運動である。これに対して，国家の辺境としての国境地帯や階層的グラデーションにおける末端，例えば，農民層や採集・狩猟民などのあいだでは，民族範疇じたいがマージナルなものとなりやすい。このような周縁的な社会集団は，支配的な特定集団の文化要素や歴史体験が民族の特色として強調される際には，往々にして，民族の語りから排除されていくことになる[66]。

民族範疇の実体化の過程で固定化してきたプルアバンガン層は，人口的には少数であり，サラワク・マレー社会は，大多数の農民から成る[67]。しかしながら，ブルック一族とイギリス政府による植民統治からマレーシア連邦編入後の今日まで，これらの平民／自由民の文化，宗教，そして出自についての記述および伝承は驚くほど少ない。マジョリティとしての農民層は，その社会的範疇自体がマレー人の知識人（彼（女）らは往々にして前記のプルアバンガン層の出身である）によって作り出されてきたといえる。例えば，以下は，サラワク・マレー人の歴史家による記述であるが，そこでは，マレー農民ナコダに準ずる商いの民として語られ，他のダヤックと同様に土地に働きかける生産者たる農民像は二義的なものとなっている。

　一般的に信じられていることに反して，この階層はすべてが貧しい農民と漁民から構成されていたのではない。サラワクの農民の多くは，河川貿易に従事した小商人であり，副次的に農耕に従事するものが多かった。これらの小商人たちは，おもに内陸部のダヤック族と交易を行い，塩，ビーズ，布地を河川沿いに運び，樟脳，ガンビール，ダマールなどの森林産物との物々交換を行った（Sanib 1985: 8）。

---

[66] このような中央から周縁，そして社会階層における上層から下層の方向に働く排除の作用に加え，周縁から中央へ，下層から上層への積極的な同化の働きかけも同時にすすむ。すなわち，支配的な民族像が成立し，メディアなどによって通時的な連続性を与えられるようになると，人々のあいだでの特定の民族範疇へのすり寄りといった現象も普通になってくる。例えば，支配的な集団を他の集団から差異化するような重要な文化・歴史的なマーキングを劣位の集団が模倣，借用するケースは，文化変容ないし社会変化といった議論ですでに論じられているところである。

[67] ここでは，農民（peasant）という社会範疇に沿岸部の漁民も含めている。

第六章　民族の周縁　185

サラワクという植民地国家の生成は，サラワク・マレーという民族呼称とともにプルアバンガン貴族層を中核とする民族範疇の生成をうながした。これらの中央の語りが伝説や出自の操作的選択によって構造化されていく一方で，他の社会階層が，民族の出自の外縁方向に押し出される現象も進行する。

国家と民族の周縁

　マレーシアという政治組織のなかで周縁として位置するサラワク州 (cf. King 1990)，そのなかでも最南西部のルンドゥ地区に位置し，インドネシア国境に隣接するテロック・ムラノー村は，いわば半島の首都クアラルンプールとサラワクの州都クチンを中心とする二重の同心円のなかの最周縁部ということができる。国家領域における周縁性は，テロック・ムラノー村のマレー人にとっては，民族範疇のなかでの周縁性に直接的に関係している。
　クチンのプルアバンガン層に見られるようなサラワク・マレーの民族範疇の中核的な生成過程と比べると，国家の辺境のマレー人農村における民族性は見えにくい。テロック・ムラノー村の宗教，言語，慣習などは，次にあげるように，クチンのマレーに準拠するマレー文化の紋切り型に適合しない多くの側面をもつ。しかしながら，従来の民族論を踏襲し，これらの文化指標の弁別作業を行うことは，議論を分類学的な袋小路にひきこむに等しい。また，これらの局所性をマレー文化の古層の残存と位置づけ，プロト・タイプの再構築を目指すことも意味のある行為とは思えない。
　例えば，マレー人と他の民族範疇を分ける一番明確な指標であるイスラームに注目しても，テロック・ムラノー村のもつ民族的な周縁性の起源を明らかにすることはできない。すでにふれたように，村民は，野豚の狩猟で生計をたてる華人1人をのぞいて，全員イスラーム教徒である。主な儀礼の際には必ずクルアーンの詠唱があり，断食月あけのお祭りは，一年で最も大切な祝祭日である。しかし，村人は教条主義にはしらず，きわめておおらかな信仰態度をもっている。中国系コミュニスト討伐のために駐屯していたマレー半島の兵士たちが自分たちの礼拝のために1977年前後に建てたものが，村の百年の歴史のなかでの最初の礼拝所であり，ふだんは閑古鳥が鳴いている。金曜日の集団礼拝

以外には沈黙している拡声器からは，クチンから役人が来たときのみ，連日連夜，突然，調子のはずれたクルアーンが大音響で流れだす。村人の大部分は，断食月初日から食事をとり，タバコをくわえて畑にでかけていく。断食中にスマタンに用事ででかけた村人は，宗教警察の目を盗んで，華人の茶店の裏の台所で密かな飲食，喫煙におよぶ。
　このような村の非（または没）イスラーム的な日常は，しかしながら，それだけでは，村民の周縁性を助長する要因とは考えられない。近年マレーシアでは，衣服コードの遵守，断食の徹底，未婚の男女交際の取り締まりなどをとおして，日常生活の場での宗教的規制がとみに強化されている。とはいえ，都市部と比べれば，テロック・ムラノー村に限らず，一般にサラワク農村社会への宗教的教条主義の浸透は遅れており，イスラームへのきわめて緩やかな帰依は，決してテロック・ムラノー村に特有なものとは考え難い。むしろ，ここで私たちが注目すべきは，村人自身の地域限定的な文化的表出よりも，彼らの語られ方，これらの辺境のマレー人農村についての在クチンのマレー人による中央の語りである。
　テロック・ムラノー村の農民たちについての語りが，その「生業」と「血」に関するものに収斂していることは注目される。すなわち，「森で焼畑陸稲耕作を行うマレー人」，そして「インドネシア人とすでに混じりあっているマレー人」という2種類の語りによって，テロック・ムラノーの周縁性が繰り返し確認される構図が指摘できるのだ。
　すでに第五章の冒頭のエピソードでみたように，この焼畑についての語りには，「だから本当はマレーではなく，ダヤックではないのか」という彼（女）らの民族性に対する疑念が付加されている場合が少なくない。F. バースがすでに指摘したように（Barth 1969），一つの民族内での生業形態の差異化は，生態的条件への適応の結果であり，同一の民族呼称のもとでの生業形態の分化と共存は普遍的にみられる（cf. Galaty 1982: 6）。しかし「マレー人」にとっては，この焼畑という生業形態は民族範疇を瓦解させるに充分な民族指標の混乱をサラワク南西部沿岸地帯で生んでいる。
　「すでにインドネシア人と混ざりあっている」もしくは，さらに直接的な「あの村の住人は，実はインドネシア人である」といったテロック・ムラノー村の周縁性を助長する語りの出現は，この辺境地域での領域国家の生成の過程に深くかかわっている。すでに第二章で詳細にみたように，ダトゥ岬からルンドゥ

町にかけてのマレー人たちの多くが，蘭領ボルネオのサンバス地方からの移民の血統をひいている。しかしながら，ルンドゥがサラワク最南西部の行政地区の中心として栄え，クチンとの交通が密になり人口が増加するにつれ，住人の蘭領ボルネオ起源は構造的な健忘症ともいえる状況の下で隠蔽されていく。しかしながら，このような出自の外来性は，現在でも，ルンドゥからスマタン，さらにはテロック・ムラノーと，インドネシア国境に近づくにつれて，より明確なかたちで語られる[68]。サラワクと蘭領ボルネオの百年の歴史のなかで引かれた「サラワク・マレー」と「サンバス・マレー」の境界線は，1963年のサラワクのマレーシア編入とインドネシアによる軍事侵攻以降，両国民国家の国境により規定されるようになる。3年にわたる軍事的衝突は，ジャカルタとクアラルンプールを極とした二つの国民国家の急激な実体化をうながしたが，テロック・ムラノー村を含めたダトゥ岬からスマタン沿岸のマレー人村落は，二つの政治的磁場の緩衝的空間としてマージナルな位置をしめるにいたる。

現在のサラワク州では，人々のインドネシア出自じたいが，マレーシア／インドネシアのあいだで潜在化した政治経済的な緊張関係のなかで消えていく歴史的記憶とされつつある。すでに触れたようなスマトラのミナンカバウなどの史的価値のある出自への積極的な同化とは異なり，独立後の国民国家の成立によって出現した「インドネシア人」に連なる出自は否定されないとしても，忘却ないし隠蔽の対象となっている。

「ダヤック人」と「インドネシア人」という二つの極からの遠心力のなかで生成されてきたサラワク・マレーの民族範疇において，テロック・ムラノーの周縁性が，村人のもつ「イルム」（ilmu 呪術，マジック）についての語りに収斂していることは興味深い。例えば，「あのあたりの村人たちは，イルムが強いから注意しなければならない」というのは，クチン・マレーのあいだでたびたび聞かれるテロック・ムラノー村に関する言説であることはすでに述べた。このような「危険な村人」のイメージは，村人の民族的な周縁性と不可分に結びつき，この辺境村落を知るマレー人のあいだで定着している。サラワクでは，特にイ

---

68) マレー語の差異をみると，現在でもクチンのマレー人は，ルンドゥのマレー語のイントネーションや接尾辞の使い方を揶揄し，ルンドゥのマレー人，スマタンの村人の言葉を「鳥のさえずり」のようだと笑う。このような異化の連鎖は，実はスマタンとテロック・ムラノーのあいだにも存在し，スマタンの人々は，自分の言葉が，最辺境部の村のものとは違うと主張する。

ンドネシア人とカダヤン人が「イルムが強い」といわれていることは示唆的である[69]。カダヤン人はダヤック起源をもち，現在は大多数がイスラーム教徒だが，その言語など独特の文化要素を保持した「準マレー集団」(Para-Malay)であり，サラワクのイスラーム社会では周縁的な民族範疇となっている[70]。

テロック・ムラノーの村人たちは，国家による民族範疇の再編が進むフロンティアにおいて，サラワク・マレーという範疇の最外縁部に押し出された結果，「インドネシア人」および「ダヤック人」により接近した位置でしばしば語られている。「インドネシア人」と「ダヤック人」という，それぞれ国家と民族に依拠した二つの範疇は，テロック・ムラノー村についての語りにおいては相互の関係性はなく，二つの独立した指標である。しかしながら，特定の下部集団が，サラワク・マレーという歴史的に国家と深く結びついて生成された民族範疇から排除されるにあたっては，国家と民族の両方の場におけるマージナル化が必要と考えれば，この二つの指標が中央による語りのなかで取り上げられるのは不思議なことではない[71]。

民族範疇が出現し，さらに通時的に実体化していくにあたっては，特定の文化要素と歴史的体験が，民族の中核として収斂していく一方で，民族範疇の周縁で排除されるマージナルな下位集団が発生する。民族の語りのいわば内側と外側のはざまを吟味する作業によって，同一の民族範疇のもとで進行する下位集団の階梯化の現象に注意を喚起し，民族内での文化・歴史的資源の分配をめぐる権力関係を吟味する作業は，従来の多くの「マレー人とは誰か」という問

---

69) マレーシア半島部での強いイルムを保持したインドネシア人像に関しては，Mohd Aris 1983: 29 を参照。

70) リーチは，『サラワクにおける社会科学調査』のなかで，イスラーム化の移行段階にある異教徒集団を「準マレー」(Para-Malay) と表現し，Kadayan, Bisaya-Bikit, Narom-Miri-Belait, Segan, Liko などの集団をあげている (Leach 1950)。

71) 従来，多くの文化人類学者は，生態学的適応を文化の一側面として位置づけてきた。環境適応としての経済活動は，まさに私たちの生活様式であり，文化的な行為であるというわけだ。仮に，このような局所的な環境適応を小文字の文化 (culture) とすれば，大文字の文化 (Culture) とも呼ぶべきものも一方で存在する。例えば，「民族文化」や「国民文化」という場合に付された文化は，特定の生態的ニッチでの人類の生態学的適応としての文化をこえた上位の概念として用いられている。テロック・ムラノー村で私たちが体験したマレー人たちのおかれた状況は，まさに，これら小文字と大文字，二つの文化間の「ずれ」の発生であり，経済的活動と民族性，そして国籍のあいだの齟齬が歴史的に拡大していく過程で，人々の社会的帰属そのものが周縁化する状況と考えられる。

いかけから抜け落ちていた視点である[72]）。

　国家が領域的に生成するトータルなプロセスにおいては，さまざまな差異が国民という単一のシンボルのもとで均一のものとして表象される。この意味で国家の領域形成と国民形成プロセスは表裏一体をなすものである。しかしながら，本章のテロック・ムラノーについての考察から明らかなように，国民国家のインターフェースに存在する人々は「異人」としてみなされ，民族と国民という社会的帰属の枠組の最周縁，もしくは「向こう側」に位置づけられてきた。領域国家の中心部と周縁部での歴史体験は異なる。実際の人々の移動の歴史的累積は民族の空間的配置を決定し，国家の経済政治資源の中心部への集中は一つの民族のなかの社会的成層の不均衡な分配を生む。

　本章では，民族生成における操作性を歴史のなかで明示するとともに，中央の語りによって排除の対象となる民族範疇の周縁部に注目し，領域国家における民族生成を検討したが，次章では，領域化とアイデンティティ形成に焦点をあてながら，テロック・ムラノーにおける国家と村落の空間的生成の歴史的プロセスを考察する。

72）「周縁」ないし「辺境」の人々の文化を扱うことが人類学の仕事とされ，人類学者自身も，これを長いあいだ，一種の了解事項としてきた感がある。しかしながら，従来の人類学的語りの多くは，民族誌的に正しいとされた一定の下位集団の民族性の実体化の作業として結果的には，民族誌的正統性からはずれる人々の文化と歴史を弁別し，民族範疇のなかに新たな辺境を生成することに貢献してきたことに私たちは意識的であるべきだろう。

第七章
村と国の境界

国家領域とアイデンティティ

　国民国家，民族，そして村落にいたるさまざまな社会集団には，その成立の根拠として一定の空間が原義的に張り付いている。例えば，国民や国家の存立には「領土」が必要とされる。民族は一般に空間概念としての「文化圏」と表裏一体をなす。村落というきわめて対面的な人間の共同体は，血縁と地縁という社会関係が最も濃密な空間と言い換えることも可能だろう。地域社会の日常的な社会的ネットワークを紐帯とするものであったり，文化的な初源的紐帯であったり，国家という政治システムであったりとさまざまな性格をもちあわせているが，これらの社会集団はすべて特定の社会空間と分かちがたく結びついていることを私たちは案外忘れがちである。

　民族や国民国家から村落のレベルにいたるまで，私たちはこれらの空間に対して一定の構造化された感情というものを作りあげてきた。それは時にして愛国心や民族主義，また"ふるさと"といった感情といったものに結びつく。これらの感情は，重複したり乖離したりしながら，私たちの日常のなかでどのような関係を作りながら共存しているのか。私たち個人は，民族や国家，そして地域コミュニティに対する帰属感をいかに獲得し，区別したり重ね合わせたりしているのか。これらの感情を単一のアリーナに併置して考察するということは容易なことではない。通常，私たちは，〈国家の領域〉や〈民族の大地〉，そして〈村の土地〉といった異なる空間を自分たちの生活景観のなかで同時に意識することは少なく，これらの三つの空間に根づいたさまざまな感情を意識的に弁別し，その重複や乖離に自覚的であることもない。

　テロック・ムラノー村を例にとりながら，空間・感情複合とも呼ぶことができるような領域化したアイデンティティの生成過程を実証的に検討するのが本章の目的である。村落と国家と民族の空間，そしてこれらに対する人々の感情の生成をできるだけ具体的に，そしてプロセスとして考えるため，本章では，国境が村境と一致し，さらにその境界が民族の分断線となってきたテロック・ムラノーにおける国と村の境界生成の歴史に特に注目する。国家，民族，そして村落という三つのの社会集団と空間の交わりの一つの識閾をこの村の社会的境界に求めながら，社会集団の立ち現れ方を領域化という視点から見直してい

きたい。

民族の見えにくさ

　第三章と第四章でみたように，ボルネオ西部は植民地行政のもと自然の分水嶺を境界として蘭領とサラワク領に人工的に地図上で分割された。この境界は現在の国民国家，すなわちマレーシアとインドネシアのあいだの国境として継承されている。マレー人として宗教や文化を共有する人々が国境線で分断されている状況下で，国家によるいかなる民族的馴化が進行したか。テロック・ムラノー村に調査のために入った私にとって，このような設問をたてることは，現在までのエスニシティ研究のなかで学んできた了解事項の検証といった意味で当然の手続きと思われた。「国家」と「民族」という二つの問題系がきわめて明確に日常生活で現れ出る国境地帯においては，例えば，「民族の生成という現象は国家という天蓋なしには了解できないこと」や「国家による名付けとこれに対する民族による名乗り」への注目，これらの二つのベクトルのなかで拮抗する「エスニシティの構造化のプロセス」と「人々のもつエージェンシー」の関係など，私たち人類学にたずさわる者が繰り返して議論してきたトピックに具体的な民族誌的事実を提供してくれると思われた。しかしながら，結果的には，この地域に関する政府官報の1世紀にわたる行政官報告のページを繰り，村に住み込んでも，これらのテーマがクリティカルな問題として私に迫ってこなかったのである。

　この西ボルネオの国境社会においては植民地期をとおして，蘭領サンバス側とサラワク側の資料のなかで，国境によって分けられたマレー人たちが「サラワク」のマレー人（Melayu Sarawak/Sarawak Malay）もしくは「サンバス」のマレー人（Melayu Sambas/Sambas Malay）と個別の地理的名称を付加されて表記されることはなかった。「マレー」という民族名称は，「ダヤック」や「華人」とならんで民族名称としてブルック政府ならびにサンバスのオランダ植民地政府によって用いられたが，これらのマレー人たちは，あくまでも「サンバス臣民」（Sambas subjects）や単に「サラワクの人々」（orang Sarawak）であり，国家の領域に張り付いた新しい下位分類としての「サラワク・マレー」や「サンバ

ス・マレー」という名称は存在しなかった。

　国家独立を経て国境の両側がマレーシアとインドネシア共和国となっても人々の生活世界で、この下位民族分類が重要な指標とされることは、この国境社会ではほとんどない。前章で検討したように、博物館の表示や学術論文のなかでは、現在インドネシアとマレーシア両方で、Melayu Sarawak/Sarawak Malay や Melayu Sambas/Sambas Malay という用語は散見するようになったが、人々の日常では、国境をはさんで暮らすマレー人同胞はあくまでも orang Indon（インドネシア人）や orang Malaysia（マレーシア人）であり、「サラワク」や「サンバス」という形容詞をもってマレー人同士がお互いを指示することはない。

　実際のところ、自分が住んでいた「サラワク・マレー」村落テロック・ムラノーで人々が自らを Melayu Sarawak と呼んだり、国境の向こう側のマレー人たちを Melayu Sambas と呼ぶのを私はこれまで一回も聞いたことはない。国境で分けられたマレーシア人とインドネシア人の関係についてのテロック・ムラノーの人々の説明は、常に以下のような常套句を含むものである。「私たちは現在異なる undang-undang（法律）に分けられているが、イスラーム教を信仰する satu bangsa（一つの民族）である」。この説明は、時に拡大解釈的な性格を帯び、「イスラームを信じる人々は、たとえボスニアの人でも、orang Afika（アフリカ人）でも satu bangsa であるという」という汎マレー主義的な説明に及ぶことも稀なことではない。

　Melayu Sarawak や Melayu Sambas という民族名称を用いて村人に質問するのは村で私だけという状況のもと、いつのまにか私自身も国境の向こうとこちらのマレー人たちをローカル風に Indon と orang Malaysia と呼ぶようになった経緯がある。ちなみに、ほとんど日常生活では接触の機会のない非イスラームのダヤックの人々は、「ダヤ」の一語で常に呼ばれ、下部分類であるスラコウ、ジャゴイ、ララなどの近隣の民族名を知る者もない。この国境社会ではイスラーム、非イスラームを問わず、民族名を準拠枠として人々が何かしらを語るということは稀である。

　東南アジアの海域世界のイスラーム教徒を指す「マレー（Melayu）」という大きなカテゴリーに加えて、植民地ならびに独立後の国民国家のもとで国家が括りとなって生成した下位分類としての「Sarawak Malay」や「Sambas Malay」という言葉は州都のクチンに戻れば博物館員、政治家や観光関係者などによっ

て使われている。しかしながら，ひとたび調査村に戻れば，これらの民族指標に意識的なのは自分だけという状況で，私が行き着いた問題は，あえて大きな言葉を用いれば，空間とアイデンティティの問題ということになる。

　私が抱いた疑問というのは以下のようなものである。これらの国境社会の人々が，どのような社会的な準拠枠に従って自分たちの社会的な定位を決定するようになったのか。「民族」が自分たちと他者とを分ける重要なメルクマールとなっていないとすれば，いかなる範疇を用いて自らの社会的位置を刻印してきたのだろうか。「民族」が人々の歴史や現在の生活のなかできわめて見えにくい状況のもと，どのような社会的なカテゴリーによって人々は他者と自己の区別をつけてきたのか。

　これらの疑問をふまえて以下のような問いを具体的に考えてみたい。ボルネオ島西部におけるマレー文化の基層を共有し，同一の民族ストックをもつマレー人たちが，国境線によって分けられて生活している状況で，いかに近隣（neighborhood）が「村の土地」や「国家領域」に変化してきたのか。このようなプロセスで人々は村落や国家という社会空間に対していかなる定位（location）を作りあげてきたのか。このような問いを中心としながら，空間とアイデンティティの関係を歴史的にみていきたい。特定の社会空間と特定の集団帰属の感情，すなわち社会における自己の場所とアイデンティティがどのように像を結ぶか。アパデュライの言葉を借りれば，個人が社会的空間における定位を決めるにあたっての「ロケーション・ワーク」が本章のキーワードとなる（Appadurai 1996: 178）。

　「対面的な接触をもつ初源的な村落（そして恐らくこれらの村々でさえ）よりも大きいすべての共同体は想像される」（アンダーソン 1997: 6）。B. アンダーソンによれば，村落から始まり国民国家にいたる社会的範疇はおしなべて想像の共同体であり，「これらの共同体は，その真偽のほどにより区別されるべきではなく，これらが想像される作法によって区別されるべきである」（アンダーソン 1997: 6）。仮に，村落も国民国家も想像の産物であるならば，村落と国民国家の想像の作法には違いがあるのだろうか。それとも，本質的には同じなのだろうか。その違いは空間単位の問題なのか。国境社会においては「ナショナル・アイデンティティ」と呼ばれる感情は，村人のもつ日常的なコミュナリズムの延長なのであろうか。そうでないとすれば，村人たちはこれらをどのように区別しているのか。ローカル，ナショナル，そしてインターナショナルなさまざま

な場が重なりあったり離れたりする国境地帯，特に国境と村境が重複する国家領域の最周縁テロック・ムラノー村においては，これらの問いは，空間と人々の感情の構造の関係を考える上で大切な意味をもつ。

以下では，国定の民族文化の指標にはながらく無縁であり，政治的動員の波からも遠く離れた国家の最周縁に生きる人々が，いかに空間と共同体への感情を結びつけてきたかを考えていきたい。については，対象とするタイムスパンを限定し，テロック・ムラノーが，現在私たちが見る典型的なマレー農村「カンポン」の景観をそなえ，行政村落としてのかたち整える以前に焦点をあてる。「自然村」が「行政村」に変化する前の初源的な集団生成のなかで，国家や村落という空間の立ち現れ方を考えてみたいのである。については考察の対象とするタイムスパンを，現在のテロック・ムラノーの村人たちの記憶によって窺い知ることのできる時間，すなわち1920年代からおよそ半世紀とする。これは，調査村が熱帯雨林のなかでの独立・離散居住から海浜での集住形態へ移行し，村に小学校とイスラーム教の礼拝所がつくられ，現在のマレー村落の景観をそなえるようになった1970年代後半までの時間にあたる。

東漸する境界線

ダトゥ岬のふもと，現在テロック・ムラノー村と国境の向こう側にあるインドネシア村落タマジョを分ける境界は，東南アジア島嶼部フロンティア世界の歴史のなかではきわめて新しい線引きである。タマジョ集落が西カリマンタンのサンバス地方からのマレー農民のチェーン・マイグレーションによってインドネシア国家の行政村として成立したのは1980年代前半のことである。

テロック・ムラノー村とタマジョ村を現在分けている国境線は，すでに第三章でみたように，もとをただせばその出自を遠く1824年に遡る。すなわちスルタンによるぼやけた文化圏に代わって植民地国家がジオ・ボディ成立のために領土分割を行ったのが1824年の英蘭条約であり，この結果，両国はシンガポールの南をオランダが，その北をイギリスが領有することで合意する。この「シンガポールの南と北」での分割という条約事項により，ボルネオ島はその中央部をつらぬく山地帯の分水嶺を境界として，オランダとイギリスの二つの帝

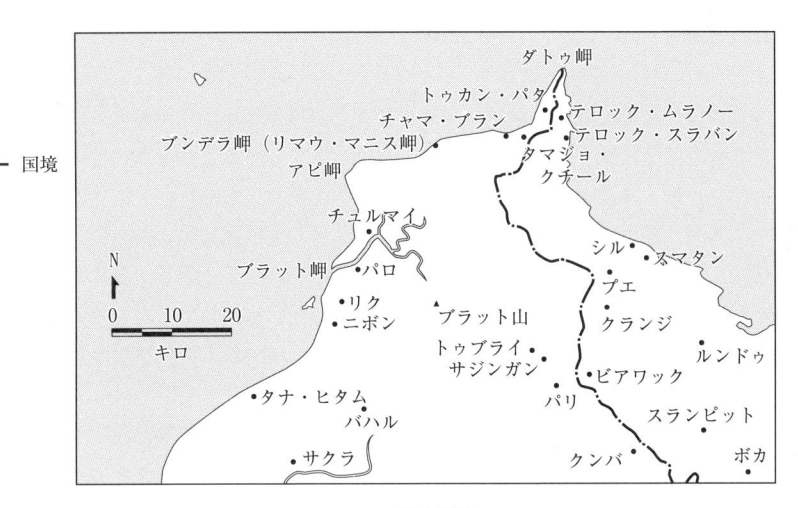

図7-1　ダトゥ岬国境周辺

国の空間として分割されることとなったことはすでにみたとおりである。

　蘭領サンバスとサラワク南西部の国境はダトゥ岬につらなる稜線をもって分けられていた。ブルネイ・スルタンとサンバス・スルタンの支配圏の境は測量の対象とされず，植民地期とその後の国民国家の成立後も，基本的には分水嶺をメルクマールとしたぼやけた境界が国境として認識され現在にいたっている。このような植民地的分割は，国境に生きる人々にどのように認識されてきたのであろうか。これらの国家による線引きは，国境社会に生きる人々が自分たちの社会的定位を決定する際に重要な括りとなってきたのだろうか。以下はインドネシア領西カリマンタン，サンバス県パロ地区を管轄する行政官とテロック・ムラノー村に駐在する警官が国境の両方で語るダトゥ岬の地政学的分割の歴史である[73]。

　その昔，ブルネイの王国とサンバスの王国によって境界がつくられ，それはブラット岬とされた。オランダとイギリスの境界は現在のトゥカン・パタを流れるナニン川であり，そののちにインドネシアとイギリスに引き継がれた。1974年には分水嶺にもとづいた新しい国境がインドネシアとマレーシアのあいだで設定され，コンクリートの敷石が設置された。これらはトゥカン・パタにあり，三つの敷石は簡単に見つけることができる（インドネシア，西カリマンタン，サンバス県，パ

第七章　村と国の境界　197

ロ郡行政官）。

　ブルネイ・スルタンとサンバス・スルタンとの境界は，パロ川河口のブラット岬とされた。その後，サンバス側の領土がブルネイのそれより少ないという理由からサンバス・スルタンはブルネイ・スルタンへ申し入れを行い，境界はリマウ・マニス岬に変更された。これはオランダとイギリス植民地化の前のことである。現在，リマウ・マニス岬はブンデラ岬と呼ばれている。その昔，真鍮製の大砲がそれぞれ森のきわと海浜に設置されていた。海浜に置かれていたものは現在すでに海の中に埋もれているが，森の端にあったものは1987年に砂浜のきわで目撃された。

　オランダ植民地化のもとで，チャマ・ブラン川の近くに境界が設定されたが，これはインドネシア政府によっては用いられなかった。オランダが去ったのちは，インドネシアとイギリスが新しい境界線を現在のトゥカン・パタ村のなかのナニン川に定めた。

　1974年には分水嶺に従った新しい国境が決定された。トリオ地区はこの取り決めには組み込まれなかった。というのも，かなりの広さの土地がインドネシア領としてマレーシア側に入り込んでいたからである。他にも，テロック・ムラノーでは，2キロ程インドネシア領がマレーシア領にくいこんでいる。ナニン川の上流では，逆に2ヘクタールほどのインドネシアの土地がマレーシアにとられている。3カ月間をかけてマレーシアとインドネシアによる測量が行われ，報告にもとづき，ダトゥ岬からビアワックまでの国境が設定された（テロック・ムラノー村駐在警察官）。

　二つのスルタン，二つの植民地政府，そして二つの国民国家のもとでダトゥ岬はまずブラットやリマウ・マニスなどの岬やナニン川といった河川を境にし

---

73) 以下は1991年から継続してテロック・ムラノー，タマジョ，スマタン，パロなどで行ったインタビューにもとづく。以下，本章で引用する聞き取りは，特に断らない限り，著者が調査中にインフォーマントから直接得た情報であることを明記しておく。ダトゥ岬を中心とする国境地帯は，前章で詳述したように，1960年代以降四半世紀以上にわたってインドネシアとマレーシアの軍事衝突ならびにコミュニスト・ゲリラの活動拠点とされ，テロック・ムラノーやタマジョの周辺域を除く海浜ならびに内陸部は両国によって国定公園化され，一種の軍事的緩衝地帯とされている。そのためマレーシア，サラワク州のランド・サーベイ局ならびにインドネシア共和国関係省庁からのダトゥ岬付近の地図を入手することはできなかった。

て境界がひかれ，最後に1974年のインドネシアとマレーシア政府による共同測量により領土的確定をみた。インドネシアの役人とマレーシアの警官が語る国境の歴史は，年代記的誤謬はあるが，おおよその内容は一致している。これらの話で，最も興味をひかれるのは，前植民期，スルタンによる支配が領土的分割の性格をもち，実際に岬や川，そして真鍮製の大砲を境界としていたことである。第二章でふれたように，従来の歴史家によれば，植民地化される以前のボルネオにおいては，ブルネイ，サンバス，クタイ，バンジャールなどのスルタン王国を数多くの土侯がとりまき，ウォルターズが「マンダラ」(Wolters 1982)，タンバイアが「銀河系政体」(Tambiah 1976) と称したような前近代的な政体に特徴的な領域形成がみられたと考えられている。これらイスラーム的文化システムの干渉しあう最周縁部は，まさに銀河系の縁のような曖昧な帯域であり，英明なるスルタンの力が重なりあい浸透しあう「ぼやけた (fuzzy)」「圏的な (zonal)」「非―線的 (non-linear)」な空間であったされてきた。しかしながら，上記の話のなかで，スルタン，植民地政府，国民国家による境界設定は，一つの連続性をもって語られ，前植民地期と植民地化以後のジオ・ポリテックスの変化に注目する研究者とは異なる説明をそこに見ることができる。

インドネシアとマレーシアの両側で語られる国境制定の物語は，国境線の歴史的な東漸を明らかにするものであるが，移動する国境線は村人にとって異なる意味をもつ。すでに見たように，ブルネイ・スルタンとサンバス・スルタンの支配圏の境は，測量の対象とされず，河川，岬，そして山並みなどが境界として認識された。このように地図上での分水嶺をメルクマールとした国境は，のちにオランダ領サンバス政府とサラワク王国の植民地官僚によって組織された特別委員会の協議 (SG July 24, 1874; SG July 22, 1884) をとおして確認され，両国への通行の際にはパスポートを携帯することが1876年の時点で決定されている (SG June 27, 1876)。しかしながら，ダトゥ岬の先端を起点とした恣意的な国境線は，その後ながらく，地元の住民のみならず植民地政府の官僚自身もあずかり知らぬ歴史的伝承となる。以下は，1926年にサラワク政府の森林保護官である B. J. C. スプールウェイがダトゥ岬で失われた国境線を探すエピソードである。

サムンサン川から北へダトゥ岬にかけては，すばらしく古い第一次森林が時に海岸まで覆っており，この地区はきわめて人口希薄である。サラワク政府と蘭領西

ボルネオ政府のあいだで決められた国境線の存在に関しては，両国政府によって切りひらかれた踏み道 (rentis) があることを伝え聞いていた。しかしながら実際に現地ではこれを見た者は皆無であった。わずか一マイル半の距離に狭まったサラワク領内で，この小径を見た村人がいないことは驚きである。あいにくテロック・ムラノーの村長は不在であり，ウディンという村長代理はこの件についてはまったく役にたたなかった (SG September 1, 1926: 219-220)。

テロック・ムラノー村とタマジョ村は雑草に埋もれがちな小道によって結ばれており，これが国境をつらぬいている。私がテロック・ムラノー村に最初に長期滞在した1993年～94年の時点では，多くの村人たちは1974年にマレーシア／インドネシア両国によって正式に測量された国境を示す敷石の存在は聞いていたが，その場所は実際には知らなかった。これらのマーキングは何者かによって爆破され存在しないというテロック・ムラノーの村人の主張に反して，数年後に国境を再訪した際に私はトゥカン・パタのインドネシア人によって美しく世話された胡椒畑のまん中に国境線を刻んだ敷石を見つけることができた。
インドネシアとマレーシアの役人と警察官の話から窺うことができるように，ダトゥ岬の国境は，ブラット岬，リモウ岬，ナニン川，そして現在の畑の中の敷石と東に移動し続けた。このことを指してマレーシア側の土地がインドネシア側に盗られたと考える者も多い。

過去にはマレーシアの土地がインドネシアによって浸食されているといった噂もあった。タマジョがムラノーの土地を奪ったというものである。しかしながら，これは一種の外部からの挑発 (provokasi) といったもので，実際には重大な問題とはなっていない。これは二つの村テロック・ムラノーとタマジョの外の世界での噂であり，村の問題ではなく，お国の上の人々の問題である。今までムラノーとタマジョのあいだの関係は良好であり問題はない。

テロック・ムラノー村の住民でもある警察官の公式見解とは異なり，村の古老たちの国境の向こう側への想いは強いものがある。今は外国の領土になってしまったテロック・ムラノーの生活空間，特に父や祖父たちが植えたドリアンなどの果樹の存在は，彼らが国境を語る際にしばしば登場する。

胡椒畑のなかの国境。

国境の向こう側には，まだたくさんの私のドリアンの木がある。これらのドリアンは，現在のタマジョ・クチール近くで私の祖父が焼畑をした後に植えたもので，一度に四百個もの実をつけた。いまやこれらのドリアンはインドネシア人たちのものになってしまった。何本かの木は薪のために切られてしまった。
　その昔，私たちの父や祖父は現在ダトゥ岬の先端にある灯台近くまで米を植えるために森を拓いていた。今トゥカン・パタの村人が住んでいる土地もテロック・ムラノー村の土地であった。土地はコミュニストが付近に潜伏する前にマレーシア政府とインドネシア政府によって分けられ，ナニン川の古い境界線は現在の境界線に替えられた。私たちの祖先によって植えられた果樹は国境の向こう側になってしまった。サラワク州土地測量省の人々は補償してくれると約束したが，いまだに一銭も払われていない。

　現在のテロック・ムラノー村にあたる地域に，複数のマレー人貿易商によりココ椰子プランテーションが徐々に形成されていった1880年代から90年代には，ダトゥ岬には他の村落コミュニティは存在しなかった。この状態が1980年代前半にインドネシア人の開拓村が国境に隣接してつくられるまで約1世紀の長きにわたって続く。テロック・ムラノーの人々の生活世界は現在のタマジョ・クチール，さらにはダトゥ岬の先端部までひろがっており，村人はドリアン，チュンパダ，ランブータン，エンカバンなどの樹木を植え，海浜では自由に漁労を行っていたという。
　第五章ですでに見たように，テロック・ムラノーの人々は，マレー人海洋貿易商たちがプランテーション開発から手をひいた後も，現在のように海浜に集住することなく，それぞれの世帯が森のなかに簡易な住居をつくり分散して住んでいた。家屋はニボンの木を高床材につかい，ニッパ椰子の葉を屋根にふいた簡便なものであり，焼畑耕地の拡大にともない頻繁に移動がくり返された。
　図5-2でみたように，1960年の時点でのテロック・ムラノー村の第二次森林が，サラワク（当時はイギリスの直轄植民地）／インドネシア国境のなかに収まっていることである。若干現インドネシア領に突出している焼畑耕地はあるが，基本的には村の空間は国家の空間と一致している。しかしながら，このことから村人たちが国境を遵守していたと考えることはできないようだ。村の古老によれば1963年のインドネシアの軍事侵攻による村の焼き討ちとこれに続く強制疎開の際のムラノー村の戸数は20戸であった。60年代前半のテロック・ム

ラノーの生態学的要件，特にこのような人口圧の低さを考慮すれば，恐らく国境をこえて耕地拡大する必要はなかったと考えるのが妥当だろう。さらに，テロック・ムラノー村の住民はイスラーム教徒であり，ダヤックの人々と異なってイノシシ狩りをしない。このため「現在の村のなかでうろうろしている犬たちのように多くのイノシシがいた」状態のもとで，遠く離れたところで第一次森林を拓くよりも焼畑への獣害を避け，比較的近隣の充分に回復した二次森林で耕作を行うことを村人は選択したと考えられる。ムラノーの農業世界の拡がりが国境を越えないことに，国家の強制力や政治的な理由を見いだすよりも，純粋に生態的な要件，人口圧や労働投下と収量最大化の拮抗点といった観点からテロック・ムラノー村の農業世界が一定の空間にたまたま収まっていたと推論する所以である。村人にとり国境は意味をもつものではなかったが，国家空間のなかでの生態的な均衡状態が成立していたということである。

　すでに見たように，テロック・ムラノー村の古老たちが語るところによれば，彼（女）らの生活世界のひろがりは国境を越えていた。ドリアンやチュンパダ，ランブータンなどの果樹を父や祖父の代が植えるのは子孫たちが果実の収穫を楽しむことを考えてのことであり，国境の向こう側に植えたためにその所有権が失効するなどとは考えもしなかったろう。村人はダトゥ岬の自然資源を自分たちのものと考え，森を拓き陸稲を植え，子孫への相続財として果樹を植えたわけである。

　このような政治的領域の境界が存在しないテロック・ムラノーの生活世界は，いかにして村の土地や国の領土に変わっていったのか。これらの空間のもつ意味の変質は，テロック・ムラノーの人々のアイデンティティ形成にどのようにかかわったのであろうか。このような問いへの答えを見いだしていくためには，テロック・ムラノーの人々がいかに「他者」を発見し，さまざまな社会空間に自分たちの感情を刻印していったか，そのプロセスを探る必要がある。

儀礼的空間

　無制限にひろがる空間のある部分を自分たちの空間であると認識することと，自分たちと他者を明確に区別することは，一見異なる行為のようにみえるが実

は密接に結びついている。私たちの自己同一性が多くの場合，一定の場所に絡み合っていることは，望郷の念から始まりナショナリズムにいたるまで，空間とアイデンティティが不可分な関係にあることを思い起こせばよいだろう。過去の村の時間のなかでテロック・ムラノーの住人が空間に刻印をうち，自分たちのものとして認識する契機は，少なくとも国家的なものではなかったようである。すでにみたようなテロック・ムラノー村の現在にいたる大部分の時間のなかで，国境は日常生活のなかで意味をもたず，生活空間の拡大は無限定的であった。このような状況で，マカン・スラマット・タフンと呼ばれる儀礼は，村人たちと他者を分けるロケーション・ワークとして注目される。

多くの儀礼的行為に共通するが，この豊穣儀礼の成員権は一定の集団に限られ，この限定性は他者との関係において儀礼参加者に一種の排他的な感情の共有をもたらす。のちに詳述する1963年のインドネシアによる軍事侵攻による強制疎開以前，テロック・ムラノーの人々は集合的なカンポン（村落）を形成せず，各戸が個別に焼畑耕作地を中心として居住していたことはすでにみたとおりである。基本的には独立性が高く空間的にも核をもたない居住形態であったが，近隣に住む人々のあいだでは共同の宗教儀礼や農業上の協業は行われていた。先代の村長の娘によれば，村長の家に近く住む者は，金曜日のイスラームのスンバヤン（礼拝）を村長の家で行い，焼畑における伐採，火入れ，播種などの作業における互酬的な労働力交換もみられたという。日本軍の侵攻により，すべての村人が海浜から遠く離れた現在のインドネシア国境近くの第一次森林に逃げて焼畑を繰り返した時期にも，スンバヤンと焼畑における協業は行われていたという。これらは，当時のテロック・ムラノーの人々の活動のなかで団体的性格をもつ数少ない例であるが，人々のロケーション・ワーク，すなわち空間の生成や認知と直接的にかかわるものではない。

スンバヤンとゴトンロヨンに加えて，現在のテロック・ムラノー村を中心とする人々の生活世界において恒常的に行われた儀礼として，マカン・スラマットという共食儀礼がある。これは，誕生，疾病，死，厄払い，神の加護への感謝，家の建築などさまざまな機会に人々が集い，クルアーンの読誦と食事を共にするものである。1960年代以前にテロック・ムラノーで行われていたマカン・スラマットのなかで，特に村人の空間的認識と団体性に深くかかわるものが，マカン・スラマット・タフン（もしくはスラマット・パディ）と呼ばれる共食儀礼である。これは焼畑陸稲の収穫を神に感謝するもので，稲の収穫後の三月

村の安寧を祈る（マカン・スラマット・タフン）。

中旬に行われ，豊穣儀礼としての性格を強くもつ。現在のマカン・スラマット・タフンは，3週にわたって金曜日に連続して行われる。村人は海浜に集まり，クルアーンの一節をともに詠唱し，カレーとマレーちまき（クトゥパ）を共に食する。

過去のマカン・スラマット・タフンは，現在とは異なり，収穫終了後連続3日間，厳格な禁止事項（パンタン）をともなって行われた。儀礼は，海から来るもののけ（antu laut）を迎えるためのお供え駕籠を高く掲げ，その中に鶏の心臓やウコンで黄色く炊いた米などを捧げた。現在テロック・ムラノーの村人が集住しているムラノー湾の端と端に，これらのアンチャ（ancak）と呼ばれる駕籠が掲げられ，外部から来た人間に儀礼中であることを知らせる。結界がひかれた後の3日間は，テロック・ムラノーの人々だけが静謐をもって過ごす期間であり，そこでは森にはいること，畑仕事はもちろん，音をたてるいっさいの行為（人を大声で呼ぶこと，薪を割ることに始まり干した枕を叩くことまで）が禁止された。結界内で人々はあらかじめつくっておいたちまきなど簡単な食事をとりながら，海から訪れる精霊に豊穣を感謝しテロック・ムラノーの安寧を祈願した。

このような儀礼的状態にあるテロック・ムラノーの空間，厳密にいえば，アンチャによって結界がはられた内部に侵入する者は，スマタン方面（サラワク／東マレーシアサラワク州ルンドゥ地区方面）から来た者，ダトゥ岬の東側（オランダ領サンバス領／インドネシア，西カリマンタン州方面）から来た者の区別なく，きびしいパンタンが適応された。この3日のあいだに結界を越えて村に侵入した者は，マレーちまきを百個もしくはそれに相当する現金の支払いが課せられた。結界内のテロック・ムラノーの儀礼的空間は，ターナーの論じたところの通過儀礼におけるリミナルな状況，すなわち超自然的力と共同体がきわめて脆弱な均衡を保った状態であり，これらを破るものは外部かの侵入者とみなされたわけである（Turner 1982）。

テロック・ムラノーの儀礼空間に対する「他者」の社会的範疇を考えてみよう。パンタンを犯してちまきを百個分支払わなければならない人間の国籍は，ここでは重要な基準になっていない。スマタン方面から来るサラワクの人間も，国境を越えてくるサンバスの人間も等しく結界を侵犯すれば罰則の対象となる。民族や宗教に関しても同様であり，たとえマレー人も異教徒のダヤックも等しく結界を破れば同じように扱われた。ムラノー湾の両端にはられた結界によっ

て成立する空間は，一方でテロック・ムラノーの人々と他者を分けるものであり，3日間にわたって海から訪れる海の精霊を迎え入れる特殊な空間となる。

　テロック・ムラノーの個々の世帯は個別に森のなかに住み，集住形態の村落のかたちはとっていなかった。国境の存在は彼（女）らにとっては無縁のものであり，人々は自由に国境を越え，粗放的な焼畑と漁労活動に従事していた。マカン・スラマット・タフンの儀礼は，このようなテロック・ムラノーの人々が，茫漠たる土地に自らの空間を刻印する重要な機会であったわけである。アンチャと呼ばれる二つのマーキングをムラノー湾の両端にたてることにより，南シナ海にひらいた空間に結界がはられ，海からの精霊の来訪を待つと同時に，東西方面からの他者の入村がきびしく制限された。この社会的境界は，あくまでも「テロック・ムラノーの人間」対「その他」という二分法であり，マレー，ダヤック，華人などの民族，ならびにオランダ領サンバス（後にインドネシア領カリマンタン）やサラワクなど国家帰属にかかわるものではない。このような村人のロケーション・ワークが変質し，他者との関係が民族や国籍，そして国家領域や犯罪性といった新しい物差しのなかで他者との距離が測られるようになるのが1960年代である。

国境空間の国際的契機

　ボルネオ島西部においては，1934年の国際ゴム協定のもとでのゴムの生産および流通規制と期を同じくして，蘭領西ボルネオ，サンバス地方から大量のゴムがサラワク領に流れ込み，その後約四半世紀に渡って国家領域を越境した流通経路が形成されるようになる。国境に隣接した村落においては，農民はマクロな生産システムへの編入よりも，むしろ，ゴム密輸に立脚したインフォーマル・エコノミーに包摂されるようになる。国際的なゴムの生産と流通規制は，それぞれの産出国を経済的な単体として領域的に閉じることを原義的に要請するものである。これに対して，密貿易はこれらの国家的な空間を無視することによって利益を追求する。これらの国家的なロケーション・ワークと反国家的なロケーション・ワークが同時に収斂する場となったのがテロック・ムラノーである。1950年代末から1960年代初頭まで密貿易の中継点として栄えたテ

ロック・ムラノーでは、国家による境界管理と密貿易という国家空間をめぐる二つの運動が共存することとなった。

第五章でみたように、テロック・ムラノー村は、1950年代から1963年にかけて、サラワク市場に依存するサンバスのゴム経済を支える密貿易経由地となった。マカン・スラマット・タフンによって維持された儀礼的な村落空間は過去のものとなり、ムラノー湾は、華人商人やゴム板や煙草、布、金、ブタなどさまざまな商品を運び込むサンバス地方からのインドネシア人で込み合うようになった。アントゥ・ラウト（海の精霊）を迎え、結界がひかれたムラノーの人々にとってのローカルな空間は、国家に抗するかたちで行われるインフォーマル・エコノミーによって大きく変質する。

密貿易の発展のなかで、テロック・ムラノーの人々は、インターナショナル、ナショナル、そしてローカルな三つの空間の重複や乖離を日常で経験するようになる。国家による国境貿易監視の強化とともに、国家領域が閉じる動きに対する反作用として生じた密貿易は、きわめてローカルなレベルでのトランスナショナリズムをムラノーの生活空間のなかで人々の眼前につきつけた。すでにみたように、テロック・ムラノーの景観のなかでは国家の政治的領域という括りは存在しなかった。非限定的な村落空間、きわめてルースな意味での「近隣」がインフォーマル・エコノミーの成立によって超国家的な空間、反国家的な場と変貌したわけである。これは、いうなればテロック・ムラノーの人々が自分たちにとっての国家的な空間を同定する前に、その生活世界が脱国家領域的な性格を帯びてしまったということになる。国家（ならびに帝国）による領域的な囲い込みと同時に国家的な空間が脱構築されていく状況のもとで、テロック・ムラノーが経験するトランスナショナリズムは、そこに住む人々の国家への向き合いかたに深くかかわるようになる。例えば、テロック・ムラノー村の密貿易経済への包摂は、国家が決定するところの犯罪性に対する個人個人のスタンス、すなわち、国家の支配や権威に対する距離のとり方を人々に意識させることになる。村人は、密貿易に荷担するものとしないものに分かれ、密輸品を運ぶ船の船頭などをして危ない橋をわたる者たちは経済的に潤うが、密貿易の世界と一線を画す人々は、あいかわらず森を拓き、陸稲を耕作する生活が続く。村人の回顧するところによれば、これらの人々のなかには、華人商人や国境を越えてやってくるインドネシア人たちを自分たちの生活世界への侵入者とみなすものも多くいた。密貿易は、国の決めたこと（undang-undang）に反する活動

であり，これに与するか距離を置くかという選択は，テロック・ムラノーのそれぞれの人々の国家に対する定位決定の一つの契機となったわけである。

　1950年代から60年代前半のテロック・ムラノーにおいては，国家の領域性，国境部パトロールを通した国家の実効的支配，犯罪性，そして人々の国家的所属といったさまざまな問題が具体的かつ突然に村人の日常の一部となった。このような状況のもと，1963年9月のサラワクの独立とマレーシアへの政治的加入は，極度に政治化した国境空間において，テロック・ムラノーの人々にとっての村落や民族，国家の空間の意味をいまいちど大きく変えることになる。

<h2 style="text-align:center">コンフロンタシとコミュニスト</h2>

　ゴムや日常品を積んでムラノー湾を発つ密輸船やテロック・ムラノーで交易所をひらいていた華人商人の姿が突然消えたのは1963年のことである。スカルノ大統領のコンフロンタシ政策（Konfrontasi）のもとでのインドネシアによるマレーシアへの軍事侵攻は，国境社会の超国家的なニッチを暴力的に変えることになる。

　すでにみたように，1963年のサラワクの独立後に東マレーシア領内への軍事的侵攻をインドネシアは開始する。ボルネオ西部においても両国の軍事衝突は頻発した。このような軍事的緊張のもとで，テロック・ムラノーにとっても国家の境界線はその歴史のなかで最も明確なかたちをとるようになる。インドネシア国軍兵とゲリラたちは山間の畑にもテロック・ムラノー村に隣接した草原にも姿をみせた。浜辺にうちあげられた流木をインドネシア兵と思いこみ，日没後に隣家まで匍匐前進をした思い出を今でも村人は語る。

　インドネシア兵たちが村人3人を処刑のスタイルで銃殺したのは，敵国の迷彩服がすでにテロック・ムラノー村で日常の風景になっていたある1日のことである。数人のインドネシア人が村長の兄弟2人と他の村人2人の家を急襲し，4人を拉致しインドネシア側に連行，うち3人をダトゥ岬のふもとで銃殺した。3人の村人は遺体さえも確認されず今日にいたっている。

　インドネシア兵による村人の銃殺のあと，さらに全20戸のうち7戸に火がかけられた。保存していた焼畑米はおろか鶏などの家畜，衣服や食器などすべ

ての家財道具を残して人々は村を離れ、壁も屋根もニッパ椰子でふいただけの家々からあがる黒煙を振り返りつつスマタンに向かった。

こののちテロック・ムラノー村は閉鎖され、ダトゥ岬付近の国境地帯はイギリス軍特殊部隊が臨戦態勢で駐屯する前線となる。村人は、スマタン、ルンドゥそしてクチン、サントゥボンなどサラワク内の町や村に移住し、幾ばくの土地を借りることができた者はタピオカ芋などを植え糊口をしのぎ、他の者は賃労働によって細々と生活をつないだ。ようやく1965年になると村人はココ椰子の収穫や漁労のためにテロック・ムラノー村に昼間のみ戻ることが許可されるが、村に入るためには、グルカ兵のきびしい検問を経なければならなかった。帰村が正式に許可されたのは強制移住から5年後の1968年のことであった。この強制移住がテロック・ムラノーにおける焼畑耕作に与えた影響については、すでに第五章でみた通りである。

村からの強制疎開を契機としてテロック・ムラノー村から引き上げ、インドネシアに戻った村人も少なからずいた。これらの人々は、国境の向こう側にいる係累をたよりに、西カリマンタンのサンバス地方の村落に再移住したのであった。多くのテロック・ムラノー村の人々にとり、親族関係のないマレー村落と2軒の華人商店があるだけの当時のスマタンよりも、サンバスのマレー人社会のほうが心理的に近いものであった。村の古老たちによれば、彼らが若い時に物見遊山（makan angin）にでかける先は、親戚のいるパロやシンカワン、サンバスといった現在の西カリマンタンのマレー人居住地であり、マレーシア領内のクチンやこれを越える地域ではなかった。

コンフロンタシという軍事的衝突は、国境社会におけるマレーシアとインドネシアという国家空間のあいだの境界を暴力的に確定した。「マレーシア人」と敵国人である「インドネシア人」という社会的カテゴリーは、テロック・ムラノーの人々のもつ国境を越えたサンバス・マレー人たちとの親族の紐帯や日常生活における経済的なネットワークを分断するようになる。西ボルネオの国境社会はクアラルンプールとジャカルタを中心とする二つの政治的同心円の最周縁となり、明確化された国家帰属と従来のローカルのトランスナショナリズムの共存状態をつくりだした。

インドネシアによるコンフロンタシ政策は、スカルノ大統領の失脚とこれに続くスハルト大統領の就任により終焉を迎える。1968年にはマレーシアとインドネシアのあいだで停戦条約が締結された。テロック・ムラノーにおける平

和な日々は，しかしながらきわめて短いものであった。ダトゥ岬を中心とした熱帯雨林は，1970年代から実に1988年にいたる長きに渡って，華人コミュニストの潜伏場所となり，村人が自宅で射殺されるという悲劇を再びテロック・ムラノーは経験することになる[74]。

村の近くの森のなかのコミュニストの存在は，この事件が起こった1977年よりも前から何年間にも渡ってテロック・ムラノーの村人には知られていた。ルンドゥやスマタンの華人を中心としたコミュニスト・ゲリラたちは食料調達のために村をしばしば訪れた。食事を要求された時には拒否すれば殺されると思い，村人は水浴び場を提供し，食事の用意をしたという。銃器を壁にたてかけたまま水浴びをする華人の姿は村人の記憶にいまだ鮮明に残っている。当時村で小さな商店を開いていた村人の回想である。

コミュニス（コミュニスト）たちは，食料を盗むことはなく，良い値段で買いあげてくれた。ほとんどが華人だったが，ダヤックやマレーの混血もいた。女の人もいた。彼らは教育が高く，医者や会計係もいた。

テロック・ムラノーの人々にとって，都市部の華人からの資金援助を受けながら迷彩服に身をつつみ，ジャングルに潜伏し，漢字で書かれた毛沢東語録を学習する森の知識人は，しばしば森のもののけ（antu）とのアナロジーのなかで語られる。テロック・ムラノーの人々にとって近隣は，理解できない言葉をしゃべり武装した異人の空間となったわけである。森に潜伏するこの政治的集団は，森での生き方も多くの村人よりたけていた。

共産ゲリラは，夜は地上にいることはなかった。皆が高い木の上にハンモックをつり下げ，空中で眠るのである。彼らは，森を歩くことに長けており，捕縛を避けるために，よく自分の足跡を逆さまに辿ったりして追っ手を混乱させた。

---

[74] スカルノ大統領のコンフロンタシ政策のもとで，多くの華人の若者がカリマンタン領に移り，インドネシア共産党と接触をはかりながら軍事訓練を西カリマンタンで受けた。これらの華人は，サラワクと西カリマンタンの両地で共産ゲリラ活動を展開し，特にサラワクではCCO（Clandestine Communist Organization）という政府によるレッテルのもと軍と警察による掃討作戦の対象となった。

ゲリラたちは森の土中に食糧を貯蔵した。現在のタマジョの森のなかから土に埋められた生姜がたくさんでてきたことがあった。他の村人は喜んで持ち帰ったが，私は毒が入っているかもしれないと思い食べなかった。

インドネシア側でのコミュニストの掃討作戦は，サラワクのそれよりも苛烈であり，ダトゥ岬ではコミュニストの集団処刑が行われ，真っ赤に染まった海浜では，そのあと魚やエビをとって食べるテロック・ムラノー村民はいなくなったという。コミュニストの捕縛を目的に，マレーシアとインドネシア両政府の掃討作戦が頻々に行われるようになると，テロック・ムラノーの人々とコミュニストの関係も変化していく。マレーシア当局は，テロック・ムラノーの人々に，コミュニストに遭遇した場合は通報することを命じ，食糧の供与を禁止する。このような状況で，テロック・ムラノーの村人がその家族の眼前で射殺される事件が1977年に起きた。この後，テロック・ムラノーにはマレーシア国軍が駐屯，クチンとの交信のために無線鉄塔が建てられ，村人には1世帯に1丁の銃が支給され，村の駐在には複数の小火器が配備された。

当局の命令のもと，森の中に離散していた家々は海浜に集住させられた。この場所には従来2家族が居住して，ココ椰子耕作をしていたが，そこにすべての世帯が集住することになったのである。村のなかには半島出身のマレーシア国軍兵が駐屯し，目先のきいた村人は食事や飲み物を販売して現金を得た。村人たちは，生まれて初めてマレー半島のマレー人兵士の話す言葉を聞き，これを村人同士で模倣しあっては笑いあったという。

コミュニスト時代のまっただなかの1978年には村の小学校も建設された。たとえコミュニストの跋扈する辺境地帯であっても，子供たちは教育を受けなければならないと考えたある村民は，ルンドゥの郡役所に出向き，「もし学校建設に政府が消極的ならば，今すぐにでも高学歴のコミュニストの華人を先生に雇って小学校を自分たちで始める」と強弁し，役人を説得したエピソードを楽しそうに語ってくれた。ちなみに，近隣の森に潜むコミュニストの当局への全面的な投降は1988年をまたなければならなかった。

海浜に続くココ椰子，そのもとに並ぶ高床式のマレー家屋，マレーシア国旗がたなびく小学校の校舎，イスラーム礼拝所——これらは，東西両マレーシアに無数にあるマレー人集落「カンポン」の典型的な景観である。しかしながら，テロック・ムラノーが，このような空間の風景を備えるようになったのは1970

年代の末期のことであった。この時代にテロック・ムラノーでは，国軍の制服や銃器，国旗，そしてマレー半島のマレー語が日常の風景やサウンドスケープとなった。集住形態をはじめてとった村（カンポン）の敷地のなかに，その歴史のなかで初めてイスラームの集団礼拝のためのスラウ（serau）が建設され，村人は半島マレー人と並んで礼拝をするようになる。小学校にはクチンの師範学校をでた教師が赴任し，子供たちは親たちが見たことのない国定の教科書で，見たことのないマレー半島を含んだマレーシアという国家のかたちを国語や歴史，地理，宗教などの科目をとおして学んでいくことになる。

国家とロケーション・ワーク

　文化，宗教，そして出自を共有する一つの民族が，国家や村落といった空間的な括りにもとづく集団的な感情をつくりだしていくプロセスは，それぞれの村が体験する歴史によって異なる。本章では，1920年代から1970年代末までのテロック・ムラノー村の歴史を，空間とそれに対するアイデンティティの形成という観点から考察することにつとめた。
　およそ半世紀にわたるテロック・ムラノーの時間のなかで，人々がさまざまな空間の境界をいかに認識し，それぞれに対する固有の感情をつくりあげてきたか。国家の最周辺でのアイデンティティの立ち現れ方は，従来の国家や民族を括りとして形成されてきたものとは異なるものであるようだ。テロック・ムラノーは，その歴史の大部分において，国家による行政的ネットワークや民族性の馴化，そして政治的動員の埒外にあった。このような国家フロンティアに住んできた人々がアイデンティティをつくりあげていくにあたっては，国民や民族としての確たる自画像の中央からの伝播はむろん望むべくもなく，この辺境の地で出会うさまざまな「他者」との差異化というアイデンティティ生成の様式が必要であった。
　テロック・ムラノー村の人々にとって，集団的なアイデンティティが必要となるのは，自らの社会的な定位の決定をせまる他者と遭遇した時に限られたのではないか。中央からの行政的通達や公定的な民族や国家に関する動員のもとでは，国民や民族，そして行政機構に組み込まれた村落の形成と維持をとおし

て「マレーシア人」や「サラワク・マレー人」という全体集合がつくりあげられていく。しかしながらテロック・ムラノーのように，国家領域の最周縁で国民の創出や民族的馴化の波から長らく隔絶されてきた住人たちが自己像を描くためには，E. リーチが『高地ビルマの政治体系』のなかですでに半世紀以前に指摘したような「ネガティヴな自己同一化」(negative identity) とも呼ぶべきプロセスが必要であったと考えられる（リーチ 1987: xii）。テロック・ムラノーの村人にとって重要となるのは，リーチの指摘するような「他者のなかのアンチテーゼ」（リーチ 1987: xii）のなかに自画像を探ることであり，このような自己同一化はフロンティアに住むテロック・ムラノーの村人たちのロケーション・ワークを考える出発点と考えられる。インフォーマル・エコノミーの発展や軍事的緊張のもとでの社会的混交性，犯罪性，国家権力のとの遭遇は，華人，密貿易者，インドネシア兵，半島マレー人などさまざまな他者との日々の出会いをとおして，テロック・ムラノーの人々の社会的定位の決定に深くかかわるようになる。

「民族」「国家」そして「村落」という名のもとで括られる社会的範疇が決して所与のものではなく，すぐれて歴史的な産物であること，すなわち，これらが政治経済的ならびに文化的な権力関係のなかで生成し変容することは，近年の「歴史」や「文化」の生成をめぐる構築主義の隆盛とともに私たちにとっての了解事項となって久しい。このような構築主義的な視点を，集団の生成論に広く敷延することは難しいことではない。特に，国家や村落コミュニティの起源を論じる際には，このような視点はきわめて観念的な議論と結びつくことになる。実際のところ，例えば，マルクスの土地所有論やテンニースやマッキーヴァーの共同社会論などまで回帰しないかぎり，現在の共同体論は，人々の頭のなかの観念としての国民国家論に収束する。すでに，本書でも繰り返し指摘してきたように，さまざまな社会集団が「想像」や「象徴化」なしには生成され得ず，国旗や地図に始まりセンサスや博物館の展示説明にいたるまでさまざまな具体的なソフトウェアによって人々の頭のなかに移植される（Hobsbawn and Ranger 1983；アンダーソン 1997；Thongchai 1994）。

構築主義に傾いた観念論のもとでは，社会的集団の生成が基本的には単一の処方箋のもとで語られる。ホブスバゥムの指摘した「伝統」の創造という文化生産は，「民族」や「国家」から「村落」へとダウンサイズしても常に適用可能な集団生成の様式であった。また，すべての共同体は想像の産物である，とい

うアンダーソンの視点にたつならば，「村落」「国家」「民族」などの「共同体」は，人々の観念のなかの想像物として生成原理を本質的には同じくすることになる（アンダーソン 1997: 6）。共同体を伝統の象徴化のプロセスや想像をとおして捉えるこれらのアプローチから多くのことを学んだ。しかしながら，同時に観念的な共同体論が，さまざまな個別の地域や歴史のなかで私たちが遭遇する空間とこれに基づいて構造化される感情を充分に説明しないことにも私たちは気づいている[75]。

人々がいかに社会おける自らの位置を刻印するかを理解するためには，彼（女）らの社会的定位の形成の長期的なプロセスを地域固有な歴史のなかで論じてはじめて意味がある。しかしながら，「村落」「国家」「民族」という三つの社会帰属の枠に諸個人がさまざまな関係を取り結ぶ状況，そのロケーション・ワークの可塑性を「状況的アイデンティティ」といった概念で括ってしまった時点で議論はそこで停止してしまう。人々のエージェンシーとともに，これを常に固定化し構造化しようとする諸力への注目が必要となる。以上では，このような点を念頭におきながら，特に国家による領域確定や経済的囲い込みや国境紛争などのもとでの人々のアイデンティティの立ち現れ方を空間の拡がりのなかで理解することを試みた。

次節では特に，インドネシアによる軍事侵攻が始まった1963年のテロック・ムラノー村での出来事を中心に，冷戦下での政治史と村での日常の時間の接合面を描写していきたい。コンフロンタシにいたった政治状況のもと，共産主義とマレー世界の政治的復権という二つの政治的運動のなかで，インドネシア兵士による村人の射殺事件を中心に，政治的フロンティアにおける人々のロケーション・ワークを考えていきたい。

---

75) 共同体を社会的機能の充足体として団体的な性格を付与された社会集団としてみる視点と伝統の象徴化のプロセスや想像の伝播のなかで捉える視点の分離は，広く社会科学に内在する唯物論と唯心論的な伝統的乖離の一つのバージョンであって新しいものではない。そして，前者よりも後者のアプローチが現在の文化研究の興隆のなかではより多くの支持を取りつけてきた状況も理解できる。おそらくこの二つの考察のベクトルを一つにまとめることは難しいが，可能な限り二つのアプローチの接触面を模索する必要があると私は考えている。機能や想像といった視点からのみの集団論に終わることのない新しい集団生成のダイナミクスの模索のための試論として，本章では，社会における人々の定位決定にかかわる動態的プロセスを，国境社会に個別事例を求めながら理解することを試みた。

国家の歴史と村人の記憶

　テロック・ムラノー村は，毎年10月から翌年4月までモンスーンの悪天候のなかで孤立する。ここで私と妻は，強風で短冊状に切り刻まれたバナナの葉越しに大波にけむる海岸線を眺め，トタン屋根に響く機関銃のような雨音に負けぬよう大声をあげ，朝から食料調達に頭をめぐらし，いつまでも乾かない洗濯物と尽きかけた焼畑米の心配をしながら毎日を送っていた。州都クチンと陸路で結ばれ，朝から電気のついている華人商店のある港町スマタンに行くには，干潮をねらって砂浜を8時間ほど歩かなければならない。これが嫌ならば，村人の言葉を借りれば「ベトナムまで漂流しないように」しっかり舵をにぎり，尾てい骨を小舟の床にうちつけながら「椰子の木くらいの大波」に数時間もまれて命を縮める思いをすることになる。

　日常耳にする雨，風，揺れる椰子，そしてくだける波と異なる音は，それが何であれ一つの救いとなる。特に，それが曇天から漏れ，徐々に大きくなるヘリコプターのプロペラ音であった場合，たとえサラワク政府による巡回診療であることを知っていても，小学校の校庭に足を向けることになる。子連れの母親や老人に混じり，歩いて半時間ほどの国境のむこうのインドネシアの村から来た人々がフライイング・ドクターから頭痛止めをもらう姿も，このサラワク・マレー人の村で1年以上過ごしていた私たちにはすでに日常の風景となっていた。

　その日もサラワク州政府の赤・黒・黄の三色旗を機体にペイントしたヘリコプターが校庭に降り立った。予想に反して操縦士の横の席から降り立ったのは巡回医でなく，村人のパ・ドルだった。彼が州都クチンに出かけていたことは，畑ではかぶらないよそ行きのカウボーイ・ハットや素足に直履きした革靴からも想像できた。短い会話からわかったのは，クチンからヘリコプターに乗って30分足らずで村に着いたこと，ヘリコプターによる政府高官級の空の旅を手配したのが当時サラワク州政府大臣であったマレー人政治家アデナン氏であること，クチンでは最近建立されたサラワク独立をめぐる国家英雄についてのインタビューを受けたことなどであった。パ・ドルは，私の質問に答えたのち，胡椒やカカオ，ココ椰子，そしてドリアンに囲まれた丘の上の自分の家に帰って

薬を調合する村長。

いった。

　「アハマッド・ザイディ州知事はテロック・ムラノー村に怖くて来ることができない」という言葉は村人からすでに何回か聞いていた。アハマッド・ザイディは正式にはヤン・ディ・プルトゥア・ヌグリ・トゥン・ダトゥ・パティンギ・ハジ・アハマッド・ザイディ・アドリュース・モハムド・ノーと呼ばれ，このうんざりする長さの敬称からも明らかなように，東マレーシア，サラワク州の知事（Governor）の地位を15年にわたって占めたマレー人政治家であり，スルタンが存在しないこの州ではマハティール首相が公式の場で敬意を称すべき唯一の人間であった。
　住人自らが「マレーシアのはずれ」と呼ぶ国境の村テロック・ムラノーで，サラワク最高位の政治家アハマッド・ザイディと張り合う老人がいた。上の村人の言葉は，正確には，テロック・ムラノーの村長を恐れてサラワク州知事が村に来られないことを意味し，普段より少しだけ声を落として語る村人にとり，このことはすでに一つの真実になっているように私には思えた。村長の名はパ・スバといい，パ・ドルと同じく六十代後半の壮健な老人であった。政府文書を読むことができない村長の行政の手腕は頼りなく，役人との対応はもっぱら息子とパ・ドルの息子に任せきりであった。パ・スバが村長として村人に命じ，今も記憶されているお達しは，「アントゥ（もののけ）を呼び込むので凧上げをしてはならない」ことと（村長自身と砂地で遊ぶ子供たち以外は誰も遵守していなかったが）「村では履物をはいてはならない，裸足で歩くべし」といったものである。
　パ・スバ村長は，有り体にいえば浮き世離れした人物だった。しかし，自然界や超自然界からの呼び声への感応力と強いイルム（人間の本源的な力や知識）をそなえた人間として村人から充分に畏怖されてもいた。一方でパ・ドルは理解の早い，外の世界に目をひらいた知識人であった。彼は知り合ってすぐに私たちの調査の目的や質問の意味を了解し，村の歴史やサラワクの植民地経験，焼畑や政府の農業援助プログラム，インドネシアの村人との関係からブルネイ・スルタンやマジャパイト王国につながるサラワク南西部の文化地図まで多岐にわたる話をしてくれた。これに対して，パ・スバの語る世界は，テロック・ムラノー村やサラワクをとりまく歴史や政治経済とはみごとに無関係であった。「自分が狩りにでれば，探さなくても望む数の鹿が必ず目の前に現れた」ことや

「結界によって村を閉じ，海からやってくるアントゥに平和と繁栄を祈願するやり方」や「荒れた海のまっただ中で突然若いが白髪の女が舟べりに這いあがり，大波を鎮めて海の上を歩く呪文を授けてくれたが直ぐ忘れてしまった」ことなど興味の尽きぬ話をしてくれたが，その語りは村の時空間を越えることはなかった。村長はイスラーム教の金曜礼拝の前にきまって私たちを訪ねてくれた。耳が遠いので大声で尋ねるこちらの問いとまったく関係のない答えにしばしば仰天しながら村長の話を聴くことが私たちは大好きだった。

　そんな村長が村人を困惑させたのは，州政府の役人が来村した時である。毎年インドネシア側のタマジョ村と共催で開かれる「国境祭り」の準備のために小学校の講堂で集会が開かれた際，村長が突然発言しはじめ，自分の弟が1963年の軍事衝突時にインドネシア兵によって国境の向こう側に拉致されて銃殺刑のスタイルで殺されたこと，さらに実の息子が1970年代後半に近くのジャングルに潜んでいた共産ゲリラに射殺されたことを居合わせた郡役場の職員に訴えたというのだ。このような村長の唐突な発言は過去に役人が来村した際にも何回かあったらしい。あのパ・スバ村長が役人臨席の場で肉親の死について語り続けた気持ちはいかなるものであったか。心に小さなひっかかりがいつまでも残ったことを憶えている。

　パ・ドルとパ・スバは，村のなかで好対照をみせる二つの極であった。2人の家は村の居住区をはさんで北と南に分かれた山の際にあり，象徴的な空間的対峙をみせていた。2人を中心に村の人間関係や生活空間が静かに分極していることに気づくには，村に住みだして長くはかからなかったと思う。親族関係，日常の交渉や数々の儀礼，焼畑の協業などをとおして村人の関係はさまざまに重なり合う。しかしながら，村での2人の時と場はけっして重複せず，ある種の補集合をつくりあっていた。

　私たちが部屋を間借りし，村での母親がわりであったマ・ンガは，共産ゲリラに殺された村長の息子の未亡人でパ・スバの義理の娘にあたった。また，隣に住む彼女の弟がパ・ドルの次女と結婚していたことから，私たちはパ・スバとパ・ドルの家族関係の重複点に身を置いていたともいえる。しかしながら，繰り返される村の日々の営みが，1963年9月の政治家アハマッド・ザイディとパ・ドルの行動，そしてパ・スバ村長の肉親の惨殺という事件と細いながらも途切れずに結びついていることには当初理解がおよばなかった。これらの出来

第七章　村と国の境界　219

事がサラワクのイギリス植民統治からの独立とマレーシアへの編入，スカルノ大統領のもとでのインドネシア共和国のサラワクへの軍事侵攻（コンフロンタシ），ボルネオにおけるコミュニスト活動や北ボルネオ独立国建設構想など国家と民族の運動という大きな歴史を背景とするものであり，これらの歴史と村での事件の接合面の存在を確信するとともに，そこに見られる小さなねじれや断絶を理解できるようなったのは，村に出入りしはじめて数年後のことであった。

サラワク独立とアハマッド・ザイディ

　サラワク州の元首アハマッド・ザイディは，当時三代目の白人ラジャ，ブルックの支配下にあったサラワク王国の中心を貫くラジャン川の河口の町シブに1924年に生まれ，生後すぐにワン・アドリュース・ビン・マソーの養子となる。ワン・アドリュースの父シャリィフ・マソーは，ラジャン川周辺域を支配するイスラーム首長であり，ブルック植民地政府に抵抗したサラワク最初のナショナリストとしてその名をとどめる人物である。アハマッド・ザイディは，早くからその才を認められ，クチン，シンガポール，マラヤなどで勉学を続け，日本軍政期にはジャワ島のボゴールで獣医学を修める。日本の敗戦とその後のインドネシア共和国の独立の動きのなかで，21歳の若きアハマッド・ザイディは反オランダ植民地闘争に参加し，1945年から3年間インドネシア国軍第四部局情報部将校としてカリマンタンで諜報活動に従事した後サラワクに帰国する。
　アハマッド・ザイディは，サラワク帰国後は教員養成学校および教育省に勤務する。1949年には英国に留学し，エジンバラ大学より政治経済学修士号を獲得，加えてロンドン大学で教育学を修め，外国で学位を獲得した最初のブミプトラ（非華人のネイティブ）となる。六年間の英国留学ののち帰国後は再び教育省での要職につくと同時に，次第に政治活動への参加を深め，1956年にマレー系政治団体サラワク青年同盟（Barisan Pemuda Sarawak：BPS）の総裁となり，同年州議会員に推挙されたのちはクチン地方議会の副議長に選出される。
　おりしも1950年代後半は，当時のマラヤ（西マレーシア）のトゥンク・アブディル・ラーマン首相が，ブルネイとシンガポールを組み込んだマレーシア構

想をもって秘密裏に政治的折衝をはじめた時期であった。サラワクがマレーシア構想のもとでクアラルンプールのマレー政府を中心とした政治統合体に編入し，イギリス植民地からの脱却を果たすという計画は，1958年の時点でトゥンク・アブドゥル・ラーマン首相自身からブルネイのスルタンやアハマッド・ザイディらに打診され，この提案をめぐってサラワク政治は大きく揺れ動くことになる。

マレーシア構想の是非をめぐる国家の運動は民族の運動と表裏一体となって複雑な様相を呈することになる。当時のサラワクでは，マレーシア構想のもとマラヤへの編入を求める者と，これを時期尚早としてブルネイ，北ボルネオ（現在のマレーシア，サバ州）との連帯をまず探り，ボルネオ北部を一つの単位とした政治連合の可能性を探る者が対立する。後者の北ボルネオ構想は，サラワクのマレー人たちにとってはブルネイ・スルタンを政治的支柱とした伝統的なマレー世界への回帰を意味し，華人にとってはマレーシア構想のもつイギリスの覇権温存の構図，すなわち「ネオ・コロニアリズム」に抗する政治的方策でもあった（Mackie 1974: 65）。しかしながら，当時の東南アジアにおける共産主義の広がりのもとでの華人政党（Sarawak United People's Party：SUPP）の活発化は，マレー人にとって守るべき最後の砦である政治的ヘゲモニーの危機も意味した。この意味で，半島主導のマレーシア構想への反動は，冷戦下の国家と民族という二つの運動のなかでのマレー世界復活と共産主義という二つ異なる政治的イデオロギーを内包するものであったといえる。

1962年のブルネイにおけるアザハリ反乱は反マレーシア構想のもとで政治的拮抗を続けていたサラワクのイスラーム教徒と華人たちの同床異夢に暴力的な目覚めをもたらした。ブルネイのマレー政党（Parti Rakyat Brunei：PRB）党首アザハリは，北カリマンタン統一国家（Negara Kesatuan Kalimantan Utara：NKKU）の建設を目指し，北カリマンタン統一軍（Tentera Kesatusan Kalimantan Utara：TNKU）の武装蜂起のもとで，サラワク北部のリンバンとミリ近郊のブムヌを占領する。イギリス植民地政府はマラヤとシンガポールから軍隊を投入し，半年間にわたる反乱は100人にのぼるTNKU兵の死亡と1,800人の逮捕をもって鎮圧された。アザハリは，アハマッド・ザイディとともにインドネシア独立のために戦った同志であり，インドネシア共和国スカルノ大統領とアハマッド・ザイディのブルネイ反乱への関与はイギリス植民地政府当局の重大な関心事となった。ブルネイから遠く離れたクチンにもアザハリの反マレーシア

構想を支持し，マラヤよりもインドネシアに親近感をもつマレー人が多く存在した。とりわけ，その多くがアハマッド・ザイディのBPSのメンバーであったことは，アハマッド・ザイディへのイギリス当局の警戒を増長させた（Sanib 1985: 93）。

当局によりクチンの自宅で軟禁状態であったアハマッド・ザイディは，当時インドネシア共和国国防大臣であったアブドゥル・ハリス・ナスティオン将軍から秘密裏にサラワク脱出の援助の申し出を受け，1963年9月16日にインドネシアへの逃避行を決意する（Ritchie 2000: 97）。この日はおりしもサラワクがマレーシアへの編入をはたし，1世紀以上にわたる植民統治をへて独立を果した日であった。軍用ヘリコプターによる上空からの探索から身を隠しながら，アハマッド・ザイディはクチンから海岸部をへて漁師の小舟でスマタンにいたり，テロック・ムラノー村に到着する。

アハマッド・ザイディの逃避行

アハマッド・ザイディは現在もスマタンの港にある中国廟に身を隠していた。当時スマタンに駐屯していたイギリス兵に気づかれないように，廟のなかに身の丈ほどのマングローブを敷き並べ，その床の下に隠れて眠っていた。スマタンでアハマッド・ザイディをかくまったのは，BERJASA党スマタン支部長であったハジ・マット・アリをはじめ，ナイルディン，ジョハリなど5人のマレー人だった。アハマッド・ザイディはスマタンで3日間潜伏したあと，インドネシア領にむけて出発し，途中テロック・ムラノー村で1週間滞在した。村では，パ・ドルの家にかくまわれ，インドネシア側からの連絡を待った。国境を越えてアハマッド・ザイディを迎えにきたのは3人の男たちで，マニ，イブラヒムに加えて確かバコ出身の男だった。一行は徒歩でダトゥ岬を越えてインドネシア領に逃れていった。

当時，サラワクには二つの政党，すなわちBERJASA党とNEGARA党があった。スマタンやテロック・ムラノーでは，マレーシアへの編入に反対するBERJASA党に入った者もいれば保守党のNEGARA党に入った者もいた。ただ，どちらも党規や目的を知らず，ただ党に入ることに面白みを感じていたといって

よい。多くの村人は実際のところ BERJASA 党と NEGARA 党の両方のバッジを胸にしていた。

　テロック・ムラノー村でアハマッド・ザイディの逃避行に協力した者は5人，パ・ドル，パ・サブリ，パ・ワル，パ・シディックなどである。アハマッド・ザイディが無事にインドネシア側に逃げおおせた後に，政府当局に逮捕されたのはパ・ドルだけだった。当時，テロック・ムラノー村にはアハマッド・ザイディに反感をもつ者も多く，彼の逃避行を助けたとして村人の密告を受けてパ・ドルだけが白人にヘリコプターで連行された。パ・ドルは6ヶ月間ルンドゥの監獄に入れられ，釈放後も1週間に一度の出頭命令を受け，長いあいだ帰村が許されなかった[76]。

　BERJASA 党（Barisan Anak Jati Sarawak）は1961年に結成された政党であり，当時アハマッド・ザイディが率いた政治団体 BPS で要職を占めていたスット・ハジ・タヘーを党首とし，シブを中心にマレー人とムラナウ人を支持層としていた。一方，NEGARA 党（Parti Negara Sarawak：PANAS）はクチンを中心としたマレー人政党である。当時スマタンには，華人政党 SUPP も支部をもち，潮州ならびに客家の商人と農民を支持基盤としていた。インドネシアのカリマンタン側に逃れたアハマッド・ザイディは，その後西カリマンタン州都ポンティアナック経由でジャワ島に移り，ブルネイ反乱の首謀者アザハリのもとで北カリマンタン統一国家（NKKU）の国防大臣に任命され，1969年までインドネシアで活動を続ける。

　サラワク／インドネシア国境地帯は，1963年のインドネシア軍による軍事侵攻とアザハリによって組織された NKKU ゲリラ活動の舞台となる。インドネシア国軍兵とゲリラたちは山間の畑にもテロック・ムラノー村に隣接した草原にも姿をみせた。ひとりパ・スバ村長だけは「インドネシア人が家に近づいたら，いつでも撃ち殺す気でいた」らしいが，おおかたの村人にとり兵士に猟銃をむけることなどは考えるだけで恐ろしいことであった。

　TNKU のゲリラたちが村人3人を銃殺したのは，敵国の迷彩服がすでにテロック・ムラノー村で日常の風景になっていたある1日のことである。数人の

---

76) フィールド・インタビュー　2001年8月16日。

インドネシア人がパ・スバ村長の兄弟2人と他の村人2人の家を急襲し，4人を拉致しインドネシア側に連行，国境最南西端のダトゥ岬のふもとで杭に手を縛り直立させて銃殺した。村長の弟パ・カレムのみは生き残り，惨殺の状況は村人の知るところとなる。「パ・カレムは縄で縛られた両手を自分でゆるめ，銃弾も体を避けたので逃げおおせた」というのは，パ・スバ同様にイルムの強いことで知られる村長の弟についての村人の語りであるが，ゲリラの中に友人がいて命拾いをしたのだという冷静な分析を行う村人もいる。銃殺された3人の村人は遺体さえも確認されず今日にいたっている。

　インドネシア兵による村人3人の銃殺のあと，さらに全21戸のうちパ・スバ村長の家を含む7戸に火がかけられる。こののちテロック・ムラノー村は閉鎖され，村人は，スマタン，ルンドゥそしてクチン，サントゥボンなどサラワク内の町や村の係累をたよりに移住し，農業や賃労働によって細々と生活をつないだ。すでに第五章でみたように，1965年になると村人はココ椰子の収穫や漁労のためにテロック・ムラノー村に昼間のみ戻ることが許可されるが，村に入るためには，「地元のイバン人の男たちよりも森で早く走り遠目がきく」ネパール出身のグルカ兵のきびしい検問を経なければならなかった。帰村が正式に許可されたのは強制移住から5年後の1968年のことであり，まず最初にパ・ドルとパ・スバの2人が戻り，徐々に他の村人もあとを追った。

　アハマッド・ザイディのインドネシア逃避行とパ・ドルの関与と逮捕，村人の拉致と射殺，村の焼き討ち，そしてこれに続く5年間の強制疎開の体験は，村人にとっては一つの連続した物語として理解されている。3人の村人の死は，1963年当時のテロック・ムラノー村を取り巻く政治状況，すなわちサラワク国境地帯へのインドネシアの軍事侵攻によって生じた悲劇であることを私は了解していた。しかしながら，私はかなり長いあいだ，村人の射殺は当時国境地帯で発生した無数の軍事的遭遇のなかの悲劇の一つと捉え，インドネシアの軍事侵攻および当時の国際関係と村人の死をきわめて漠としたかたちで結びつけていた。3人の村人は自らの死に能動的に関与することはなく，その死は落雷のような突然の暴力がもたらした不条理な死であったと理解していたといってよいだろう。村人は1963年について多くは語らず，私も調査のために人々の重い口をあえて開かせる趣味を持ち合わせていなかった。

　しかしながら，村に長く住むにつれて，フィールドノートに書きつけられた村人の言葉の断片は，総体として異なる物語を醸成するようになる。徐々に村

人の「不条理な死」は，サラワクという国家とそこに生きる民族の政治的な時間のなかで「意味を探しあぐねる死」として私のなかで微妙にかたちを変えていった。それは，国家および国家を越えた民族の運動と村人の死という事件を結ぶ線の上に，アハマッド・ザイディやパ・ドル，パ・スバなどのテロック・ムラノー村の人々，そしてTNKUのゲリラ活動に参加し村人を殺害したインドネシア人たちなど実際に顔をもった個々の人間がいることを理解すると同時に，彼らの行動とその結果が，マクロな政治史とミクロな事件という二つの歴史的局面を時に接合させ，時にねじらせ，時に断絶させるものであったことを遅まきながら理解する過程でもあったといえる。

国家と民族の運動

　現在のテロック・ムラノー村では，なぜ村長の弟たちが銃殺され，全21戸のうち7戸の家だけに火が放たれたかについては，二つの説明を聞くことができる。この事件は新聞に取り上げられることもなければ，犠牲者が国家英雄になることもなく，国家の歴史のなかでは，いまだ，そしてこれからも定位置をもつことはない。しかしながら，村に残された人々にとっては，事件を説明する因果の道筋がなければならない。
　一つの説明は，サラワク州最高位の政治家，アハマッド・ザイディとパ・ドルたちが1963年にとった行動と村人の死を連動させて理解するものである。多くの村人にとって，アハマッド・ザイディのテロック・ムラノー村経由のインドネシア逃避行とスカルノ大統領のもとでのインドネシアの軍事侵攻，国境に駐留した国軍およびゲリラ組織の活動，そして村人の死はきわめて直截的な因果をもつことになる。「アハマッド・ザイディは，サラワクを捨てた人間であり，国境を越えて森に入り，インドネシアに助けを求めた。村人を殺したのは，ザイディが助けを求めたインドネシアの兵士たちなのだ。」村人の説明は牽強付会のように見えるが，アハマッド・ザイディがインドネシアに逃れたのちアザハリを首相とするNKKUのシャドウ・キャビネットの国防大臣に任命され，インドネシア領カリマンタンで軍兵教練の指揮をとったこと考えると，あながち間違いであるともいえない。

このような村人の因果律をたぐれば，冒頭であげた「村長パ・スバは，今でもアハマッド・ザイディを許さず，ザイディも村長を恐れてテロック・ムラノー村には来られない」という村人の言葉の意味，そして村でのパ・スバとパ・ドルのあいだの分極状態も理解できるようになる。おおかたの村人にとり，アハマッド・ザイディはコンフロンタシ勃発直前にサラワクからインドネシアに逃げ，国境地帯に潜伏してゲリラ活動を行ったTNKUとともにインドネシアの武力をもってサラワクを攻撃した裏切り者ということになる。彼のインドネシアへの逃避行を助けたパ・ドルなど汎ボルネオ国家建設に思いをよせた親インドネシア派は，インドネシア人による村長の弟を含む村人の惨殺という事件のために村の多くの保守派の反目をかい，なかでも村人の当局への密告を受けたパ・ドルは逮捕されることになる。
　これに対して村人の惨殺をめぐる第二の説明の糸は，マクロな政治領域から離れたきわめて個人的な人間関係によって紡がれている。国境の村テロック・ムラノーは，国家によって分断された民族が日常的に混じり合う空間である。しかしながら，ここで説明される因果律は，ナショナリズムや民族運動といった大きな言葉からもれてしまうような日々の感情や利害に根ざしたものである。

　コンフロンタシ（インドネシアの軍事侵攻）当時，テロック・ムラノー村では3人の村人がTNKUに連れ去られ銃殺された。国境地帯にゲリラとして潜伏していたTNKUのうち，村人の拉致と銃殺にかかわったのは，実はコンフロンタシが始まる以前にテロック・ムラノー村に住み込んでいたインドネシアの男たちだった。彼らは村人の畑で農作業を手伝ったりして食いつないでいたが，しばしばサラワク領内での不法滞在を村人にとがめられ脅されていた。これらのインドネシア人が国境地帯に侵攻したTNKUに入隊したのは，テロック・ムラノー村での恒常的な迫害が理由である。これらの男たちは3年のあいだ畑で働いていたが，収穫期になると当局に通報すると脅され正当な賃金をもらえず，恨みの気持ちをいだいた。この結果，つらくあたったテロック・ムラノーの村人たちへの報復を行ったのだ。私は常日頃，村にいるインドネシア人を苦しめるべきではないと村人に言っていたのだが，彼らは聞く耳をもたなかった。結局，インドネシア人をいじめた者のみが報復の目標となり，7軒の家だけが火をつけられたというわけだ[77]。

ここで語られる村人の行動は，決してクアラルンプールとジャカルタのあいだの政治的力学の村空間での再生産ではない。ここで見えてくるのは，国家の制度と民族の運動の濫用を行う村人や兵士の姿である。テロック・ムラノーの村人は国籍の相違や不法滞在を理由に他国者を搾取し，これに対してインドネシア人たちは政治闘争の名のもとでの組織的暴力による私的報復にでたわけである。

　村人の惨殺に関する二つの説明は，それぞれが排他的に一つの真実を主張するものではない。人々にとっては別々の引き出しに入れられた語り，たがいに絡みあわず平行を維持した2本の因果の糸といったらよいだろうか。敵国の軍事侵攻時におきた3人の村人の死は，しかしながら，どちらの説明においても，サラワク独立をめぐる国家の正史のなかで場所を探しあぐねる死でしかない。

　すでに見たようにアハマッド・ザイディが支持した北ボルネオ構想は，ブルネイを盟主として，サラワク，北ボルネオ，インドネシア・カリマンタンを横断的に結んだ広範なマレー世界の復権を目指したものである。この意味で，サラワク独立運動はボルネオにおけるマレー人の民族主義ときわめて密接に結びついた運動であった。アハマッド・ザイディは，サラワクがマレーシア編入をとおしてイギリス植民地化からの独立をはかることに反対し，その政治的利害は，ボルネオ北部域でのイギリスの新しい政治支配，すなわちネオ・コロニアリズムの確立を警戒するインドネシアのスカルノ大統領と一致した。

　パ・ドルは，晩年に咽頭癌で声帯を除去して声を失う前には，アハマッド・ザイディの来村とこれに続く当局による逮捕について多くを語ることはなかった。しかしながら，パ・ドルは1963年にその高まりをみた国家と民族の運動を充分に理解した上でアハマッド・ザイディのインドネシアへの逃避行を助けたという確信にちかい感覚を私はもっている。生前パ・ドルは私に，サラワクがジャワ，マジャパイト王国の一部であり，村に近いダトゥ岬には，その昔五千人にのぼるマジャパイトの人々が住んでいたこと，現在のインドネシア西カリマンタンのサンバス・スルタンはブルネイ・スルタンの従兄弟であり，現在も強い絆が保たれていることなどを問わず語りに教えてくれた。ベネディクト・アンダーソンが「文化システム」としての語った宗教共同体や王国の広がりをパ・ドルはけっして難しい言葉で語ることはなかったが，彼の物語はスルタン

77）フィールド・インタビュー　2001年8月16日。

世界の終焉後にサラワクが体験したブルック王国支配，日本軍政，イギリス統治，現在のマレーシアという数々の政治システム（パ・ドルは，これを「法」（undang）と表現したが）を客体化するとともに，国境に分断された西ボルネオのマレー世界を常に国家ではなく民族の枠組から遠望していたように思える。パ・ドルはクチンで50年代から60年代のサラワク政治を体感し，アハマッド・ザイディやBPSのメンバーとも交わりをもち，ヘリコプターでの帰村を手配したサラワク州政府大臣アデナンともこの時代に知り合う。「私は学校教育がなかったので百姓をしているが，アデナンはいまや大臣だよ」とパ・ドルが笑いながら話してくれたことを今でも思い出す。

　アハマッド・ザイディの目指したサラワク独立運動をボルネオにおける汎マレー主義に根ざした広い意味での民族の運動と捉えるならば，パ・スバ村長やテロック・ムラノー村の多くの村人がもったアハマッド・ザイディとインドネシア人，そして恐らくは一部にあったパ・ドルへの反感は，村という空間に根ざしたきわめてローカルな感情といえるだろう。「丁字タバコ1本の距離」と村人が表現する国境の向こう側のインドネシアへの二律背反的な感情は，テロック・ムラノー村と外部社会を選別する皮膚感覚に似た感情であったのではないか。このようなネガティブ・アイデンティティともいえる感情は公定ナショナリズムや国家に投影された自画像を必要とせず，補集合としての他者が存在すればよい。当時の西ボルネオを取り巻く政治的なイデオロギーではなく，村空間とこれ以外の社会空間を分ける初源的な感覚，いってみれば一緒に生まれ育った村人の多くがもつ保守性，外来者，異人に対する差異の感覚が，アハマッド・ザイディとインドネシア国軍ならびにゲリラへの敵意のもとになったのではあるまいか。村の境が国の境であるテロック・ムラノー村では，人々のもつコミュナリズムはナショナリズムと限りなく近似値に映るが，少なくとも1963年の時点では同一のものではないと考えたほうがよい。

事件と構造

　パ・ドルは咽頭癌手術のあと小康を得て畑にも出かけていたが，1997年についに帰らぬ人となった。パ・スバ村長も2000年の春，突然の病のために村の自

宅で亡くなった。一方アハマッド・ザイディは，1970年にインドネシアからサラワクに帰国し，74年に州議会での当選を皮切りに州政府教育省などの大臣職を歴任したのち，85年から15年間サラワク州元首（Yang Di-Pertua Negeri）の地位を占め，クチンのサラワク川沿いのイスタナ（宮殿）に居をかまえて州政府の政治にかかわったが，2000年12月5日にクアラルンプールの病院で腎不全のため亡くなった。遺体は同日サラワクに搬送され，サラワク州内のすべての政府機関は半旗を掲げて哀悼の意をあらわした。

　1963年のザイディのインドネシア逃避行に始まるテロック・ムラノー村での物語は3人の死をもって終わり，新しいページが加えられることはない。これに対して，州都クチンではインドネシアでの空白の時間についてアハマッド・ザイディ自身が語る二冊の本が出版されている（Sanib 1991, Ritchie 2000）。歴史家とジャーナリストのインタビューにもとづいたこれら本のなかで，アハマッド・ザイディは裏切り者ではなく愛国者としての自身の7年間を語り，その政治的復権を目指している。しかしながら，これらの本には，テロック・ムラノー村でのアハマッド・ザイディの潜伏に関する記述はない。そこでは，インドネシア側へ「強制的に」連行されたことがきわめて婉曲的にほのめかされることはあっても，彼のインドネシア行きの理由は明確にされない。州の元首が若き日に敵国であったインドネシアで過ごした数年間は，現代のサラワク政治史のなかで一種の不可触な時間となっている。生前に多くの研究者がアハマッド・ザイディにインタビューを申し入れたが却下され，いわばお墨付きの伝記のみが私たちに残されたわけである。現在でも，アハマッド・ザイディがスカルノ政権下でのインドネシア共産党（PKI）やサラワクの華人コミュニスト組織と関係をもっていたと考える者は少なくない。しかしながら，アハマッド・ザイディ自身により埋められた空白のページに新しい史実が加えられることはない。サラワク政治のなかでタブー視されてきたアハマッド・ザイディのインドネシア逃避行は，彼が実際に逗留したテロック・ムラノー村の人々にとっては事実以外何ものでもない。しかしながら，彼（女）らの記憶がサラワクの国家と民族の運動のなかで歴史となることはなく，アハマッド・ザイディとパ・ドルそしてパ・スバの死と村人の世代交代のなかで消えていくことになる。

　テロック・ムラノー村における1963年の限定的な時間と数々の出来事を理解するためには，ボルネオ島，マレー半島，ジャワ島にひろがったマクロな時間と村のミクロな時間，政治史と事件，民族と国家の歴史と村人の記憶という

二つの異なった時間の関係に意識的にならざるをえない。歴史学は，まさにこれらの二つの位相のあいで往還的な振り子運動を繰り返してきたといってよい。フェルナン・ブローデルやアナール学派のように事件史から構造や長期持続の帰納を試みる者もいれば，逆に反構造の視座から事件や出来事への回帰をはかる者もいる (cf. バーグ 1996)。「長期持続」から「ミクロ・ヒストリア」まで時間の諸相は，さまざまなスケールをもって刻まれたり伸ばされたりしてきたが，歴史時間のなかから何かしらの構造を明らかにする者も，反構造の視点から意味の解釈を希求する者も，その考察は時間の位相のあいだの関係に向けられてきた。

「下からの歴史」や「サバルタンの歴史」といった視点のもとで，非エリートの記憶を歴史に引き上げることが試みられてきた。そこでは，従来の歴史記述の中心をなしてきた「上からの歴史」ではなく，都市の労働者や農民，そして女性や子供たちといった常民の歴史に焦点があてられる。一つの社会空間を上下のベクトルをもった二つの時間の交差点とみれば，私が今まで向き合ってきた時間の重なりは，政治的エリートたちの「上からの歴史」と国境地帯に住む人々の「下からの歴史」が，アハマッド・ザイディの逃避行という事件をとおして一つの像を結んだ状態とも考えられる。

1963年にテロック・ムラノー村を通り過ぎた時間は，おそらくミクロ・ナラティブといった言葉で語られる社会史からさえも漏れてしまうようなマージナルな時間である。本節では，サラワク独立とテロック・ムラノー村での出来事，そしてこれらを結ぶ1人の政治指導者に注目し，国家と民族の歴史のなかに村人の記憶を照射することにつとめた。その作業をとおして意図したのは，ナショナリズムや民族主義といった特定のテーマのもとでエリートのみに焦点をあてるのではなく，国境の村でのアハマッド・ザイディの潜伏や村人の銃殺といった出来事をめぐる人々や集団のかかわりあいを空間的にも時間的にもできるだけ遠くまで，しかし注意深くたどりながら記述することであった。

次章では，国境と村境を共有するテロック・ムラノー村とタマジョ村のあいだのミクロな社会的フローに焦点をあて，国境社会の日常を考察していきたい。

第八章
国家の浸透圧

社会的フローと構造

　浸透圧による媒体の分子レベルの流動と同じように，社会においても決められた方向に人やモノが動くことがある。国家や国家を超えた大きな構造や地域に限定的なさまざまな力は，これらを利用し，対抗し，時に流用する人々のさまざまな運動を巻き込みながら，全体として定方向の社会的な流動を形成する。
　本章は，国境社会にみられる固定化した社会的フローの性質を明らかにするとともに，それらを発生させる構造的な力およびそれを利用する人々の日常を描写することを目的としている。国家の境界においてどのような種類の，そしてどのような方向をもつフローがみられるのか。それはあたかも半透膜をとおして濃度の薄い溶液から濃い溶液に媒体が移動するように法則的な性格をもっているのだろうか。浸透圧は濃度と気体定数と温度を掛け合わせたものとして化学では理解されているが，国境で分けられた二つの空間のあいだで生れる圧力には，どのような変数が絡んでくるのだろうか。化学者は，浸透圧は溶媒を濃度の濃い溶液のほうへ移動させ，最終的にはある平衡位置を導くまで働くと考える。はたして国境で見られるフローは最終的には，二つの国家領域の社会平衡状態を導くものなのか。このような問題を，村の境が国の境であるテロック・ムラノーとインドネシア側の村落タマジョのあいだの社会的な交通に焦点をあてながら考えていきたい。

サラワク・マレー人とサンバス・マレー人

　前章で検討したように，テロック・ムラノーの歴史のなかで，エスニシティは村人たちと「他者」を区別するための重要な指標とはなってこなかった。国家の領域が確定するにつれて，「サンバス・マレー人」と「サラワク・マレー人」という二つの公定名称による区別生じたが，国境の両側に住む彼（女）らが同じマレー人（orang Melayu）であることに変わりはない。ダトゥ岬の国境に隣接するテロック・ムラノー村では，国家の領域と村の領域の空間的な認知が同

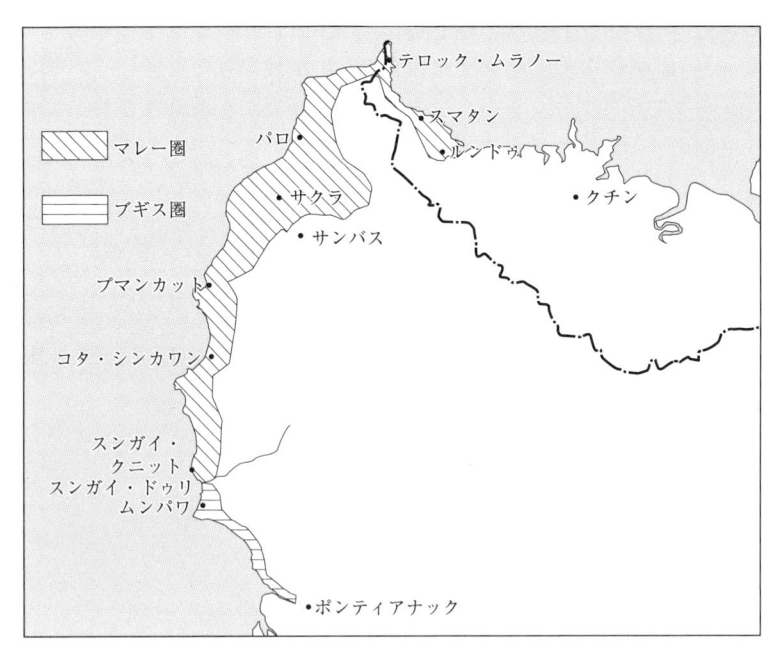

図8-1 マレー/ブギス文化圏

時に進んだが,これらの村と国の境界の形成後も,マレーの民族性(Malayness)は二つの異なった集団として分断されることはなかった。国家のもとでのエスニシティや伝統文化の創出と馴化は少なくともこの国境社会では見られない。国境線をはさんで住むタマジョの人々とテロック・ムラノーの人々が異なる社会集団に属しているとすれば,その違いは国家帰属であって民族的な違いと人々は感じていない。先に紹介した「法(undan-undang)によって分けられるが,私たちは同じ宗教(agama)をもつ一つの民族(bangsa)である」という村人の言葉は,国家と民族との彼(女)らの関係を簡潔に説明している。

　テロック・ムラノー村は,西ボルネオ沿岸部スンガイ・クニットとムンパワのあいだのスンガイ・ドゥリ(ドゥリ川)以北からダトゥ岬に向かって形成されたサンバス・マレー文化圏の北端に位置する。第二章で詳細にみたようにサラワク側の国境地帯沿岸部は1880年代のブギスならびにサンバス・マレー商人の主導によるココ椰子農園開発に端を発し,テロック・ムラノー村はいわばサラワク領側に伸びたエクステンションのようなかたちとなっている。テロッ

ク・ムラノーの多くの古老たちは，現在でもムンパワ付近のスムドゥン，アルン・ムドゥン，ハスビなどの村々を祖先たちの故地として記憶している。

　現マレーシア領のスマタンやルンドゥのマレー人たちの出自も多くは現インドネシア側のサンバス地方に遡るが，州都クチンに近いデルタ地帯であるサントゥボン方面からの移住民などとも交わりながら，国境のマレー村落とは異なる移住史と出自構成をもつ。彼（女）たちは国境で焼畑に従事してきたマレー人と自分たちのアクセントや語彙が違うことを強調し，テロック・ムラノー村の人々と自分たちを異化する。スマタンとルンドゥが徐々にクチンを基盤とした道路ネットワークに編入されるにつれ，就労や婚姻のネットワークも変化し，ますますスマタンやルンドゥのサンバス的な要素は薄れつつある。

開拓村タマジョの出現

　テロック・ムラノー村は1980年代初頭にきわめて大きな変化を体験することになる。国境の向こう側，まさに徒歩で数分のところに出現したインドネシア人の開拓村は，テロック・ムラノーの村人にとっては突然その生活世界に現れた他者であると同時に，日常的に接触する隣人ということになった。

　民族的な出自を同じくしながら異なる国籍をもつ人々が隔絶された国境地帯で出会った時に何が起きたのか。「民族」と「国家」という二つの社会的帰属の座標がつくりだす日常関係のなかで，国家領域の最周縁部に生きる人々はどのように折り合いをつけて生きてきたのか。開拓村タマジョとテロック・ムラノー村はインドネシアとマレーシアという国家空間のなかでは共に最も周縁部に位置する。このような「国家」と「民族」の識閾を村人の日常というミクロな設定のなかで考察していきたい。インドネシアとマレーシアの軍事衝突（コンフロンタシ）を経て，コミュニスト・ゲリラの活発化までの時期をあつかった前章を引き継いで，以下では1980年代のゲリラ活動終息後に始まったインドネシア側での移民村落の形成とテロック・ムラノーの人々との社会関係を考察していく。

　ダトゥ岬のインドネシア側の沿岸部にサンバス・マレーの開拓村が出現したのは1988年に最後のコミュニストが投降後のことであるが，1980年代初頭か

ら少数のマレー開拓民の国境地帯への移住が行われていた。1981年3月22日にハジ・シャファリ・ビントロがサンバス郡沿岸部のトゥバから10世帯を率いて現在のタマジョ・クチールを開墾し，これに続いてパ・タパによってタマジョ・ブサールが拓かれた。最初の1年ほどはサンバスの村々からタマジョへ通いながら開拓を続けたが，1982年に7世帯が居住を始めたのを皮切りに，本格的な移住が始まった。入植者の数は徐々に増加し，1983年には20世帯，1987年には165世帯，1992年には284世帯，そして2001年の時点では334世帯，1,331人にいたっている。

タマジョの入植史は，森に潜む華人コミュニストへの恐怖と半年におよぶモンスーン（ランダス）中の海上交通遮断による食糧不足の歴史でもあった。サラワク側ではCCO (Clandestine Communsit Organization)，インドネシア側ではPGRS (Pasukan Gerilla Rakyat Sarawak) と呼ばれた華人コミュニストがダトゥ岬付近の森林に潜行していた。ダトゥ岬の西側ではインドネシア当局による度重なる軍事的オペレーションが行われ，現在のタマジョ・クチールの海浜は惨殺された華人の死体からの血で染まり人々はながらく漁を控えなければならなかったことはすでに述べた。

パロはポンティアナックから陸路でつながった最後のサンバス・マレー人村落であり，政府の役所と数軒の商店がある。ここからタマジョまでは海路以外には，引き潮時に海浜を約40キロほど徒歩で進む以外手段はない。バイクでの通行を試みる少数の若者を除けば，ランダスのあいだには，タマジョからパロまでの道行きは，きわめて歩きにくい砂地をひたすら歩き，時に砂浜での野宿を強いられるものとなる。

タマジョにおいては，開村当時の食料不足は村人の苦い記憶となっている。開拓当初は，農作物や椰子の芽は植える先から猪に食い荒らされた。開村当初は，国防治安省 (Departemen Pertahanan dan Keamanan) により，屋敷地と農地開墾の際に切り出した木材をマレーシア側の商人に売却することが許されたため，村人の収入の多くは木材伐採からのものとなった。マレーシア側の華人商人はタマジョの農民にチェーンソーを無償で貸し付け，これによって切り出された材木を買い上げた。2001年8月に私がタマジョを再訪した際には，ダトゥ岬の森林は「habis（終わった／無くなった）」という一言でかたづけられ，タマジョの村人には一顧だにされなくなっていたが，1993年に初めてタマジョに足を踏み入れた際には，四六時中チェーンソーの音が森のそこここから聞こえ，

焦げた大木の根があちらこちらに残り、村を貫く小道にそって整材された材木が並べられるという、まさにフロンティア的な開拓村の雰囲気をとどめていた。

タマジョの多くの村人は自らの家を出作り小屋（pondok）と呼び、この辺境の村を一時的な出稼ぎの場と心得ている。パロ付近の村々にも家を維持しているものも多い。タマジョのなかでもタマジョ・ブサール、タマジョ・クチール、チャマ・ブランおよびムルディンの住民たちの多くはタマジョとサンバスの村に二重居住している。イスラーム教徒にとっての新年にあたるハリ・ラヤ（Hari Raya）期間中には、のちに述べるトゥカン・パタを除いて、ほとんどの人々は沿岸部の出身村に戻り、タマジョの部落は閑散とする。

入植当初から開墾と現金収入を目的に森林伐採に人々が従事したこと、沿岸部の土壌がパイナップルやココ椰子以外に適さない砂地であるなどの理由のために、国境に隣接する内陸部のトゥカン・パタ部落を除いては、タマジョでは農業は主要な生計活動とはなっていない。テロック・ムラノーの村人から譲りうけた胡椒の苗を試すものもあったが、耕作の知識をもたない上に肥料・除草剤を欠き、1993年から1994年当時には、収穫にいたるものはなかった。タマジョの開拓民はサンバスの沿岸部の母村では水稲耕作を行っていたが、第一次森林が優勢であった国境地帯では自給のために焼畑を行う以外なく、これもイノシシの害のためにきわめて厳しい状態が続いていた。

タマジョの六つの部落のうちでトゥカン・パタはテロック・ムラノー村と最も強い共生関係を維持してきた。国境に隣接する内陸部、テロック・ムラノー村とタマジョをつなぐ小道沿いに形成された50戸の部落は、タマジョのなかでも最も辺境部に位置し、入植も他の部落に遅れて1980年代後半に始まった。トゥカン・パタ部落は港をもたず、パロに出るにもタマジョのなかを1時間以上歩いた上で船に乗るか徒歩でまる1日ないし2日がかりの行程を重ねるしかない。

トゥカン・パタの最もはずれの家は、マレーシア領とインドネシア領を分ける国境ゲートから20メートルほどに建てられている。第五章で概観したとおり、マレーシア領の最周縁に位置するテロック・ムラノーとインドネシア領の最周縁の村の一つであるトゥカン・パタは徒歩で約30分の距離である。一方、テロック・ムラノーと隣のマレーシア領の町スマタン、そしてタマジョとパロの距離はともに徒歩で1日である。このように自国内の政治経済的ネットワークから隔絶された二つのコミュニティ、二つの国家に属する人々が対面的状況

開拓村タマジョ村に入ると杭上家屋は姿を消す。

でともに生きることになったわけである。

国境線上の村

　タマジョの他の集落がサンバス県パロ郡沿岸部の40ほどの村落からの移住者の混成からなるのに対して，トゥカン・パタの住民は同じサンバス郡でも，ジャワイ地区のサラン・ブロン・ダナウ村からの移住者によって占められている。2人のダヤックの若者を除いて，村人は他のタマジョの集落と同様にすべてサンバス・マレー人である。80年代後半，サラン・ブロン・ダナウ村の人口が1,000人を越え，耕作地が不足した時点でタマジョ，特にトゥカン・パタへの移住が加速した。

　母村とタマジョの二重居住を維持する村人が多いなかで，トゥカン・パタの住民たちは，いわば背水の陣でこの国境部への移住を行うものが多かったのが特徴である。村人の大多数がサラン・ブロン・ダナウ村の田畑と屋敷地を売り払い，タマジョに移り住んでいる。ハリ・ラヤ，ハリ・ラヤ・ハジ (Hari Raya Haji) などのイスラーム教徒にとって大切な祭日を祝うために出身村に戻る者はトゥカン・パタにはいない。このことを見ても他の集落に比べてトゥカン・パタの村人の開拓村への定着度の高さが窺われる。

　国境部のフロンティアに定住を試みるトゥカン・パタの村人にとっても新天地での生活は困難なものであった。他のタマジョの集落と同様に，移住初期には，村の屋敷地の開拓から得られる森林資源が一時的な収入をもたらしたが，インドネシア領の森林資源の枯渇にともない，村人の生活はたいへん困難なものとなった。イノシシによる農作物の被害は甚大であり，マレー人にとって大切な食材であるココ椰子も植える先から食い荒らされる状況が続き，私がはじめてトゥカン・パタを訪れた1993年の時点でもココ椰子は結実にいたっていなかった。また，母村の平野部では水田稲作を行っていたものの，移住先では焼畑で陸稲を耕作するほかなかった。テロック・ムラノーの人々から籾を分けてもらい，また彼らのアドバイスにもとづいて山間部で焼畑耕作をはじめたが，獣害のため充分な収量を得ることはできなかった。

国境コミュニティの共生

　1980年代後半から活発化したテロック・ムラノーとタマジョのマレー人の交通は，1960年代のマレーシアとインドネシアのあいだの軍事衝突とその後の華人コミュニストの潜伏活動によって一時的に停止した国境地帯のトランスナショナリズムの再活発化を意味するものであった。

　現在のマレーシアのサラワク州とインドネシアの西カリマンタン州を結ぶ社会的インターフェースとしての多くの国境コミュニティと同様，テロック・ムラノーとタマジョのあいだには移民局などの施設は存在しない。テロック・ムラノーには警察の駐在所があり，サラワク州に入国するインドネシア人渡航者をチェックすることになっているが，渡航者の大半はタマジョの村人であり，彼（女）らの出入国はフリー・パスとなっている。表 8-1 にあげた数字は，テロック・ムラノー村の駐在所に残されていた1989年から5年間にわたる出入国者の記録であるが，これにはテロック・ムラノーとタマジョの村人の日々の交通は記録されていない。きわめて不完全な記録が物語るように，この地域唯一の国境のチェックポイントの管理者にとり国境を越える人々の流れの量的把握は重要な任務とは考えられていない。

　テロック・ムラノーの村人がタマジョを抜けてインドネシア領に入国するにあたっても，目的地がパロまでに限られる場合はタマジョ・クチールの村長宅で簡単な手続きをするだけでよい。スマタンまで出かけたインドネシア人がテロック・ムラノーにボートで戻った際には，駐在所の警察官が荷物のチェックを行い，規定量を超えるタバコや衣料品が輸入された場合は，これを没収する

表 8-1　タマジョ/テロック・ムラノー間の交通

年	マレーシア→インドネシア	インドネシア→マレーシア
1989	75	—
1990	139	—
1991	136	—
1992	202	1,683
1993	78	933
1994	(4)	(255)

権利をもつが，私が知る限り，このような強権が発動されたことはない。警察官といっても村人のひとりであり，1,500人を越える隣人を敵にまわすようなことはしない。

インドネシア側では国境に隣接したコミュニティは「国境隣接地域」(daerah lintas perbatasan) と指定され，マレーシア側のコミュニティとのあいだの物流と人流が許可されている。村人は自分たちの農作物をサラワク側に卸すことができ，マレーシア側の村にも出入りできる。テロック・ムラノー村とタマジョ村のあいだでも農作物の商取引は政府によって認可されている。人々はタマジョとテロック・ムラノーに限り，自由に国境を越えて行き来をする。インドネシアのナンバー・プレートをつけたオートバイがテロック・ムラノー村のなかを走りまわるのは日常の風景であり，テロック・ムラノーの若者もパロまではオートバイで行くことができる。

国家を超える互酬性

タマジョの出現により国境を越えたマレーシア人とインドネシア人の接触が日常的なものとなった。国を異にするマレー人が出会うことは，これまでのテロック・ムラノーにおいては，ゴムの密貿易や短期の賃仕事のためのテロック・ムラノーでのインドネシア人の出稼ぎ雇用に限られていた。しかしながら，タマジョの出現により対個人の関係はいっきょにコミュニティ・レベルとなり，そこには構造化された社会関係が日常的に生まれるようになる。

テロック・ムラノーとタマジョの村人の「ファースト・コンタクト」は友好的なものであったようだ。すでに述べたように，1980年代初頭から入植しはじめたインドネシア人の多くはサンバスの出身村での経済的困窮を打開するために国境フロンティアの開拓に活路を見いだそうとした。定着初期には農作物の自給もあたわず，テロック・ムラノーの村人がココ椰子の実や胡椒の苗を分け与えてくれたことは，現在でもタマジョの村人の多くが感謝の念をもって語るところである。水稲耕作しか知らないタマジョの人々に陸稲の籾を与え，伐採，乾燥，火入れ，播種，刈り取り，籾の乾燥など焼畑耕作の一連の手続きについて助言を行ったのもテロック・ムラノーの人々であった。

テロック・ムラノーに脱穀機を借りにきたタマジョの村人

同じイスラーム教徒である両コミュニティのあいだでまず恒例化した相互行為は儀礼的な互酬であり、これらの多くはハリ・ラヤやハリ・ラヤ・ハジ、そして冠婚葬祭といった年中行事と人生儀礼である。ハリ・ラヤはイスラーム教徒にとって新しい年を祝う最も大切な年中行事であり、メッカへの巡礼を祝うハリ・ラヤ・ハジとともに、クルアーンの読誦と供宴が行われる。
　ハリ・ラヤの初日にはインドネシア側の村人、特に子供たちがテロック・ムラノー村を訪れ、マレーシア側の村人とともに家々に入っては菓子（kueh）と飲み物のもてなしを受ける。その後、テロック・ムラノーとタマジョの双方の男たちはグループになって家々を訪問し、一緒にクルアーンの読誦を行い、菓子、飲み物に加えてカレーと粽などが供される。翌日は、テロック・ムラノーの村人がタマジョ村を訪れる番である。村長をはじめ女性を含む多くの村人がトゥカン・パタへ出かけていく。人々はテロック・ムラノーと同様に新年の挨拶を行い、菓子と飲み物の接待を受ける。インドネシア側の菓子は一般的にテロック・ムラノーのそれよりも遙かに甘い。コーヒーなどもマレーシア側と違ってきわめて濃く、大量の砂糖が入れられている。インドネシア側では当たり前のコーヒーの濃さと砂糖の甘さも、国境の向こう側からきたテロック・ムラノーの村人には新鮮な驚きである。
　晴れ着を着た子供や主婦までが大挙して国境を越える数少ない機会であるハリ・ラヤであるが、テロック・ムラノーの村人のなかには決してタマジョを訪れない人々もいる。村の派出所に駐在する警察官とサムンサン森林管理事務所に勤務する者たちである。彼らはともにマレーシア領に越境し、不法伐採に手を染めるインドネシア人の逮捕に直接かかわるため、彼らやその周囲の人間の報復を恐れて普段から決してタマジョには行こうとしない。彼らは基本的には自分の子供たちが他の村人たちと国境を越えることも控えさせるようにしている。このように晴れがましい祝祭の場ではあるが、多くのテロック・ムラノーの人々がタマジョに出かける際にはきわめて厳重に家の鍵をかけることも事実である。テロック・ムラノーの人々が大挙してタマジョを訪れることは、インドネシア側では周知の事実であり、もぬけのからになった村への泥棒の浸入を村人は警戒する。
　年中行事に加えて、結婚式と葬式は財とサービスが国境を越えて交換されるという意味ではきわめて重要な場となっている。タマジョとテロック・ムラノーの両村では結婚式は通常雨期の悪天候が終わった５月から６月に行われる。

マレーシア対インドネシア。タマジョ選抜チームを迎えての国際サッカー試合。

結婚式は，ニカ（nikah）と呼ばれるアッラーの前での宣誓と儀礼，供宴，その後のバンド演奏などからなるが，多くの親戚や友人が招かれる宴は村人の大きな楽しみとなっている。村人は1リンギもしくは1,000ルピアほどをお祝いとして渡すが，出席者はご馳走を大いに楽しもうと国境を越えてお互いを訪れあう。大規模な供宴の場合，参加者の数は数百人に達することもあり，タマジョ・クチールなどでは会費制でビールまで用意される場合もある。テロック・ムラノーとトゥカン・パタで行われる結婚式には，双方の村人が数リンギを祝い金として用意したり，当日の料理の手伝いをかってでたりして，主催者の負担の軽減に努める姿があった。

　国境の村では人が亡くなったニュースは国境を越えてほぼ時差なしに拡がる。マレーシアとインドネシアの村人は国籍にかかわらず知り合いやその家族が亡くなった場合には助け合う。トゥカン・パタの夫婦の21歳の娘さんが結核で亡くなった際には，テロック・ムラノーの知人は大きな米の袋とココ椰子の実を手ずから運び，その家族は葬式の手伝いを行った。テロック・ムラノーの村人が「人の手伝いをしないと，自分が死んだ時に誰もきてくれないからね」という時には，国境は人々の頭のなかに存在しない。

　ハリ・ラヤなどの年中行事と結婚や葬式などの儀礼に加えて，道路や橋の補修などに関してテロック・ムラノーとタマジョのあいだのコミュニティ・レベルの財とサービスの提供が行われている。現在，テロック・ムラノーとトゥカン・パタは，人が狭いところで1人，広いところで3人ほどが横に並ぶことが出来る小道でつながれており，幾つかの川には橋が架けられている。雨期には，この道はぬかるんで歩くことも容易ではなくなり，川の増水によって壊れた橋の補修も毎シーズン必要となる。これらの橋は，現在テロック・ムラノーとトゥカン・パタの村人の共同管理のもとに補修が行われている。チェーンソー，ガソリン，釘はテロック・ムラノーが，そして木材の提供はトゥカン・パタの村人によるものとなっており，労働はお互いが出し合っている。このような国家領域を越えた道路や橋の補修は，これから述べていく両村のきわめて多岐にわたる人々と物資の交通を支えるものとなっている。

国境の浸透圧

　以上で述べたような互酬的交換と協業が行われる一方で、テロック・ムラノーとタマジョのあいだの人々と物資の流れは一方通行であり、インドネシアからマレーシアの方向にほぼ限られている。これらの社会的流動は国家と国家が作りだす浸透圧によって決定し、可逆的な動きはまず見られない。この人とモノのベクトルを決定するのは、インドネシアとマレーシアの経済力の差であり、世界の為替変動のなかで日々変化する国家貨幣の価値ということになる。

　テロック・ムラノー村で暮らしていると頻繁にタマジョからの物売りが国境を越えて村を訪れることに気がつく。電気が通じ、商店が昼間から電気をつけているスマタンの町へ買い物に行くために、雨期には海浜を8時間歩くことを強いられるこの僻村では、外部からもたらされる何物もが目新しく興味の関心

表8-2　テロック・ムラノー村の家庭におけるインドネシア製品の例

タバコ（グダン・ガラムなど）
テレビ（白黒）
グラ・アポン（ヤシ糖）
ミニャ・ヒジャウ（香油）
ミニャ・アンギン（香油）
カイン（布）
電池
ステレオ・セット
カラオケ・テープ
歯（差し歯、入れ歯）
歯磨き粉
シャンプー
食器洗い洗剤
米
蚊取り線香
ガソリン
プラスチック製食器
窓枠（アルミ製）・窓ガラス
子供服
化粧品
カチャン・ヒジャウ（緑豆）

となる。40歳すぎのパ・ブジャンはテロック・ムラノーを訪れる商人のひとりであり，最も頻繁に村で目にするインドネシア人である。彼は乾期には，ほぼ2日おきにムラノー村を訪れる。パ・ブジャンはトゥカン・パタの住人であるが，タマジョ・スンガイで物資を買い付け，タマジョ・ブサール，トゥカン・パタ，そして国境を越えてテロック・ムラノーまで自転車をおしてやってくる。荷台に結びつけた段ボールのなかには，ヘアピン，香水，鏡，シャンプー，タルカム・パウダー，ビタミン錠剤，軟膏，蚊取り線香，ライター，マッチ，キャンディー，クッキー，裁縫針，糸，頭痛薬，干し魚，タバコの巻紙，イースト，丁字タバコ，ココ椰子砂糖などさまざまな生活雑貨が詰め込まれている。パ・ブジャンはインドネシア貨幣ルピアとマレーシア貨幣リンギの両方を受け取るが，村人の多くはつけ買いであり，彼が後生大事に持ち歩き，人に見えないようにしながら書き込む貸借ノートには多くのテロック・ムラノーの人々の借金が記載されている。インドネシアへの帰り道には，テロック・ムラノーで自家製のココ椰子油を買いつけ，これを未だココ椰子が稀少であるタマジョの村で売る。パ・ブジャンが現れると，ムラノーの女性たちはいち早く呼び止め，荷台の箱をあけさせる。多くの場合，箱から物を出しては軽口をたたきながら再び箱に物を投げ込むだけであるが，外界で買い物をする機会の少ない主婦や少女たちにとってはショッピングの楽しみを味わう機会となっている。

　パ・ブジャンのようなタマジョからの行商人や魚屋（海が荒れる10月から3月までは海浜の村でも魚は貴重となる）に加えて，国境を越えてテロック・ムラノーに商品をもたらすものとしては，インドネシア人の洋服の卸商がいる。インドネシア人商人はテロック・ムラノー村の特定の主婦とビジネス関係を維持し，主に子供向けの洋服などを彼女たちのもとに預ける。これらの主婦たちは村での販売を受け持ち，事前に取り決めた価格に自分の儲けを上乗せして村人に売る。1〜2ヶ月後，頃合いをみはからってインドネシアから商人が村を再訪し，売れ残ったものを引き取ると同時に売れた服の取り決めた元値をテロック・ムラノーのエージェントから回収する。このような代理販売を引き受けている主婦はテロック・ムラノー村には3人おり，商品を卸す商人は，ビアワックやトゥブドゥからマレーシアに入国するインドネシア人である。

　こうしたインドネシア商品の卸し商に比べると，その頻度は少なくなるが，テロック・ムラノーを恒常的に来訪する商人のなかにはさらに遠方からの者もおり，そのなかでもインドネシアのナトゥナ諸島からの商人の来訪は年中行事

ダトゥ岬灯台の国境ポイント。タマジョ（インドネシア領）とテロック・ムラノー（マレーシア領）の村人。

となっている。ナトゥナ諸島は晴れた日にはダトゥ岬から遠望できるインドネシア領の群島であり、そこで作られるパンダン製のマットはその技術と意匠で広く知られており、テロック・ムラノーの村人の多くは次のハリ・ラヤのために購入する。テロック・ムラノーの歴史のなかではナトゥナ諸島からの移住は村人がよく知るところのものであり、血縁で結びついたこの島々がマレーシア領かインドネシア領か知らないものもいる。

　海のネットワークがナトゥナ諸島とテロック・ムラノーを歴史的に結びつける一方で、陸路で国境を越えてトゥカン・パタ方面からテロック・ムラノーに現れて店開きをするのはジャワやスマトラからの行商人である。彼らの多くはボルネオ島の津々浦々を行商し、ダヤックやマレーの村々を訪れては、台所用品や室内装飾品を販売する。私がテロック・ムラノーで会ったジャワ商人はダヤックの人々にはキリストの絵柄が入った時計を、イスラーム教徒にはメッカの描かれた時計を行商しながら西カリマンタン中を歩いていた。この他にも中国製の鉄製洗面器やプラスチックの台所用品をうずたかく積んだ自転車を引いたインドネシアのダヤック青年が突然村の駐在所の前で店開きをするというのも国境の村ならではの風景である。

　テロック・ムラノーは、このように汎ボルネオともいうべき広域なインドネシアの商品流通ネットワークのなかに包摂されており、表8-2に見るように、村人の家のなかで見かけるさまざまな商品の大半はインドネシア製である。多くの村人が誇らしげに大音量で楽しむカラオケ・ステレオは、パロ方面から仕入れたインドネシアのブランドであり（村人は日本製と信じているが）、そこでかけられる音楽テープもインドネシア歌謡曲である。ムラノーの男たちの喫煙者は、タバコの葉を椰子の葉で巻いたものを吸う村長を除いては全員がインドネシア製の丁字タバコを吸う。通常のフィルター付きのタバコは、テロック・ムラノーでは「白人のタバコ」と呼ばれ、クチンなどに働きに出た若者が村でくゆらすダンヒルやセーラムは都会化のシンボルとなっている。

　テロック・ムラノーとタマジョのあいだの商品の移動は、すでに明らかなようにインドネシアからマレーシアの一方通行であり、マレーシア側の村人がインドネシアで商売をして利益を得ることはまずない。唯一例外的なのは、テロック・ムラノーに住まず、トゥカン・パタまで200メートルほどのマレーシア側の原野のただ中に家を建て住んでいるカ・スミである。カ・スミの夫はインドネシア人であり、タマジョの男たちと一緒にインドネシア側で過ごし、洞

窟にできる燕の巣の管理や木材伐採などを行っている。カ・スミは娘とほとんど母子家庭化した家に住みながら，野菜を栽培し，毎日タマジョまで自転車で行商に出かける。売りものは，野菜，果実，ココ椰子油，古着などであり，支払いはルピアで受け取る。カ・スミは時にはチャマ・ブランまでタマジョの各戸を訪問しながら行商し，多い時には 80,000 ルピア（当時の交換レートで 100 リンギ以上）を得ることもあるということだった。テロック・ムラノーの各戸の平均月収が 150〜200 リンギであることを考えるとカ・スミの稼ぎは立派なものである。このような高収入は，たちまちインドネシア側の村人の知るところとなり，そのあからさまな妬みはカ・スミをして「マレーシア人とボスニアのイスラーム教徒が違うように，同じイスラーム教徒といっても全く別の人間だ。人間関係には本当に苦労する」という愚痴を私にもらさせることになる。

　テロック・ムラノーのなかでは，ドリアンを除いて果物に値段はない。欲しければ持ち主に一声かければよい。余った果物は，パ・バガンという村人に利益折半でインドネシア側に行って売ってもらう者も多い。パ・バガンは，マレーシア人の父とインドネシア人の母のあいだに生まれ，父が亡くなったのちは母とともにサラワク北部のミリからインドネシアのサンバスの村に戻り，この数年はタマジョで暮らしていた。マレーシア国籍をもっているために，4 年前にテロック・ムラノーに妻と 5 人の子供たちとともに移り住み，土地を借りてカカオと胡椒の栽培をはじめた。しかし，当初はほとんど収穫がなく，テロック・ムラノーとタマジョを結ぶミドルマンとして余剰果実をインドネシア側で売り歩くようになり，多い日にはインドネシアとマレーシアを 3 往復する。

　これらのマレーシアからインドネシアへの商品の動きを支えるカ・スミやパ・バガンは，ともに社会的にきわめてマージナルな位置をテロック・ムラノーで占めている。カ・スミはマレーシア側であるものの国境に隣接した原野に住み，娘の日々の遊び相手もタマジョの子供たちである。パ・バガンはマレーシア国籍といっても，今までの人生の大部分をインドネシアで過ごし，いまだに生活世界は国境の向こう側に残しているといってよい。

　パ・バガンやカ・スミよりさらにマージナルな社会的位置をもつのがパ・タパとその一家である。国籍と生活空間が一致していないという意味で，領土的な国家帰属と生活世界のねじれを日常としながら生きている。パ・タパと妻，そして娘さんは国境至近 150 メートルほどのマレーシア領内に妻が父親から相続した土地に簡単な小屋を建てて約 3 年になる。パ・タパの国籍はインドネシ

アである。テロック・ムラノーでの雑役に従事し，焼畑の開墾や除草などの賃仕事で生きている。賃金（または農業省の支給物資の残余）を前渡しすると手を抜いて働かないことで知られている。また，テロック・ムラノーの村民の土地をつかい，自ら若干の換金作物の生産も行っている。インドネシア国籍ということで農業関連の援助，保育園，医療などのサラワク州政府の恩恵受けられない。パ・タパの妻は元マレーシア人であり，テロック・ムラノーに親戚がいる。夫について数年インドネシア側で暮らした経験があり，本人によればマレーシア国籍を失い，現在はすでにインドネシア人とのことである。言葉も服装も完全にインドネシア化しており，夫と同様テロック・ムラノーでの雑役に従事している。子供たちはインドネシア国籍であり，テロック・ムラノーの広場で他の子供と遊ぶこともなく，タマジョで充電したバッテリーを使ったモンゴル製といわれているテレビでマレーシアの番組を見るか，カ・スミの子供と一緒に遊んでいる。

　国籍はインドネシア，働く場はマレーシアというパ・タパに劣らずトランスナショナルな性格の強い村人としては，インドネシア領からマレーシア領の小学校に通う4人の子供達がいる。マレーシア人の母（スマタン出身）とインドネシア人の父をもち，出生がマレーシア領内であったためにマレーシア国籍をもつ児童3人と，マレーシア人の母（クチン出身）とインドネシア人の父のあいだにマレーシア領内で出生したマレーシア国籍の者1人であり，毎日タマジョ・クチルならびびタマジョ・ブサールからテロック・ムラノー村の小学校に通学している。小学校では先生とはマレーシア語で話し，教室外ではサンバス方言にスイッチしているとのことであり，担任の先生によれば他の児童との軋轢はまったくないという。

労働と婚資

　テロック・ムラノーとタマジョのあいだでは，さまざまな財とサービスの交換がみられるが，パ・バガンやカ・スミが国境を越えてマレーシア領からインドネシア領へ出かけて行商をしているのを除けば，テロック・ムラノーの大多数の人々のインドネシアに対する経済的な依存はきわめて少ない。

国境を越えた商品の動きがインドネシアからマレーシアへの出超である理由は，マレーシアのリンギに対するインドネシア通貨，ルピアの下落にある。国際的な為替相場の動きは大きな意味で国力の反映であることは，国境社会に生きるテロック・ムラノーとタマジョの人々が最も敏感に感じているところである。下落し続けるルピアは貯蓄に値しない貨幣であり，これに対してリンギは，手元に置いておけばおくほど，その価値がルピアに対して増加する。ラジオから流れるリンギとルピアの交換レートをとおして，国境社会の人々は直接的に国家経済の力学を感じとっている。テロック・ムラノーの人々にとり，自分たちの農作物をタマジョで売って得たルピアは，使わない限り，時間の経過とともに減価していく。例えば，1992年には1リンギ750ルピアであったものが，1994年には1,400ルピア，そしてアジア通貨危機直後の1997年には1リンギ3,000ルピアまでルピアは下落した。リンギの増価とルピアの減価という国境社会における国家通貨の交換レートの変動は，商品の交換という局面のみならず，広範な社会関係のなかで理解されるべきものである。以下では，タマジョからテロック・ムラノーへの労働力の流れとインドネシア人の婚入と婚資に焦点をあてながら，二つのコミュニティを取り巻き，人々の減価そのものを導く構造的な要因を考えていく。

　テロック・ムラノーでは多くのインドネシア人が雇用されており，その大部分は「通勤」可能なトゥカン・パタの村人である。労働力の移動はインドネシア領からマレーシア領へと完全に一方通行である。雇用は個人ベースで行われ，ブローカーは存在しない。タマジョのインドネシア人はテロック・ムラノーにおける農作業のさまざまな場面で雇用され，特定の仕事に限った一時雇用と固定的な雇用の二種類が見られる。支払いはリンギである。主な仕事は，焼畑の開墾や除草，胡椒やカカオの収穫，置き網漁の手伝い，家事洗濯などの多岐にわたる。一時雇用は特に胡椒などの収穫などが多く，熟した実をついばむ鳥との競争となる収穫期にはインドネシア人労働者を見つけることも困難になる。多くのテロック・ムラノーの村人は，緩いかたちのパトロン・クライエント関係を特定のタマジョ村民と結んでいる。

　テロック・ムラノーの40代後半の未亡人マ・ンガは常に畑仕事でインドネシア人の助けを必要としている。2人の子供は教育と就職のために村を出ており，焼畑耕作や胡椒の栽培などのために男手が不可欠なのである。彼女は焼畑の開墾のためにインドネシア人の男性を1人雇用し，サラワク州農業省から支給さ

れたいくばくかの化学肥料とともに42リンギを支払った。さらに籾蒔き後には除草のために2人のインドネシア人女性を2日間雇用した。この時の支払いは，1人あたり1日4リンギであり，簡単な昼食がマ・ンガによって用意された。この2人の女性は1ヶ月後に再び除草のために雇われている。さらにマ・ンガは自分の胡椒畑の整地のために前述の国境の住人パ・タパを雇い，現金が不足していたために農業省から支給された化学肥料，コーヒーの粉，1キロの砂糖，そして10リンギを支給した。ところが，期日の無視，中途半端な仕事，さらには仕事完了前の給料の値上げ要求などを始終行うために，しばしばマ・ンガはパ・タパに業を煮やすことになった。マ・ンガの言を借りれば「タマジョのインドネシア人は昼飯にエビの塩辛と米の飯だけでも喜んで働く」ということであったが，インドネシア人もサボタージュや支払い物の増加要求など，充分にしたたかさを見せていた。

　人数は限られるがテロック・ムラノーの村人と固定的な雇用関係をもち，毎日インドネシア側から通って農作業や漁労の手伝いに従事する者もいる。パ・アテはスマタンでながらく大工をして金をためたのちにテロック・ムラノーに帰村した素封家である。ランダック・ダヤック（Landak Dayak）の祖父（テロック・ムラノーに移住時にはすでにイスラーム教に入信）をもち，この祖父が広大な面積の原生林を開墾したために現在でも多くの二次林の耕作権を保有している。大工時代に蓄えた資本は，胡椒など多くの肥料を必要とする資本投下性の高い商品作物栽培に大いに生かされ，パ・アテは村一番の胡椒とカカオ生産者となっている。特に胡椒は年間2トンを生産し，そこから10,000リンギを得ている。加えて，テロック・ムラノーで唯一恒常的に置き網漁を行い，魚を村人に売っては利益をあげている。

　パ・アテは常時3〜6人のインドネシア人を雇い，置き網漁や胡椒・カカオ栽培に従事させている。彼（女）らは毎朝トゥカン・パタからテロック・ムラノーまで通い，農作業のない時にはパ・アテ家で洗濯や料理などを行っている。年間10,000リンギ以上の胡椒や置き網漁からの現金収入を得るアテ家ではあるが，インドネシア人労働者に対する支払いも多額なものとなっている。常時雇用しているインドネシア人に対しては月額125リンギが支払われ，労働者たちのために炊く米は毎日2キロを超える。しかし，雇用主と使用人の関係は厳格なものではない。インドネシア人たちが仕事場に現れないこともしばしばであり，昼休み後も主人が働き出すまでは檳榔子を噛んでのおしゃべりに余念が

胡椒摘みに雇われたタマジョ、トゥカン・パタの女性。

ない。

　村人に加えてテロック・ムラノーでは3人のスマタン在住のマレーシア人が土地を村人から購入して胡椒の栽培を行っている。彼らもタマジョのインドネシア人たちの重要な雇用主であり，特に収穫時には村人の家に泊めてもらいながらインドネシア人労働者たちに仕事の指示を行う。

　表8-3はマレーシア領内で雇用されているインドネシア人の雇用場所と賃金を比較したものである。雇用の場所はスマタンとテロック・ムラノーであり，後者の場合，被雇用者はテロック・ムラノーの村民とタマジョのインドネシア人に分かれる。これから明らかになるのは，スマタンと国境に近いテロック・ムラノーでは日給の違いがあり，さらにインドネシア人とマレーシア人に対する日給に明らかな差があることである。スマタンのマレーシア人の日給9リンギを最高に，テロック・ムラノーでのマレーシア人の村人の6リンギ，さらにテロック・ムラノーでのインドネシア人の3.5リンギといったように，明らかな支払額の減少が見られる。

　調査当時のテロック・ムラノーの人々の話では，タマジョでの賃仕事への支払いは日給でも1,300ルピアを越えず，これはリンギでは1.3リンギにしか相当しない。タマジョとテロック・ムラノーの村人たちは，ともにインドネシアとマレーシアの経済力の格差をよく認識しており，テロック・ムラノーのマレーシア人たちは下落するルピアに乗じてインドネシア人に対してより少ないリンギを支払い，インドネシア人たちはマレーシアの通貨で貯蓄を試みている。いかに安い日給であっても，インドネシアからマレーシアへの労働力の供給はとぎれることはない。

　このように国境地帯では人々の労働力の相対的な価格は，その人々が所属する国家の相対的な経済力によって決定される。国際的な為替の高下のなかで，国境社会に生きるインドネシア側の人々の労働力の減価が進むわけである。こ

表8-3　胡椒収穫に払われる手間賃

雇用主	労働場所	被雇用者	支払額（日額）
ムラノー	ムラノー	インドネシア	M$3.50（昼食付き） M$4.00（昼食なし）
ムラノー	ムラノー	ムラノーのマレーシア人	M$6.00（昼食付き）
スマタン	スマタン	スマタンのマレーシア人	M$9.00（昼食なし）

のような労働価値の減価，同じ民族である人々の労働力が国境の向こう側とこちら側で異なる状態は，容易にその働き手そのものの価値の減価に結びつく。国境を越えてテロック・ムラノーに婚入したインドネシア人女性に支払われる婚資は，その端的な例である。

　国境を越えたテロック・ムラノーの若者とサンバス・マレー人の娘たちの結婚は，この国境地帯では現在珍しいことではない。マレーシア領の一番周縁部にあるテロック・ムラノーでは従来は村内婚が大部分であった。現在の中年世代の夫婦は遠近の差はあるにせよ，ほぼ全員が親戚関係にある。これに対して，現在のテロック・ムラノーでは，村内で配偶者を見つけることが出来ない若者は村の外で伴侶探しをするようになっている。村を出ない多くの女性にとり，配偶者と知り合うことが難しいのは今も昔も変わりない。

　適齢期の男たちにとって配偶者，それもクチンやルンドゥはもちろんのこと，スマタンから嫁入りしてくれる女性を探すのは容易なことではない。この状況を打開するためにいつの頃からか若者のあいだで嫁取りの旅が行われるようになった。目的地は多くの場合，パロをはじめとした西カリマンタン，サンバス地方のマレー農村であり，遠縁の親戚の家に寄留しながら，若い女性との出会いのチャンスを求める。私がテロック・ムラノーに滞在していた際も，「若い娘を探してくる」(cari cewek) といってバイクでサンバス地方に出かける若者は多く，旅は3ヶ月におよぶものもあった。クチンやその他のマレーシアの町に出かける者はおらず，この旅はもっぱら西カリマンタン，サンバス地方の沿岸部のマレー村落に限られる。

　この旅の出会いを経て，インドネシア人の嫁をつれて帰った若者はテロック・ムラノーで5人にのぼっていた。彼らの多くはインドネシア側の嫁の村で結婚式を済ませた後，テロック・ムラノーに戻ってくる。イスラーム婚姻儀礼 (nikah) の執行人がテロック・ムラノーにはいないこと，マレー人の婚姻では嫁の家で結婚式を行うことがしきたりであるという理由のみならず，経済的な側面も無視できないようである。インドネシアの村で，新郎と新婦がアッラーの前で結婚を誓う儀礼を行い，両者の親戚縁者，祝宴は行わないか，村人や友人を招待した小規模な共食儀礼で済ませれば出費は大きく抑えられる。

　インドネシア人の嫁とマレーシア人の嫁の違いは，婚資と結納金の額に端的に表れる。通常，マレーシア人の嫁に対しては婚姻儀礼の際に120リンギが支払い額としてテロック・ムラノーでは定められているが，インドネシア人の新

婦に対しては30リンギが相場である。さらに結納金（belanja dapur）がマレーシア人に対しては3,000リンギが支払われるのに対して，インドネシア人妻の親族には300リンギで充分とされている。

　テロック・ムラノーに嫁入りしたインドネシア人女性は，村の日常生活では他のマレーシア人妻たちとなんら変わることのない生活を送っている。サンバス方言を少々控え目にし，サラワク・マレー方言をしゃべるようにしている彼女たちからは，そのインドネシア出自を感じることはできない。現在のところ5人のインドネシア人妻と1人のインドネシア男性がテロック・ムラノーに結婚して暮らしており，全員がマレーシア国籍を申請中である。国籍取得までは時間がかかり，申請中は半年に1回，関係役所に書類を提出する義務がある。マレーシア領内で生まれた子供は在地出生主義によりマレーシア国籍が与えられる。

隠れた緊張

　国境をはさんで生きるマレー人たちのあいだでは，経済，儀礼，そして親族などさまざまな関係のなかで共生が生まれている。しかしながら，彼（女）らが異なる国家に属しているという事実は日常生活のさまざまな局面で避けられない緊張関係を生んでおり，これらの多くはインドネシアとマレーシアの経済格差が原因となっている。国民総生産や国家貨幣の交換レートといった数字は，ジャカルタとクアラルンプールに住む人々にとっては単なる数字上の相違でしかないかもしれない。しかしながら，国境がそのまま村境となっているような国家領土の最周辺部で生きる者たちにとっては，日々の社会関係を構造化するきわめて直接的な力として影響を与える。すでに見たように，リンギとルピアの価値の差は，国境社会ではインドネシア人の労働力や婚資の減価に直接的につながっている。テロック・ムラノーの人々によれば，インドネシア人たちは数枚の古着のために1日働くことをいとわない「経済的に困窮状態にある人々」（orang susah）ということになる。しかしながら，このように国境の向こうのインドネシア人たちとの経済的格差を享受するテロック・ムラノーの人々も，マレーシアという国家の領域のなかでは最もインドネシアに近い経済的グラデー

ションのなかで生きていることも事実である。

　テロック・ムラノーでは頻繁にスイカ，ドリアン，胡椒，ココ椰子などの窃盗が話題となる。特に値が張るドリアンが結実する季節には，村人は祖先たちが植えたドリアンの大木の近くに出作り小屋をつくり，そこに泊まり込んで監視を怠らない。タマジョのインドネシア人は往々にしてドリアン泥棒の犯人として噂され，実際にドリアンの持ち主は誰が盗んだかを知っている場合も少なくないが，その実名を口に出すことはない。先のパ・アテによると，「当たらぬようにわざとはずして猟銃をぶっ放す」のがせいぜいのデモンストレーションということになる。基本的に人口1,500人のタマジョに対して200人あまりのテロック・ムラノーは，物理的な力関係では劣位にあることを村人は感じており，ドリアン一つでタマジョの村人を敵にすることは得策でないことを知っている。ココ椰子も頻繁に窃盗の対象となるが，これに関しては村人は何もできない。村人同士は他人の椰子を拾うことはしない。しかしながら，もとココ椰子プランテーションのなかに建てられた村の道々には常に椰子の実が落ちている状態である。村の外の椰子の木にいたっては，その監視は不可能ということになる。

　すでに述べたように，テロック・ムラノーの女性たちにとって婿探しは実に切実な問題である。年頃の男たちがインドネシアへ嫁を求めて旅に出かけるのに対し，彼女たちのモビリティは低く，その生活世界は基本的にはテロック・ムラノーを越えるものではない。このような状況で，国境の向こう側からきたインドネシア人の男たちが男女関係で問題を引き起こすことがある。テロック・ムラノーの女性とサンバスのインドネシア人女性，それも妊娠したもの同士が，テロック・ムラノーの村の真ん中で大げんかをはじめたことがあるという。2人のお腹のなかの子の父親は，テロック・ムラノーに婿入りしたサンバス出身のインドネシア人男性であり，テロック・ムラノーで正式に婚姻儀礼を済ませていた。この男は結婚前には独身であるといっていたが，実はすでにサンバスの村には妻がいた。この妻がこともあろうに臨月近くになって，テロック・ムラノーで新婚生活を送っていた夫のもとに談判にきたというわけである。妊婦2人の修羅場がどう決着したのかは定かではないが，結局，この男はインドネシアに去り，テロック・ムラノーの女性はクチンに子供とともに引っ越したという。この例のみならず，インドネシア人男性の子を宿し，結果的には私生児を育てているテロック・ムラノーの女性は，村の歴史のなかで決して少な

くない[78]。

　国境の向こう側のインドネシアの男たちは，頻繁にテロック・ムラノーの女性たちのよもやま話のトピックとなる。彼女たちの共通にもつイメージは，男女関係における彼らの放縦さである。イスラーム教徒として複数の妻をもつことは許されているが，実際テロック・ムラノーで2人以上の妻をもつものはいない。これに対してタマジョでは，テロック・ムラノーの人々によれば，「望むだけの数の妻をあちらこちらにもつことができ，たいがいの男達は古くなった妻を捨ててスカートの短い若いセクシーな女に走る」ということである。もちろん，このようなことができる男たちは，森林伐採や燕の巣ビジネスで儲けている一部の村人に限られている。

　インドネシア人のイメージとしてテロック・ムラノーの村人のなかで定着しているものとしては，性的放縦に加えて，ナショナリズムの強さがある。テロック・ムラノーの人々はタマジョの住人を「強いスマンガット」(semangat kuat) の持ち主としばしば表現する。スマンガットは，インドネシア語では胆力や根性などにあたる言葉であり，この場合はサンバス・マレー人ならびにインドネシア人としてのアイデンティティの発露として人々には了解されている。

　タマジョのインドネシア人とテロック・ムラノーのマレー人を比べるとインドネシア人たちの「スマンガット」の強さを感じ，このことは二つの国民が一緒になったさまざまな場で明らかとなる。まずテロック・ムラノー村民がよく指摘することに，「インドネシア人はたとえ百人のマレーシア人に囲まれてもひとりサンバス方言をしゃべり続ける」ということがある。相互理解は完全に可能であるが，サラワク・マレー方言とサンバス方言にはイントネーションとアクセントにはかなりの差異がある。タマジョのインドネシア人がテロック・ムラノーの村人と話している時には，確かにその言葉に変化がないのに対して，テロック・ムラノーの人々は往々にして，インドネシア領に入りタマジョの人々と一緒になるとサンバス方言風のイントネーションやアクセントにシフトするものがいる。

　このようなインドネシア人たちのアイデンティティの強さがマレーシア側への対抗意識に結びつき，テロック・ムラノーの人々を驚かせた事件がテロック・

---

[78] 石川真由美（2003）は，サラワク南西部国境部のマレー村落における事例にもとづき，イスラーム教徒のあいだの婚外子の問題を詳細に論じている。

ムラノーとタマジョの若者たちがインドネシア側でひらいたカラオケ大会で起こった。タマジョ・クチールの寄合所で行われたカラオケ大会に出かけた五人の若者は，会場のインドネシア人が歌うインドネシア歌謡曲を聴きながら楽しいときを送っていた。しかしながら，ひとたび彼らがマレーシアの歌を歌い出すと観客が1人ひとりと席をたって村の集会所から姿を消すのである。この場面に遭遇したテロック・ムラノーの小学校教師は「インドネシア人の『スマンガット』の強さに驚いた」という感想をもらしていた。
　これに対してテロック・ムラノーで村人がカラオケで楽しむ曲のおおかたはインドネシアの歌謡曲である。入手しやすい安価なカラオケ・テープはタマジョやパロ経由で入ってくるということもあるが，テロック・ムラノーの人々は自分たちが歌う歌謡曲の出自などは基本的には気にかけない。調査中にテロック・ムラノーで局所的に大ヒットしていた曲は「チンタ・メラ・ジャンブ」という果物の名を冠したアップ・テンポな歌であったが，これがインドネシアの歌謡曲であることをことさら意識するものはおらず，よしんば曲の国籍を知っても誰も気にしないというのがマレーシア側の態度であった。
　タマジョの道沿いにある雑貨屋の壁に見かけるのは，インドネシア独立の英雄たちの顔と名前が書かれたポスターならびにその時々の大統領と夫人の写真である。これに比して，テロック・ムラノーにおいては，警察の駐在所，警官の自宅，そして小学校の3ヶ所のみにマレーシアの最高指導者であるアグン，そして首相などの政府高官の写真が掲げられているが，その他の場所で国家を感じさせるものはお目にかかることはない。
　テロック・ムラノーに比べるとタマジョにおいては，インドネシアという国家やサンバスという文化圏の存在をよりかたちのあるものとして日々の風景のなかで感じる。これはナショナリズムやサンバスの地方文化へのアイデンティティ形成といった面のみならず，さらにイスラーム教や民族の歴史に関するタマジョの人々の意識にも見てとることが可能である。テロック・ムラノーでは，通過儀礼や病気快癒のためにクンドゥリ（kenduri）などの共食儀礼，ハリ・ラヤや結婚式，そして葬式などタマジョのインドネシア人が儀礼に参加する機会は少なくない。このような時に男たちはクルアーンの読誦をともに行う。タマジョからの来客の参加を得て，インターナショナルなカラオケ・クルアーン大会が開かれることもある。このような場でクルアーンを力強く読誦するのは決まってインドネシア人であり，テロック・ムラノーの男たちは全く精彩を欠く。

大きな声，そしてしっかりとした発音でクルアーンを唱えるタマジョの村人の
リードに口をぱくぱくさせて従うテロック・ムラノーの男たちを見るとき，イ
スラームの日常での蓄積の違いをカリマンタン側とサラワク側に感じる。多く
のタマジョ村民は，イスラームの儀礼の際には黒いつば無し帽子をかぶり，ジャ
ワ更紗を腰に巻いて参加する。タマジョの人々が誇らしげに語るところによれ
ば，彼らのクルアーン読誦はジャワの正統的なものである。文化圏的な認識も
テロック・ムラノーとタマジョの人々では異なり，インドネシア側の多くの人々
が自らの文化的な出自を遠くマジャパイト王国まで遡って語るのに対して，テ
ロック・ムラノーの人々は自らの文化を歴史の文脈のなかで語ることはまずな
い。テロック・ムラノーの小学校に赴任しているダヤック人教師の「ムラノー
はインドネシアに比して経済的には豊かであるが，文化的には貧しい」という
言葉は，長く村に住むアウトサイダーによるコメントである。
　一般にタマジョの村人たちはテロック・ムラノーの村人に比べて，強いイル
ムの持ち主であるという認識が一般的である。すでに述べたような宗教的な知
識と実践，歴史のなかでの自らの文化へのアイデンティティの強さに加えて，
呪術という意味でもインドネシア人のイルムはテロック・ムラノーの人々に恐
れられている。一例をあげると，テロック・ムラノーにはインドネシア人の呪
術の犠牲になったとされる40代の男性がいる。彼は以前は船大工としてその
名をとどろかせ，漁師としても一級の腕前をもっていた。攻撃的な性格で，タ
マジョの貧しさをあげつらい，インドネシア人を馬鹿にする言動が多かったと
いう。そのような彼が，タマジョの村人に公衆の面前で罵詈雑言を浴びせかけ
た直後に，手足の自由が効かなくなり言葉を失ったのである。現在でも彼は高
床式の自分の家の階段に腰掛け，何をするでもなく海風を受けながら無言で日
がな一日を過ごしている。
　ここで注意しなければならないのは，呪術にたけたインドネシア人というイ
メージが，じつはそのままテロック・ムラノーの村人にもあてはまることであ
る。「すでにインドネシア人と混ざりあっている」もしくは，さらに直裁な「あ
の村の住人は，実はインドネシア人である」といったテロック・ムラノーにつ
いての語りは，この辺境地域での国家の生成の過程に深くかかわっている。す
でに述べたように，ダトゥ岬からルンドゥにかけてのマレー人たちの多くが，
蘭領ボルネオのサンバス地方からの移民たちの子孫である。しかし，ルンドゥ
がサラワク最南西部の行政地区の中心として栄え，クチンとの交通が密になり

カラオケ・スピーカーを使ってクルアーンを読誦するテロック・ムラノーとトゥカン・パタの人々。

人口が増加するにつれ，住人の蘭領ボルネオ起源は構造的な健忘症ともいえる状況の下で隠蔽されていく。しかしながら，このような出自の外来性は，現在でも，ルンドゥからスマタン，さらにはテロック・ムラノーおよびテロック・スラバン両村と，インドネシア国境に近づくにつれて，より明確なかたちで語られている。
　サラワクと蘭領西ボルネオの百年の歴史のなかで引かれたサラワクとサンバスの境界線は，1963年のサラワクのマレーシア編入とインドネシアによる軍事侵攻以降，両国民国家の国境として規定されるようになる。三年にわたる軍事的衝突は，ジャカルタとクアラルンプールを極とした二つの国民国家の急激な実体化をうながしたが，テロック・ムラノーを含めたダトゥ岬からスマタン沿岸のマレー人村落は，二つの政治的磁場の緩衝的空間としてマージナルな位置をしめるようになる。さらに，最近のインドネシア人労働者や行商人の入国の増加にともない，マレーシア移民法に抵触する「不法入国者」としてのインドネシア人像が定着し，テロック・ムラノーとスマタン港は，インドネシア人のサラワク流入の最前線の一つとして位置づけられるようになった。現在のサラワク州では，人々のインドネシア出自じたいが，マレーシア／インドネシアのあいだで潜在化した政治経済的な緊張関係のなかで不可触な歴史的事実とされつつある。州都クチンを中心に居住するエリート層のマレー人（perabangan）たちが自らの起源をスマトラのミナンカバウなどと積極的と主張するのと異なり，テロック・ムラノーやスマタンの多くのマレー人たちのサンバス出自，すなわち「インドネシア人」との親族関係はあからさまに否定されないとしても，国民国家の成立後の歴史のなかで構造的な忘却の対象となっていることはすでに論じたとおりである。
　このような状況でテロック・ムラノーの周縁性が，村人のもつイルムについての語りに収斂していることは興味をひかれる。例えば，「あのあたりの村人たちは，イルムが強いから注意しなければならない」というのは，クチンのマレー人のあいだでたびたび聞かれるテロック・ムラノーについての言説である。実際に，村に住み込むにあたり，メッカへの巡礼を終えたクチンのマレー人家族が護符を私たちにもたせてくれたことはすでに述べた。クルアーンの一節が記されたこの護符を携帯すれば，呪術を防げるというわけだ。このような「危険な村人」のイメージは，村人の民族的な周縁性と不可分に結びつき，この辺境村落を知るクチンのマレー人のあいだで定着している。

差異の連鎖

　「中心」と「周縁」のあいだに累積する差異のスペクトラムは，国家領域という空間的な場のなかで生まれるが，国境によって二つ以上の国家領域が隣接する場合には，異なるベクトルをもつ差異の連鎖が接触する空間が生まれることになる。マレーシアという国家空間のなかで，テロック・ムラノーは首都クアラルンプールならびに州都クチンという中心から最も遠いところとして，政治，経済，そして文化的差異の連鎖の最終部分に位置することになる。同様に，インドネシア側ではジャカルタならびにポンティアナックに対する最周縁部としてのタマジョが，差異の連鎖の行き止まりとして存在する。本章で考察してきた社会関係は，これらの二種類の連鎖が国家の境界を越えて，さらに新しい接続関係を形成する際に見ることができる動態ということになる。言い換えれば，テロック・ムラノーとタマジョは，互いにマレーシアとインドネシアという国家領域のなかでの差異の連鎖の最終連結部であり，二つの「どんづまり」が隣り合う国境における社会関係は，国家のなかで作られてきた差異のスペクトラムが解放される社会的な場と考えることができる。

　ともに政治経済的な周縁部に位置するテロック・ムラノーとタマジョのあいだでは，商取引，儀礼，サービス，雇用，婚姻などさまざまなかたちをとって商品，貨幣，労働力，そして人々の国境を越えた通行が生まれ，これらの国家的な帰属の変容が日常的に起こっている。インドネシアからマレーシアへのこれらの流動は，二つの国の経済力格差，特に国家通貨の強弱によって構造化され，そこに見られるのは国境を超える空間移動にともなう人とモノの価値変容である。これらの国家空間の越境にともなう価値の増加ならびに減少は，その価値を減じ続けるルピアと交換貨幣としての価値をますます増加させるリンギの格差拡大によるものであり，この意味では国境社会の日常的な社会関係は，村人があずかりしらない国際的な為替変動と直接的に結びついている。

　デュルケームやモースの時代から常にモノと人のハイアラーキーは重要な考察対象となってきた（Durkheim and Mauss 1963）。例えば，社会的交換にながらく関心を寄せてきた人類学者は，「一般交換」や「限定交換」，そして「互酬性」といったさまざまな社会的交換のプロセスのなかで人やモノの価値を決定する

システムを文化と規定し，交換されるものの序列化や性格の変化を理解することに努めてきた。交換による人やモノの価値の付与ならびに価値の増価と減価といった現象は，まさに一定の社会システムに特有な文化のコーディングもしくは分類と差異化のシステムである（Appadurai 1986; Bohannan 1955; Kopytoff 1986; Parry and Bloch 1989）。本章が考察した国境社会では，国家という制度的な範疇がきわめて直接的に商品と人々の価値や価値の変容にかかわり，国境線を越える空間移動が，人々の生活世界の認識における複雑な差別化の契機となっている。国境社会の生活世界における社会的流動をミクロな視点から考察することは，私たちに人々が自らの社会的資源の価値の最大化のために国家という枠組をきわめて戦略的に利用していることを教えてくれる。国家空間のもとで進行する人とモノの使用価値の差異化は，人々の外界認識や範疇化に大きくかかわること，そして国境線の越境にともなう人の価値の転成が社会的な差別の構造化に結びついていることをふまえることは，現在世界で進行するトランスナショナリズムやグローバリゼーションの文化的側面の理解にとって欠かすことのできない前提となる。

第九章
国境線の使い方

ダトゥ岬再訪

　テロック・ムラノー村とタマジョ村のあいだの国境を越えた商品と労働力の移動の事例から明らかなように，リンギとルピアの為替変動に表れる経済的変化は国境社会の日常に影響を与え，モノと人の移動の方向や商品や労働に対する貨幣的価値が村人の関係を規定する構造的要因となっている。マレーシア人たちは，国境の向こう側のインドネシア通貨を商取り引きで用いることもなければ，その財布にルピア紙幣をためこむこともない。これに対し，タマジョのインドネシア人たちは，自分たちの商品や労働力をリンギに交換し，できるだけの蓄財をマレーシア貨幣のかたちで保管することに努めている。

　しかしながら，このような貨幣価値の国際的な相対化が進むなかで，インドネシアの村人たちはマレーシア側で不当に安い賃金に甘んじ，労働に従事しているだけではない。私が2002年8月にテロック・ムラノー村とタマジョ村を再訪した際には，インドネシア通貨の暴落により生じたバブル経済の恩恵を受け，すっかり様変わりしたタマジョの人々の生活を知ることができた。

　1997年にアジアを襲った通貨危機により始まったルピアの凋落は，マレーシア・リンギとの交換比率をきわめて短いあいだに変化させ，通貨危機以前には1リンギ700ルピア前後で推移していたルピアの価値を一挙に1リンギ3,500ルピア台まで下落させた。このような状況で，タマジョの農民達は見事に国家経済の低迷を逆手にとって利益を上げたのであった。

　1987年にトゥカン・パタに入植した際には，わずか7,500ルピアしかもっていなかったと自ら語るパ・ジャヤディを例にとってみよう。私たちがテロック・ムラノー村に1993年に最初に長期滞在した頃から，パ・ジャヤディ夫妻の家にはハリ・ラヤなどの機会に訪問するようになっていた。当時，夫妻は打ちっ放しの板を釘で打ち付けただけのあばら屋に住みながら胡椒栽培をはじめていた。窓にはガラスは入っておらず戸板で雨を防ぎ，隙間だらけの壁板のあいだからは強い日光がさしていたことを覚えている。このような体裁の家は当時のタマジョでは珍しいものではなかったが，国境を越えたテロック・ムラノーの家々との差はあまりに大きかった。しかし，2002年に訪れた際には，パ・ジャヤディ夫妻の家はパロから運んだ資材をふんだんに使った豪華なものに変わっ

パ・ジャヤディ家のハリ・ラヤ（1994年）。

ていた。最新の建材は州都のポンティアナックの住宅街で使われているものと何ら遜色のない。窓は開閉式のガラスが入り，客間には豪華な応接セットがおかれ，床もパロから運ばせたという純白のタイルで覆われていた。さらに驚いたことには，パ・ジャヤディの家には自家用の発電機が装備されており，125 cc のヤマハのバイクも倉庫にとめられていた。

　現在，国境の荒野に似つかわしくない新築の家にパ・ジャヤディ夫妻が住むようになったのは，まさにアジア通貨危機後のインドネシア経済の崩壊のおかげである。入植後10年の苦闘をへて，1997年までにパ・ジャヤディの胡椒畑は年間1.5トンの胡椒を産出するまでになっていた。おりしも1リンギ700ルピア台であった交換レートは，1997年の時点で，1リンギ3,500ルピアまでに跳ね上がり，リンギに対するルピアの下落が，ジャカルタや西カリマンタンの州都ポンティアナックでは，ガソリン，米，砂糖，食用油などの高騰を引き起こしていた。このような経済危機のなかで，サラワク側の華人商人に卸していた胡椒のもつルピアの価値は一挙に5倍近いものに変化し，パ・ジャヤディをはじめとするトゥカン・パタの農民たちは，インドネシア経済の低迷をしりめに国境におけるバブル経済の恩恵を受けることになったのである。例えば1キロあたり23リンギで卸していた黒胡椒は，1リンギ750ルピアの交換率のもとでは17,250ルピアであったが，1997年の1リンギ3,500ルピアの交換率のもとでは，一挙に80,500ルピアの価値をもつようになった。このようなルピアの下落にともなう胡椒の取引価値の高騰は，トゥカン・パタの胡椒生産者にきわめて短期のあいだに富をもたらしたのである。前章で詳述したような開拓当時の困苦はすでに過去のものとなり，現在，トゥカン・パタには約3分の2の世帯が自分の自家発電装置をもち，3台のバイクを保有する者も珍しくない。

　インドネシアとマレーシアという二つの国民国家の貨幣の力の差が大きくなるに従って，ボルネオ島で隣接する二つの領土，インドネシア領カリマンタン州から東マレーシアのサラワク州への人と商品の国境を越えた移動は激しいものとなっている。1997年にアジアの通貨危機では，当時のマハティール首相主導の金融政策によるマレーシア通貨の下落防止と世界銀行指導のもとでのインドネシア経済の混迷という体験を通じて，リンギとルピアの交換率の変動は，国境を越える労働力と商品の価値に直接的な影響を与えることとなった。

　本章では，テロック・ムラノーとタマジョのあいだの村境から再びサラワク

州南西部と西カリマンタン州のあいだの国境地帯に今一度フォーカスを拡大することにより，ポスト・コロニアルな状況下で進む国家と国境社会の関係をアップデートすることを目的としている。ついては，国家領域と国家貨幣と国民のあいだの一対一の関係がすでに意味をもたない新しいかたちの社会空間に焦点をあてながら，現在のボルネオ島西部地域におけるマレーシアとインドネシア国境の性格，そしてグローバル化と新しい国家主導のトランスナショナリズムのもとでの国家と社会の関係を検討していきたい。

通貨危機と国境貿易

　「メガは早くこれになればいい」といって笑いながら自分の首を切るふりをするのは，ボルネオ西部インドネシア／マレーシア国境エンティコン／トゥブドゥにある露天市場でサロン（腰布）を売る商人である。ここでの「メガ」は2001年8月の調査当時，スハルト大統領を引き継いでインドネシア共和国大統領になっていたメガワティ大統領のことであり，首を切るジェスチャーは，その経済政策の失敗で国民の批判をあびて大統領職から退くことを意味している。この西カリマンタン州ポンティアナック出身の若い露天商は，対抗政党の党員というわけではなく，単純にメガワティ大統領がその前のワヒド大統領などと同様にリーダーシップを発揮できずにインドネシア経済を混乱させ続けてくれさえすればよいのである。荒っぽい訳をすれば，この首切りのあとに続いた言葉は「インドネシア経済がこのままぶっ壊れていてくれれば一番結構」ということになる。時はちょうどワヒド大統領退陣後メガワティ大統領の就任を受けてルピア下落に歯止めがかかり，ルピアは国際市場でドルに対して8,400ドル以下まで交換レートを回復させていた時期であった。2000年8月以降下落基調を続けてルピアがワヒド大統領退陣運動の高まりを理由に1ドル＝11500ルピアまで急落し（2001年3月12日），98年10月以来の最安値を記録したのち久しぶりにルピアが短期の持ち直しを見せた後の時期にあたる。

　首都ジャカルタや西カリマンタン州都のポンティアナックではガソリン，食用油，砂糖などの基本物資の高騰は市民生活を圧迫し続けていた。このような状況で，インドネシアとマレーシアの国境地帯，特にインドネシア側は1997年

以降続く「バブル経済」のもとおおいに潤い，国境部に限っての特需を経験していた。トゥカン・パタのパ・ジャヤディの例でみたように，ルピアの暴落は国境に生きる人々にはまさに天恵となる。インドネシア経済が崩壊しようがしまいが，これら国家領域の最周縁に生きる人々にとって重要なのは，自分の労働や売る品物がどれだけのルピアを懐に運んでくれるかである。国境貿易にたずさわるこれらのインドネシア人の顧客はマレーシア人であり，支払われる通貨はマレーシア・リンギであり，インドネシアの経済破綻にともなうルピアの下落は彼らの商品のリンギでの価値の増加をもたらす。単純な計算でも，1997年以前に例えば10リンギ＝7,500ルピア（1リンギ750ルピア）であった男性用の腰布は，経済危機のピーク時（1リンギ3,000ルピア）には，30,000ルピアを商人たちにもたらした。このような状況のもと国境でマレーシア人観光客をあいてに商いをするインドネシア商人たちの願いは，メガワティ大統領がワヒド大統領と同様に有効な経済回復策を打ち出さず，その結果インドネシア経済が崩壊し続けることであった。

　このような為替レートの変動にともなうバブル景気のもと，マレーシアとインドネシアを結ぶボーダー・チェックポイント（Pos Lintas Batas）の一つである

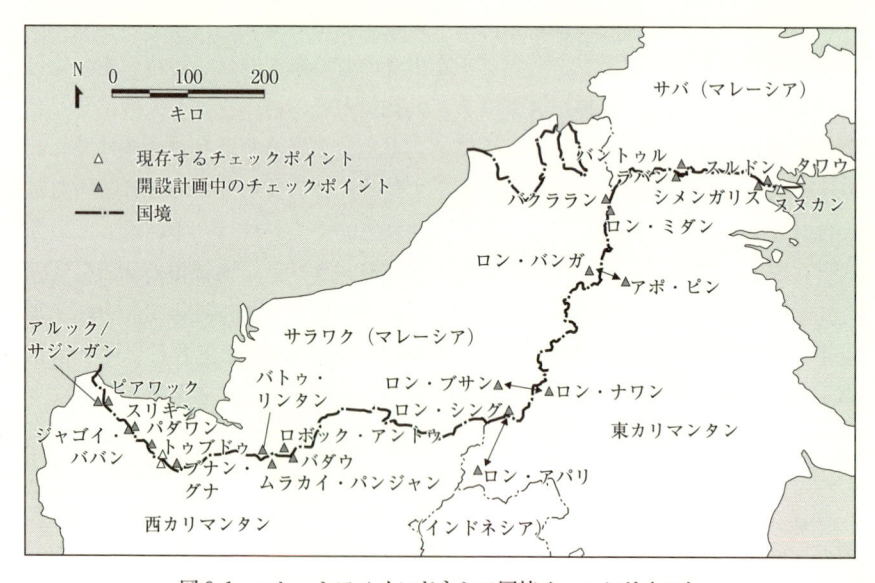

図9-1　マレーシア／インドネシア国境チェックポイント

エンティコン／トゥブドゥ国境検問所。

エンティコン/トゥブドゥに巨大な露天市場が出現し，2001年の調査時には600を越える商店が軒を連ねていた。商店主たちによる自治組織も形成されており，日本でいう商店街事務所にあたる集会所やイスラーム礼拝所も設置されている。電気は自家発電であり，水は天水を利用している。この市場が西カリマンタンの州都からは陸路で10時間近くかかるジャングルのなかに突然出現するということを除けば，商店にはありとあらゆる種類の商品が並べられ，ジャカルタの市場とその規模と質は変わりない。客はサラワク州側から訪れるマレーシア人であり，マレー，華人，ダヤックなどさまざまである。支払いはもちろん値段の表示もマレーシア・リンギである。ここに集まる商人の構成は，まさにインドネシアの縮図といった観を呈しており，西カリマンタンの地元商人に加えて，スラウェシのブギス，スマトラのバタック，ジャワなどを中心に多種多様な民族構成となっている。ただし華人の商店はない。

　2004年の夏に耳にした話では，このエンティコンの国境市場から商人の流失が続き，往年の賑わいはないとのことであった。その理由はやくざの進出であるという。この国境に出現した市場は，移民局の通関関連施設に隣接しているが，不法占拠をしながら商店を建て，国家領域のはざまという特殊なニッチで商いをする人々にとり，国家権力は当初からコントロール可能な力であった。しかしながら，やくざの所場代管理や上納金の取り立てには閉口したのか，多くの商人たちがマレーシア側のスリキンをはじめとする他のボーダー・チェックポイントで開かれている市場に商いの場を移し始めているとのことであった。

インターフェイスとしての国境社会

　これらのエンティコンの国境市場の商人たちが新しい移動先としたのが，さらに国境を南西に移動したところにあるジャゴイ・ババン/スリキンのボーダー・チェックポイントである。エンティコン/トゥブドゥに比べればはるかにサラワク州都クチンに近いところに位置し，車なら1時間の距離にある。私はこのインドネシア/マレーシア国境をポンティアナックとクチンの両方から訪れた（図2-2，図3-3参照）。

　インドネシア側のジャゴイ・ババンは，行政的には西カリマンタン，サンバ

ス郡の最辺境に位置する。ポンティアナックからジャゴイ・ババンまでは324キロメートル，比較的良く舗装された道路で結ばれている。沿岸のシンカワンから内陸を北東に進む道路沿いには油椰子プランテーションが続くが，スルアス付近からは第二次森林が優勢な山地となり，焼畑の火入れの季節には，オレンジの火と黒煙を右に左に見ながらのドライブということになる。ジャゴイ・ババン自体はほこりにくすんだ宿場町であり，一泊250円ほどの簡易旅館が数軒とパダン料理の食堂があるのみである。ジャゴイ・ババンの中心からは板を渡した簡易ベンチをつんだトラックが国境まで頻繁に往復している。この終着点がインドネシアとマレーシアの国境ポイントである。しかしながら，そこには移民局の事務所と国境線を示す塔が立っている以外は，外来者にはこれがスルタンの時代（サンバス・スルタン／ブルネイ・スルタン），植民地の時代（蘭領西ボルネオ／サラワク王国），そして現在の国民国家（インドネシア共和国／マレーシア連邦）という三つの政治システムをとおして常に二つの政体のはざまであり続け，特にゴム・ブームのあいだには密貿易中継地であったことを気づかせるものはない。

　インドネシアのナンバープレートをつけたバイクが常に国境ポイントには客待ちをしており，5,000ルピアで4キロ先のマレーシアの町スリキンまで運んでくれる。ジャゴイ・ババンとスリキンの町のあいだはマレーシア領ではあるが，両国間の一種のバッファーとして野原が続いている。ジャゴイ・ババンは行政的には4つの村（デサ）とその下部に22の部落（ドゥスン）からなっており，2,200平方メートルの行政区にジャゴイ・ダヤックを筆頭に11のビダユ・ダヤックの民族集団が居住している。

　ジャゴイ・ババンとスリキンは植民地の時代から国境で区切られてきたが，住民はどちらもビダユ・ダヤックであり，そのなかでもジャゴイ・ダヤックの人々の多くは二つの国に分かれて親族関係を維持している。ジャゴイ・ババンとスリキンの地元民は，特別の許可証（Pas Lintas Batas/Border Pass）が発給され，移民局の手続きなしに国境をこえて行き来することが許されている。しかしながら，私にとってマレーシア領の町に続くこの国境のあぜ道4キロはきわめて遠い4キロということになる。物理的には5,000ルピアを払ってバイクの運転手の背中にしがみついていればマレーシア領に入れるわけだが，それもあたわず，ポンティアナックに戻ってクチンに飛ぶ以外には，上述したエンティコン／トゥブドゥのボーダー・チェックポイントから陸路でサラワク入りする

しか方法はない。

　この調査では，参与観察の一環として，ジャゴイ・ババン／スリキン国境地帯で日曜日と木曜日にたつ国境市に参加する計画をたてた。サンバス・マレー人の友人と私でインドネシアの産物をサラワク側の商人に売ってみようという計画である。マレーシアから来る商人に売る商品はサゴ椰子の幹のなかにいるウラット・サグと呼ばれる甲虫類の幼虫に決めた。カブトムシのそれに似た親指大の幼虫はボルネオではご馳走であり，油で揚げたものはトロッとしたチーズのような味わいを持つ。国境の向こう側のサラワクの市場では一匹1.5リンギから2リンギの値で売られているが，私たちが滞在していた西カリマンタン州サンバスの農村ではその十分の一の値段で仕入れることができる。知り合いにサゴ椰子の幹から幼虫を取り出してもらっていたが，折しも病気で臥せっていた老人が亡くなり，村人は葬儀の用意で充分な数が集まらず，あえなく私たちの計画は頓挫，その晩は，期せずしてウラット・サグの料理実習となった。

　ジャゴイ・ババンとスリキンの国境地帯では，市がたつ日には，地元の人の言葉を借りれば「アリの行列」のように人々がさまざまな商品をサラワク側に売りに行く光景が見られる。国境交易の対象となるものは，インドネシア側よりも高く売れる物なら何でもといった状況である。「たとえ蚊でも売れるものならインドネシア側でつかまえて国境の向こうで売りつける」と笑っていたポンティアナックの商人は，色とりどりの熱帯の鳥の入った籠を車に積んでスルアスからジャゴイ・ババンに向かう途中であった。このような国境交易では，タバコやビールなどに加えて，前述のサゴ椰子に寄生する幼虫からプタイといった豆，米，野鳥の類から獣肉までありとあらゆる商品がジャゴイ・ババンに運ばれる。

　このようなジャゴイ・ババン／スリキンの国境で行われてきた交易は，単に木曜日と日曜日といった定期市でもなければ，ジャゴイ・ババンとスリキンのあいだの数キロの国境空間に限定されたものではない。これらの国境を越えた交通は，植民地期から続くものであり，その空間的拡がりも現在の西カリマンタンのサンバス郡全体に拡がるネットワークのなかで理解されるべきものである。

　私が友人とウラット・サグの商いを準備した村は，サンバス郡のサイン・ランビというサンバス・マレー人の農村である。国境部へはバスやトラックを乗り継いで半日以上かかるところに位置しているが，この村の人々は実はすでに

1930年代からジャゴイ・ババンでの国境貿易にたずさわってきた。現在でも若干の資金と儲かりそうな産物が手に入れば，サンバス・マレーの農民たちはトラックを乗り継いで国境まで出かけていく。私が訪れた際には，おりしもプタイ豆が集荷され，国境に運ばれるところであった。第四章で詳しく考察したように，国境を越えた交易は「スモーケル」と呼ばれ，その起源はオランダ植民地期のゴムの密貿易に遡ることができる。国境へ商品を運んで利鞘を稼ぐこのような日常的な行いは，親やその祖父の世代からこの地方では行われてきた。

現在，ジャゴイ・ババンなどの国境の村は，行政的に「国境隣接地域」（Daerah Lintas Batas）と指定されている。住民には国境通行証が発給され，パスポート所持や正規の通関の手続きなしに自由に国境を越えて隣接した村々を行き来することが許されている。村人の言葉を借りれば「国の線引きは後から引かれたもの」であり，国境をはさんで親族関係があり，場合によっては家族が国を違えて暮らしている場合も少なくない。これらの国境の住人は，自分たちの生産した農作物，例えば胡椒やゴム，カカオなどの商品作物を国境の向こう側の商人に卸すことも認められている。これらの国境の村の人々は国家によって制度的に保障された「スモーケル」を日常的に行っていることになる。

国境バイク・タクシーの運転手の指先の向こうのたったの4キロ先にありながら訪れることができず，ポンティアナック，ジャカルタ経由で調査を終えて帰国した私が，ふたたび今度はマレーシア，サラワク州からの調査許可を携えてスリキンを訪れたのが2002年のことである。インドネシア側から遙かに見晴るかしたサラワク側の村に入り，今度は国境の逆側からジャゴイ・ババンの方向を見やる体験は，国境を日常的に体験できない典型的な日本人にとって新鮮である。

スリキン村はインドネシア側から予想したとおり国境交易できわめて裕福な村となっていた。塀をめぐらしたコンクリートの家々の前には祭りの縁日のようにインドネシア人の露天商の商品が延々と並んでいる。これらの商人はスリキン村に所場代を納めているとのことであった。以下，スリキン入りした当日のフィールド日記の一部を記してみる。ちなみに括弧内は補記である。

クチンから車で30分ほどでバウへ到着。バウから20分でスリキンへ。途中の道路は現在アップグレード中で橋の架け替え作業の真っ盛りである。人が来ないようにするのではなく明らかにさらに多くの交通量を政府が見越して計画を立てて

いる様子である。サリキンの村は立派な家が多い。インドネシア人の娘さんたちがクダイ（茶店）で働いており，テー・ペン（サラワク流のアイス・ミルク・ティーの注文の仕方）も通じず。村の手前には，すでに大きく育ったSALCRA（政府プランテーションプロジェクト）の油椰子園あり。

ティカー（籐製の敷物）をインドネシア側のサンガウ・レドやスルアスなどから運んで売っている人々多い。多くは店をもたず，道ばたでもってきたものをひろげてみせる。籐は仕入れたものだが手作りとのことで値段は10×12フィートで75リンギである。

洋服，CD, VCD, 食器，台所用品，革靴，米，干しエビ，するめ，帽子，ぬいぐるみ，台所用品，カイン（腰巻き布），ティカー，バリ製オニックス製品などなど。簡易な雨よけ屋台をつくって品物を並べている。土曜に店開きして，サリキンで一泊して日曜に商売をしてインドネシアに戻るとのこと。以前は木，日が市の日であったが，最近週末だけに変わった。一般客はマレー人，商売人はトーケー（華人商人）が仕入れにきている。いろいろなところで私たちも「トーケー」と声をかけられる。

動物の輸入禁止などの立て札多し。移民局ポストあり。検問で帰りに米を買ったか尋ねられる。多くの人が米を買っている様子である。移民局から少し離れたところには，小型戦車が何台もとまった軍の駐屯場所があった。サリキンに較べるとトゥブドゥのセキュリティのほうが劣るとのこと。警察も軍隊もなく，インドネシア人が攻めてきたら国境部のマレーシア人はひとたまりもなく殺されてしまうので何とかしてほしい，とイミグレーションの官吏がクチンから視察に訪れた市会議員に訴えたとのことである。

たくさんのインドネシアのナンバープレートをつけたバイクが行き来している。国境の向こうのインドネシアの村（ジャゴイ・ババンやスルアス）からはオジェック（簡易乗り合いバス）もある。サラワクの商人のために苦力仕事のようなことをしているインドネシア人の若者も多い。ジャゴイ・ババンの人々の多くが平日はスリキン側で泊まり，村には帰らない。近いからオジェック代はそう高いものではないが，帰村は週末のみ。国境を越えて毎日通うことはしない。スリキン側では多くのインドネシア人が工場やアブラ椰子プランテーションで働いている。ジャゴイ・ババン村はマレーシアでの賃金で潤い，各戸にVCDプレーヤーがあるというというのがスリキン側の住民の話である[79]。

2005年3月末にサラワク州と西カリマンタン州の税関関係実務者会議がク

スリキンの国境市場。

チンでひらかれた際には，インドネシアとマレーシア間の国境貿易が取り上げられ，砂糖，牛肉，医薬品，食料品一般，化粧品，麻薬類の密貿易の取り締まりの必要が指摘され，特にジャゴイ・ババンからスリキンに持ち込まれる産品として，米，タバコ，バティック布，火器，花火，クラッカー，アダルト VCD，海産物（乾物）などが取り上げられた（The Borneo Post 3/20/2005）。後述するインドネシアにおける木材の不法伐採とサラワクへの密輸とともに，国境貿易はインドネシアとマレーシア両政府関係当局の協力体制のもとさらなる管理の対象となることが予想される。

インドネシア側のジャゴイ・ババンとマレーシア側のスリキンといったように「国境隣接地域」では同じ民族集団からなる村が対をなして国境に張り付いているのが普通である。ダトゥ岬からインドネシア，西カリマンタン州と東マレーシア，サラワク州側を二分して分水嶺上に引かれた国境線の両側には多くの村々が国境線の両側に存在する。テロック・ムラノー，プエ，ビヤワック，カンダイ，スタース，パダワン，トゥブドゥ，グナン・グナ，パントゥー，バトゥ・リンタンといったコミュニティである。これらの一つ一つのコミュニティは例外なく同一のエスニシティを共有している。例えば，テロック・ムラノーには，マレー村落タマジョ村が併存しているように，ビヤワックというダヤック・コミュニティには，アルック/サジンガンというインドネシア人のダヤック集落が隣接している。東マレーシアとカリマンタンの国境線上には無数のコミュニティがあり，そこでは国境線がエスニシティ，歴史，文化を共有した社会を分断しているのである。

図 9-2 は，サラワクの保健省の人と話をしている時に作ったものをもとにしている。テロック・ムラノー村を含むこれらのコミュニティは，マレー語でいうとカワサン・ヒタム（Kawasan Hitam），つまり「ブラック・エリア」として指定され，マラリア原虫の撲滅のためのスプレー散布が保健省の人々によって定

---

79) 2007年6月にスリキンを再訪した際には，国境市場はさらに活況を呈していた。露天が300軒を超し，多くの商人がエンティコン/トゥブドゥのパサー・カゲットから移っていた。露天区域の入り口には大型駐車場が付設され，サリキンの多くの地元民が1ヶ月4リンギの賃貸料で軒先をインドネシア人露天商に貸し利益をあげていた。露天商は近郊のジャゴイ・ババンやスルアスなどから来て野菜を売る者と，バンジャルマシンやポンティアナック出身で洋服，インドネシア布（カイン），時計，香水，台所用品などなどを専門に売る者に二極化していた。すでにバウから路線バスが運行し，多数のサラワク・マレー人の買い物客が集まる一大市場となっていたことには驚かされた。

期的に行われる要注意スポットである。これらの村々がマラリアのブラック・エリアであるというのは、インドネシア側からの人々の通行がいかに激しいかということを示すものであり、サラワクの保健省の人に言わせれば、マラリア原虫をもったインドネシアの人々が国境を越えて入ってくるために病気が広がるということだ。

　前章でみたテロック・ムラノーとタマジョを結ぶ小道のように、これらの国境をはさんだ村落は、マレー語で「ジャラン・ティクス」と呼ばれる道で結ばれている。「ジャラン」は道、「ティクス」はネズミを意味する。さしずめ「ネズミの道」と訳されるこれらの毛細血管に似た無数の小道が両国を密接につないでいる。ジャングルの真ん中であるが、人々、物流、情報などの流れの密度が非常に濃いフロンティア空間がボルネオの背骨にあたる地域に形成されているのである。

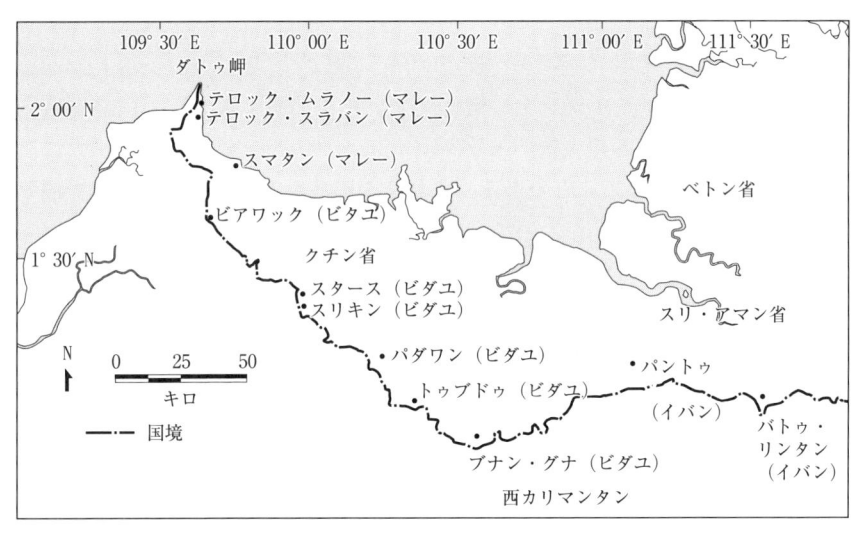

図9-2　マレーシア／インドネシア国境のマラリア多発地域

ジャラン・ティクスとジャラン・ガジャ

　西カリマンタンとサラワクのあいだに限っても，政府によって認識されているジャラン・ティクスは50以上にのぼるといわれている。すでにみたようにテロック・ムラノーとタマジョを結ぶ小道もジャラン・ティクスの一つである。これらのジャラン・ティクスのいくつかが1980年代中頃以降，国家のもとで大きくその性格を変えはじめている。

　ボルネオ西部で国境が地元の住民に意味を持ち出したのは，前述した1930年代のゴム密貿易の時代を経て，この線引きの上を人やモノが通過することによって利益を得ることを人々が知った時からと考えてよいだろう。1960年代のマレーシアとインドネシアの軍事紛争時には地元民による国境の通行は停止したが，その後も「スモーケル」の時代と同様に，国境社会の人々は国家から見れば非合法，もしくはインフォーマル・エコノミーと呼ばれるような経済活動によって利益を得てきた。このような商品や労働力のトランスナショナルな移動に対して，マレーシアとインドネシアの両国が協力して介入し，国家管理のもとに収めようという動きがきわめて強くなってきたのがこの十数年の動きである。

　マレーシアとインドネシア政府のあいだの国境協定（Cross Border Agreement）によりカリマンタン領と東マレーシア領のあいだの国境地域に10ヶ所の移民局による出入国チェックポイント（Pos Lintas Batas）が正式に設置されたのが1984年のことである。これらの国境ポストはインドネシア側では，パロ，サンジンガン，スンガイ・アルック，サパラン，ジャゴイ・ババン，シディン，バタン，ムラカイ・パンジャン，ナンガ・バダウであり，それぞれマレーシア側にも国境ポストが設置されている。1989年10月1日にはエンティコン／トゥブドゥのチェックポイントを経てサラワク州都クチンと西カリマンタン州都ポンティアナックをつなぐ舗装道路が完成した。この結果，エンティコン／トゥブドゥの国境ポストを通過する物資の量は飛躍的に増加した。このような状況で，人や商人の動きは，移民局や経済統計による量的把握の対象となり，インドネシア語の新聞の表現を借りれば「ジャラン・ティクス」はすでに「ジャラン・ガジャ」（象の道）としてマレーシアとインドネシアの物流

と人流の大動脈としてコントロールされるようになっている。国家管理のもとに置かれつつある国境を越える人とモノの流れは，依然としてマレーシア側の輸入超過，インドネシアからの物資と労働力の流れは一方的である。

メイドと材木

　現在のインドネシア領からの労働力と物資のサラワク側への流入を前にして，カリマンタンがサラワク経済の下部構造化していることを憂慮する者も多い。このままの状態が続けば人もモノもサラワク側に吸いあげられ，インドネシア側の経済が立ちゆかなくなるというのがその危惧の本質であり，これを書いている私自身がこのペシミズムを払拭する材料をもっていない。すでに考察したように国境社会の一部の人々は安いルピアの恩恵を受け，サラワク側に出稼ぎに出たものは高価なマレーシア・ブランドのジーンズや靴をはいて帰村し，家の普請やバイク購入などに貢献することができる。しかしながら，インドネシア側の多くの人々の心の底にあるのは，「地方の時代」というかけ声のもと，いまだ出口の見えない地場経済の低迷に対するフラストレーションである。このような不満は西カリマンタンでは特に，メイドとしての女子の出稼ぎと木材資源の不法伐採という問題へと収斂し，人々のナショナリズムをかき立てる要因となっている。

　在西カリマンタン，ポンティアナックのマレーシア領事館の館員とその家族が，人々の激しい抗議行動により安全確保のためにマレーシア国軍機によって出国し，領事館が5日にわたって閉鎖されたのは2001年4月20日のことである。サラワクのクチンからポンティアナックへ向かっていたバスやトラックがインドネシア側で地元住民に取り囲まれる事態が頻発，クアラルンプールのマレーシア外務省は，マレーシア国民のカリマンタンへの渡航自粛を呼びかけるなど緊張した状態が続いた。ことの起こりは，サラワク州シブの華人の家にメイドとして住み込んでいたブルンという39歳のインドネシア人女性が全身打撲の大怪我をおって西カリマンタン，ランダックの家族のもとに逃げ帰ったことに発し，これによりマレーシア側でメイドとして働きに出ている出稼ぎ女性に対する雇用主による度重なる虐待への人々の日頃の怒りが爆発した。最終的

第九章　国境線の使い方　281

には慰謝料として20,000リンギが支払われ事件は解決したが，これはマレーシアとインドネシアの経済的格差に対するインドネシア側のいきどおりを物語る出来事であった。サラワク州に最も多くの労働者を送りだしているサンバス郡では，人口40万人に対して6万人にのぼるインドネシア人がミリ，ビンツル，クチン，シブなどの都市部で就労している（Business News 10/02/2000）。この数字には，いわゆる不法就労者は含まれておらず実数はさらに大きいことは容易に想像できる。サラワク経済の伸長とカリマンタン経済の低迷は，地元経済のマレーシアへの依存度をさらに高めるが，サラワク経済の下部構造を支える労働力を提供するインドネシア地域社会のフラストレーションはブルンのような出来事によって一挙に増幅する。

　人々のナショナリズムは，労働力の搾取のみならず，カリマンタンからサラワクへの資源流失によっても刺激されている。インドネシア領での不法伐採による原木ならびに製材された材木のサラワク側への密貿易は衆目の知るところであり，『コンパス』（Kompas）などのジャカルタのオピニオン・リーダー的な雑誌も頻繁に取り上げる問題となっている。ジャワの国軍が千人単位の兵隊を送って不法な木材貿易の取り締まりのために国境部を封鎖することも行われたが，国境社会の経済依存は軍事的オペレーションで変えることは不可能である。私が訪れたある国境では，国境線から数十メートルのインドネシア領に多くの製材工場が建てられ，丸太が材木に切り分けられ，マレーシアのナンバー・プレートをつけたトラックによってマレーシア側へ運ばれていた。この地域ではマレーシア側の華僑資本がインドネシア側の製材工場の労働者のために道路のみならず学校まで建設し，さらに教師の給与も支給しているとのことであった。サラワク側の市場で買い物をする住民のために乗り物も用意されている。このような国家の最周縁部に生きる人々の言を借りれば「マレーシアの木材会社はインドネシアという国よりも有り難い」ということになる。

　私が訪れた西カリマンタンの国境部では，あたかもちり紙交換車が回収する新聞紙のように家々の前には製材された木材が積まれ，マレーシアから来たトラックにピックアップされるのを待っていた。ジャゴイ・ババンのような国境隣接地域は，ポンティアナックを中心としたインドネシアの市場ネットワークから隔絶されており，国境を越えたサラワクの市場のほうがはるかに近い。それゆえ住民がサラワクの商人に木材を売ることも法律で許可されてはいる。それぞれの世帯でチェーンソーをつかって製材され，サラワクの建設現場で用い

られるこれらの木材も，しかしながら，ジャカルタの経済的ナショナリズムからすれば国家資源の誤用ということになる。

工業フロンティアと国境

　トゥブドゥ／エンティコンの国境にマレーシアとインドネシア両国の移民局が設置され，正式な両国民の出入国管理が可能となるとともに，クチンとポンティアナックへの幹線道路の整備は，国境を越えて移動する物流と人流を大きく変えた。現在，インドネシアとマレーシア双方のバス会社がポンティアナックとサラワク州の主要都市を結んでバスを運行させている。このような交通網の発達のもと，サンバスなどの農村部は直接サラワクの労働市場と結ばれるようになった。以下では，交通網の発達による空間の圧縮にともなうフロンティアの動態について考えてみたい。考察していくのは，すでに見たジャゴイ・ババン／スリキンやトゥブドゥ／エンティコンなどの国家の周縁ではなく，新しい産業構造のなかで出現した新しいフロンティアともいうべき空間である。
　サラワク州北部沿岸部の工業都市ビンツルは現在13万人の人口をもつが，30年前には人口わずかに5千人に満たない漁村であった。しかしながら1978年に液化天然ガスが発見され，マレーシアLNG社の国営プラントが建設されたのを皮切りに，一挙にサラワク随一の工業都市として発展し，熟練工および非熟練工を吸収する巨大な労働市場が形成された。ビンツルは，現在ではサラワク北部ではミリに次ぐ都市となっている。1980年代には液化天然ガス輸出のための港湾整備が行われ，州都クチンをしのぐ船舶輸送の拠点となった。この後，政府主導のもと各種工場誘致が進み，マレーシアLNG社および国営石油会社ペトロナスのプラントに加え，天然ガス火力を利用した多くの軽化学工場が操業している。
　液化天然ガスのプラントから供給される電力を利用した工場群に加えて，ビンツルの産業を支えるのが木材関連企業，油椰子プランテーション，アカシア・マンギューム植林の三事業である。ビントゥル内陸部では1985年頃から木材伐採が盛んとなり，1990年代から本格的な合板生産が始まる。日系，サラワクの福州系華人，西マレーシア，フィリピン，台湾，インドネシアの華人資本に

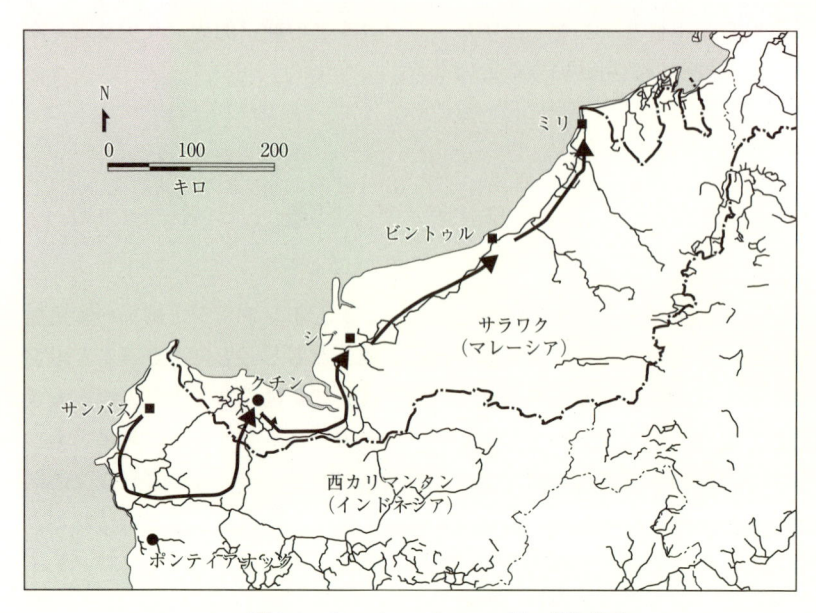

図9-3 サンバス／サラワク間の労働移動

よる製材，合板，練炭，チップならびに MDF (Medium Density Fiberboard) などの生産工場がクムナ木材工業団地に誘致され，10 製材工場，10 合板工場，2 ベニア工場，家具工場などが操業しており，原材料として月間 20 万立方メートルの原木丸太が内陸部の伐採現場から搬入されている (Sarawak Tribune 2000/2/23)。これらの木材関係の工場がクムナ川沿いに生産拠点を形成しているのに対して，油椰子プランテーションならびにパルプ産業の植林は，ミリとブラガ，さらにはバクン水力発電所につながる幹線道路沿いに広がっている。これらの事業は，西マレーシアの企業や木材産業からの転換をもくろむサラワクの地元華人企業の資本投下のもとで展開されている。このような状況のもと，現在少なくとも 5 万人にのぼるインドネシア人が木材関連工場，油椰子プランテーション，そしてアカシア植林現場で就労しているといわれている。

製材工場は，従業員数十人から数百人といった中小規模のものが大部分であるが，大型の合板工場の場合，2 シフトもしくは 3 シフトの 24 時間操業で，1,000 人から 3,000 人のインドネシア労働者によるフル稼働体制をとっている。インドネシア人労働者がサラワクで就労するためには，雇用主がビンツルの出先機関をとおしてクチンの労働事務所に労働許可を申請する。労働許可は 1 年

ビンツル工業地帯の合板工場で働くサンバス・マレー人たち。

第九章　国境線の使い方

毎に更新の必要がある。労働許可取得後は移民局に労働ビザ申請し，ビザは6ヶ月毎更新で最長2年間まで延長可能である。インドネシア人労働者は，多くの場合2年契約が原則であり，その後毎年延長を繰り返しで最長5年まで連続就労が許されるケースもある。近年の移民法改正により，インドネシア人労働者が一度帰国すると5年間はマレーシアに再入国できない。ちなみに，インドネシア人がサラワクに入国する場合，労働ビザを保有しなければ男性で1週間，女性で2〜3日間の滞在しか認められず，延長は不可能である。中小規模の製材工場の場合，最初はエージェントを介してインドネシアからの労働者リクルートを行うが，その後は労働者のあいだの口コミで知人や親族を呼び寄せることも多い。

ビンツルにおけるインドネシア労働者の多くは西カリマンタン州サンバス地方の出身者であり，これにジャワ島中部と東部のジャワ人，そしてスラウェシ，フローレス，西チモールの出身者がこれに続く。例えば，合板工場に特に多くの女子労働者を供給しているサンバス地方からは，地元のエージェントによれば，1ヶ月平均で600人ほどの出稼ぎ労働者がビンツルなどの大手合板工場での就労のためにサラワクに入国しているという。

合板工場を例にとってみよう。A社はシブ出身の福州系華人の大手木材関連企業，日本の総合商社，ならびに日本の建材メーカーの共同出資でつくられ，生産される合板の75パーセントが日本市場向けであり，残りが中国，中近東などへ輸出されている。従業員総数は2950名のうち50パーセントがインドネシア人（ジャワ，西カリマンタン，サンバスなど），40パーセントが非華人の現地住民（うち70パーセントがイバン，20パーセントがマレーやムラナウなどのイスラーム系），残り10パーセントをサラワクの華人が占め，これらに加えてフィリピン人3人と日本人5人の技術者が就労している。ジェネラル・ワーカーと呼ばれる非熟練工の初任給は，女性が日給7.70，男が日給8.70リンギである。1日食費として3リンギが支給され，労働日は月25日であり，男女の区別なく3交替シフトで24時間操業である。

現在，ビンツルの木材関連企業では，労働市場のインドネシア化が進み，イバンなどの地元労働者の就労は減少の一途をたどっている。クムナ工業団地で操業する最大手の合板企業B社では，非熟練労働者1,400人中，非インドネシア人は20名を越えず，労働者のインドネシア化が急速に進んでいる。単純労働者の初月給は平均250〜300リンギと少額で，就労を望むマレーシア人はい

ない。1日12時間のシフト労働と残業，タバコ一本吸い終えることもできないトイレ休憩時間，すべての飲食物の工場内売店での購入義務などは，インドネシア人労働者に共通した不満となっている。

以下は化粧合板を生産する日系C社で雇用されている工場労働者の出身地を示すものである。

日系企業や国外の華人企業の資本投下によるサラワクの福州系華人企業体の急速な成長とともに，1997年通貨危機以降の農村経済の疲弊により，インドネシア人労働者のマレーシア労働市場への流入がますます進み，いまや西カリマンタン，特にサンバスの農村部はマレーシア経済のインフラ・ストラクチャーと化した。ビンツルの華人系飲食店やメイドなどの家庭内労働の多くが不法就労の女子労働に支えられている。

ビンツルに限らず，現代のマレーシアにおいては，不法移民を含む大量の外国労働者の流入により，工場，プランテーション，建設現場，メイドなどの低賃金労働の多くは外国人労働者によって行われている。インドネシアにおける行政ならびに斡旋業者によるマレーシアへの労働移動の制度的保障が進むもと，

表9-1　日系C社で雇用されている工場労働者の出身地

出身地	人　数
ジャワ	
中ジャワ	9
西ジャワ	3
カリマンタン	
南カリマンタン	1
西カリマンタン	17

表9-2　西カリマンタン，サンバス地方出身の労働者内訳

出身地	人　数
ジャワイ	5
トゥバス	4
ガリン	4
プマンカット	1
ポンティアナック	1
スロバット	1
テロック・クラマット	1
合　計	17

国境をこえた労働市場への安価な労働者の配置とこれに起因する産業資本の移動がさらに進むことが予想される。実際にビンツルの木材関連産業において，この十数年に進んでいるのは，日系ならびに華人資本による生産拠点の形成と労働力動員，外国人単純労働就労の恒常化，そして巨大な労働市場の出現である。労働契約および国家移民局の労働ビザ制限のもとで，労働者は常に国家管理のもとにおかれ，送り出し国による法的保護の埒外で就労せざるをえない。現在，国家間の経済力格差による新しい序列化のもと，東南アジア島嶼部における送り出し国と受け入れ国の二分化と労働移動の固定化が進行している。

国境空間の脱領域化

　ビンツルには，インドネシア人のバンドがダンドゥという歌謡曲を朝まで演奏しているカラオケ・パブが多くあり，町を歩けば「インドネシアへの送金承ります」と看板をだしたインドネシア銀行のエージェントのオフィスなどが目につく。インドネシア人の友人と夜にひらかれる市場を散歩した時に，すれ違う度に教えてくれるインドネシア人の数の多さにおおいに驚いた。時々私の耳にも入ってくるサンバス方言などから，生活のさまざまな局面でビンツルにおけるインドネシアの存在を感じてきたが，同胞のインドネシア人からみたビンツルは，表面的に私たちの目に入ってくるマレーシアの町とは違うフロンティア的性格の強い労働市場ということになる。すでに見たように，ビンツルでは工場や建設現場のみならず，一般家庭やコーヒーショップ，マッサージ・パーラーにいたるまでインドネシア人の姿がいたるところで見られる。これらの人の動きのみならず，インドネシアの丁子タバコ，カインと呼ばれる布，ドリアンなどの森林産物，原木などが，人と同様にインドネシア領からさまざまなチャンネルをとおして運び込まれている。

　このビンツルの事例は，現在の労働移動のなかで，インドネシアとマレーシアのあいだのインターフェイスが，いかに脱空間化されはじめているかを物語る一つの傍証となるだろう。これらの社会空間は，従前のトゥブドゥ／エンティコンならびにスリキン／ジャゴイ・ババンの事例とは異なり，国境沿いに張り付いたインターフェイスではない。しかし，ボルネオで進んでいる労働市

場の新たな形成，それにともなう人の動きが，いかに地理的な限定性をこえてさまざまな場所にフロンティア空間を創出しているかを示すものと考えられる。そこでは，植民地期から西ボルネオでくり返されてきた国境のもつ浸透圧，商品や人間の空間移動，特に「時間と空間の圧縮」の進行する新しい状況のもとで (cf. Harvey 1989)，フロンティアが国境地帯をこえて，街角のコーヒーショップや合板工場，プランテーション，そしてカラオケ・バーなどさまざまな空間で形成されるようになったのである。

　ビンツルで知り合ったあるインドネシア人女性は，サンバス方言をしゃべる日本人を面白がってさまざまな話を私にしてくれた。最近，マッサージ・パーラーからカラオケ・パブへと職場を変えたばかりのサンバス出身のこの女性は，オーバー・ステイのあとにはパスポートを新しく作り直すことを繰り返しながらサラワクで短期の不法滞在をしてマレーシア・リンギを稼いでいる。夫とは別れ，子供は両親のもとに預けているという彼女は，同郷の友人と部屋を共同で借りて住み，その携帯電話に頻繁に入るメールの多くがサンバスの友人からのものである。あたかもジャゴイ・ババンのインドネシア人がスリキンに出かけるように，彼女はビンツルとサンバスを頻繁に往復し，国境の向こう側に残している彼女の生活世界とビンツルの夜の仕事場の境目は，携帯電話での友人との国境を越えたコミュニケーションをとおして限りなく薄いものとなっている。

　国境地帯での工業団地の建設とインドネシア人労働者の国境を越えた通勤という労働力の新しい組織化の形態が政府によって模索されていることはすでに述べたが，サラワク北部のインドネシア国境部でも大規模な資本と労働力の集積が進んでいる。ビンツルから木材の伐採道路を6時間ほど走ったインドネシア国境にほど近い熱帯雨林のなかでは巨大な合板工場が稼働しており，一台数億円という高価な日本製の合板製造機器が複数設置されたハイテクな工場には，現在400人ほどのインドネシア人労働者が雇用されている。これらの労働者は，ビンツルの合板工場と同様に多くのサンバス・マレー人である。彼らは西カリマンタン，サンバス郡とサラワクを分ける国境を越えてマレーシアに入国したあと，さらに東カリマンタン国境に隣接したジャングルのなかの工場で就労しており，インドネシア側の国境部住民は雇用されていない。このようなトランスナショナルなきわめてダイナミックな労働力の移動と配置がすでに現実のものとなっている今，国家による労働力の管理にもとづく，国境社会の産業化は

サラワクにおいてはきわめて現実味のあるものとなっている。

開発ニッチとしての国境地帯

　インドネシアとマレーシアのあいだの経済的浸透圧によって生じるフローが固定化する状況で，国家による国境の工学とも呼ぶべき制度設計が両国のあいだで進みつつある。マレーシアとインドネシアの両国の政治家や官僚によってしばしば言及されているのが，「国境工業地区」(border industrial zone) の設置である。これは，国境部マレーシア側に工業団地を建設し，ここにインドネシア側から毎日労働者が通勤するようなシステムを作る計画である。マレーシア側の企業は労働者の福利厚生，従業員寮などのコストを支払うことなく，安価なインドネシアの労働者を雇用でできることになる。インドネシア側の地方行政官も，この計画には乗り気であり，インドネシア領に職業訓練施設を建設して，マレーシア側の雇用に答えることこそが，貧困にあえぐ僻地農村を救済する道であるという立場を表明するものもいる。

　サラワクとインドネシアの賃金格差が拡大し，インドネシアの労働者のサラワク領への流入が常態化し，マレーシア側の産業構造のなかで不可避の労働力となった現在，国境部での国境線をこえたインドネシア人の工場通勤も政府の会議に提出されるプロポーザルのなかでの計画に終わらない。すでにジョホール・バル（マレーシア）からシンガポールへ国境を越えて通勤するマレーシア人の姿は当たり前のものとなっている[80]。

　2005年8月には，トゥブドゥ／エンティコン国境チェック・ポイントに隣接したマレーシア側にインドネシア人のメイド育成のための職業訓練施設が公衆衛生・環境省大臣の列席のもとで開所された。現在，21歳から38歳の60人のインドネシア人女性が障害者や老人の介護，ベビーシッター，家事の技術，英

---

80) 国家による労働力の動員，それも国境を越えた大規模な労働者の組織化は，アメリカ／メキシコ国境部ティワナやインドネシア／シンガポール国境部のバタム島の例をあげるまでもなく，世界中でみられる生産システムの形態である。メキシコ領の最周辺部での多国籍企業の工場で働くオハカの労働者とシンガポールからフェリーで45分のインドネシア領の工場で働くジャワの労働者は，構造機能的にはパラレルである（cf. 石川 1993)。

語，マレー語，中国語の習得のために看護士，調理師，語学教師のもとでトレーニングを受けており，シンガポールやマレーシア国内の家庭で就業予定である。トレーニング期間は1ヶ月から3ヶ月であり，月間計150人のメイド養成が可能である（Sarawak Tribune 8/24/2005）。

　国境地域はインドネシアの労働力をみこした労働市場の形成のみならず，鉱物資源と森林資源の国家による開発の直接的な対象とされるようになっている。2003年にはBIMP-EAGAマレーシア・ビジネス協議会という政府機関が設置され，インドネシア，カリマンタン州とサラワク州による国境地帯の共同調査にむけた準備が進められている。この協議会の基本的な目的は，国境部で未開発のまま残されている資源を開発することにあり，年次会合の場で継続協議されることが決定している（Borneo Post 2/20/2003）。

　国境を越えたインドネシアのカリマンタン州では，さらに大規模な国境地域開発が計画された。2006年1月のインドネシア農業省の発表によれば2010年までの6年計画で，西カリマンタンと東カリマンタンの東マレーシア国境隣接地帯，合計180万ヘクタールがアブラ椰子農園として開拓されるものであった。総投資額は12兆ルピアであり，内訳は農地開発（8.1兆ルピア），60のアブラ椰子農園（3.9兆ルピア），97の油精製施設（356億ルピア）となっている。西カリマンタンでは100万ヘクタール，東カリマンタンでは80万ヘクタールの国境部がアブラ椰子農園として開発される。これらの国境地帯（Daerah Perbatasan）は平均の人口密度が1平方キロメートルあたり20人という小人口社会であり，開発のために必要な労働力として24万人のジャワ，マドゥラ，スマトラ，スラウェシからの労働移動が計画されたのである。

　インドネシアにとっては外貨獲得にきわめて有望な産業としてアブラ椰子プランテーションは位置づけられている。2004年時点で，総面積530万haにわたって栽培され，粗パーム油1,140万トンを生産し，輸出額44億3,000万米ドル，政府収入4,230万米ドルと，その経済効果は大きい。インドネシア農業の計画は，中国や国内のバイオ燃料需要に応えることを目指した開発計画であり，この開発事業には，資金調達について国内のグループ企業や中国開発銀行などのあいだで覚書が結ばれた。

　2005年7月にこの計画が発表されて以来，多くのNGOによる反対運動やロビー活動，国内メディアおよび外国からの圧力により，政府は計画の変更を余儀なくされた。ユドヨノ大統領は，国境開発事業自体は全般的に支持する一方

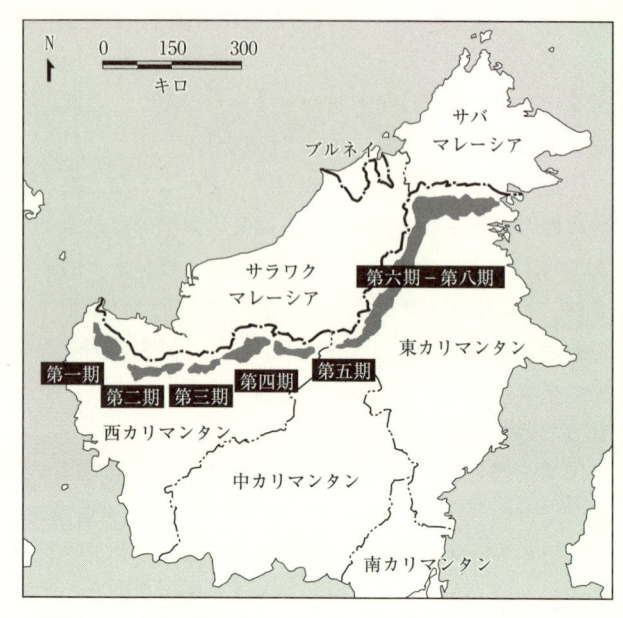

図9-4　国境沿いのアブラ椰子プランテーション計画

で環境面の課題の存在を認め，森林相は，オイルパームの植栽のために保護森林を使用しないことを宣言し，農業相は，国境地域の90％以上がアブラ椰子プランテーションに不向きであると認めた。2006年4月の状況としては，ブディオノ経済担当調整相が，当初の開発計画の是非を検討中であるが，国家開発計画庁は「国境地域」の定義を5〜10 kmから100 kmに変更し，国境線の「際」の開発を禁止する一方で，周辺地域において300万haがアブラ椰子プランテーション開発に適切であるとの見解を公にしている[81]。

サラワク州ならびに西カリマンタン両州政府による国境地域は，公式なボー

---

81) 2006年3月28日には，ブラジルで開催された国連生物多様性会議において，インドネシア政府は，WWFによる"Heart of Borneo"の保全イニシアティブに従うと発表した。WWFはこれを国境メガ・プロジェクトの中止声明と受け取っている。しかしながら，The Friends of Earthはユドヨノ大統領の正式表明ではないとの見解をとっている。"The Kalimantan Border Oil Palm Mega-project", AID Environment, April 2006 Commissioned by Milieudefensie-Friends of the Earth Netherlands and the Swedish Society for Nature Conservation (SSNC) (http://www.foe.co.uk/resource/reports/palm_oil_mega_project.pdf)を参照のこと。

ダー・チェック・ポイントの設置とこれらを貫通する道路整備が進むなかで，一つの大きな開発ニッチとして国家空間のなかでの重要性を増している。現在，両政府は国境部につながる道路の建設もしくはアップグレードに余念がない。1963年から5年にわたったコンフロンタシやこれに続くコミュニスト・ゲリラの活動によって国境地帯が行政的に不可触な空間として中央からながらく隔絶されていたことを考えると，現在の国家による国境開発は実に隔世の感をいなめない。

1870年代に主にサンバスを中心とした華人ならびにマレー人商人の資本と組織力が持ち込まれた農業フロンティアとしてのサラワクは，現在，合板産業，アブラ椰子プランテーション，そしてアカシア植林などのアグロ・インダストリーの発展のもとで巨大な産業フロンティアに変貌している。蘭領サンバスの時代に始まり現在の西カリマンタンの時代にいたるまで，西ボルネオからサラワク側への一方通行となってきたモノと人の流動は国家に絡めとられ始めている。

2006年3月の時点で，マレーシアのビアワックと国境を接した村落，サジンガンからダトゥ岬のチュルマイをつなぐ道路ならびにチュルマイとタマジョとつなぐ道路の建設が急ピッチで進められている。サンバスからサジンガンを訪

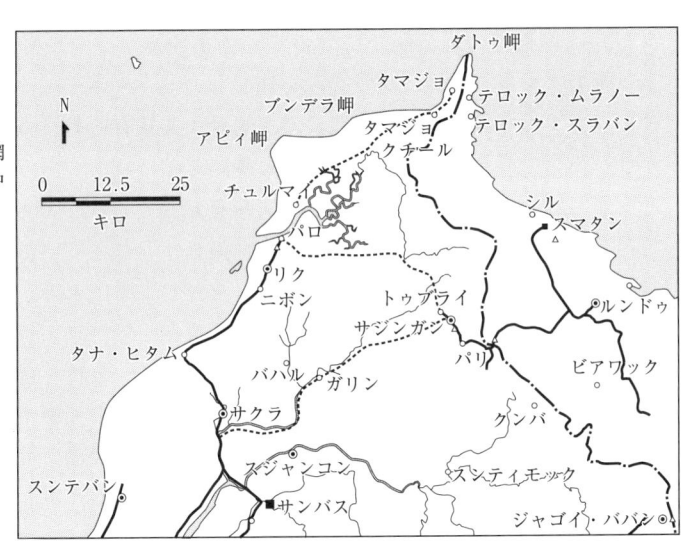

図9-5　ダトゥ岬付近の道路網計画

れた際には，国境にいたる内陸部には多くの重機が入り，基礎的なレベリング作業は終了し，タールの舗装を待つのみとなった部分もかなりの長さにのぼっていた。マレーシア側においても同様にルンドゥとビアワックを結ぶ道路の舗装化ならびに橋梁の建設が進んでいる。計画されている2007年の竣工には無理があるとしても，数年のうちにビアワック／サジンガンをハブとした道路ネットワークがボルネオ西部国境地帯で完成する。サジンガン側では，移民局の建物も建築中であり，ビアワックとのあいだに国境チェックポイントが開設されるとともに，この地が第二のトゥブドゥ／エンティコン，そしてサリキン／ジャゴイ・ババンなどのような国境交通のハブになる日も遠くない。これらの道路敷設の完了後には，クチンやルンドゥからビアワックを経由して，直接サジンガンに入り，ここからサンバスならびにタマジョへの交通が可能となる。これらの国境部道路によって，最終的には西カリマンタン州都ポンティアナックとサラワク州都クチンは結ばれる。

　2006年3月に面会した西カリマンタン州サンバス郡観光局長から受けた印象では，州政府は開発計画立案にあたり，同州がサラワクと接したボーダー地域（daerah perbatasan）であることにきわめて意識的である。ブルネイ・スルタンと姻戚関係にあるスルタンのイスタナ（宮殿）のあるサンバスを西カリマンタンのマレー文化の中心地として観光客を誘致することはじめとして，サラワクとの国境地帯の経済開発についてもさまざまな計画が提出されている。ダトゥ岬のタマジョ地域に国際空港を建設し，シンガポール沖のバタムやサバ州沖のラブアンを範とした自由貿易港を建設する案もその一つである。タマジョがサンバスやサラワク領ビアワックと陸路で結ばれつつある現在，この計画はあながち机上の空論とはいえない現実味をもっている。2006年春の時点で，サンバスからサジンガン，チュルマイを経由しサンバスにいたるケランガス林を貫通する道路建設も着々と進んでおり，荒野の工事中未舗装道路をタマジョやテロック・ムラノーの若者たちはバイクで疾走してパロを訪れるようになっている。サラワク側のスマタンとテロック・ムラノーを結ぶ道路建設の噂はこの十年来村人のあいだではささやかれているが，計画の実施の気配はなく，いまだ国境部の森林は国立公園としてインドネシア領との緩衝帯となっている。テロック・ムラノー村は，クチン南西部における社会的なエンクレーブであり続けている。

第八章と本章が明らかにしたことの一つは，テロック・ムラノーとタマジョの国境を越えた村落関係は，サラワクと西カリマンタン，さらにはマレーシアとインドネシアのあいだの社会経済的関係のミクロコスモスであるということである。村落レベルでの婚姻や日々の雇用関係は，木材関連工場やアブラ椰子プランテーションなどにおける雇用へと変化し，胡椒や果実などの小商品は，木材や国境貿易をとおした日用品のサラワク市場への大量流入へと様変わりするが，基本的に国境を越える人とモノの流れは常にインドネシア領からマレーシア領への一方通行である。これは本書の第一部が明らかにしたように，ラジャ・ブルックとオランダによる植民地化のもとでも同様であった。20世紀末にサンバス地方から現在の村落に移住したテロック・ムラノーの人々，1980年代に西カリマンタン沿岸部の最後のフロンティアに移住し，村を拓いたタマジョの人々，そして現在，工場やプランテーションの雇用を求めてサラワクに入国するサンバスの農民たちは，大きな歴史のなかでは一つの途切れない人流を構成するものである。

　最終章の次章では，ボルネオ西部のトランスナショナリズムをいま一度，1870年代から現在までの歴史時間のなかに位置づけながら，国境に働く組織的ならびに構造的な諸力について考察し，議論のまとめを試みる。

第十章
国家空間と権力

組織的権力と構造的権力

　この第十章では，国境と権力の関係に今一度注意を払いながら，ボルネオ西部国境における国家の空間的契機を総括していきたい。フロンティア空間における国家空間の形成を考察するにあたっては，具体的な事例からひとたび離れて，通地域的に通用するいくつかの説明のモデルとともに，国境と権力の問題を取り上げていきたい。

　本書で検討した辺境社会の歴史過程の性格規定にあたっては，J. S. ファーニバルが提出した「複合社会」のモデルがいまだ有用である（Furnivall 1944）[82]。「複合社会」は，複数の民族集団の棲み分け状態のもとでの共生状態を意味するものであり，植民地的状況のもとでは，植民地行政をとおしたゴム・プランテーションや錫鉱山の開発が行なわれ，新たな移民法や土地制度のもとで労働市場が形成され，このために組織化されたいくつかの集団がそこで働くことになる。このような「複合社会」形成の政治経済的特徴は，植民地行政によって資本の動きが発生し，生産のために労働力の動員が行われ，その結果として民族集団ごとの空間的な分節化が進行する。一連のプロセスにかかわる権力は，いうまでもなく植民地状況のみならず，トランスナショナルな資本と労働力の集積が進む現代の産業社会でも常に見られるものである。

　多国籍企業の工場をはじめ，ゴムやアブラ椰子のプランテーションなどの労働市場の形成や労働の組織化を考えるにあたっては，E. ウルフが考察している「組織的権力」（organizational power）と，これが行使される「オペレーティング・ユニット」（operating unit）といった考え方が示唆的である（Wolf 1990）。すでに本書の第二章および第三章で詳しくみたように，生産にまつわる人の組織化には一つの共通したプロセスがある。すなわち，労働力が動員され，そこに

---

82)「複合社会」においては，複数の民族集団が植民地的状況で棲み分け状態を保ちながら一種の共生状態を保つというものであるが，これは元来，植民地経営を支えたイデオロギーとして提出され，西洋列強宗主国の統治を正当化するものであったことには留意しなければならない。

定着させられ，囲われ，一つの社会集団が形成される。そこでは，工場やプランテーション，さらには定着的な村落などのコミュニティが生まれ，国家や多国籍企業などの権力主体による組織化が進行する。このような力が働きかけるオペレーティング・ユニットはサンバス・マレー人のナコダのもとでの木材の切り出し現場やココ椰子農園開発のために形成された移民村落，ガンビールと胡椒栽培のための華人苦力の契約労働農園に始まり，国家の領域そのものまで単位を引き上げて考えることが可能である。

　本書の第一部で検討したルンドゥ地区のプランテーション開発とコミュニティ形成の歴史は，オペレーティング・ユニットとして国家のもとでフロンティア空間が組織的権力の行使の対象となった動態でもある。国家の空間，すなわち領域国家というユニットは，ダヤックや華人の農園，そしてマレー人の森林伐採現場などの労働現場やコミュニティ，さらには国境密貿易の取引場など，さまざまな社会的な場の複合体と考えられる。これらのユニットで働く権力としては，マレー人ナコダと農民のあいだに見られたような M. ヴェーバーの呼ぶところのカリスマをもった個人とその他の個人の二者関係に加えて，ルンドゥ地区の複合社会化の過程でみられた民族的な分節化のもとでのハイアラーキー形成やサラワク／サンバス国境管理にかかわる官僚機構のもつ法的拘束力やコンフロンタシなどの国境紛争でみられるような国家が行使する暴力的な強制力などさまざまな力学をみることができる。

　こうした組織的権力に対して，概念的にもう一つの力に注目する必要がある。プランテーションや多国籍企業体の生産現場から民族集団，さらには領域国家にいたるさまざまなオペレーショナル・ユニット自体に働きかける更に大きな「構造的権力」(structural power) である (Wolf 1990)。この構造的権力は，コミュニティや労働市場，さらにはこれらのユニットの複合体としての国家領域という場そのものをつくり上げるような上位の力でもある。これは，資本主義的な近代世界システムが成立した後に世界を覆ったシステムが実際に在地社会に適応される際に必要とされる力と考えてもよい。非西洋世界が植民地化され，在地社会が生産システムに絡めとられていくという，まさに500年という長いタイムスパンで語られるような大きな構造的力といってもよい。これを二つ目の力の形態として注目しなければならない。

　構造的な諸力は，近代世界システムのみならず，いわゆる国際主義，インターナショナリズムやグローバライゼーションと密接に結びついた権力形態と考え

られる。例えば1930年代戦間期の英蘭両帝国によるゴムの生産・流通管理に起因する国境部での密貿易や，現在のインドネシア/マレーシア国境で起きているモノと人のトランスナショナルな流動の固定化などは，これらの大きな構造的権力のなかで理解されるべきものであろう。フロンティア的な性格をもつ国境という空間を，このような構造的諸力をとおして考察することは重要である。特に，国家経済や政治などのシステムのはざまにあるインターフェイスでは，本書の各章が示してきたように，構造的権力と国家との関係，そして，これに対する社会の反作用が見えやすくなる[83]。

　以下では，いま一度ボルネオ西部国境社会を1870年代から現在までの歴史のなかで概観し，国家空間の成立と変容，これにかかわる国家と社会の関係の変質について考えていきたい。ついては，国境で顕在化する組織的ならびに構造的な二つの力，さまざまなオペレーティング・ユニットに働く力，そしてこれらのユニットじたいを作りあげる力を具体的に検討していくことにする。

共鳴する国家と社会

　国家の空間がマレー海域世界の小人口社会にいかに刻印されたのか。本書では，この問題を地域史とさらにミクロな村落史のなかで考察することにつとめた。スルタンのフロンティアが植民地国家の国境地帯に変化するにあたっては，すでに第二章で詳述したように，まず空間の国有化という在地の変成とともに土地法の策定と運用が進行した。ひとたび国家によって所有を宣言された土地には，国家の移民法と誘致政策により，華人商人とナコダ海洋貿易商の資本が誘導され，これらのもとでの華人労働者ならびにマレー系農民が国境を越えて移動した。ここで留意すべきは，このような人々の組織化が民族単位のオペレーティング・ユニットを対象とし，サンバスとブルネイのぼやけた支配圏のインターフェースであったボルネオ西部は，華人，マレー，そしてダヤックの

---

[83] 本章では，powerの訳語として「権力」「力」「諸力」などの言葉を交換可能な同義のものとして使い，エネルギーの流れの分配や方向を特定するpowerをめぐる社会的なアレンジメントに注目するものである。

三つの集団からなる複合社会へと変わっていったことである。

　このような農業フロンティアにおいて国家の組織的権力がその領域形成とどのように結びついていたのか。すなわち植民地での集団形成と国家空間の成立がどのように同時に進められたかが第三章の議論であった。サラワク植民地政府は社会集団の管理について1870年代からさまざまな実効的支配を試みている。これは国家による土地法の実際的な運用が進む時期と一致している。例えば、国家という枠組のもとでの人の帰属、そして家族の再生産に混乱をもたらす国境を越えた重婚が問題化され、蘭領にいる者がサラワク領で妻帯し家族をもつことへの規制を嚆矢として、その後も、パスポート所持の義務化、領土を越境した焼畑耕作の禁止、他国領での森林産物採取時の納税の義務などさまざまな通告が国境をはさんで両方の政府から出されるようになる。両領土で行われていた胡椒プランテーションの華人契約労働者が逃げだした時に、いかに両政府が捕縛するかというような取り決めもなされている。領内で商人が商売をするときの度量衡の管理、さらには、どちらかの領域でコレラや天然痘が発生した時にいかに国境や領域を閉じるかなど、人々の移動を制限し迅速に領土を閉じるためのシステムなども作られる。加えて、新しくサラワク臣民になる際の帰化手続きなどに関する法整備も進んだ。さらには、結婚登録の義務化、領内で移民が結婚した場合の妻や子の扶養義務、森林物産（自然のゴムの樹液や籐、エンカバンなど）への課税、農作物への関税、銃、塩、たばこなどの密貿易の取り締まり、国際的な阿片管理、人頭税、土地登録義務などモノと人のアイデンティティに関する数々の規則がつくられている。

　商品作物生産のための農園やコミュニティなどのオペレーティング・ユニットを生成させた組織的な力は、次に、これらのユニットのなかに人々を恒常的に貼りつける方策を必要とするようになる。上で見たような日常の人々の移動に対する施策のもつ意味は、国家が働きかけるオペレーティング・ユニットを農園や村落から国家の領域的枠組まで引き上げるための施策と考えるとわかりやすい。領域国家が自らのジオ・ボディに意識的になる契機は、サラワク王国の辺境では、まず生産のための労働力の空間的な包摂というかたちをとったわけである。

　ここで再度確認しておきたいのは、しかしながら、国家が領土的刻印をサラワク領とサンバス領に押すことは不可能であったということである。ルンドゥ地区と呼ばれるサラワクの南西部の行政単位は約1,800平方キロメートルの面

積があり，そこに常時駐在した行政官はわずかに2人であった。人口密度が1平方キロメートルあたり2.2人という小人口社会において，脆弱な官僚組織の植民地国家がどれだけ実効的な支配を行うことができたか。一方，蘭領西ボルネオでは，1872年の時点で行政官がわずかに15人であった。サラワク領ならびにオランダ領サンバスにおいては，国家の実効的な空間管理は不可能であったと考えるのが妥当だろう。

　このような熱帯雨林の優勢なフロンティアにおける組織的権力と在地社会の関係についていかなるモデルを考えたらよいか。すでにみたように強い国家に対する弱い社会，または弱い国家に対する強い社会というような二項対立を持ち出しても，少なくとも国家領域のインターフェースにおける組織的権力と社会的エージェンシーの関係を明確にすることは難しい。さまざまな規制が実行されても，人々は意に介さずパスポートをもたずに動き回り，阿片や商品作物を領外で売りさばき，国境の両側に妻をもち家族をつくるという状況がある。それに対してさらに国家は法令をもって，同様の布告をくり返しながら対応する。例えば他国領土での重婚や密貿易が表面化するつど通告をもって政府が禁止する。1870年代から1930年代までほぼ同じような法令が繰り返し発令される。このような状況においては，社会と国家の共鳴関係のなかで国のかたちが立ち上がってきたのだと見たほうがよい。これが第三章の基本的な議論であった。半世紀にわたる西ボルネオのフロンティア社会の歴史を眺めてみると，このような国家の組織的権力と在地社会のあいだの弁証法的な関係，すなわち国家による社会に対する制度的支配のみならず，強い国境社会というものがあり，それが常に反システム的な動きをしながら国家の法的な整備をうながす契機となってきたことが見てとれる。このような関係を50年という長い時間をかけながら，イギリスやオランダの他の植民地にできるだけ近似な実効的支配を目指したのが，フロンティアの小人口社会におけるサラワク王国の植民地的状況であった[84]。

---

84) このようなフロンティアにおける小人口社会と国家の実効的支配については，第一次森林が優勢な生態基盤に注目することによって，国家と社会の関係についての新しいモデルが見えるのではないか。例えば，ウィットフォーゲルが議論したような大陸部の灌漑社会，つまり国家の力が強く灌漑事業を行って生産力を上げて，人頭税をしっかり徴収するような社会モデルや，ジャワを中心としたきわめて人口稠密な東南アジアの島嶼部世界から考えられるモデルとは異なるものを東南アジア島嶼部から提出する必要がある。

プロト・トランスナショナリズム

　国家による土地法整備，労働の組織的動員，そして新しく形成された複合社会の住人と資源の帰属確定にかかわる政策立案とその運用は，領域内のオペレーティング・ユニットを国家が空間的に規制することを原則とした。サラワク南西部では 1870 年代から始まった動きである。国家空間が権力主体の働きかける対象になったと言いかえてもよい。
　これに対して組織的権力の行使の場が，国家空間を超えるのがボルネオ西部地域における戦間期の特徴といえる。この状態は，トランスナショナリズムやグローバリゼーションの進行のもとで構造的権力にかかわる背景要因が戦間期に変化したこと，そして構造的権力が組織的権力の働きかける社会的な場そのものを変えたことによる。ボルネオにおける 1930 年代を中心とする戦間期は，グローバリゼーションの時代と称される現代を考える上で一つの先行モデルを提供する興味深い時代でもある[85]。ボルネオ西部の国境地帯を具体例としながら，超国家レジームと在地社会のネットワーキングの関係を，特に組織的権力と構造的権力の立ち現れ方に注意しながら検討してみよう。
　第四章でみたように 1920 年代の初頭からボルネオの農業フロンティアにもゴム耕作が拡がり始め，ルンドゥ地区の内陸部でも華人資本を中心に植付けが活発に行われるようになる。1930 年代になると，この地域のダヤックとマレーの自作農によるゴム栽培も始まる。1929 年の大恐慌を経て，続落するゴム価格に対応すべく 1934 年に国際ゴム協定が締結され，セイロン，インド，マラヤ，北ボルネオ，サラワク，インドシナ，蘭領東インドなど，ゴムの生産を行うコロニーに対する生産調整策のもと徹底的な生産調整が行われた。この際に，ボルネオの西部では，現在のインドネシア，カリマンタン側，当時のサンバスからサラワク側に向かって大量のゴム板が移動したのはすでに見たとおりである。ビヤワック，カンダイ，プエ，テロック・ムラノーなどの国境沿いのコミュニティを経由してサンバス方面からサラワク領に入ったゴム板はクチンからシン

85）ボルネオにおける戦間期と現代の労働の組織化の比較については石川 2003 を参照のこと。

ガポールに流れるというかたちである。このゴムの密貿易は 1963 年にインドネシアとマレーシアの軍事衝突が起きた結果，実質的な国境線が暴力的にひかれ，軍隊が両軍駐在する前線と化し，人々と商品のトランスナショナルな移動が禁止されるまで続く。

　イギリスとオランダの両帝国が 1934 年の国際ゴム協定によって国境線を越えたゴムの移動を規制しようとした際に非常に広い範囲で反システム的な動きが起こった。領域的に東南アジア島嶼部に実際に存在した帝国レベルでの国際協調に対する在地社会の反応である。植民地的なインターフェイスで帝国が商品作物の生産調整を試みたとき，農民と商人たちは，在地的なトランスナショナリズムとも呼べるようなきわめてローカルであるが脱国家領域的な動きをみせた。すでに見たように 1930 年代のサラワクではゴムの生産のほぼ 90 パーセントが小作農の手によるもので，残りの 10 パーセントがプランテーション生産であった。同様に，蘭領植民地のサンバス側では，総生産量において小作農生産が 50 パーセント近くを占めていた。このような状況で，小作農により産出される生ゴム量を減少させ，プランテーションから生産されるゴムをロンドンのゴム市場に直結させるために生産調整を行ったのであり，小作農の帝国に対する地域的な反応がゴムの密貿易のかたちをとって発生したわけである。1870 年代から 1920 年代のルンドゥ国境地域でみられた国家による組織的な力の行使とは異なり，1930 年代戦間期のこの例は，国家よりさらに上位の帝国レベル，オランダとイギリスの植民地ブロックのインターフェイスにおける動きを示すものである。ここで発現し，国境社会の反応の対象となったのは，先の類型では，まさに構造的権力にあたる。ロンドン市場から植民地の農民のゴム林にいたるまでの商品作物の連鎖を作りあげ，さらに作り替える構造的かつグローバルな権力布置への在地社会の反応として，このゴムの密貿易を理解すべきだろう。国家が経済的な単体として空間的に閉じようとした際に，国境の両側に暮らす農民と商人がトランス・バウンダリーの生活圏を作りだし，以後，国境地域における人々の経済生活の重要な基盤となった。戦間期に始まり 1960 年代初頭まで続いた国境における密貿易圏の形成は，植民地間ネットワークに対する華人の在地商業ネットワークの形成に起因するものであり，すでに国家のみならず帝国の協力体制を縦貫する華人の商業トランスナショナリズムがボルネオ西部のフロンティアにあったことを示している[86]。

フロンティアの資源化

　蘭領西ボルネオ／インドネシア西カリマンタンからサラワク領へのゴム板の密輸は，日本の占領統治をはさんで，タバコや家禽類，金や布地などの商品に拡大し，密貿易がルンドゥ地区の主要産業となった。このようなインフォーマル・エコノミーが地域経済の根幹となったルンドゥの国境社会は，しかしながら1963年以後，マレーシアとインドネシアという二つの国民国家による軍事的な領域確定により，政治的なフロンティアにふたたび変質していく。インドネシアによる軍事侵攻ならびに戦後の華人コミュニストの国境森林部での潜伏活動はクチンを中心とした国家商業網からルンドゥ経済を隔絶し，地域住民は焼畑による陸稲耕作にもとづく自給的経済への傾斜を強めていった。この地域史と村落史は第四章と第五章で見たとおりである。

　ダトゥ岬を中心としたインドネシア共和国とマレーシアの国境地帯は，インドネシアとマレーシアが和平協定を結んだ1968年以降，テロック・ムラノーならびにテロック・スラバンを除いた内陸部が国立公園化され，一般人の立ち入りが禁止される軍事的な緩衝帯となる。1970年代には，マレーシアとインドネシア両国の国境地帯の森林地帯は華人を中心とする共産主義ゲリラの活動拠点となり，両国の軍隊との衝突に加えて，地域住民との接触は日常的なものとなった。

　コンフロンタシとその後のコミュニスト活動のもとで，ダトゥ岬近隣の国境地帯の政治的フロンティア化の時代は1963年のインドネシア軍のサラワク侵攻から始まり，1977年のテロック・ムラノーでの華人ゲリラによる村民の射殺を経て，1988年のコミュニストの完全投降をもって終わる。インドネシア側のタマジョへのサンバス・マレー人の移住が本格化するのは，ゲリラたちが付近の森から撤退した1988年以後ではあるが，第九章ですでにみたとおり，1980年代初頭よりダトゥ岬国境部への散発的かつ小規模の移住は繰り返された。

　国境部の軍事的な衝突のもとでの政治的フロンティア化を受けてダトゥ岬付

---

86) 帝国による構造的権力の行使に抗する華人ネットワーク形成については，George Souzaに有益な示唆をいただいた。

近の国境地帯で始まったのが，インドネシア領からマレーシア領への木材トレードである。すでに見たように開村当時タマジョでは国防治安省によって森林部での木材伐採が許可されていた。国境部で伐採され，その場で製材され，海上運輸によってスマタンに運ばれた木材がマレーシア産の商品としてクチンで流通するためには，マレーシア側の多くのエージェントの連鎖が必要となる。テロック・ムラノーで住んでいた家の窓から晴れた日に水平線を見やれば，必ずといってよいほど，ダトゥ岬を経由してスマタンに向かうインドネシア船の姿があった。テロック・ムラノーとタマジョの村人にチェーンソーを貸し付けていたスマタンの商人とは直接会ったことはない。

　サラワク南西部ルンドゥ地区の国境地帯では 1960 年代と 70 年代の軍事的緊張が沈静化したのちには，ふたたび資源のトランスナショナルなフローが発生した。インドネシア領カリマンタン側からの木材のサラワク領への流入は，今でこそトラックを使用した陸路によるものになっているが，伐採道路と幹線道路網が結びつく以前に始まったダトゥ岬における木材伐採と海上輸送は，後に活発化するサラワク州／カリマンタン州内陸部国境での資源フローのさきがけともいえるものであった。5 年ほどの集中的な伐採により，ダトゥ岬周辺の森林資源は枯渇し，マレーシア側への木材の流れはすでに停止している。

　ボルネオ西部の歴史のなかで，国境線を通過するフローの意味が大きく変質しはじめたのは，農産物や森林資源に加えて労働力としての人がトランスナショナルに移動するアイテムとして国家の管理対象となったことによる。商品と労働力の違いは，後者が国家や周旋業者，企業などさまざまな団体による恒常的な組織化を必要とすることであり，このような労働力の動員は，単に商人の会計簿上ではなく，国家というアリーナでの統計的管理と制度設計，装置，運用などが必要とされる。第十章のビンツルの合板工場の例をふたたび持ち出すまでもなく，操業がひとたび始まれば，生産システムの一部としての労働力と原材料の供給が継続する。国境を越えた労働力移動を支えるエージェントは，政策的な認可を行う国家（サラワクの場合は州政府），華人資本の合板やアブラ椰子プランテーションやアカシア植林企業，建設関係，各種サービス産業，そしてインドネシアとサラワク側の労働者周旋会社ならびに移民局である。商品の密貿易の場合は，市場価格や為替レートなどによる利益幅の増幅によって国境を越える商品の流れは間歇的に停止したり再開したりするが，特に工場やプランテーションの場合はひとたび生産ラインが稼働し始めると，これらの人流

と物流にかかわるさまざまなビジネス・セクターや労働者の供給源である農村部が一つのシステムとしての機能するようになる。

1990年になって加速したサラワク領内での労働市場の形成は，現在のマレーシアとインドネシアという国家によって制度化された広範な人の移動と労働の組織化の一部に過ぎない。スハルト政権下での経済危機を契機として，インドネシアでは労働者の海外での就労は一種の国策となっている。インドネシア，マレーシア，フィリピン，ブルネイのあいだで進められている域内経済協力協定のもと，商品の流れとともに労働力の移動の制度的障壁が低下し，国境を越えた労働力の流動が進んでいる。

西カリマンタンの下部構造化

ボルネオ西部における政体の境界は，スルタンのぼやけたフロンティアから植民地国家のあいだの国境線へ変化し，現在，国民国家を分かつ社会空間は，トランスナショナルな資源，労働者，そして貨幣の移動方向の固定化のもとで，国家による馴化の対象となりはじめている。

ルンドゥ地区の複合社会成立のプロセスにおいて考察した蘭領西ボルネオからサラワク王国南西部への華人ならびにマレー系農民の移動から，今日のカリマンタンからサラワクへの労働移動にいたるまで，基本的には，境界を越える人々の流れは一定である。国家のもつ基本的な機能が，その領域性の確立ならび人を含めた資源の帰属確定であるとすれば，蘭領東インドの時代から現在のインドネシア共和国にいたる歴史のなかで，この地域は常に域外の農業ならびに工業フロンティアへ労働力の供給源となってきた。マレー半島における植民地期のゴム農園労働，中東における建設現場などでの就労，中間層家庭でのメイド労働，そしてマレーシアの木材関連企業や油椰子農園などへの労働移動の歴史をみても明らかなように，インドネシアは多くの海外労働市場に労働力を供給してきた。

循環的な労働移動に加え，国境を越える商品移動もインドネシアの多くの国境社会の重要な収入源となってきた。スラウェシ／フィリピン国境地帯におけるコプラ密貿易，すでに見た西ボルネオ国境地帯におけるゴム，丁子タバコ，

カイン布などのサラワク側への流入，東カリマンタンやイリアンからの木材密輸などの例をあげるまでもなく，拡大する商品連鎖は，インドネシアの国家領域をインフォーマルなかたちで越境している。領域内に住む人々の国際労働移動がインドネシア国家によって許容され，さらに国家機関がこの労働流出を支援する時，インドネシア国民の国外産業のための労働予備軍化がますます進むことになる。

サラワク/カリマンタン国境におけるボーダーチェック・ポイントの開設は，これらの労働力と資源のフローを管理のもとで恒常化させ，その規模を拡大させることになる。1930年代のゴムの密貿易の経由点は，現在，トラックと長距離バスの通過ポイントとして，マレーシアとインドネシアの経済的ハブとなり，サンバスの農村とサラワクの生産拠点を直接結んでいる。西カリマンタンをはじめとしたインドネシア州政府による適正な農業セクターの開発プログラムを欠いたままでは，今後も農村部からのサラワクに向かう国際労働移動は停止することはない。労働力のみならず，ドリアンから木材にいたる森林資源のサラワク市場への吸い上げが道路ネットワークの改善とあいまって，さらに進むことは予想に難くない。

周知の通りオランダの植民地期には，「二重経済」と呼ばれる経済編成が進み，現在のインドネシア社会は二つの労働セクターに二分された。農村部は社会的コストを自分でまかないながら，稲作をはじめとした主食生産でゴムやタバコ・プランテーション，鉱業など産業セクターを支えた。このような植民地の経済構造は，現在では国境をはさんで隔離したサラワクの合板工場やプランテーションなどの産業セクターをインドネシアの農村社会が支えるかたちに変貌している。すなわち，サンバスをはじめとするマレー農村は自己の社会的コストのもとでサラワクの産業のための労働力を再生産し，結果的には国境の向こう側の産業インフラ・ストラクチャーの機能を果たすようになっている。いったん資本が投下され，生産ラインが稼働し始めれば，サラワク王国南西部へのサンバス地方からの華人やマレー系農民の胡椒やココ椰子農園での労働移動と異なり，現在のサンバスの人々の国境を越えた労働市場へのフローは継続性をもつものとなる。

本書の各章が明らかにしたように，国境線上に投影される国家と社会の関係は，生態学的基盤の変化，特に自然資源の消失，軍事的衝突にいたる国際関係の変化，金融市場における為替レートの変動，世界の先物商品取引市場におけ

る農作物の価格変動，産業における労働力需要の変化などに加えて，人々の不法就労や密貿易によるモノの流動とこれに対する国家の対応など多種多様な要因によって常に変化し，その変化のスピードは国家と社会のあいだの緊張関係のもとで時に加速され時に減速する。

私たちのトランスナショナリズム

　ボルネオ西部の国境地帯は，社会がもつ内発的なマイクロ・トランスナショナリズムや国家によって促進されるトランスナショナリズムなど多様な社会的フローのなかで国家と社会の関係を変質させてきた。1870年代に記録されたマレー商人による塩やマスケット銃の密売に始まり1930年代の戦間期のゴム密貿易にいたる資源フローならびに人々の越境を，この地域におけるプロト・トランスナショナリズムとすれば，21世紀を迎えた現在は，第二のトランスナショナリズムの進行期と考えることができるだろう。その特徴は，端的にいえば，組織的権力と構造的権力の二つがより密接に連動するようになっていることにある。

　マレー世界におけるナコダや華人商人の国境をこえたネットワークなどをとおして，国境社会のインフォーマル・エコノミーは，国家の差を流用しつつ，その差を生む国家とぎりぎりのところで渡りをつけてきたように私には感じられる。国家と社会のフィードバックのなかで国家空間が時間をかけて生まれてきたといたらよいだろうか。従来の国境社会が国境線の有用性を発見し，それを利用してきたのに対して，現在進行中のトランスナショナリズムは，いわば公定トランスナショナリズムとも呼べるものであり，自然資源と労働力の国家空間を越えた社会的流動にかかわるさまざまなエージェントのなかで，国家が果たす役割が突出しはじめていることを特徴とする。社会のなかにあった国家がその開発イデオロギーをとおして，構造的権力に密接に結びついた組織的権力の行使を強めるようになっている。

　現在のトランスナショナリズムのもとで，領域国家の力が減少するのかという問いに対しては，否というのが私の現時点での回答となる。近年のマレーシア／インドネシア国境を越えたモノや人の動きは国家の管理を越えるものでは

なく，固定化したトランスナショナリズムの興隆は領域的国家の力を強化している。ジャラン・ティクスをパイプラインとした伝統的な人とモノの流れは続くだろう。しかしながら，不法就労や小規模密貿易は国家管理の則を越えないかぎり許されるが，ひとたび国家の意思が発動すれば，その流れはせき止められ，方向を変えられる。逆に，必要とあらば，国家が不法なフローを放置しておくことも可能である。

トランスナショナリズムやその連鎖としてのグローバリズムといった動きは，国家の力を低減するものでもなければ社会の力を増加させるものでもない。領域国家の力はこれらの国境を越える社会的流動の激化によってさらに機能強化されている。ボルネオの西部国境地域の近年20年ほどの限定的な空間と時間のなかでみれば，本質的にはトランスナショナリズムは国家の機能を強化している[87]。

本書が考察した1870年代から現在にいたるボルネオ西部国境地帯においては，領域国家の空間が国家ならびに在地社会に何かしらの意味をもつようになる契機として常に「市場」の存在があった。国境の市，ゴムなどの国際的な商品先物市場，労働市場，為替レートの変動にあずかる外国為替市場など，市（marketplace）から市場（market）までさまざまな財とサービスの交換が国境における人とモノの移動，さらには国家空間の生成に大きく関与してきた[88]。ブ

---

[87] 国境を越える人とモノの動きに対するサラワク州政府の管理強化を現在ひしひしと感じる。ダトゥ岬を経由した西カリマンタンからサラワク側への木材の密輸は，数年前にクチン，ルンドゥ，スマタンの警察ならびに森林局の合同オペレーションにより，多数の逮捕者をだし，今は木材を積載して水平線を連なる船影をテロック・ムラノー村から見ることはない。従来は5缶10リンギで売られていたベルギー製ビールが街角から姿を消して久しい（ちなみに普通の大手スーパーマーケットでは1缶5リンギくらいである）。これらのビールはブルネイに隣接するラブアン島からの密輸品だといわれていたが詳しいところはわからない。インドネシアからの丁字タバコも面白いほど徹底的にタバコ屋の店先から消えてしまった。VCDやVDV映画の海賊版コピーも多くのショッピングモールからは姿を消しはじめている。安宿やカラオケ・パブで就労し「非行行為」に従事する「隣国」からの不法入国者の警察による取り締まりにより，サラワクの多くの町が「クリーン」となり，残るはサバ州のコタ・キナバルのみというのが地元の人々の言葉である。インドネシア人がサラワク国内を旅行するのも現在大変に面倒なことになっている。友人はミリからクチンまでのドライブで数回の路上検問を受け，そのつど不法入国ならびに不法就労をしていない証明書類を提示しなければならなかったとぼやいていた。クチン，シブ，ビンツル，ミリなどのサラワク州の主要都市が一本の幹線道路のみで結ばれているという状況のもと，国家当局による陸路での人の流れの把握は難しいものではない。

ルック植民地化のもとでの土地の国有化が宣言され，サラワクとサンバスの境界が地図の上で画定されはじめた 1870 年代より現在にいたるまで，これらのさまざまな市場は，国家領域で分けられた二つの経済ニッチを結んできた。国家経済を反映する為替レートの格差や商品と労働力の需要と供給の格差として現れる国家間の差異に人々は常に敏感であり，利潤をあげようとする人々と経済ナショナリズムの観点からこれを規制しようとする国家は，国境という境界によって生じる浸透圧とこれに起因する人とモノの流れのなかで国家の領域性を利用してきたわけである。マスケット銃を密輸するナコダ貿易商，ゴム密貿易に従事する華人商人，さらには近年の国境を越えた森林資源の移動に関与するさまざまな人々，農園から国境を越えて脱走する華人苦力，国境を越えて重婚するマレー人たち，そして新たなパスポートを申請してはサラワク入国を繰り返すサンバスの男や女たちにとり，歴史のなかの国境は常に差異を生みだす限りにおいて，その存在が認知され，国家の空間が意味をもつことになる。

　国境をめぐる国家と社会のロケーションワークの変質を振りかえってみると，そこには植民地化ならびに国民国家形成という東南アジア島嶼部が体験してきた歴史のミクロコズムとともに，すぐれて地域に固有な歴史体験が刻印されている。国境は，現在トランスナショナリズムやグローバリズムとよばれる構造的権力のもとで，現在進行形のかたちで変化し，これからも重要な意味をもつ空間であり続けるだろう。現在の領域的フロンティアに対する国家の働きかけの活発化のもと，国家と国家を結ぶ基盤整備が進んでいる。従来の無数のジャラン・ティクスが大型バスやトラックの交通可能な舗装路に変わっていくなかで，国境社会はまた別のかたちで領域国家との関係をトータルに変化させていく可能性もある[89]。

　ネオ・リベラリズムが世界を覆う現在，ボルネオの資源フロンティアも市場への包摂をますます深めていくことは確かだろう。市場の見えざる手が国境を越えて利潤を追求する時，在地社会はどのように振るまうのか。テロック・ム

---

[88] 国境地帯における「市」と「市場」を考えるにあたっては，S. ミンツに有益な示唆を受けた。

[89] E. リーチが高地ビルマの政治体系の変化を 150 年あまりの歴史のなかで明らかにしたように，ボルネオ西部フロンティアにおける社会と国家の関係は，さらに長い時間幅のなかで考察すべきだろう（Leach 1954）。現在までの国家と社会の力学は，一回性の関係なのか，はたまた繰り返される波動周期の一つなのか。さらに時間幅の長い考察が必要だろう。

ラノーの始祖ハジ・タハやナコダ・ヒタムが，ブルネイ，サンバス，ナトゥナ諸島，リアウ諸島などのマレー世界で広く貿易に従事した時代から，ボルネオ西部国境地域はトランスナショナルな海域世界と深く結びついた政体のはざまであった。ルンドゥ・バザーの華人商人たちは国家の中心に回収されないネットワークを作りあげ，後発の国家による領域生成のプロジェクトをきわめて客観的に利用しながら領土の最周縁で生きてきた。彼（女）らは，トランスナショナリズムやグローバリゼーションという言葉が生まれる以前から，ながらく国家の空間をこえた独自のメンタル・マップをもち，私たちが国家領域の中心部で体験している空間的転回を自らの生活世界で所与のものとして体験してきた人々である。国民国家による国境地帯の資源開発と国境線を調節弁とした人々の組織化が進むなか彼（女）らが国家空間とどのような関係をつくりあげていくのか。国家の空間への入り方と退出の新しい方法はあるのか。まだまだ私たちが学ぶことは多い。

補遺
テロック・ムラノーの環境依存型農業

以下は，テロック・ムラノーにおける農業についての記述である。本書の第一部，第二章ならび第二部第五章で論じているように，テロック・ムラノーの生業活動は，国境地帯という村落の物理的位置や西ボルネオおよびサラワクが体験してきた歴史など複合的な要因のもと，初期のココ椰子プランテーションから環境依存型とも呼ぶべき焼畑陸稲耕作への特化を経て，きわめて「陸的」な性格の強い生業形態をもつものとなってきた。本補遺は，第六章における生業活動と民族性の関係についての考察のために，テロック・ムラノーの生業戦略を具体的に提示するものである。

　ダヤック諸民族による焼畑耕作の議論は，D. フリーマンの『イバンの農業』を嚆矢として，ボルネオの民族誌の根幹をなすものとなってきた（Freeman 1955）。しかしながら，これらの焼畑に関するモノグラフは，長期の歴史動態，そして事件史としての政治的イベントなど，地域固有な歴史体験に対応した人々の資源利用のストラテジーの理解といった視点はなく，この意味では非歴史的な記述にとどまっている。サラワク・マレー人による焼畑の報告は未だ存在しないことを考慮して，補遺として現地調査にもとづく報告を掲載する。

海から陸へ

　T. ハリソンによって記述されたサラワク・マレー人たちの生業は，「海」と「川」を基本的なニッチとしており，南シナ海沿岸部，サラワク川をはじめとした河川流域とその周囲の泥炭湿地で生きる漁民や農民の生業戦略が考察されている。このような海域と河川域にひろがるマレー人の生業形態から逸脱するものとしてテロック・ムラノーの村人の焼畑経済への傾斜は特異なものであり，サラワク州第一省の沿岸部のマレー社会では他にみられない（Harrisson 1970: 59, 79-80）。

　以下，焼畑を中心としてテロック・ムラノーの歴史をいま一度簡単に振りかえりたい。テロック・ムラノーの人々の陸への志向の強さは，住民の居住パターンをみても良くわかる。現在の村のコンパウンドは海浜に面して形成されており，訪問者は典型的なマレー漁村の景観を目の当たりにすることとなる。椰子の乱立する村には杭上家屋が並び，ハマナスの咲いた砂地には芽をふいたココ

椰子の種子がそこここに転がっている。このような海に近い村のロケーションは，しかしながら，この村の歴史のなかではむしろ例外的なものであり，コミュニスト・ゲリラによって村人が射殺されたことを契機に強制移動を政府に命じられた結果であることはすでにみたとおりである。

　第一章ならびに第五章で検討したように，村落形成の創生期にはココ椰子農園の開拓村として，ハジ・タハなどのナコダのリーダーシップのもと，集落は海浜部に形成された。しかしながら，マレー貿易商たちのココ椰子農園開発や木材伐採からの撤退にともない，20世紀初頭からこれらの集落の焼畑耕作にもとづく自給経済化が進んだ。

　海浜でのパイオニア開拓民たちの生活は，彼（女）らが植えた岬内部のドリアンの古木によって現在でもしのぶことができる。村の古老の回顧によれば，初期のテロック・ムラノー村民の家のいくつかは現在の村落とテロック・スラバンのあいだの海から1キロ半ほどの場所に建てられ，祖父や親たちは海をみながら焼畑耕地の耕作を行った。「わたしたちの祖先は陸稲（padi bukit）とココ椰子（nio）を同時に耕作した」というわけである。

　初期の海浜でのココ椰子開発ののち，ダトゥ岬とスマタンのあいだの沿岸部がナコダの農園経営の対象にされなくなると，テロック・ムラノーの生業の内陸化が進む。古老たちの記憶を重ねあわせてみると，1910年前後には村人たちは沿岸部を離れて陸住みの生活にはいり，自給自足のための焼畑耕作が始められている。村人たちは自らの焼畑耕地に近い森のなかに家屋を建て，家の建材は現在のようなチェーンソーを用いた製材ではもちろんなく，ニボンなどの硬質な丸木を組んだ簡便なものであり，きわめて移動性の高いものであった。当時のテロック・ムラノーでは，すでにパ・ムンドンの回想のなかで紹介したように，ココ椰子の生殖する沿岸部を離れて，森のなかに住んだのは，自分たちの焼畑をイノシシなどの被害から守るためであった。この当時から続くテロック・ムラノーの焼畑経済への依存は，村人をして現在でも「夜に海に出て漁をし，昼に寝ているのは怠惰な男がすることである」，「ムラノーでのまっとうな生活は森を拓き米をつくること」という村長をはじめとする老人たちの言葉によく表れている。

　耕作地ならびに住居の内陸化は，日本軍政期にさらに進み，村の婦女子が食糧調達に来村する日本兵と接触することを避けて現在のマレーシア／インドネシア国境部に移住した。当時の戸数は約20戸であり，1945年以降も第一次森

林の優勢な山間部ではそれぞれの世帯は分散し，遠く海から離れて陸稲耕作を行ったという。現在でも何人かの村人は出づくり小屋をこの地域に維持している。

　サラワクがブルック王国からイギリス直接統治のもとにおかれた第二次世界大戦終了時から1963年のインドネシアによる軍事侵攻にいたる20年間のあいだにテロック・ムラノーの周囲2キロメートル平方の森林はほぼ焼畑耕地として利用され，一部の急峻な産地斜面を除いては第二次森林に変わった。1960年代初頭には，インドネシア国境部まで第二次森林は伸びている（図5-2参照）。ちなみに，テロック・ムラノーにおける資源利用と国家領域の問題については第八章で論じている。

　1963年のインドネシアによるサラワクへの軍事侵攻は，この国境の村の3人の男たちの命を奪った（第八章）。この事件によりテロック・ムラノーの住民には村からの退去命令がマレーシア政府によって出され，人々はスマタン，ルンドゥ，クチン，サントゥボンなどに移住し，帰村までには五年の年月を要した。再びテロック・ムラノーの住人が村に戻った時には，墓所に近い海浜部に数軒の家屋が建てられたのを別とすれば，多くの村人はふたたび内陸部に居住した。このように森林のなかの分散型の居住形態が変わるのは，コミュニストのゲリラによって村人が1977年に射殺され，政府の命令のもとでの海浜での集住が強制的に行われたことによる[90]。内陸部への移住や海浜での集住の多くは日本軍占領やコミュニスト活動などテロック・ムラノー村をこえた政治的暴力を契機としたものである。しかしながら，テロック・ムラノーの村長の「私が若いころには森を拓いて米を植えることを厭う男は怠惰な人間とみなされた。夜から朝にかけて漁をし，昼に寝ているような者は嘲笑の対象となった」という言葉が示すように，海ではなく陸での生業活動はテロック・ムラノーの男たちの

---

[90] パ・ステの移動歴を例にとってみよう。パ・ステは現在60歳代（1992年当時）で，幼少時から今まで6回にわたり生活の場を変えている。
　① ムラノー湾の海浜（幼少時）
　② 内陸部（少年時）
　③ 現マレーシア／インドネシア国境（日本軍占領期）
　④ 6年間のスマタンでの退去生活（コンフロンタシ時代）
　⑤ ムラノー川河口のち墓所付近（コンフロンタシ後帰村1968年以後）
　⑥ 現在の村落内へ集住（70年代中頃から80年代後半）
　⑦ ムラノー湾の海浜（現在）

エトスとなっていたことが窺い知れる。

　およそ1世紀以上にわたりテロック・ムラノーの焼畑が継続して行われた理由としては，きわめて低い人口圧が維持されたこともあげられる。もとよりテロック・ムラノーの歴史をとおした人口統計など望むべくもない。しかしながら，いくつかの古老の回想をとおして村の人口増減についての様子を知ることができる。

　初期のテロック・ムラノー村についてのパ・ムンドン（1992年当時95歳）の回想によれば，彼が13歳の時に家族とともに移住し1910年前後には，テロック・ムラノーにはわずか5世帯のマレー人が居住していたのみであった。多くの村民の回想の一致するところで，日本陸軍の兵士が村に食糧調達のために訪れはじめた1941年の村の世帯数は20である。1963年にインドネシアの軍事侵攻により村外退去が命じられた時には全戸数は21であった。1960年代末期には村民の帰村が終了したが，5年間の閉村中に亡くなった者や帰村を断念したものもおり全戸数は15戸まで減少した。

　1994年11月の村落人口は41世帯210人であった。戦後の半世紀のあいだに世帯数は約2倍となったが，これは自然人口増に加えて，結婚による分出ならびに移住による。1910年前後の5世帯，1940年代初頭の20世帯，1963年の21世帯，そして1968年前後の15世帯とテロック・ムラノー村はきわめて低い人口圧を保ってきた。このような小人口集団に対してテロック・ムラノーをめぐる環境は，国境部の未開拓の第一次森林の存在，10年を超える休閑による第二次森林の再生，そしてコンフロンタシによる強制疎開による5年にわたる森林資源利用の完全停止などによって，充分な人口支持力を保ってきたと考えられる。このような森林資源の小人口による活用に加えて，村へのチェーンソーなどの機械が入らなかったこと，さらには村人のあいだでの焼畑耕作をめぐる協業の欠如がテロック・ムラノーでの焼畑耕作の延命に寄与したと考えられる。過去においては，製材した木材のブローカーを兼ねるスマタンの華人商人が村人に対してチェーンソーの貸与を申し出たが，燃料代や燃料入手の困難も手伝って第一次森林の伐採のためには用いられることはなかった。また，通常マレー語でゴトン・ロヨン（gotong royong）と呼ばれる農業における協業もテロック・ムラノーでは播種を除いては行われておらず，第一次森林の開拓はもっぱら世帯の男子によって個別に行われてきた。コンフロンタシによる強制移住の前にはすべての段階でゴトン・ロヨンが行われていたが，強制疎開がもたらし

た世帯減少と構成員の変更はその後の村落における協業を不活発なものとしたという。

ケランガス林における焼畑

　テロック・ムラノーの村人が代々焼畑を行ってきたダトゥ岬のふもとの土地は石英砂を主体とした土壌のうえに、ケランガス林と呼ばれる森林が発達している。ケランガス (kerangas) とは、イバン語で「陸稲の育たない土地」を意味し、きわめて貧栄養な森林である。砂まじりできわめて保水性が低く、シダやウツボカズラが生える漂白された土地をテロック・ムラノーの人々も tanah segup という言葉で呼んでいる。
　このような通常ボルネオの諸民族によって焼畑耕地としては避けられるような硫酸酸性土壌において、もともと焼畑を行っていなかったテロック・ムラノーの人々がいかにして陸稲をつくり生きてきたのか。以下の報告はサラワクにおけるマレー系住民による焼畑に関する最初の報告となる。

1．下草刈りと森林の伐採（7月下旬〜9月初旬）

　焼畑の開始を昴が明け方に東の空にみえた時としてきたイバンの人々と異なり、テロック・ムラノーにおいては特定の自然現象を焼畑のスタートとすることはなく、寄合による決定もなければ、一定の儀礼をともなうものでもない (Freeman 1955: 40)。ただ、雨期（11月〜3月）と乾期（4月〜10月）という季節の差異は、この地域では明確であり、人々は雨期が始まる前に第一次／第二次森林を拓き、樹木や下草を充分に乾燥させ、火を入れることが毎年のルーティンとなる。樹木の伐採と下草刈りは通常7月下旬に始まり、雨期の直前に播種を終わらせ、雑草の駆除を行いながら3月の収穫を待つことになる。以下では各焼畑の作業段階を考察していく。
　第一次森林もしくは第二次森林における下草刈り (*tebas*: v. f. *nebas*) と樹木の切りたおし (*tebang*, v. f. *nebang*) は7月下旬に始まり9月上旬に終了する。テロック・ムラノーの住民は森林を基本的には三つのカテゴリーに分けている。

大木を切り倒すためにつくられた panngal。

人の未だ入っていない第一次森林は *hutan tua*（文字通り「古い森」）と呼ばれる。第二次森林はさらに二つのカテゴリーに分かれる。*jerame tua* は古い第二次森林で，前回の焼畑から通常6～7年以上たった再生林をさす。これに対して *jerame muda* はこれより若い二次森林である。

　下草刈りと倒木にかかる期間は森林のタイプと焼畑耕作地（umah）の広さによって変わる。私が同行した1エーカーの *umah* の場合には *jerame* を成人が下草刈りを行うのに一週間，倒木にも約一週間かかった。*jerame* における *nebas* および *tebang* はともにきわめて単純かつ労働集約的な作業であり，*akar upak* と呼ばれる草の根おこしのための木棒と *parang* と呼ばれる刀が道具として用いられる。テロック・ムラノー周辺のケランガス林での *nebas* は絡まり合ったシダ類の根を起こす作業であり，男性のみならず女性も従事する。10年を超した第二次森林では，樹木の直径は15センチから20センチであったが，一本を倒木するためには10回から15回の *parang* を振りおろす必要があった。木々にからみついたツタを切ることも実に手間のかかる作業である。これをしないと重量のない *jerame* 森林の木々が空中にぶらさがることになる。ちなみに，1993年には5人の村人が *jerame* の開墾を行った。その内訳は jerame muda（1年生，3年生，5年生）ならびに jerame tua（6～8年生，10年生以上）であった。

　第一次森林（*hutan tua*）の木々を焼畑耕作地のために倒木するのは *jerame tua/muda* を拓くよりもはるかに労働集約的な作業である。テロック・ムラノー村から20分ほどのきわめて急峻な斜面に残された第一次森林，約0.75ヘクタールを伐木したパ・トゥアのケースを見てみよう。彼は40代で10代後半の息子がいるが，この umah はもっぱら1人で拓いた。草刈りに一週間，*kapak* と呼ばれる斧を用いた倒木に1ヶ月を要した。hutan tua での下刈りは，実際のところ jerame におけるそれよりも易しい。hutan tua では樹冠に遮られて日がささないために jerame に比べて雑草の繁茂はきわめて少ない。

　大きな木を切るためには *panggal* と呼ばれる足場を組み，その上で作業を行う。数メーター上の幹は直径が減少するのでより倒木が容易になる。直径1メートルの幹にV字型の切りこみを入れて切り倒すのにパ・トゥアの場合は30分ほどかかった。より良く乾燥させ，充分に燃焼するためには，切り倒された大木の枝葉を落とすことも重要である。経験をつんだ精勤なテロック・ムラノーの男子の場合でも第一次森林の大木の倒木はせいぜい1日で3本というこ

ココ椰子からつくった sutoh で火をつける。

とである。

　第一次森林自体が村から遠くなったことが第一の理由であろうが，このような重労働をともなう第一次森林は多くの村人に避けられるようになっている。聞き取りによれば，1992年には6人が第一次森林で焼畑を行ったが，1993年には2人であった。1993年に拓かれたhutan tuaは村から徒歩で20分ほどの距離にあったが，いずれもきわめて急峻な山の斜面であった。この年には残りの25人の村人はすべて第二次森林を耕地としている。1995年には第二次森林を開墾したものはすでに皆無となっていた。

　繁茂する下草刈りと倒木を行う労働の単位は家族であり，これを越えた村内の協業もしくは労働交換は行われない。通常，賃労働もみられない。

　1993年に唯一見られた家族外労働のかたちは，インドネシア人の短期雇用であり，これはjeram mudaの開墾のためのものであった。雇用主マ・ンガは47歳の未亡人であり，子供の1人は学校の寄宿舎，1人はクチンの国軍の駐屯地におり，常に焼畑のための労働力不足に悩まされている。マ・ンガは1人のインドネシア人男性を自分の焼畑耕地（jerame muda）の下草刈り，倒木，そして火入れのために雇い，合計42リンギを支払った。これは夫が17年前に村周辺に潜伏していたコミュニスト・ゲリラに殺されたために支給されている遺族年金の月額の約半分にあたる。1994年にもテロック・ムラノーでは一件のみ第二次森林の開墾のための雇用が行われた。これは村内で雑貨屋を営む若夫婦がはじめて焼畑を試みたが仕事を終えることができず，チェーンソーを華人商人から借用していた村人に燃料代と1日10リンギを支払ったケースである。

　村民のあいだの協業もしくは制度化された労働交換が存在しないこと，そして換金作物のようにリターンがない自給用の陸稲生産に金銭を払う者は原則的には存在しないこと，さらにはチェーンソーなどの機械の個人所有がないことは，結果的にはテロック・ムラノーでのjerameならびにhutan tuaの低開発につながってきたと考えられる。焼畑をめぐる人口圧の低さは，この村における換金作物耕作の低調さとも関連している。これについては以下で詳述する。

2．火入れ（8月下旬〜9月中旬）

　hutan tuaとjerameがしっかりと焼けるか否かは，陸稲の収穫の善し悪しにかかわってくる。火入れの成否は下刈りと倒木作業終了後の天候いかんによる。

火入れ後の jerame。

通常テロック・ムラノーでは，jerame の乾燥は2週間，hutan tua の最低1ヶ月の乾燥が必要と考えられている。不十分な火入れは，燃え残った幹や枝を取り除く繁雑な作業のみならず，のちに雑草の繁茂に結びつく。火入れは乾期（musin panas, musin kemarau）の最後，8月下旬から9月中旬にかけて行われる。1994年は特に長期の干魃のため拓かれた hutan tua と jerame の乾燥状態はきわめて良好で，耕作地開墾と火入れのあいだにはきわめて短期間の降雨が5回あるのみであった。

　枯れ草に火をつける前には入念な小道もしくは溝づくりが必要である。焼畑をとりまくようにつくられ，乾燥した草や枝を一切のぞいた小道は隣接の umah ならびに森林への延焼を防ぐための重要な緩衝帯である。火入れのタイミングは注意深い風の読みが欠かせない。通常テロック・ムラノーでは，火入れは海からの西風が吹きはじめる午後に行われるが，風向きが突然反対方向になる2時過ぎまでには終了しなければならない。

　火入れは sutoh と呼ばれるココ椰子の葉からつくられた松明をつかって火をつけるもの，農薬散布用のポンプに水をいれた急造の消防士（orang bomba）や rintis でココ椰子の枝葉でばたばたと火をたたき延焼をくいとめるものなどのチームワークのもと進んでいく。火をつけて移動する者は必ず風下から風上に向かって，すなわち風に対してアゲンストの方向をとらなければ，自ら点けた火で焼かれることになる。ルンドゥ地区のダヤックの村で風の方向を読み間違えたことにより親子が焼死したことは多くの村人が知るところである。火が音をたてはじめると村人は「ホーホー」という叫び声をあげ，風の霊が勢いよく山を焼いてくれることを祈願する。

3．播種：掘り棒ともみの投げ入れ（9月中旬～10月初旬）

　火入れ後に村人がすることは雨待ちである。これによって焼かれた土は軟らかくなると考えられている。火入れが成功したならば，播種はきわめて単純な作業になるが，充分な燃焼がなされていない場合には，焼け残った根や幹の畑からの撤去という仕事がまっている。播種は二つの動作からなる。すなわち掘り棒を用いた穴あけとそこに籾をなげいれる作業である。これは明確な男女の分業によってなされ，男が掘棒で穴をうがち（tegal; v. f. negal），女が播種を行う（meneh padi）。

堀棒による穿穴と播種。

補表1　播種作業

掘り棒による穿穴（平均）	
1m四方の穴の数（平均）	16
1分あたりの穿穴数（平均）	42.2
1分あたりの穿穴数（最大と最小）	36-51
穴の深さ	6-9 cm
穴の直径	4-6 cm
播種	
穴あたりの籾数（平均）	20.7
穴あたりの籾数（最大と最小）	13-31
1分あたりの投籾回数（平均）	35.2
1分あたりの投籾回数（最大と最小）	22-45
穴から手までの距離	32 cm前後
穴あたりの籾数（平均）	11.2
穴あたりの籾数（最大と最小）	8-17

　上記のデータは7人の女性と5人の男性が同一の耕作地で播種を行った時のものである。作業は四時間弱で終了し，0.5ヘクタールに23ガンタン（69kg）の籾が植えられた[91]。種播作業は現在でもテロック・ムラノーでみられる複数の世帯による唯一の労働交換（gotong royong）の例である。参加した世帯はお互いの播種が終わるまで持ち回りで共同で作業をし，自分の耕作地で働く他のメンバーに対しては，簡単なクエ（マレー菓子）や飲み物をホスト世帯が用意する。

　ちなみに，現在テロック・ムラノーの村民によって13種類にわたる米が認識されている。以下にあげる通りである。*padi hitam, padi ruwan, padi Sematan, padi narjas, padi melawi, padi mokok, padi sanee, padi bajak, padi kunpang, padi pulut, padi serendah, padi putih arus, padi berat kasar*。

4．除草

　焼畑耕作の諸段階のなかで最も不人気な作業は雑草駆除だろう。雨期は播種と時を同じくして始まる。雨は稲の生長に不可欠であるが，同時に雑草の繁茂

---

91) 1ガンタン＝3キログラム。

も促す。若い第二次森林のうち特に充分な休閑期間を経ずにふたたび耕作に用いられた jerame muda では lalang (Imperata sp.) の繁茂がすすむ。

　火入れ直後から雑草の駆除は実質的に開始される。雑草が生い茂れば収穫される米は甘くなくなる (Mun lalang kuat, padi sik manis) ことは村人の誰もが承知しているが，この作業は世帯によって大きく労働の投下量は異なってくる。テロック・ムラノーで最も放置された umah の一つを例にとってみよう。およそ900平方メートルある耕地において，1993年10月下旬から翌年3月下旬にかけての5ヶ月間に除草が行われたのは6回 (11月13日，11月27日，12月5日，12月29〜31日) であった。最後の除草は3日連続でインドネシア女性2人を雇用して行われ，昼食と日当4リンギが支払われた。籾の耕地面積，投下量，収穫量に関しては以下でくわしく考察するが，この umah の場合は3キロの籾の播種に対して115キロの米 (脱穀前) の収穫がであり，ハーベスト・インデックスからみる生産性はテロック・ムラノー村のなかでもきわめて低い部類にはいるものであった。

5．収穫（3月初旬〜4月初旬）

　3月初旬から4月初旬にかけて1ヶ月間はテロック・ムラノーの村人は umah での収穫，乾燥，脱穀などの作業に追われる。収穫は世帯ごとで行われ，協業や集団的な儀礼なども存在しない。

　稲穂を陸稲から切り取る作業は，マレー語で蟹を表す ketam と呼ばれる手製の幅広のナイフ（最も簡易なものは石油缶などの金属片を用いる）が用いられる。収穫は平均で一分間に40本ほどのスピードで稲穂が刈り取られ，腰に下げた籠に収められていくが，このスピードは稲の生長にばらつきがある場合には低下する。村人はたわわに実った稲穂のみを他の稲を踏んで倒さないように注意深く切り離していく。雨露に濡れた稲穂は敬遠されるため，通常刈り入れは灼熱の太陽のもとで行われる。

　収穫された稲穂はただちに村内（多くは自分の家の前）にビニールもしくはニッパ椰子のマットの上にひろげられ乾燥される。テロック・ムラノーの各戸では，脱穀のために器具をもちることはなく，稲穂を足でもみながら踏みつけることによって (tinjak padi) 脱穀を行う。脱穀された籾 (ampak) はザルの上で空中に何度も投げられて風選される。鳥害のために相当数の籾は空であり，

これらは保管するまえに除外される。籾を高所から何度もマットの上に注ぎ，風を利用して空の籾殻を飛ばす方法をとる村人もいる。脱穀された米は晴天ならば1日干されて最終的に guni と呼ばれる袋（現在は肥料などのプラスチック製）に保管される。

土地利用と焼畑生産

　第一次森林の開墾は焼畑の諸段階のなかでも最も労働投下量の多い作業であり，過去に耕作を行った第二次森林を選択する村民が現在は多い。村から近いところにあることも現在テロック・ムラノーの人々が第二次森林を選択する大きな理由である。テロック・ムラノーでは通常，jerame muda での焼畑は2年連続行うことはなく，連続耕作が雑草の手に負えない繁茂と収穫量の顕著な減少をもたらすことも村人は承知している。労働投下量と収量を天秤にかけながら村人は焼畑耕作地の選択を行うことになる。

　村の古老たちの回想のなかでは焼畑の過去の収量は現在のそれよりもはるかに良い。前述した最古老のパ・ムンドンによれば「私が若い頃には毎年 hutan tua（第一次森林）を開墾して米を作ったものだ。1ガンタン（3キロ）の籾を植えれば3〜4 guni besar（300キロ〜400キロ）の収穫があった」[92]。恐らくこのような収穫はパ・ムンドンの焼畑歴のなかでも記録的な豊作に属するものと推察される。しかしながら，1960年代初頭や1970年代後半でも村人はかなりの収量をあげていたことはパ・スバやマ・ンガの回想からも明らかである。

　半ガンタンの籾を植えれば1guni besar（100キロ）の収穫は容易にあった。コンフロンタシで村を離れる前には私の家には天井まで米の詰まった guni besar がうず高く積まれていた。

　テロック・ムラノーの村人は焼畑を行い，ココ椰子を収穫し，ゴムの樹液を採取した。村長だった父や村人は一度も米を買ったことがなかった。私たちは hutan

---

92) 1グニ・ブサー＝約100キログラム。

ketam（蟹）で稲穂を刈りとる。

tua を拓き，毎年 30 ガンタン植えていた。怠惰な者だけが jerame を選んで米を植えた。私の夫がコミュニストに射殺された 1977 年には 23 guni besar（2,300 kg）の米を家族に残してくれた。その頃には 20〜30 ガンタン（60〜90 キロ）を植えるのが普通だった。

今日のテロック・ムラノーにおいては米の自給率が 100 パーセントであるのは 39 戸中唯一 1 戸のみである。残りの世帯は 3 月から 4 月の収穫前には自作の米は消費し，スマタンもしくはインドネシア側のタマジョで購入した米に頼

補表 2　焼畑における播種量（1993 年）

氏　名	ガンタン	焼畑耕地の種類
パ・トゥア	10	hutan tua
パ・ドゥナン	20	jerame tua
アブ	9	jerame tua
パ・ジュリ	20	jerame tua
パ・プテ	14	jerame muda
パ・ロンマット	10[*1]	jerame tua/jerame muda
パ・サイー	30	jerame muda
パ・レナ	14	Jerame
パ・ムレン	11	Jerame
パ・ボゴ	28	jerame tua
パ・ステ	20	jerame tua
ゴンドル	10	jerame tua
マ・ンガ	2.5[*2]	jerame tua/jerame muda

[*1] 計四つの umah で 40 ガンタン
[*2] 計二つの umah で 5 ガンタン

補表 3　焼畑における播種量と収量（1992 年）

氏名	種播量 ガンタン	収量	kg/ガンタン	耕地の種類
パ・プテ	40	2,000 kg	50 kg/ガンタン	jerame muda
パ・サイー	20	600 kg	10 kg/ガンタン	jerame muda
パ・レナ	14	1,400 kg	100 kg/ガンタン	jerame tua
パ・トゥア	13	1,000 kg	78 kg/ガンタン	hutan tua
パ・マイル	3	300 kg	100 kg/ガンタン	jerame tua
マ・ンガ	2	100 kg	50 kg/ガンタン	jerame muda
パ・スパ	3	115 kg	38 kg/ガンタン	jerame muda

ることになる。完全自給の世帯の次に自給率の高い3世帯においても，収穫前の1～2ヶ月は米を購入するとのことであった。政府によって村に設置された精米機の世話を行っている村人によれば，1世帯あたりの米の年間消費量平均は3.5～4 guni besar, すなわち350キロから400キロであり，大多数のテロック・ムラノー世帯の自給率は50パーセント以下であり，年間消費量のおよそ半分以上は購入した米があてられているという。焼畑の自給率の低下については，以下で商品作物耕作との関係で考察する。

テロック・ムラノーにおける商品作物生産

　テロック・ムラノーにおいて商品作物の耕作が始まったのはコミュニスト・ゲリラの投降後はじめてサラワク政府農業省の農業プログラムが導入された1988年のことである。1991年には農業省によってADP (Agricultural Department Project) の重点支援地域に選定された。これらの農業スキームのもとで，胡椒，ゴム，籐，カカオ，丁子，マンゴーなどの果樹，トウモロコシの種もしくは苗，肥料，農薬，除草剤，さらに羊と兎が支給された。これらの支援に加えてクチン市のスマンゴ農業試験場での研修などの機会が与えられた。
　これらのスキーム導入以前の1980年代末までのテロック・ムラノーにおいては，すでに述べたように焼畑による自給，散発的なココ椰子耕作にもとづくコプラ生産や籐の現金化，ごく少数の世帯によるゴムの樹液採取が基本的な生業となってきた。1991年の時点でのスマタン役所調べによれば，テロック・ムラノー村民の月収は最低額が50リンギ，最高額が800リンギであり，200リンギから300リンギのあいだに最も集中している。ちなみに当時のマレーシア，サラワク州における貧困ライン（poverty line）が月収250リンギである。

1．ゴム

　すでにみたように，ゴムはテロック・ムラノーの歴史のなかで重要な商品作物となったことはない。ルンドゥやスマタンの華人やダヤックの農民が胡椒からゴムの耕作に転換した1920年代にも，テロック・ムラノーの村人は国際市場

での高値の恩恵を受けることはなかった。この村で最初にゴムが植えられたのは1953年のことであるが1カティ30セントまでスマタンでの華人商人による買い上げ価格が下落した50年代後半には多くの村人はゴムへの興味を失ったという。コンフロンタシにいたる1960年代前半にもゴムを植えるものもいたが多くは樹液の採取はなされず放置されていた。現在，村の屋敷地の裏にあるゴム林はこの時代に植えられたものであるがながらく放置林となっている。1994年にはクアラルンプールのマレーシア・ゴム調査研究所（RRIM）の援助プログラムのもと申請した24世帯に対して450本の新種苗木が支給され，1年間焼畑に使用した第二次森林に植えられた。

2．カカオ

カカオはゴムとともにテロック・ムラノーにおける新しい換金作物である。1980年代に自分で苗木をもとめ植えた村人がごく少数いたが，おおかたの村人がカカオを植えるようになったのは1991年の農業省支援プログラム（ADP）による無料の苗木の支給による。これによる1,100本の苗木を含む合計3回のサブシディにより，現在は計1,000本のカカオが結実段階を迎えている。

3．胡椒

テロック・ムラノー村では，胡椒で成功した3人の農民に会うことができる。彼らは全員スマタンからの移住者もしくはスマタン在住でテロック・ムラノーに土地を借りて耕作を行っているものであり，自分自身の資本で苗や肥料を用意したものである。彼らの年間の収入は4,000リンギから10,000リンギにのぼっている。そのうち1人はインドネシアのタマジョ村のインドネシア人を収穫期には雇用している。

他の村人にとって胡椒の栽培は農業省の援助プログラムなしには不可能である。サブシディの受給者は1987年と1991年のあいだに苗，肥料，除草剤の支給のもと29人が耕作をはじめたが，継続的に毎年肥料と除草剤の補助を受けるためには少なくとも結実状態にいたった200本の胡椒を維持していることが条件となる。1993年の時点で29人中19人の胡椒が枯死してしまい，安定した現金収入源にはほど遠い状況であった。1993年と1994年に農業省の援助のも

コプラづくりのためにココ椰子の皮をむく。

と再び10人の村人が耕作をはじめた。

4．ココ椰子

　ココ椰子はテロック・ムラノーの村人にとって貴重な現金収入のセーフティネットとなってきた。ケロセン・ランプの油などの基本物資の購入のための現金を村人は籐などに加えてコプラを生産することで得てきた。1960年代に最も値が良い時には，1ガンタンの米が1リンギであった時に1ピクルあたり8リンギから10リンギの卸値をスマタンでつけていたというのが村人の記憶である。コンフロンタシによる強制疎開が解除され村に戻った村人が最初に行ったこともココ椰子からのコプラづくりであった。

　しかしながらコンフロンタシ後の生活を圧迫したのは低迷するコプラ価格であった。コプラづくりはきわめて労働集約的な作業である。生産したコプラをボート・エンジンのガソリン代をつかってスマタンに運んで華人商人におろして得る利益もきわめて少ない。1993年の時点でスマタンでの買い上げ価格は1キロあたり40セントであり，テロック・ムラノー農民でコプラづくりを行うものは4人のみであった。

　1キロのコプラを生産するためにはおよそ6個のココ椰子が必要であり，以下のような作業が必要となる。ココ椰子は農園，多くの場合野放しにされた雑草のなかに埋もれた椰子の実を回収することから始まる。実はまずsuiもしくはkapakと呼ばれる用具を用いて割られ，ナイフ（penyngkit）で白色の果肉が外皮から分離される。果肉は数日間天日干しされたのち，袋詰めされてスマタンの華人商人に卸される。

　テロック・ムラノーの村人が600個のココ椰子をあつめコプラをつくった場合の収益について考えてみよう。あくまでも平均ではあるが600個のココ椰子により100キロの果肉を得ることができる。これはキロあたり40セントの市場価格のもとでは40リンギの卸値となるが，これはスマタンとテロック・ムラノー間のボートによる往復にかかるガソリン代とタバコ一箱で相殺されてしまう金額である。スマタンに向かう他の村人のボートに積載してもらう風景はテロック・ムラノーではまず見られない。

　テロック・ムラノーにおいては地面に落ちたココ椰子の実の所有権は実に厳格に尊重されている。他人のココ椰子の下に土地を借りて家を建てているもの

は，たとえ目の前に実が落ちていても，夕食のために果肉が必要な場合は，遠くても自分のココ椰子を取りにいく。村内においては料理用のサンタン（ココナツ・ミルク）や食用油はすべて自らのココ椰子を用いた自給である。

焼畑耕作・換金作物・社会関係

　テロック・ムラノーにおいては焼畑陸稲耕作と換金作物耕作は表裏一体の関係にある。前節でみた胡椒，カカオ，ゴムなどの農業省の支援プログラムのもとで新たに植えられた換金作物の耕作地は，多くの場合，焼畑陸稲の収穫後の土地が用いられている。これらの焼畑と商品作物耕作地をめぐる所有権と用益権，これらの親族関係との問題についてはのちに触れる。

　すでに述べたように合計450本の苗木が支給された1994年のゴム・スキームにおいては24人のうち19人はjerameにおける焼畑耕作直後に支給された苗木を植えている。このような焼畑耕作に連動した換金作物耕作は農業省のスタッフによれば実践としては正しくない。例えばカカオは健全な育成と結実のためには日射を遮るシェード・ツリーがなければならず，焼畑跡地に独立して植えるのではなく，他の樹木との適当な間隔が必要である。スペーシングが大きすぎれば雑草の繁茂を呼び，カカオ農園が雑草におおわれれば，これによる湿気のために病害が広まる。このような状況で植えられたテロック・ムラノーのカカオは発育不良，もしくは発育途中に枯死するものも多く，収量も期待されるレベルとはほど遠いのが現状である。

　胡椒に関しても援助プログラムと村人の実践のあいだにはかなりの乖離がある。すでに述べたように農業省のサブシディのもとで胡椒の結実を促進させるための肥料ならびに除草剤は200本の胡椒を維持している場合に限られる。しかしながら，これらの肥料や除草剤を自らの焼畑耕地で用いたり，労働対価や交換財とするケースも少なくなく，実際の胡椒畑は放置されてしまうことが多い。

　ADP（農業省プログラム）の重点支援地域として指定された1991年よりテロック・ムラノーにおける換金作物栽培はきわめて潤沢な支援物資の流入のもと外見は順調にみえるが，胡椒の場合にみるように，肥料や除草剤などの外部

援助によるカンフル剤が切れるとたんに放置される場合が少なくない。山羊や兎の養育プロジェクトも第二世代の繁殖にはつながらず，第一世代の家畜の集団的な世話のシステムもうまくまわらずに，結局各戸に引き取られたものは時を待たずして村から（もしくは胃袋へ）消えてしまった。カカオ，胡椒とも現状では家計を支える換金作物というよりは，きわめて消極的な意味での間歇的かつ不定期な少額収入にとどまっている。

　このように寛大な政府補助のもとでの換金作物耕作は，肥料や除草剤などの無料配布が終了した時には直ちに伝統的な焼畑耕作に戻ることになる。焼畑回帰への本然的な誘因は，劣性土壌での農耕の難しさや苗木などの購入費用の捻出の問題などに加えて，焼畑耕作をめぐって形成されてきた親族を基盤とした社会関係と新しい換金作物耕作のあいだに生じている混乱に起因するものでもある。以下ではテロック・ムラノーにおける焼畑耕作ならびに換金作物耕作にかかわる土地運用，特に親族関係のなかでの用益権のオペレーションの問題を考えてみたい。

　テロック・ムラノーにおいては相続にかかわる土地の所有権と耕作権の継承にかかわる用益権（usufruct）は明確に区別されている。第一の土地所有は国家の土地登記システムと連動したものであり，始祖の耕作した土地が，彼（女）に双系的に連なる親族のあいだで分割され政府の土地測量局によって登記されるものである。このような個人所有にもとづく土地運用の制度は双系的な親族認知のもとで世代深度が増すにつれて急速な断片化が進行することになる。

　これに対して耕作の権利，すなわち用益権を親族のあいだで運用するのが第二の様式である。ボルネオで焼畑を営む他のダヤック諸集団と同様にテロック・ムラノーにおいても，多くの第二次森林の耕作権は，最初に第一次森林を開墾した始祖に連なるすべての親族によって共有される。この継承のラインは男女，父方母方を問わず双系的に広がるものである。父系もしくは母系原理のもとで形成されるクランやリネージなどの親族集団とは異なり，これらはあくまでも社会的カテゴリーとして永続的な団体性をもつものではない。このような用益権運用のもとでは tanah peningallan alur X（故 X によって残された土地）は X のすべての子孫が耕作する（makan sama：文字通り「一緒に食べる」）権利を有する。実際に自己の祖先によって拓かれた jerame でふたたび焼畑を行う際には，親族関係のあるすべての者のコンセンサスを得る必要はなく，最も年上の親族に周知することをもってかえられる。

補表4　長期作物（tanaman jangka panjang）[*1]

長期作物	結実までの期間（年）	寿命（年）
ドリアン	7-8	30-50
マンゴー	3	30
丁子	3-4	30
エンカバン	10	30-40
ランサ	10	30
ココ椰子	5	80

[*1] 長期作物ならびに短期作物の結実までの年数と寿命は，あくまでもテロック・ムラノーの人々による回答である．

　このような焼畑をめぐる従来の土地運用システムはきわめて長期にわたってテロック・ムラノーにおける耕作地の細分化を抑制してきたと考えることができるが，人々が tanaman jangka panjang と呼ぶ「長期作物」との関係においては，用益権が固定的な個人の所有権に転化する．すなわちエンカバンなど寿命の長い樹木が二次森林（jerame）に植えられた際には，これらが植えられた土地が hak milik（所有物）として認識されるようになるのである．

　上表は用益権の運用対象となっていた土地が個人的な所有とされる契機となる作物のリストである．テロック・ムラノーにおいてはドリアン，マンゴー，丁子，エンカバン，ランサ，ココ椰子などは寿命のながい作物（tanaman jangka panjang）と呼ばれ，これらの樹木は種子ないし苗木を植えた者の所有権が発生する．ひとたび用益権ではなく所有権が認識された土地はその子供たちなどより狭い範囲での相続（土地登記を済ませた場合）または共同管理の対象となる．

　注意しなければならないのは，農業省によって導入された胡椒やカカオは長期作物（tanaman jangka panjang）として未だみなされておらず，これらの耕作によって土地の用益権が所有権に変化することはないことである．村人は実際のところ換金作物の相次ぐ枯死を前にして，これらがどれだけの期間にわたり生産的なのかを知らない．換金作物として恒常的な収益を村人にひとたびもたらし始めればこれらの換金作物のステータスも変化することは想像に難くない．

　個人的所有権の確立と用益権の共同管理に加えて，テロック・ムラノー村で見られる耕地の運用のかたちとしては，*pinjam* ないし *numpang* と呼ばれる借用の形態がある．これは前述した *tanah peningallan alur X*, すなわち X が焼畑を最初に行った土地の用益権を共同で保有する親族集団以外のメンバーに対して用益権を貸し出すものである．借り手は貸し手に対して jerame で耕作す

補表5　短期作物（tanaman jangka pendek）

短期作物	結実までの期間
カカオ	4年
胡椒	2-3年
トウモロコシ	1期のみ
バナナ	1期のみ
ピーナッツ	1期のみ
スイカ	1期のみ

る農作物の種類と期間を明示し，正式には村長もしくはスマタン地区の副区長（sub-District Officer）の署名書類が必要があるとされるが，これは実際には行われていない。用益権の借用期間が終了した場合には，借りては耕作地で栽培した農作物，例えば胡椒やカカオなどの「上もの」ごと返還しなければならない。通常，借り手は焼畑陸稲ならびにバナナ，ピーナッツ，スイカ，パイナップルなど一期限りの農作物を植えることが多いが，1994年には胡椒，カカオ，ゴムの耕作のための pinjam のケースがみられた。これらの換金作物は借り手が生存中は貸与が続くことになるのが慣例であるが，本人が死亡した場合には家族の継続耕作はなく，貸し手に返還されることになる。

　このような用益権の親族外への貸与は耕作地の貸し手を二つの意味で利する。まず第一に，借り手が耕作地で陸稲耕作を行い収穫後に土地を返還した場合には，貸し手は開墾の手間なしに換金作物を植えることができる。第二に貸借期間が終わったり，借り手の死亡や離村などの理由で耕作が中止された場合には，貸し手は土地に植えられた換金作物をそのまま受け取ることができる。例えば1993年には，テロック・ムラノーの村民が1年を期限としてタマジョのインドネシア人女性が焼畑を行うために自分の拓いた二次森林を貸した。これは翌年度に始まる農業省のゴム・スキームのもとでの苗木の無料配布を見越したものであり，労せずしてゴム用の耕地を用意できたのである。

　伝統的な焼畑耕作は国家領域の最辺境で生きてきたテロック・ムラノーの人々の生存の基盤となってきた。陸稲の自給率は低下傾向にあるが，村人は現在でも森を拓き，堀棒で穴を穿ち，籾をまく。サラワク政府による苗木や肥料，除草剤などの支給による近年の換金作物耕作の奨励プログラムのもとで行われている胡椒やカカオ，ゴムの植え付けと焼畑耕作は対立するというよりは，む

しろ相互補完的にテロック・ムラノーでは共存している。主にケランガス林での焼畑耕作ではあるが，200人あまりの小人口に対して国境部の森林は充分な環境支持力を維持してきており，焼畑ならびに放置された換金作物耕作地は，充分な休閑期間もしくは放置期間をへて再び焼畑可能な jerame に復帰していく。市場経済への包摂の弱さと生態の強さのもとで，テロック・ムラノーの農業は，常に粗放的な焼畑に回帰する傾向をもっていると考えられる。

あとがき

　本書は，1998年にPh.D. Program in Anthropology, Graduate School and University Center, the City University of New Yorkに提出した博士論文Between Frontiers: The Formation and Marginalization of a Borderland Malay Community in Southwestern Sarawak, Malaysia, 1870s-1990sを契機に生まれたものである。博士論文が英文であったことから，本書が日本語で上梓されるまでには，さまざまなプロセスを経ている。お世話になった方々を思いうかべながら，このあとがきを記していきたい。

　本書と英語版ともに，博士論文の内容は四分の一ほどを占めるに過ぎず，「加筆訂正」の域を越えて新しい本を書いたというのが自分自身の感想，そして感慨である。本書を書く人類学的な「のびしろ」を与えてくださった大学院時代の恩師に感謝の念を捧げたい。日本語で書いてもせんかたなきことであるが，多くの先生がすでに鬼籍に入られている現在，どこからか今の私をご覧になっているのではないかと思いつつお名前を記す。メイ・エビハラ，エリック・ウルフ，マーヴィン・メギット，ジェーン・シュナイダー。そして東京都立大学大学院の石川栄吉，村武精一，松園万亀雄の各先生。

　本書と英語版は双子的な存在である。英文チャプターと日本語の章が平行して増えながら二冊の本となった。英文が先の場合もあれば，逆の場合もある。面白かった経験は，自分の英語の和訳，そして日本語の英訳は本当のところは不可能ということだ。結局，同内容だが，別の本を二冊書いたことになる。ちなみに，英語版はBetween Frontiers: Nation and Identity in a Southeast Asian Borderlandとして刊行予定である。

　下記論文はそれぞれが本書のなかで大事な部分を占めている。考える機会，それを文章にする機会を与えてくれた編者の方々に御礼申し上げる。

1997a「民族の語り方 ── サラワク・マレー人とは誰か」『民族の生成の論理』
　　　（岩波講座文化人類学第5巻）内堀基光（編），講座文化人類学，岩波書店。
1997b「境界の社会史 ── ボルネオ西部国境地帯とゴム・ブーム」（特集：「ポリ

ティカル・エコノミーと民族誌」大塚和夫編集)『民族学研究』61(4)：586-615。

1999a「空間の履歴 ── サラワク南西部国境地帯における国家領域の生成」『地域形成の論理』坪内良博（編）、京都大学学術出版会。

1999b「文化と経済のボーダーランド ── ボルネオ南西部国境地帯の調査から」『文化としての経済』川田順造（編）、山川出版社。

2002「国家の歴史と村びとの記憶 ── サラワク独立をめぐって」黒田悦子（編）『民族の運動と指導者たち ── 歴史のなかの人びと』山川出版社。

2003「歴史のなかのグローバリゼーション ── ボルネオ北部の植民地期と現代にみる労働のかたち」（特集：「人類学の歴史研究の再検討」春日直樹編集）『文化人類学』69(3)：412-436。

2004a「国家が所有を宣言するとき ── 東南アジア島嶼部社会における領有について」三浦徹・岸本美緒・関本照夫（編）『比較史のアジア ── 所有・契約・市場・公正』、東京大学出版会。

2004b「〈民族〉以前 ── ボルネオ島西部国境社会における村落と国家」加藤剛（編）『変容する東南アジア社会』、めこん。

2004c「フロンティアと権力：東南アジア島嶼部ボルネオ島の事例」小泉潤二・栗本英世編『トランスナショナリティ研究　境界の生産性』大阪大学21世紀COEプログラム「インターフェイスの人文学」文学研究科・人間科学研究科・言語文化研究科2003年度報告書。

2006「マイクロ・トランスナショナリズム ── ボルネオ島西部国境の村落社会誌」杉島敬志・中村潔（編）、『現代インドネシアの地方社会─ミクロロジーのアプローチ』NTT出版。

　いま一つの研究結果を上梓しようとして感じることは、調査は人々の善意にのみ頼りながら成り立つということだ。テロック・ムラノー村の人々には、たいへん月並みであるが感謝の言葉もない。一言だけムラノー風に *Kepada orang Melano, banyak terima kasih. Mun sik ada kebaikan kitak semua, sik jadi buku tok*。特にPuan Rabina binte Sahariには、お名前をローマ字表記して謝意をお伝えしたい。

　所属している京都大学東南アジア研究所は、私にとって刺激的な研究環境を提供してくれる。現在の同僚と研究所を離れられた元同僚に謝意を表したい。

京都大学学術出版会の鈴木哲也さん，高垣重和さん，斎藤至さんには，ほんとうにお世話になりました。なお，本書は，京都大学教育研究振興財団の出版助成金の交付を受けて出版される。

　妻の真由美は，テロック・ムラノーでの体験を共有している。調査をともにする者として，最も厳しいコメンテーターとして，そして最良のパートナーとしての彼女の存在がなければ本書は存在しない。

　最後に，本書を両親へ捧げる。

2008年2月

石川　登

参考文献

文献略号
SG: The Sarawak Gazette
SGG: The Sarawak Government Gazette
SG-LDMR: Lundu District Monthly Report, The Sarawak Gazette
LDR: Lundu District Report
LDQR: Lundu District Quarterly Report

[日本語文献]
相川春喜　1944：『東南亞の資源と技術』三笠書房．
石川　登　1993：「農民と往復切符 —— 循環的労働移動とコミュニティ研究の前線」『民族学研究』58（1）：53-72．
──1997a：「民族の語り方 —— サラワク・マレー人とは誰か」青木保・内堀基光（編）『民族の生成の論理』（講座文化人類学第5巻）岩波書店．
──1997b：「境界の社会史 —— ボルネオ西部国境地帯とゴム・ブーム」（特集「ポリティカル・エコノミーと民族誌」大塚和夫編集）『民族学研究』61（4）：586-615．
──1999a：「空間の履歴 —— サラワク南西部国境地帯における国家領域の生成」坪井良博（編）『地域形成の論理』京都大学学術出版会．
──1999b：「文化と経済のボーダーランド：ボルネオ南西部国境地帯の調査から」川田順造（編）『文化としての経済』山川出版社．
──2003：「歴史のなかのグローバリゼーション —— ボルネオ北部の植民地期と現代にみる労働のかたち」（特集：「人類学の歴史研究の再検討」春日直樹編集）『文化人類学』69(3)：412-436．
──2004a：「国家が所有を宣言するとき —— 東南アジア島嶼部社会における領有について」三浦徹・岸本美緒・関本照夫（編）『比較史のアジア —— 所有・契約・市場・公正』東京大学出版会．
──2004b：「〈民族〉以前 —— ボルネオ島西部国境社会における村落と国家」加藤剛（編）『変容する東南アジア社会』めこん．
石川真由美　2003：「他者としての父：東マレーシア，サラワク州の国境地帯における婚外子の事例より」河本貢，丸山茂，山内健治（編）『父：家族概念の再検討に向けて』（シリーズ比較家族III-1）早稲田大学出版部．
内堀基光　1989：「民族論メモランダム」田邊繁治（編）『人類学的認識の冒険 —— イデオロギーとプラクティス』同文館．
──1996「森の食べ方」（熱帯林の世界／伊谷純一郎，大塚柳太郎編；5）東京大学出版会．
江守五夫　1966：「英蘭両国のインドネシア支配とアダット法 —— 植民地支配のイデオロギーとしての国家最高地主説の展開」仁井田記念講座・編集委員会『仁井田記念講座1　現代アジアの革命と法（上）』勁草書房．
加藤　剛　1994：「民族と言語」綾部恒雄・石井米雄（編）『もっと知りたいマレーシア（第二版）』弘文堂．
──1996：『時間の旅，空間の旅 —— インドネシア未完成紀行』めこん．

ギデンズ, A. 1999:『国民国家と暴力』松尾精文・小幡正敏 (訳), 而立書房.
グリーンブラッド, S. 1994:『驚異と占有——新世界の驚き』荒木正純 (訳), みすず書房.
郷 太郎 1987:「一九世紀ジャワの共同体的土地所有をめぐって」『社会人類学年報』13, 弘文堂.
白石 隆 2000:『海の帝国 アジアをどう考えるか』中公新書.
杉島敬志 1999:「序論 土地・身体・文化の所有」杉島敬志 (編)『土地所有の政治史：人類学的視点』風響社.
田邊繁治 1972:「タイ旧制度下の国家領域に関する一考察」『東南アジア研究』10(2):246-270.
床呂郁哉 2006:「変容する〈空間〉, 再浮上する〈場所〉——モダニティの空間と人類学」西井凉子, 田辺繁治 (編)『社会空間の人類学——マテリアリティ・主体・モダニティ』世界思想社.
バーグ, P. (編) 1996:『ニューヒストリーの現在——歴史叙述の新しい展望』人文書院.
バリバール, E. 1997:「国民形態—歴史とイデオロギー」若森章孝ほか (訳)『人種・国民・階級：揺らぐアイデンティティ』大村書店.
フィヒテ, J.G. 1997:「ドイツ国民に告ぐ」細見和之・上野成利 (訳)『国民とは何か』河出書房新社.
ブローデル, F. 1991-1995:『地中海』浜名優美 (訳), 藤原書店.
前田成文 1993:「国家・言語・宗教・慣習——東南アジアからの視点」中野秀一郎・今津孝次郎 (編)『エスニシティの社会学』世界思想社.
マルクス, K. 1963:『資本主義的生産に先行する諸形態』手嶋正毅 (訳), 大月書店.
安田信之 1999:「土地の領有と所有——オーストラリア・一九九二年マボ判決を手がかりに」杉島敬志 (編)『土地所有の政治史——人類学的視点』風響社.
リーチ, E. R. 1987:『高地ビルマの政治体系』関本照夫 (訳), 弘文堂.

[外国語文献]

Anderson, B. 1990: *Language and Power: Exploring Politics, History, and Culture,* Ithaca: Cornell University Press.
—— 1991: *Imagined Communities: Reflections on the Origin and Spread of Nationalism,* Rev. and extended ed. London; New York: Verso (アンダーソン, B. 1997:『想像の共同体：ナショナリズムの起源と流行』(増補) 白石さや・白石隆 (訳) NTT 出版).
Abang Yusuf Puteh 1996a: *River of Dry Tears,* Kuching, Sarawak: Shobra Publications Sdn. Bhd.
—— 1996b: *The Malay Mind,* Sarawak Malay Series, Kuching, Sarawak: Shobra Publications Sdn. Bhd.
—— 1996c: *The Malay Culture of Sarawak,* Sarawak Malays Series, Kuching, Sarawak: Shobra Publications Sdn. Bhd.
—— 1998: *Malay Politics and Perabangan,* Sarawak Malays Series, Kuching, Sarawak: Shobra Publications Sdn. Bhd.
Appadurai, A. 1986: "Introduction", in A. Appadurai (ed.), *The Social Life of Things: Commodities in Cultural Perspective,* pp.3-63, Cambridge: Cambridge University Press.
—— 1991: "Global Ethnoscapes: Notes and Queries for a Transnational Anthropology." In *Recapturing Anthropology,* Richard Fox (ed.), Santa Fe: School of American Research Press.

―― 1996: "The Production of Locality", In *Modernity at Large: Cultural Dimensions of Globalization*, Minneapolis: University of Minnesota Press.
Axel, B.K. (ed.)2002: *From the Margins: Historical Anthropology and Its Futures*, Durham: Duke University Press.
Beccari, Odoardo 1904: *Wandering in the Great Forests of Borneo*, London: Archibald Constable.
Bala, Poline 2002: *Changing Borders and Identities in the Kelabit Highlands: Anthropological Reflections on Growing Up near an International Border*, Dayak Studies Contemporary Society Series, No.1, The Institute of East Asian Studies, Kuching: Sarawak, Lee Ming Press Company.
Balakrishnan, G. (ed.). 1996: *Mapping the Nation*, London: New York: Verso.
Barlow, Colin 1978: *The Natural Rubber Industry: Its Development, Technology, and Economy in Malaysia*, Kuala Lumpur: Oxford University Press.
Barth, F. 1969: *Ethnic Groups and Boundaries: the Social Organization of Cultural Difference*, London: Allen and Unwin.
Bohannan, P. 1955: 'Some Principles of Exchange and Investment among the Tiv', *American Anthropologist* 57 (1): 60-70.
Borneo Post, June 29, 1993.
Borneo Post, January 20, 2003.
Borneo Post, March 20, 2005.
Boyd, S.T. 1936: *The Laws of Sarawak* (Red Book). London: Bradbury, Wilkinson & Co.
Jabatan Perangkaan Malaysia (Cawangan Sarawak) 1994: Buku Tahunan Perangkaan Sarawak, Kuching, Sarawak, Malaysia.
Business News, October 2, 2000.
Castells, Manuel and Alejandro Portes 1989: "World Underneath: The Origins, Dynamics, and Effects of the Informal Economy." In *The Informal Economy: Studies in Advanced and Less Developed Countries*, A. Portes, M.Castells, and L.A. Benton (eds.), London: The Johns Hopkins University Press.
Cole, J and E. Wolf 1974: *The Hidden Frontier: Ecology and Ethnicity in an Alpine Valley*, New York: Academic Press.
Cramb, R. A. 1988: "The Commercialization of Iban Agriculture." In *Development in Sarawak: Historical and Contemporary Perspectives*, R.A. Cramb and R.H.W. Reece (eds.), Monash Paper on Southeast Asia 17, Center of Southeast Asian Studies, Monash University.
Chew, Daniel 1990: *Chinese Pioneers on the Sarawak Frontier 1841-1941*, Singapore: Oxford University Press.
Chivers, T.1985: "Introduction: Rationalizing Racial and Ethnic Competition." *Ethnic Racial Studies* 8(4): 465-481.
Dickens, Peter 1991: *SAS The Jungle Frontier: 22 Special Air Service Regiment in the Borneo Campaign, 1963-1966*, Kuala Lumpur: S. Abdul. Majeed & Co.
Drabble, John 1973: *Rubber in Malaya 1876-1922: The Genesis of the Industry*, Kuala Lumpur: Oxford University Press.
Durkheim, E. and M. Mauss 1963: *Primitive Classification*, trans. Rodney Needham, London:

Cohen and West. [Orig. French ed., 1903.]

Foucault, M. 1980: "Questions on Geography." In *Power/Knowledge*, Colin Gordon (ed.), pp.63-77. New York: Pantheon Books.

Freeman, D. 1955: *Iban Agriculture: A Report on the Shifting Cultivation of Hill Rice by the Iban of Sarawak*, London: Her Majesty's Stationery office.

Furnivall, J. S. 1939: *Netherlands India: A Study of Plural Economy*, Cambridge: Cambridge University Press.

―― 1944: *Netherlands India: A Study of Plural Economy*. Cambridge UK: Cambridge University Press.

―― 1948: *Colonial Policy and Practice: A Comparative Study of Burma and Netherlands India*, Cambridge: Cambridge University Press.

Galaty, J. 1982: "Being 'Masai': Being 'People-of -Cattle': Ethnic Shifters in East African." *American Ethnologist* 9(1): 1-20.

Gellner, E. 1983: *Nations and Nationalism*, Oxford: Basil Blackwell (ゲルナー, E. 2000:『民族とナショナリズム』加藤節（監訳）岩波書店).

Giddens, A. 1984: *Constitution of Society :Outline of the Theory of Structuration*, Cambridge: Polity Press.

Government Printing Office 1954: *A First Book in Civics: Sarawak and Its Government*, Government Printing Office: Kuching.

Harrisson, Tom 1970: *The Malays of South-west Sarawak before Malaysia: A Socio-Ecological Survey*, East Lansing: Michigan State University Press.

―― n.d.: "The Malays of South-west Sarawak before Malaysia." *The Sarawak Museum Journal* (Museum File).

Heine-Geldern, R. 1956: *Conceptions of State and Kingship in Southeast Asia*. Cornell University, Southeast Asia Program, Data Paper No.18.

Harvey, D. 1990: *The Condition of Postmodernity: An Enquiry into the Origins of Cultural Change*, Oxford: Blackwell (ハーヴェイ, D. 1999:『ポストモダニティの条件』吉原直樹（監訳・解説）青木書店).

―― 1996: *Justice, Nature and the Geography of Difference*, Oxford: Blackwell.

Heyman, J. 1991: *Land, Labor, and Capital at the Mexican Border*, Flagstaff: University of Arizona Press.

Hong, E. 1987: *Natives of Sarawak: Survival in Borneo's Vanishing Forests*, Penang: Institut Masyarakat.

Hobsbawm, E. and T. Ranger (eds.). 1983: *The Invention of Tradition*, Cambridge: Cambridge University Press. (ホブズボウム, E., T. レンジャー（編）『創られた伝統』前川啓治ほか（訳）紀伊国屋書店).

Ishikawa, Mayumi 2005: The Story of Nakoda Hitam: Her Life and Ventures at Maritime Crossroads at the Turn of the 20th Century, *The Sarawak Museum Journal* vol LXI No. 82(New Series): 247-262.

Ishikawa, Noboru 1998a: "Between Frontiers: The Formation and Marginalization of a Borderland Malay Community in Southwestern Sarawak, Malaysia, 1870s-1990s." Ph.D. thesis, Graduate School and University Center, City University of New York.

―― 1998b: "A Benevolent Protector or Failed Exploiter?: Local Response to Agroeconomic Policies under the Second White Rajah, Charles Brooke (1871-1917) of Sarawak, Shamsul A.B. and T. Uesugi eds., *Japanese Anthropologists, Malaysian Society: Contribution to Malaysian Ethnography*, pp.71-98. Osaka: National Museum of Ethnology.

―― 1998c: "On the Value and Value Equivalence of Commodity, Labor and Personhood: the Use and Abuse of Nation-States in the Borderland of Western Borneo.", paper presented at the 4th International Symposium, *Population Movement in Southeast Asia: Changing Identities and Strategies for Survival*, Joint Research Project on Population Movement in the Modern World, September 17-19, 1998, Japan Center for Area Studies, National Museum of Ethnology, Osaka.

―― 1999a: "The Social History of Coconuts in Sematan, Southwestern Sarawak." *The Sarawak Museum Journal* 54 (75): 239-251.

―― 2007: "Commodities at the Interstices: Transboundary Flows of Resources in Western Borneo," *Asia-Pacific Forum*, Center for Asia-Pacific Area Studies, RCHSS, Academia Sinica, Taipei, Taiwan.

Jabatan Perangkaan Malaysia 1991, 1994: *Buku Tahunan Perangkaan Sarawak*, Jabatan Perangkaan Malaysia (Cawangan Sarawak).

Jones, L.W. 1962: *Report on the Census of Population Taken on 15th June 1960*, Kuching: Government Printing Office.

Kearney, Michael 1991: "Borders and Boundaries of the State and Self at the End of Empire." *Journal of Historical Sociology* 4(1): 52-74.

Keyes, C. 1976: "Towards a New Formation of the Concept of Ethnic Group." *Ethnicity* 3(3): 202-213.

King, Victor T. 1990: "Why is Sarawak Peripheral?" In *Margins and Minorities: the Peripheral Areas and Peoples of Malaysia*, V.T. king and M.J.G. Parnwell (eds.), Hull: Hull University Press.

Kirchhoff, P. 1959: "The Principles of Clanship in Human Society" In *Readings in Anthropology*, Morton H. Fried (ed.), Vol. 2, New York: Thomas Y. Crowell.

Kopytoff, I., 1986: 'The Cultural Biography of Things: Commoditization as Process', in A. Appadurai (ed.), *The Social Life of Things: Commodities in Cultural Perspective*, pp.65-94, Cambridge: Cambridge University Press.

Leach, E.R. 1950: *Social Science Research in Sarawak*, His Majesty's Stationery Office for the Colonial Office.

―― 1954: *Political Systems of Highland Burma*, London: G. Bell and Sons.

―― 1960: "The Frontier of Burma." *Comparative Studies in Society and History* 3: 49-68.

Lefebvre, H. 1991: *The Production of Space*, Oxford: Basil Blackwell.

Leifer, M. (ed.) 2000: *Asian Nationalism*, London and New York: Routeledge.

Lomnitz, C. 2001: "Nationalism as a Practical System: Benedict Anderson's Theory of Nationalism from the Vantage Point of Spanish America", Miguel Angel Centeno and Fernando López-Alves (eds.), *The Other Mirror: Grand Theory through the Lens of Latin America*, Princeton: Princeton University Press.

Low, Hugh 1848: *Sarawak: Its Inhabitants and Production*, London: Bentley.

Haji Mohammad Hasbie Sulaiman 1989: *Perjuangan Anti-Cession Sarawak*, Kuching:

Peranan Utama Persatuan Kebangasaa Melayu Sarawak.

Mackie, J. 1974: *Konfrontasi: Indonesia-Malaysia Dispute 1963-1966*, Kuala Lumpur: Oxford University Press.

Migdal, J.S. 1988: *Strong Societies and Weak States: State-Society Relations and State Capabilities in the Third World*. Princeton: Princeton University Press.

—— 2001: *State in Society: Studying How States and Societies Transform and Constitute One Another*, Cambridge: Cambridge University Press.

Migdal, J.S.(ed.) 2004: "Mental Maps and Virtual Checkpoints: Struggles to Construct and Maintain State and Social Boundaries." *Boundaries and Belonging: States and Societies in the Struggle to Shape Identities and Local Practices*, Cambridge: Cambridge University Press.

Mintz, S.W. 1985: *Sweetness and Power: the Place of Sugar in Modern History*, New York: Viking.

Mohammed Yusof Shibli 1950: "The Descent of Some Kuching Malays." *The Sarawak Museum Journal*, 2: 262-264.

Mohd Aris Hj. Othhman 1983: *The Dynamics of Malay Identity*, Selangor: Penerbit Universiti Kebangsaan Malaysia.

Moor, J.H. 1837: *Notices of the Indian Archipelago and Adjacent Countries*, Singapore. Moore, Donald and Joanna.

Moore D. and J. Moore 1969: *The First 150 Years of Singapore*, Singapore: Donald Moore Press.

Muir, R. 1975: *Modern Political Geography*, London and New York: Macmillan.

Mundy, R. 1848: *Narratives of Events in Borneo and Celebes, Down to the Occupation of Labuan from the Journals of Sir James Brooke Esq.*, Vol.1. London.

Naimah Said Talib 1999: *Administrators and Their Service: The Sarawak Administrative Service under the Brooke Rajahs and British Colonial Rule*, Oxford University Press.

Parry, J. and M. Bloch (eds.) 1989: *Money and the Morality of Exchange*, Cambridge: Cambridge University Press.

Porter, A. 1967: *Land Administration in Sarawak: An Account of the Development of Land Administration in Sarawak from the Rule of Rajah Brooke to the Present Time (1841-1967)*, Sarawak: Published by Authority.

Naroll, R. 1964: "On Ethnic Unit Classification." *Current Anthropology* 5: 283-291, 306-312.

Pringle, Robert 1970: *Rajah and Rebels: The Ibans of Sarawak under Brooke Rule, 1841-1941*, New York: Cornell University Press.

Raffles, Sir Thomas Stanford 1830: *History of Java* (2nd ed.), London: J. Murray, vol. 1.

Rawlins, Joan 1969: *Sarawak - 1839 to 1968* (Second Edition), Basingstoke and London: Macmillan Education Ltd: Reece, R.H.W.

Reece, R. H. W. 1988: "Economic Development under the Brookes." In Sarawak: Historical and Contemporary Perspectives, R. A. Cramb and R. H. W. Reece (eds.), Monash paper in Southeast Asia No. 17, Centre of Southeast Asian Studies, Monash University.

Ritchie, James 2000: *Tun Ahmad Zaidi: Son of Sarawak*, Selangor: Pelanduk Publications.

Roseberry, W. 1983: *Coffee and Capitalism in the Venezwelan Andes*, Austin: University of Texas Press.

Sarawak Tribune February 23, 2000.
Sarawak Tribune August 24, 2005.
Smith, A. 1971: *Theories of Nationalism*, London: Duckworth.
Sanib, Said 1985: *Malay politics in Sarawak 1946-1966; The search for unity and political ascendancy*, Singapore: Oxford University Press.
―― 1991: Yang Dikehendaki; Biografi Yang Di-Pertua Negeri Sarawak Tun Datuk Patinggi Hj. Ahmad Zaidi Adruce Mohd. Noor, Kuching: Persatuan Sejarah Malaysia, Cawangan Sarawak.
Sanib, S. and Hj. A. M. Fatimah 1976: "Anti-Cession Movement, 1945-1951: the Birth of Nationalism in Sarawak" *The Sarawak Gazette*, April 30.
Sahlins, P. 1988: The nation in the village; State-building and Communal Struggles in the Catalan Borderlan during the Eighteenth and Nineteenth Centuries *Journal of Modern History* 60: 234-263.
―― 1989: *Boundaries: the Making of France and Spain in the Pyrenees*, Berkeley: University of California Press.
―― 1990a: "Natural Frontier Revisited: France's Boundaries since the Seventeenth Century." *American Historical Review* 95: 1423-1451.
―― 1990b: "The Use and Abuse of the Nation: the French Cerdagne during the 18h and 19th Centuries." *Critique of Anthropology*, 10(2-3): 73-95.
Soja, E.W. 1989: *Postmodern Geographies: The Reassertion of Space in Critical Social Theory*. London: Verso.
St. John, Spenser 1862: *The Life in the Forest of the Far East*, vol 1, London: Smith Elder.
Tambiah, S.J. 1976: *World Conqueror and World Renouncer*. New York: Cambridge University Press.
Thomas, P.T. (ed.) 1984: *Fajar Sarawak: Akhbar Bahasa Melayu Yang Pertama di Sarawak 1930*, Petaling Jaya, Penerbit Fajar Bakti.
Thongchai Winichakul 1994: *Siam Mapped: A History of the Geo-Body of a Nation*. Honolulu: University of Hawaii Press(トンチャイ・ウイニッチャクン『地図がつくったタイ――国民国家誕生の歴史』石井米雄(訳) 2003年, 明石書店).
Tonnesson S. and Hans Antlov (eds.) 1996: Asian Forms of Nation, Richmond: Curzon.
Turner, Victor 1982: *From Ritual to Theater: the Human Seriousness of Play*, New York: Performing Arts Journal Publications.
Uchibori, M. 1984: "Transformations of Iban Social Consciousness." In *History and Peasant Consciousness in South East Asia*, R.A. Turton and S. Tanabe (eds.), Senri Ethnological Studies 13, Osaka: National Museum of Ethnology.
Uljee, G. L. 1925: *Handboek voor de Residentie Westerafdeeling van Borneo*, Weltevreden: N.V. Boekhandel Visser and Co.
Vandergeest, P. and N.L. Peluso 1995: "Territorialization and State Power in Thailand." *Theory and Society* 24: 385-426.
Walker, J. 2002: *Power and Prowess: The Origins of Brooke Kingship in Sarawak*, Honolulu: University of Hawai'i Press.
Ward, A. B. 1966: *Rajah's Servant*, Data Paper: No. 61, Southeast Asia Program, Department of Asian Studies, Cornell University, (November, 1966) New York: Ithaca.

Weber, Max 1958: "Politics as a Vocation," in H.H. Gerth and C. Wright Mills, (eds.), *From Max Weber: Essays in Sociology*, New York: Oxford University Press.

Wilson, T. and D. Hastings 1998: "Nation, State and Identity at International Borders." In *Border Identities: Nation and State at International Frontiers*, Cambridge: Cambridge University Press.

Wolf, Eric 1986: *Europe and the People without History*, Berkeley: University of California Press.

—— 1990: "Facing Power: Old Insights, New Questions." *American Anthropologists* 92(3): 586-596.

—— 1999: *Envisioning Power: Ideologies of Dominance and Crisis*, Berkeley: University of California Press.

Wolters, O.W. 1982: *History, Culture, and Region in Southeast Asian Perspectives*. Singapore: Institute of Southeast Asian Studies.

Zainal Kling 1973: *The Saribas Malays of Sarawak*, University of Hull (Unpublished Ph.D. Thesis)

索　　引（事項索引／人名索引／地名索引）

事項索引

1863年土地法 33,43 →土地法
1870年「国有地宣言」35 →土地法
1871年借地法 35 →借地法
1871年土地法 34 →土地法
1893年改訂土地法 51 →土地法
Colonial Office Files 16
Memorie van Overgave, West Borneo 16, 88

[ア 行]

アイデンティティ 192
　　アイデンティティ・ポリティックス 75
　　アイデンティティの操作 71
　　空間とアイデンティティ 195
アザハリ反乱 221
アジア通貨危機 251,268
アジア的土地所有のイメージ 35
アナール学派 230
アバン 182
阿片 46,74
　　阿片管理 71,75,77,92 →国家空間の生成にかかわる制度，人とモノの国家帰属化
アントゥ・ラウト 208
イギリス軍特殊部隊（SAS）113
移住／移民 57,79
威信のベクトル 87 →領域支配のベクトル
一系的な国家制度の進化 90 →国家制度の進化
一線的な国境 87
移動 76
イバン 38
移民集団 66
移民第一世代 82
移民第一世代の「名のり」82 →帰化，名のり
移民第二世代 82
イルム 188
インターナショナリズム 299
インターフェイスとしての国境社会 272
インターフェース 121

インドネシア共産党（PKI）229
インフォーマル・エコノミー 19,93,101,108, 112,159
上からの歴史 230 →下からの歴史
英蘭条約 31,67,87
エージェンシー（行為主体）10-11,13,125
疾病の流入と国境 79 →国境
越境入国 79
越境犯罪人逮捕 71 →国家空間の生成にかかわる制度，人とモノの国家帰属化
エンクレーブ 149
王国の植民地的転成 87
オペレーティング・ユニット 298

[カ 行]

外国貿易 55
「海賊の港」140
「外的な国境」81 →国境
海洋貿易商人（nakoda）46
カカオ 332
華人 41,45,60,74
　　華人居住区 37
　　華人苦力 37,48
　　華人コミュニスト 19
　　華人コミュニティ 43
　　華人資本家 11,37,42,46-47,77
　　華人資本家の誘致 36
　　華人商人／華商 42,48,54
　　華人の人口 57
　　華人農園 37,51
　　華人農園経営者 36,77 →華人資本家
　　華人の管理 85 →国家による人の移動の管理
　　華人の経済的結社（kongsi）37
　　華人（農業）労働者 11,19,36,43,77,79
　　　　華人農業労働者と領土的臨界 78 →領土的臨界
　　華人労働者のモビリティ 19
家族 74
　　家族国籍の単一化 81 →家族の自然化

家族のかたちに対する法規制 75,80
家族の国家帰属 80
家族の自然化 81 →自然化
家族扶養の義務化 71,80-81,92 →国家空間の生成にかかわる制度, 人とモノの国家帰属化
カワサン・ヒタム 278
為替変動 263
環境依存型農業 314
慣習法 51
関税の不払い 88 →反国家的行為
ガンビール 92,98
帰化 68 →自然化, 人と商品の帰化
　帰化申請 71 →国家空間の生成にかかわる制度, 人とモノの国家帰属化
疑似「曼陀羅」国家 32 →曼陀羅
北カリマンタン統一軍 221
北カリマンタン統一国家 221
境界 (boundary) 18,28-29 →辺境
　民族の境界 172
共同体 27
　共同体的な土地占有 35
儀礼的行為 204
銀河系政体 (論) 29,64
「近代」 28
　近代国家 5,28
　近代植民地国家の境界 64 →国境
　近代世界システム 10,87
近隣 195
空間
　空間所有の主体としての国家 61
　空間的契機 →国家の空間的契機
　空間とアイデンティティ 195 →アイデンティティ
　空間の国有化 18
クーポン制度 100,102,104,107-108
苦力 36,46,77 →華人苦力
グローバライゼーション 299
軍事衝突 (コンフロンタシ) 108
経済的周縁化 20 →民族的周縁化
経済的単体 93
化外の土地 143
血縁 27
結婚登録義務化 68,92 →国家空間の生成にかかわる制度, 人とモノの国家帰属化
ケランガス 318
圏的支配 31

圏的な辺境 64
権力
　構造的権力 21,298-299,309
　組織的権力 21,298
行為主体としての国家 28 →国家
耕作地登記義務 71,92 →国家空間の生成にかかわる制度, 人とモノの国家帰属化
構造化される感情 215
構造的権力 21,298-299,309 →権力
構造的な健忘症 188,262
構築主義的な国民国家論 12,214
公定のトランスナショナリズム 309 →トランスナショナリズム
国際ゴム協約 19,92
国際主義 299
国籍にもとづく社会的帰属の断絶 115
国定「民族」 13 →民族
国民 2-3,12
　国民国家 (論) 2,9-10
　国民生活 170
　不均質な「国民」 13
国有化 32
ココ椰子 92,97-98,107
胡椒 92,97-98,155,332
　胡椒税 97
個人と所有 27 →所有
国家 2-3
　国家空間 3-4,20 →国家領域
　国家空間の生成 26
　　国家空間の生成という視点で見た植民地化プロセス 27
　　国家空間の生成にかかわる制度 71,88
　国家空間の生成論 66
　国家空間の履歴 14
　国家経済の空間的囲い込み 19
　国家=最高地主 (説) 34-35,37,61,64 →支配のイデオロギー
　　国家=最高地主と労働力の動員 36
　　国家=最高地主の論理 61
　国家制度の進化
　　一系的な国家制度の進化 90
　　反復的な国家制度の進化 90
　国家という場 90
　国家と社会
　　国家と社会の拮抗関係 88
　　国家と社会の共鳴関係 90,300,302

国家と社会の生成過程 2
　　　国家と社会の発達段階の初期状態 2
　　国家と領有 27 →領有
　　　国家による領有宣言 32
　　国家による「家族」への介入 80 →法規
　　　制
　　国家による空間の所有 26,61 →所有
　　国家による「名づけ」82 →名づけ
　　　国家による「名づけ」と民族集団の
　　　　成立 10 →民族集団
　　国家による人の移動の管理 85
　　国家のあいだのフロー 12
　　国家の空間的契機（国家領域化の社会過
　　　程）4-5,298
　　国家の系譜の正統性 65
　　国家の領域性 28,171 →領域性
　　国家の臨界点 20
　　国家領域→国家空間
　　　国家領域の形成のための諸制度→国
　　　　家空間の生成にかかわる制度
　　　国家領域の形成 71
　　　国家領域の固定化のための制度 89
　　　　→制度
　　　国家領域の最周縁部 9
　　　国家領域の内在化 79
　　　国家領域の変成モデル 30
　　　国家領域を所与のものとしないアプ
　　　　ローチ 5
　　行為主体としての国家 28
　　周縁的国家群 101
　　超国家レジーム 303
　　伝統的国家 28
　　反国家的行為 89
国境 6
　　国境越境焼畑耕作の禁止 71,92 →国家
　　　空間の生成にかかわる制度，人とモ
　　　ノの国家帰属化
　　国境空間の脱領域化 288 →脱領域化
　　国境警備 71,92 →国家空間の生成にか
　　　かわる制度，人とモノの国家帰属化
　　国境工業地区 290
　　国境コミュニティ 13
　　国境社会 3,6,13,19-20,102
　　　国境社会におけるトランスナショナ
　　　　リズム 61 →トランスナショナ
　　　　リズム
　　　国境社会の適応戦略 89 →反国家的

　　　行為
　　国境線 64
　　国境と権力 298 →権力
　　国境の「使い方」265
　　国境の内在化 67-68
　　国境隣接地域 240,275
　　「外的な国境」81
　　「内的な国境」81
　　強い国家 302
　　弱い国家 302
ゴトン・ロヨン 317
コミュニスト 211
ゴム 93
　　ゴム・ブーム 19
　　ゴム生産国の生産量 100
　　ゴム密貿易 102,104,110 →密貿易
　　ゴム密輸 105
コレラ・天然痘発生時の国境通行禁止 71 →
　　国家空間の生成にかかわる制度，人とモ
　　ノの国家帰属化→疾病の流入と国境
コロンブスの領有宣言 34 →領有
婚姻登録 80
婚資 255
公司 151
コンフロンタシ 108,113,127,163 →軍事衝
　　突

［サ 行］
妻子扶養義務化→家族扶養の義務化，国家空
　　間の生成にかかわる制度
在地社会 26-27,35,66
サバルタンの歴史 230
サラワク・マレー人 121
『サラワク官報』16,43-44,46-47,51,68,82,
　　112
サラワク王国の建国 52 →ブルック（人名），
　　サラワク王国（地名）
サラワク王国の領土的拡大条約 68 →サラワ
　　ク王国（地名）
サラワク臣民（Sarawak Subjects）83
サンバス・スルタン 6,18
ジェームス・ブルックの王国 32 →ブルック
　　（人名），サラワク王国（地名）
ジオ・ボディ 6,31,65-66
自画像 214
時間と空間の圧縮 289
事件 230

資源フロー 306
自然化（naturalization）68 →国境の内在化，人と商品の帰化
下からの歴史 230 →上からの歴史
支配の同心円 29
資本導入 64
社会
　社会関係の総体としての国家空間 29
　社会的位相 172
　社会的混交性 214
　社会的成層化 175
　社会的な交通 232
　社会的フロー 232
　社会と国家の共鳴関係→国家と社会の共鳴関係
　社会の反作用 88 →国家の領域形成
借地法 35 →土地法
　1871年借地法 35
ジャゴイ・ダヤック 76 →ダヤック
　ジャゴイ・ダヤックの帰属問題 76
ジャラン・ガジャ 280
ジャラン・ティクス 279
私有 33
周縁的国家群 101 →国家
習慣法（adat）33
重婚禁止 80-81 →国家による「家族」への介入
樹液採取休日 100
循環的労働移動 307
出入国チェックポイント 280
準マレー集団 189
小規模農園 36
商業的土地占拠者（commercial squatters）51
小人口社会（世界）81,89,300
象徴的な支配 29
小農的な生産世帯の成長 94
商品の移動の規制 71,83,85 →国家空間の生成にかかわる制度
植民地化 26-27,61
　植民地化と土地制度 34
植民地政府の経済政策 61
所有 30
　所有権 336
　　所有権と用益権 335
　所有の行為主体 27
　所有をめぐる国家？　社会関係 28

国家による空間の所有 26,61
個人と所有 27
西洋近代の所有論 33,38
ロックの所有論 38
支配のイデオロギー 34-35,37,61,64
人口支持力 317
人口調査 65 →国家領域の生成の道具
人頭税 76,80,85 →国家による人の移動の管理
人頭税納付義務 71,92 →国家空間の生成にかかわる制度，人とモノの国家帰属化
新マレー 176
森林産物への課税 71 →国家空間の生成にかかわる制度，人とモノの国家帰属化
森林伐採 55
スティーヴンソン・スキーム 92,98
スマッグル・ポイント 159
スマンガット 258
スモーケル 106,110
スルタンによる圏的支配 67-68 →圏的支配
スルタン王国 30
スンバヤン 204
税金 34
制度 89 →国家領域の固定化のための制度
　制度の運用 26,89
　制度の設計 26,89
　制度的支配 79
正統な「国民」 13
西洋近代の所有論 38 →所有
西洋的な所有概念としての私有 33
戦間期 300
「前近代」 28
　「前近代」から「近代」へ 26
先住民の土地権 33
専制君主 34
宗主国？　植民地国家？　地域社会？　農村の経済的包摂の連鎖 104
想像の共同体 65,195
組織的権力 21,298 →権力
　組織的権力と構造的権力の連動 309
粗放的な焼畑への回帰 339
村落史 124

［タ　行］
大規模プランテーション 94
第二次森林に対する用益権 50 →用益権
他国者重婚禁止 68,92 →国家空間の生成に

かかわる制度，人とモノの国家帰属化
多国籍企業体 299
「他者」の社会的範疇 206
脱空間化/脱領域化 288 →国境空間の脱領域化
ダトゥ岬 120
ダヤック 11,19,33,38,41,51,60,74
　　ダヤックからの人頭税 76 →人頭税
　　ダヤックの管理 85 →国家による人の移動の管理
ダヤン 182
「血」187
地域史 124
　　地域史とフィールドワーク 14
チェーン・マイグレーション 79
地縁 27
地図 65-66 →国家領域の生成の道具
　　地図化された記憶 82
　　地図上の国境と領土 66
　　地図として現れる国家の空間 66
地代 34
長期作物 337
長期持続 230
超国家レジーム 303 →国家
逃散 77,88-89 →農園労働者，反国家的行為
　　逃散苦力逮捕 71,92 →国家空間の生成にかかわる制度，人とモノの国家帰属化
　　逃散の取り締まり →国家による人の移動の管理 85
通行許可証 77
強い国家 302 →弱い国家
強い社会 302 →弱い社会
定着 76
出来事 230
伝統的国家 28 →国家
トウケイ（towkays）36
東南アジア小人口社会 4 →小人口社会
東南アジアのゴムの起源 93
東洋的専制 61
土地
　　土地の国有化 18,26,61
　　土地政策 36
　　土地制度改革 60
　　土地法 33,44-45
　　　　1863 年土地法 33,43
　　　　1870 年「国有地宣言」35
　　　　1871 年土地法 34
　　　　1893 年改訂土地法 51
　　土地用益権 18,26 →用益権
賭博の管理 75 →国家空間の生成にかかわる制度
トランス・バウンダリー 304
トランスナショナリズム 3,10-11,21,61
　　トランスナショナリズムの共生 21
　　プロト・トランスナショナリズム 303
　　マイクロ・トランスナショナリズム 309
トランスナショナル・エスノグラフィ 126
トランスナショナルな移動の管理 83
トランスナショナルな力 3
度量衡管理 71,92 →国家空間の生成にかかわる制度，人とモノの国家帰属化

[ナ 行]
「内的な国境」81 →国境
ナショナリズム 9
名づけ 179
名のり 82
西カリマンタンの下部構造化 307
二重経済 308
日本の軍事占領 164
ネオ・コロニアリズム 113
ネオ・リベラリズム 311
ネガティヴな自己同一化 214
農園
　　農園開発 18,38,42-43,45,54,58
　　農園経営 43
　　農園経済 20
　　農園労働者の逃散 89 →逃散
農業フロンティア 61,301
農作物への課税 71,92 →国家空間の生成にかかわる制度，人とモノの国家帰属化

[ハ 行]
ハーベスト・インデックス 327
博物館 65 →国家領域の生成の道具
パスポート 83
　　パスポート携帯義務化 71,85 →国家空間の生成にかかわる制度，人とモノの国家帰属化
　　パスポート不所持 88 →反国家的行為
反構造 230
反国家的行為 13,89
犯罪性 214

反政府勢力 38
パンタン 206
反復的な国家制度の進化 90 →国家制度の進化
汎マレー主義 228
被支配者の確定 65
非定着性 11 →定着
人とモノの国家帰属化（人と商品の帰化）68, 92 →国家空間の生成にかかわる制度
非領域性 11 →領域性
フィールドワークの社会史（anthropologically informed social history）15
「不可思議な隔離」112, 165
不均質な「国民」13 →国民
複合社会 (plural society) 18, 46, 298
　　複合社会の国家空間への馴化 19 →国家空間
「不法越境者」78
「不法占拠者」33-34
プランテーション・システム 99
プルアバンガン 182
ブルックの経済政策 58 →ブルック（人名）
ブルックの植民地 41
ブルック政府 54, 64 →サラワク王国（地名）
　　ブルック政府の経済政策 50
　　ブルック政府の労働力誘致政策 53
ブルネイ・スルタン 6, 18, 32, 178
プロト・トランスナショナリズム 303 →トランスナショナリズム
プロト・マレー 176
フロンティア 14 →辺境
　　フロンティアの資源化 305
　　フロンティア社会 14
文化システム 29, 64
文化的ラベリング 172 →国家，民族
辺境 (frontier) 18, 28-29 →境界
　　辺境の農業フロンティア化 61
貿易ハブ 42
法規制 80
豊穣儀礼 204
包摂と排除 174
ボーダー・コントロール・ポスト 114
ボーダー・チェックポイント 270 →出入国チェックポイント
ボーダーゾーン 3
ポスト・コロニアル 21

ボディ・ポリティックス 79
本質主義 122

[マ 行]
マイクロ・トランスナショナリズム 309 →トランスナショナリズム
マカン・スラマット・タフン 204
マクロとミクロを接合させた人類学 125-126
マソ・ムラユ 181
マラリア 79 →疾病の流入と国境
マレーシア構想 220
マレー系移民 41
マレー系住民 57
　　マレー系住民の農園開発 45
マレー人 74
　　マレー人と領土的臨界 78 →領土的臨界
　　マレー人の管理 85 →国家による人の移動の管理
「マレーシアの端」138
曼陀羅（政体論）29-30, 64, 87
ミクロ・ヒストリア 230
三つの社会集団（民族集団）による農園開発 18, 46, 60
密貿易 88-89 →反国家的行為
　　密貿易取り締まり 71, 92 →国家空間の生成にかかわる制度，人とモノの国家帰属化
民族
　　民族指標 122
　　民族集団 46, 74 →ダヤック，マレー人，華人
　　　　民族集団の棲み分け 298
　　　　民族集団を単位とした労働組織化 46
　　民族的周縁化 20 →経済的周縁化
　　民族的馴化 193
　　民族の境界 172 →境界
　　民族の中央と周縁という構図 174 →文化的ラベリング
　　民族範疇 123, 178
　　　　民族範疇の周縁化 173
　　固定「民族」13
無主の土地 (terrae nulius) 18, 26, 30, 34, 61
　　無主の土地から複合社会へ 58
　　無主の土地の国有化 32, 66
木材伐採 55
モノと人のハイアラーキー 263

モノの移動の管理→商品の移動の規制

［ヤ　行］

焼畑耕作 74,314
　　焼畑耕作の囲いこみ 19
　　焼畑耕作の用益システム 33
　　焼畑耕作への規制 75→国家空間の生成にかかわる制度
　　焼畑耕作民 34
　　　　焼畑耕作民と国家 50
結納金 255-256
輸出経済の質的転換 60
輸出入関税 36,83,85→商品の移動の規制
緩やかな圏的支配 31→圏的支配
用益権 45,51,336→所有権
よそ者 144,149
弱い国家 302→強い国家
弱い社会 302→強い社会

［ラ　行］

ラジャ 32
領域国家 3-4,10-11,13,15,26,28,30,66,74-75
　　領域国家と国境社会の共鳴と拮抗 21
領域支配のベクトル 87→威信のベクトル
領域性 28,171→国家の領域性，非領域性
領土 28
　　領土的臨界 78
領有 28
歴史を意識した人類学（historically informedanthropology）15
連動 309
労働力の管理／囲い込み 71,76,80
労働力の組織化 46,64
労働者の移住 60→移住
ロケーション・ワーク 195
ロックの所有論 38→所有，ロック（人名）

人名索引

アパデュライ，A. 195
アハマッド・ザイディ 218
アブドゥル・ハリス・ナスティオン 222
アワン・ハスマディ 120
アンダーソン，B.. 29,64
ヴェーバー，M. 4,28
ウォルタース，O. W. 64
ウルフ，E. 13,171,298
カイズ，C. 180
ギデンズ，A. 28,64
クーン，B. 15
グリーンブラッド，S. 34
スカルノ 113
セント・ジョン，スペンサー 39
ターナー，F. J. 14

タンバイア，S. J. 64
トゥンク・アブドゥラ・ラーマン 113
ハリソン，T. 122
ファーンニバル，J. S. 298
フィヒテ，J. G. 81
ブルック，ジェームス 18,31-32,52
ブルック，チャールズ 18,33,41,58,74,85,87,92,96
ブローデル，F. 170,230
メガワティ 269
ラッフルズ，S. 34
リーチ，E. 214
ロック，J. 38
ワヒド 269

地名索引

インドネシア 6
海域マレー社会 11
サラワク 19,30,58,68,78
サラワク王国 16,18,27,38,52,67-68,76,87
サラワク王国 6

ジャワ 35
スマタン 120
ダトゥ・ムルパティ 184
タマジョ 21
タマジョ村 138

索　引　359

テロック・ムラノー 19,21,78
島嶼部東南アジア 6,11,26-27,30,61
ドゥリ川 107
西マレーシア 178
ボルネオ西部国境 3
ボルネオ島 6,11,31
ボルネオ島西部 30
ポンティアナック 106
マジャパイト王国 260
マレーシア 6

マレーシア連邦 18,113
マレー海域社会 11
マレー海域世界 4,6,18,41
マレー村落 15
ムンパワ 106
蘭印東インド 35
蘭領サンバス 68,79
蘭領西ボルネオ 6,18-19,30,76
ルンドゥ 120

著者略歴

石川　登（いしかわ　のぼる）
京都大学東南アジア研究所准教授，Ph.D.
東京都立大学人文学部卒，ニューヨーク市立大学大学院修了
京都大学東南アジア研究センター助手，助教授を経て現職．

主要著書

Dislocating Nation-States: Globalization in Asia and Africa, Kyoto University Press (Copublication with Transpacific Press), 2005年（共編）
Flows and Movements in Southeast Asia: New Approaches to Transnationalism, Kyoto University Press (Copublication with Singapore University Press), 2008年（編）

境界の社会史　国家が所有を宣言するとき
（地域研究叢書17）　　　　　　　　　　©Noboru ISHIKAWA 2008

平成20(2008)年3月30日　初版第一刷発行

　　　　　　　著　者　　石　川　　登
　　　　　　　発行人　　加　藤　重　樹
　発行所　　京都大学学術出版会
　　　　　　京都市左京区吉田河原町15-9
　　　　　　京大会館内　（〒606-8305）
　　　　　　電話（075）761-6182
　　　　　　FAX（075）761-6190
　　　　　　Home Page http://www.kyoto-up.or.jp
　　　　　　振替01000-8-64677

ISBN 978-4-87698-744-3　　　印刷・製本　㈱クイックス東京
Printed in Japan　　　　　　定価はカバーに表示してあります